Karrierestrategien jüdischer Ärzte im 18. und frühen 19. Jahrhundert

Beiträge zur Wissenschafts- und Medizingeschichte

Marburger Schriftenreihe

Herausgegeben von Irmtraut Sahmland

Band 4

Gerhard Aumüller / Irmtraut Sahmland (Hrsg.)

Karrierestrategien jüdischer Ärzte im 18. und frühen 19. Jahrhundert

Symposium mit Rundtisch-Gespräch zum
200. Todestag von Adalbert Friedrich Marcus (1753-1816)

Bibliografische Information der Deutschen Nationalbibliothek
Die Deutsche Nationalbibliothek verzeichnet diese Publikation
in der Deutschen Nationalbibliografie; detaillierte bibliografische
Daten sind im Internet über http://dnb.d-nb.de abrufbar.

Die Tagung und die Drucklegung wurden gefördert durch Mittel
des Waldeckischen Geschichtsvereins e.V.,
des Vereins zur Förderung der Kardiologie Marburg e.V.,
der Nicolas-Benzin-Stiftung,
der Von Behring-Röntgen-Stiftung,
der Waldeckischen Domanialverwaltung.

Gedruckt auf alterungsbeständigem, säurefreiem Papier.
Druck und Bindung: CPI books GmbH, Leck

ISSN 2198-0152
ISBN 978-3-631-74124-5 (Print)
E-ISBN 978-3-631-74362-1 (E-Book)
E-ISBN 978-3-631-74363-8 (EPUB)
E-ISBN 978-3-631-74364-5 (MOBI)
DOI 10.3726/b13210

© Peter Lang GmbH
Internationaler Verlag der Wissenschaften
Berlin 2018

Alle Rechte vorbehalten.

Peter Lang – Berlin · Bern · Bruxelles · New York ·
Oxford · Warszawa · Wien

Das Werk einschließlich aller seiner Teile ist urheberrechtlich
geschützt. Jede Verwertung außerhalb der engen Grenzen des
Urheberrechtsgesetzes ist ohne Zustimmung des Verlages
unzulässig und strafbar. Das gilt insbesondere für
Vervielfältigungen, Übersetzungen, Mikroverfilmungen und die
Einspeicherung und Verarbeitung in elektronischen Systemen.

www.peterlang.com

Inhaltsverzeichnis

Einführung 7

Adalbert Friedrich Marcus – Biographisches

Gerhard Aumüller
Adalbert Friedrich Marcus und die Ärzte in seiner Verwandtschaft –
Familiärer Hintergrund, schulische und universitäre Ausbildung,
wissenschaftliche Orientierung 17

Birgit Kümmel
Kulturgeschichtliche Aspekte einer spätabsolutistischen Residenz 59

Karin Dengler-Schreiber
Zur Biographie von Adalbert Friedrich Marcus in seiner Bamberger Zeit 81

Ausbildungswege jüdischer Ärzte

Eberhard Mey
Medizinerausbildung am Collegium Carolinum Kassel 97

Marian Füssel
Schwierige Wege zum Doktor. Jüdische Medizin-Studenten und
akademische Judenfeindlichkeit im 18. Jahrhundert (Halle, Göttingen) 131

Hans-Uwe Lammel
Die jüdischen Studenten des Berliner Collegium medico-chirurgicum
und die Universität in Bützow (1760–1789) 147

Wirkungsfelder und Berufsverständnis jüdischer Ärzte

Werner Friedrich Kümmel
Ärzte jüdischer Herkunft oder jüdischen Glaubens im 19. Jahrhundert.
Die Lebensläufe von Jacob Henle, Benedict Stilling und Leopold
Eichelberg im Vergleich 177

Christoph Leder
Zwischen Wissenschaft und Halacha – Die Berufsgeschäfte von
Marcus Herz und Elcan Isaac Wolf.. 195

Eberhard Wolff
Jüdisch geblieben – aber im säkularen Rahmen. Nicht konvertierte
jüdische Ärzte der Zeit um 1800 am Beispiel von Marcus Herz...................... 235

Adalbert Friedrich Marcus – strukturelle Einbindungen und Verflechtungen

J. Friedrich Battenberg
Die Bedeutung jüdischer Hoffaktoren für die Wirtschaft
spätabsolutistischer Höfe.. 251

Michaela Schmölz-Häberlein
Ärzte, Kaufleute und Verleger – Die Netzwerke der Familie Marcus............. 271

Irmtraut Sahmland
Sozialmedizinische Impulse bei Adalbert Friedrich Marcus und
Bernhard Christoph Faust... 297

Rundtisch-Gespräch als Resümee der Tagung

Moderation: Mark Häberlein
Motivation, Strategien und gesellschaftliche Mechanismen beim
Statusgewinn jüdischer und nicht-jüdischer Ärzte vor und nach 1800........... 329

Angaben zu den Autoren und Autorinnen.. 349

Einführung

Vorliegender Tagungsband präsentiert die Erträge eines Symposiums, das anlässlich des 200. Todestages von Adalbert Friedrich Marcus (1753–1816) vom 22. bis 24. April 2016 in Bad Arolsen ausgerichtet wurde, seinem Geburtsort – wie auch der seines Neffen Johann Stieglitz, dessen 250. Geburtstag sich am 31. März 2017 jährte und der sich als kurfürstlich-hannoverscher Leibarzt Ansehen erwarb. Marcus, der – wie Stieglitz – in einer jüdischen Hoffaktorenfamilie zur Welt kam, fand sein Wirkungsfeld später als Leibarzt in Bamberg. Hier entfaltete er vielseitige Aktivitäten. Sie betreffen einerseits innovative und vorausweisende Planungen und Umsetzungen im Bereich der gesundheitspolitischen Daseinsfürsorge, insbesondere die Errichtung eines Allgemeinen Krankenhauses und eines Krankenversicherungssystems für Handwerksgesellen und Dienstboten, durch die er in der Medizingeschichtsschreibung bekannt ist. Sie betreffen andererseits sein weitgespanntes kulturelles Engagement, etwa für das Theater, und die damit erzielte Attraktivität des Kultur- und Geisteslebens in Bamberg. Zog das Krankenhaus als Lern- und Ausbildungsstätte, an dem zugleich die jeweils zeitgenössisch-aktuellen medizinischen Konzepte vertreten wurden, zahlreiche auswärtige Mediziner an, so galt das auf kultureller Ebene für Kunst- und Kulturschaffende, wie etwa E.T.A. Hoffmann. Insbesondere in letzterer Hinsicht ist Marcus in Bamberg in lebhafter Erinnerung, während er im Gedächtnis seiner Heimatstadt wenig präsent ist. Im Rahmen der regionalen Medizingeschichte sollte die Ausrichtung der Tagung in Bad Arolsen an ihn erinnern, was auch durch die Anbringung einer Gedenktafel an seinem noch erhaltenen Geburtshaus unterstrichen wurde.

Die Tagung wurde im weitgehend original aus der Jugendzeit der Protagonisten Marcus und Stieglitz erhaltenen spätbarocken Schreiberschen Haus – annähernd zeitgleich mit deren Geburtshäusern erbaut – durchgeführt, das mit dem benachbarten Christian Daniel Rauch-Museum (dem künstlerischen Werk des ebenfalls aus Arolsen gebürtigen, in Berlin tätigen Zeitgenossen beider Ärzte gewidmet) und der damals wie heute öffentlich nutzbaren Fürstlich-Waldeckischen Hofbibliothek etwas von der kulturellen Aura vermitteln sollte, die das Kindes- und Jugendalter der Protagonisten Marcus und Stieglitz geprägt hat.

Mit dem Untertitel der Tagung: „Bildungsziele und Karrierestrategien jüdischer Ärzte im späten 18. und frühen 19. Jahrhundert. Medizinhistorische, kulturwissenschaftliche und regionalgeschichtliche Aspekte" ist die Vielschichtigkeit des thematischen Spektrums aufgerufen, das mit Marcus konnotiert ist. Die Zugangsweisen lassen sich als Einkreisungen beschreiben, die geeignet erscheinen, Marcus und sein Wirken durch Skizzierung erweiterter Kontexte einerseits sowie durch Vergleiche mit anderen jüdischen Protagonisten andererseits innerhalb struktureller Bedingungen und Gegebenheiten zu verorten. Dazu wurden die Lebensläufe jüdischer Ärzte wie Marcus, Johann Stieglitz, des Berliner Arztes Marcus Herz und anderer exemplarisch ausgewertet und nach allgemeinen Mustern der Karriereorientierung und der Bildungsziele von Ärzten mit jüdischem Hintergrund während der Spätaufklärung und der Reformära befragt. Als paradigmatische Eckpunkte sollten dabei das christliche Umfeld im Spätabsolutismus, die Kindheit und Erziehung im Spannungsfeld von Religion, Haskala und Spätaufklärung, aber auch Förderung und Widerstände während der Schulzeit und des Studiums, der formierende Einfluss einzelner akademischer Lehrer sowie die ärztliche Sozialisation thematisiert werden.

Abschließend wurden diese Ergebnisse zusammenführend diskutiert, um Faktoren zu identifizieren, die möglicherweise von entscheidender Bedeutung für die Lebenswege jüdischer Ärzte in ihren Chancen, Einschränkungen sowie ihren Selbstinszenierungen waren.

Die Beiträge des Bandes sind entsprechend einzelnen Themengruppen zugeordnet.

Der 1. Teil: *Marcus – Biographisches* stellt Marcus in seiner Biographie entsprechender chronologischer Anordnung vor.

Im Fokus des Beitrages von Gerhard Aumüller stehen die aus den eng verwandten Hoffaktoren-Familien Juda und Stieglitz hervorgegangenen Ärzte Israel/ später Adalbert Friedrich Marcus und Israel / später Johann Stieglitz sowie in der Nachfolgegeneration Carl Friedrich von Marcus und Carl Christian Heinrich Marc. Alle vier wurden erfolgreiche Mediziner, drei von ihnen erhielten eine Anstellung als Leibarzt. Das Erkenntnisinteresse richtet sich auf die ihnen verfügbaren Bildungsangebote in ihrer schulischen und universitären Ausbildung, und die Ausführungen gehen der Frage nach, welche Beeinflussungen sie in dieser Lebensphase prägten. Der Beitrag greift damit eine für das ‚pädagogische Jahrhundert' naheliegende, gleichwohl bislang in der Forschung kaum näher untersuchte Dimension jüdischer Biographie auf. Wesentlich waren die familiären Ausgangsbedingungen, durch deren kulturell offene, moderne Atmosphäre ihre ambitionierten Ausbildungswege vorbereitet wurden. In der Vätergeneration bedeutend wurde das Korbacher Gymnasium und dessen pädagogische Leitung, die an den zeitgenössischen Diskursen über höhere Bildung unmittelbar partizipierte. An die so geprägte schulische Ausbildung schloss sich jeweils ein Studium an modernen Reformuniversitäten an. Die Konversion zum katholischen bzw. protestantischen Glauben stand im Vorzeichen beruflicher Karriereoptionen, sie wurde möglicherweise aber auch begünstigt durch den religiös-konfessionellen Druck der theologischen Erzieher, der trotz deren toleranter Haltung von ihnen ausging. Freilich steht jenseits dieser Einflussfaktoren die Dominanz ihrer je individuellen charakterlichen und geistigen Anlagen für die Lebensleistung dieser Ärzte außer Frage.

Birgit Kümmel schildert eindrücklich die kulturell-künstlerisch anspruchsvolle Atmosphäre im kleinen Territorialstaat Waldeck, das sich an internationalen Vorbildern orientierte. Hierbei wird die Rolle der Fürstinmutter Christiane hervorgehoben, die mehrfach interimsweise die Funktion der Statthalterin des Regenten einnehmen musste und eine Anbindung an europäische Kulturstandards anstrebte. Die malerischen und architektonischen Auftragsarbeiten zielten darauf, diesen Bedeutungsanspruch der Residenz des Duodezfürstentums auch ikonographisch symbolisch zu verdeutlichen. Diese kulturell ambitionierte Grundhaltung prägte den Waldecker Hof in Arolsen, überforderte jedoch zugleich dessen finanzielle Möglichkeiten, so dass das Fürstentum um 1780 am Rande des Staatsbankrotts stand.

Karin Dengler-Schreiber widmet sich in ihrem Beitrag der Bamberger Zeit Marcus' (1777–1816). Nach der erteilten Erlaubnis, eine ärztliche Praxis zu führen, avancierte Marcus bald zu einem der Leibärzte des toleranten Fürstbischofs von Erthal, musste unmittelbar zuvor jedoch zum katholischen Glauben konvertieren. Marcus engagierte sich in vielfältigen Bereichen, wobei er die jeweiligen gesellschaftlichen Gegebenheiten und politischen Entwicklungen zu nutzen verstand. Neben seinen innovativen sozial- und medizinalpolitischen Reformprojekten hebt der Beitrag insbesondere die Bedeutung des Arztes für die kulturelle und bauliche Entwicklung der Stadt hervor. Auch die private Seite, die Amouren und außerehelichen Kinder des konvertierten Arztes, der gesellschaftlich weithin integriert und anerkannt war, werden thematisiert.

Der 2. Teil: *Ausbildungswege jüdischer Ärzte* beschäftigt sich detailliert mit einzelnen Settings akademischer Ausbildungsräume, die jüdischen Medizinstudenten offenstanden. Eberhard Mey stellt das Collegium illustre Carolinum in Kassel vor, das Marcus im Anschluss an seine schulische Ausbildung als Vorbereitung auf sein Medizinstudium besuchte. Das Collegium zeigte sich ausdrücklich tolerant gegenüber der Religionszugehörigkeit seiner Studenten, so dass sich unter ihnen, wenn auch vereinzelt, Juden befanden. Der Beitrag konzentriert sich auf die medizinischen Lehrangebote des Collegiums, seine Ausstattung und das Lehrpersonal und bewertet die Einrichtung vor dem Hintergrund der Diskussion und Entwicklung moderner Ausbildungsstandards vor allem in der 2. Hälfte des 18. Jahrhunderts. Da das Collegium auch auf die Aus- und Weiterbildung von Militärchirurgen zielte, beinhaltete es im Vergleich zur Universität einen verkürzten Studiengang ohne Promotionsrecht, bot aber einen vergleichbaren Lehrstoff.

Hier schließt Marian Füssel an. Er untersucht die akademisch-universitäre Ausbildung am Beispiel der damaligen Reformuniversität in Göttingen, an der auch Marcus sich immatrikulierte und sein Studium mit der Promotion abschloss. Für Juden bestand die einzige akademische Option in einem Medizinstudium, wobei Füssel betont, dass sie zudem auf eine jüdische Gemeinde am Standort angewiesen waren. Im Vergleich Göttingens mit der Universität Halle wird das Aufkommen jüdischer Promotionsabschlüsse verfolgt, wobei sich diskriminierende Elemente im Ritual der Graduierung gegenüber der Promotion christlicher Studenten zeigen. Im ausgehenden 18. Jahrhundert, so Füssel, flachen diese Unterschiede im akademischen Raum insbesondere infolge inneruniversitärer Transferprozesse deutlich ab.

Unmittelbar anschließend zeigt Hans-Uwe Lammel die Attraktivität auf, die das Berliner Collegium medico-chirurgicum für jüdische Medizinstudenten hatte, das ebenfalls eine Ausbildungsstätte ohne Promotionsrecht war. Manche dieser Studenten führte ihr weiterer Weg an die Universität im mecklenburgischen Bützow. Sie war vor pietistischem Hintergrund errichtet worden und war mit einer Dauer von nur 30 Jahren eine sehr kurzlebige Institution. Auch hier war die dortige jüdische Gemeinde, die Rückhalt und Unterstützung sowie gegebenenfalls Fürsprache bieten konnte, für ein erfolgreiches Studium sehr entscheidend. Diese strukturellen Zusammenhänge werden anhand der Rekonstruktion eines individuellen Fallbeispiels, Marcus Moses, exemplifiziert. Anhand der guten Quellenlage lässt sich hier zudem das Engagement einzelner Mitglieder des universitären Lehrkörpers für die Unterstützung des jüdischen Studenten und deren Motivationen sehr gut aufzeigen.

Der 3. Teil: *Wirkungsfelder und Berufsverständnis jüdischer Ärzte* erweitert das Blickfeld um weitere Protagonisten und fragt nach der praktischen Arbeit jüdischer Ärzte und ihrem Verhalten zwischen ihrer religiösen Ausrichtung einerseits und medizinischen Lehrmeinungen andererseits, zumal sich zwischen beiden Bereichen durchaus Konfliktpotentiale ergeben.

Werner F. Kümmel bezieht die nächsten 50 Jahre nach Marcus mit ein und stellt neben den beiden vornehmlich im hessischen Raum verorteten Ärzten Benedikt Stilling und Leopold Eichelberg auch Jacob Henle vor, der überregionale Bedeutung erlangte. Das Interesse richtet sich auf die Bedeutung ihres Judentums für ihre Biographie und berufliche Laufbahn. Während Henle bereits als Kind konvertierte, bleiben Stilling und Eichelberg ihrer Religionszugehörigkeit treu. Es wird deutlich, wie sich für diese jüngere Generation Spielräume für Lebensentwürfe allmählich erweitern, jüdische Ärzte nicht mehr auf eine freie ärztliche Praxis festgelegt bleiben, sondern auch staatliche Ämter für sie erreichbar waren, gleichwohl blieben für sie zum Beispiel Professorenstellen unerreichbar, sofern sie nicht zum christlichen Glauben übertraten. In allen hier vorgestellten Beispielen nehmen die Ärzte eher liberale Positionen ein, wobei zumindest unterschwellig auch weiterhin durchaus Vorbehalte gegen jüdische und ehemals jüdische Ärzte vermutet werden können.

Christoph Leder stellt in vergleichender Absicht den als Leiter des jüdischen Krankenhauses in Berlin wirkenden Marcus Herz und den in Mannheim und Metz praktizierenden Elcan Isaac Wolf vor. Das Erkenntnisinteresse ist auf die Frage der Vereinbarkeit rational-aufklärerischer Prinzipien der Medizin mit halachischen Grundsätzen im jeweiligen Berufsalltag dieser beiden ansonsten kaum Parallelen aufweisenden Ärzte gerichtet. In Bezug auf Herz, der als Anhänger Kants ein aufgeklärtes Verständnis religiösen Glaubens im Sinne einer Vernunftreligion vertrat, zeigt sich, dass sich für ihn – abgesehen von dem Beerdigungsfristenstreit – keine gravierenden ethischen Konfliktlinien zwischen beiden Lebensbereichen ergaben. Ähnliches findet sich auch bei Wolf, der sich in seinem Wirkungskreis an den aktuellen Fragen einer gesundheitsorientierten Lebensweise und Problemen der physischen Erziehung beteiligte. Auch ihm gelang es, die Argumente medizinischer Erfordernisse mit den jüdischen Religionsgesetzen in Einklang zu bringen. Die Vereinbarkeit beider stand für ihn allerdings unter der Voraussetzung, dass die Vorschriften des Glaubens ihrem wesentlichen Geist entsprechend geachtet und befolgt würden.

Der Beitrag von Eberhard Wolff setzt hier weitergehend an, indem er sich ebenfalls auf Marcus Herz konzentriert, um die Bedeutung des jüdischen Glaubensbekenntnisses eines nicht konvertierten Arztes für den Praxisalltag zu hinterfragen. Am Beispiel des Berliner Arztes wird ausgeführt, dass er in manchen privaten Kontexten das religiöse Ritual praktizierte, dass er es aber in Konfliktbereichen zwischen Medizin und jüdischem Glauben – und hier stehen wiederum die Begräbnisvorschriften im Mittelpunkt – medizinischen Erwägungen eindeutig unterordnete. Darüber hinaus war Herz bestrebt, das jüdische Glaubensverständnis im aufklärerischen Zeitgeist neu zu fassen, womit Wolff die Ausführungen von Christoph Leder bestätigt.

Im 4. Teil: *Adalbert Friedrich Marcus – strukturelle Einbindungen und Verflechtungen* sind Beiträge zusammengefasst, die auf Marcus zurückführend einzelne strukturelle Gemeinsamkeiten, Voraussetzungen, Bedingungen zu beschreiben suchen und damit einen weiteren Zugang zu dessen Lebensentwurf und Wirken ausloten.

Friedrich Battenberg stellt die Problematik des Hofjudentums vor, aus dem sich insbesondere im 17. und 18. Jahrhundert die Hoffaktoren und Hoflieferanten rekrutierten. Sie waren typischerweise an zahlreichen territorialstaatlichen Residenzen vertreten, da sie die unter dem Vorzeichen kameralistisch-merkantilistischer Staats- und Wirtschaftsmaximen seitens der Regenten benötigten Geldmittel in Form von Darlehen und Wechseln bereitstellen konnten. Indem sie hierzu ihre weitreichenden kaufmännischen Vernetzungen nutzten, leisteten sie wertvolle Dienste. Die Attraktivität eines Hoffaktorenpatents, wie es auch die Familie Marcus in Arolsen besaß, bestand vorzugsweise in beruflichen Wettbewerbsvorteilen, während etwa eine soziale Integration in die adelige Hofgesellschaft ausgeschlossen blieb.

Michaela Schmölz-Häberlein adaptiert das in den Sozial- und Kulturwissenschaften entwickelte Netzwerk-Theorem, um die vielseitigen Beziehungen und Geschäftsinteressen analytisch zu erfassen, die die Familie Marcus, ausgehend von den Verbindungen zum Arolser Hof, kontinuierlich ausgebaut hatte. Insbesondere A. F. Marcus' Brüder verfügten über länderübergreifende, über England bis nach Amerika und Russland reichende Handelsbeziehungen, in denen sie ihre kaufmännischen Aktivitäten verfolgten. Schmölz-Häberlein zeichnet nach, wie auch der Mediziner neben seinen ärztlichen Kernaufgaben in diese Verflechtungen integriert war. In dem Maße, wie ihm der politische Rückhalt verlorenging, den ihm von Erthal geboten hatte, und die familiären Verbindungen durch den Tod zweier Brüder brüchig wurden, pflegte er sich bietende Geschäftsbeziehungen, insbesondere zu Bertuch in Weimar, sehr intensiv, um sie für seine Interessen zu nutzen.

Irmtraut Sahmland interessiert sich in ihrem Beitrag für die strukturellen Bedingungen, die Mediziner als Leibärzte im Ambiente von Fürstenhöfen kleiner und politisch eher unbedeutender Territorien vorfanden, um ambitionierte Projekte realisieren zu können. Hierzu dient ein Vergleich zwischen Marcus und Bernhard Christoph Faust, die nach ähnlichem beruflichem Werdegang beide in unmittelbarer Nähe politischer Entscheidungsträger situiert waren, denen sich aber völlig unterschiedliche Handlungsoptionen boten. Beide wurden als Förderer der öffentlichen Gesundheitsfürsorge wirksam, jedoch auf sehr verschiedene Weise. Es wird die These vertreten, dass jenseits anderer Faktoren auch ihr politisches Umfeld zu einer prägenden Komponente für die von ihnen verfolgten Handlungsstrategien wurde.

Der 5. Teil: Rundtisch-Gespräch: *Motivation, Strategien und gesellschaftliche Mechanismen beim Statusgewinn jüdischer und nicht-jüdischer Ärzte vor und nach 1800* beinhaltet die originale Wiedergabe der abschließenden Diskussionsrunde. Sie wurde durch Mark Häberlein mit einem Eingangsstatement eröffnet und moderiert.

In den Diskussionsbeiträgen wurde versucht, die Komplexität der Thematik der Bildungsziele und Karrierestrategien jüdischer Ärzte im späten 18. und frühen 19. Jahrhundert auf verschiedenen Ebenen der medizinhistorischen, kulturwissenschaftlichen und regionalgeschichtlichen Bezüge aufzubrechen. Ausgehend von Adalbert Friedrich Marcus wurde dies einerseits durch um die Einbeziehung anderer Ärzte erweiterte, vergleichende Betrachtungen erreicht, andererseits durch strukturell angelegte Überlegungen zu den Gegebenheiten und Bedingungen medizinischer Ausbildung und ärztlichen Wirkens im genannten Zeitraum. Die sehr vielfältigen Facetten und Aspekte galt es nun, abschließend zusammenzuführen und einige Merkmale einzukreisen, die sich durch diese Methodik herauskristallisiert haben.

Einige dieser Kristallisationspunkte waren der Stellenwert der jüdischen Glaubenszugehörigkeit, sei es, dass sie verlassen oder beibehalten wurde, für die ärztliche Arbeit, die verfolgten Strategien zur Vereinbarkeit religiöser Normvorstellungen mit säkularen medizinischen Inhalten sowie die Frage offener oder subtiler gesellschaftlicher Vorbehalte gegen jüdische Ärzte bei sich allmählich erweiternden beruflichen Spielräumen. Diskutiert wurden auch die Selbstinszenierung, das Self-fashioning der hier vorgestellten Protagonisten und die möglicherweise spezifischen Elemente im Selbstverständnis wie in der Außendarstellung bei Ärzten mit jüdischem Hintergrund (kompensatorische Wissenschaft). Bei den hier zu ergründenden Faktoren stellte sich immer wieder das methodische Problem einer zuverlässigen Identifikation von Besonderheiten innerhalb einer Entwicklung allgemeiner Rahmenbedingungen. Ferner wurde wiederholt betont, dass auf Basis der hier weitgehend verfolgten biographischen Zugänge gewonnene Einsichten eine Repräsentativität einstweilen nur unter großem Vorbehalt beanspruchen können. Eine Lösung – und zugleich ein Impetus für weitergehende Forschung – wird in der Vervielfachung der Rekonstruktion von Lebensläufen und beruflichen Werdegängen jüdischer Ärzte gesehen, bei denen jedoch die Komplexität ihrer zeitgenössischen Lebenswelt nicht ausgeblendet werden darf. Dieses konnte durch die Tagung am Beispiel Adalbert Friedrich Marcus' eindrücklich demonstriert werden.

Gerhard Aumüller   Irmtraut Sahmland

Adalbert Friedrich Marcus – Biographisches

Gerhard Aumüller

Adalbert Friedrich Marcus und die Ärzte in seiner Verwandtschaft – Familiärer Hintergrund, schulische und universitäre Ausbildung, wissenschaftliche Orientierung

Abstract: Physicians from the extended families of the court Jews Stieglitz and Juda form the core of this study. Considered here are Israel / Adalbert Friedrich Marcus and Israel / Johann Stieglitz as well as Carl Friedrich von Marcus and Carl Christian Heinrich Marc in the next generation. Following their conversion to Christianity all four became successful doctors and three of them attained positions as court physicians. The aim of this study is to investigate the educational opportunities available to these men at both school and university and to explore these and other influences that shaped their early lives. My contribution examines an important, yet heretofore underexplored, dimension of Jewish biography in what might be called the 'Age of Education.'

Einleitung – Pädagogische Tendenzen der „Sattelzeit"

Die Grundmuster des Bildungswandels jüdischer Eliten im Zeitalter der Aufklärung unter dem Einfluss der Haskala sind zumindest seit der grundlegenden Untersuchung von Monika Richarz über den Eintritt der Juden in die akademischen Berufe bekannt.[1] Gleichwohl sind, wie Friedrich Battenberg mit Hinweis auf die Studien von Herman Pollack zum jüdischen Alltagsleben hervorgehoben hat,[2] noch zahlreiche sozialgeschichtliche Fragen jüdischer Familien im Zeitalter der Aufklärung offen: Etwa solche nach der örtlichen Situierung, der Bedeutung des häuslichen Lebensraums bzw. der individuellen Persönlichkeit und des individuellen Lebenslaufs, der Erziehung und Sozialisation, aber auch des Konsums und der religiösen Einstellung, die wesentliche Faktoren für Lebensziel, Identitätsentwicklung und Karrieremuster darstellen. Neuere Arbeiten zu jüdischen

---

1 RICHARZ, Monika: *Der Eintritt der Juden in die akademischen Berufe. Jüdische Studenten und Akademiker in Deutschland 1678–1848* (Schriftenreihe Wissenschaftlicher Abhandlungen des Leo Baeck Instituts 28), Tübingen 1974.
2 BATTENBERG, J. Friedrich: *Die Juden in Deutschland vom 16. bis zum Ende des 18. Jahrhunderts* (Enzyklopädie Deutscher Geschichte Bd. 60), München 2001, S. 120–127; POLLACK, Herman: *Jewish Folkways in Germanic Lands (1648–1806). Studies in Aspects of Daily Life,* Cambridge (Mass.)/London 1971.

Ärzten im Zeitalter der Aufklärung verfolgen Fragen des Berufsalltags und Berufsverständnisses[3] oder ihrer jüdischen Identität,[4] ohne dabei jedoch näher auf mentalitätsgeschichtliche oder sozialhistorische Aspekte etwa der schulischen und universitären Ausbildung jüdischer Mediziner einzugehen.

Dies ist umso bemerkenswerter, als die Aufklärung zum Schauplatz deutlicher Umbrüche in der Entwicklung und im Selbstverständnis der Pädagogik wurde, so dass man von einem *Zeitalter der Pädagogik* gesprochen hat,[5] als dem Aufbruch zur Moderne im Konzept der Erziehung.[6] Leitbegriffe wie Kritik, Aufklärung, Mündigkeit, Emanzipation, Toleranz und Fortschritt führten dazu, dass *das Erbe der vormodernen Welt im neuzeitlichen Geist umgeformt, der Idee der Bildung eine säkularisierte Gestalt gegeben und die Definition des Wissens und des Wissenswerten endgültig unter den Gesichtspunkt des Erkenntniswandels und des Fortschritts gestellt* wurde.[7] Zwar äußerten kritische Stimmen später den Verdacht, dass die Ziele der Aufklärung in Gefahr stünden, *das Individuum der Brauchbarkeit und Nützlichkeit, den gesellschaftlichen Erwartungen und den Zwängen von Beruf und Stand aufzuopfern,*[8] aber die gesellschaftlichen Umbrüche der Zeit mit dem Wandel von der ständischen Agrargesellschaft zur bürgerlichen Industriegesellschaft führten dazu, dass Philosophen, Pädagogen, doch auch aufgeklärte Landesfürsten zu der Auffassung gelangten, *daß vor allem Erziehung und Ausbildung, die Veränderung der Institutionen – von der Familie bis zu den Universitäten – und die pädagogische Konstruktion von Mentalitäten, Wertvorstellungen und Lebensperspektiven geeignet sein könnten, die als große Krise wahrgenommene gesellschaftliche Umwälzung zu bewältigen.*[9] Neue ökonomische Konzepte wie Utilitarismus, Kameralistik und Physiokratie verbanden sich mit religiös motivierten Impulsen wie dem Pietismus

---

3   LEDER, Christoph Maria: *Die Grenzgänge des Marcus Herz. Beruf, Haltung und Identität eines jüdischen Arztes gegen Ende des 18. Jahrhunderts* (Münchner Beiträge zur Volkskunde Bd. 35), Münster usw. 2007; dort ausführliche Literaturangaben.
4   WOLFF, Eberhard: *Medizin und Ärzte im deutschen Judentum der Reformära. Die Architektur einer modernen jüdischen Identität* (Jüdische Religion, Geschichte und Kultur Bd. 15), Göttingen 2014; bes. Kap. 4: Die Medizin und der kulturelle Wandel im Judentum (S. 236–258).
5   BÜRMANN, Ilse; CLOER, Ernst: *Zeitalter der Aufklärung – Zeitalter der Pädagogik. Zu den Ambivalenzen einer Epoche,* Münster 2000.
6   TENORTH, Heinz-Elmar: *Geschichte der Erziehung. Einführung in die Grundzüge ihrer neuzeitlichen Entwicklung,* Weinheim/München ³2000, Kap. III, S. 78–121.
7   TENORTH, *Geschichte der Erziehung* (wie Anm. 6), S. 78.
8   Ebd., S. 81.
9   Ebd., S. 85.

und stellten damit neue Herausforderungen an den Bildungsgang,[10] der durch *den Konflikt zwischen Freiheit und Zwang, zwischen Individuum und Gesellschaft, zwischen Anpassung und Mündigkeit, zwischen dem Utilitarismus, also der Aufopferung des Subjekts für den ökonomisch-gesellschaftlichen Zweck, und der Bildung der Individuen zur Humanität* geprägt war. Nicht zuletzt unter dem Einfluss des Pietismus Hallenser Prägung wurden auch in peripheren Kleinstterritorien wie dem Fürstentum Waldeck neue pädagogische Konzepte wie z.b. der Philanthropismus wirksam und von den Fürsten gefördert.[11]

Fürst Friedrich Carl August zu Waldeck und Pyrmont (1743–1812), in dessen lange Regierungszeit (1763–1812) die Kindheit und Jugend von A.F. Marcus, J. Stieglitz und C.C.H. Marc fällt, war an den neuen Entwicklungen der Pädagogik durchaus interessiert, wie man dem umfangreichen Bestand pädagogischer Werke aus seinem Besitz in der Arolser Hofbibliothek entnehmen kann.[12] Erkennbar weniger begabt als sein früh verstorbener älterer Bruder Carl (1742–1756) und wegen seiner Lernschwierigkeiten und Spielleidenschaft ein Sorgenkind seiner geistig überaus regsamen und interessierten Mutter Christiane (1725–1816),[13] einer geborenen Wittelsbacher Pfalzgräfin, deuteten schon frühzeitig mangelnde Disziplin und Durchsetzungsfähigkeit seine späteren Charakterschwächen an. Ab 1748 erhielt Friedrich durch den Theologen Johann Daniel Asmuth und zwei „Instruktoren" Privatunterricht und wurde anschließend ab 1753 dem

---

10 LÖTZSCH, Ulrike (Hg.): *»Die Rosenschule bey Jena«. Ein Schulversuch von 1762*, Leipzig 2014.
11 Zum Pietismus in Waldeck und seiner Abwehr s. MEDDING, Wolfgang: *Korbach. Die Geschichte einer deutschen Stadt*, Korbach ²1980, S. 290–293; SCHNEIDER, Hans: *Johann Heinrich Marmor (1681–1741) – Zur Biographie eines Waldecker Pietisten*, in: Geschichtsblätter für Waldeck 66, 1977, S. 138–159 (mit ausführl. älterer Literatur); MENK, Gerhard: *Martinus Michael als Rektor des Korbacher Gymnasiums von 1681 bis 1684 – Ein Beitrag zur Pädagogik und zum Organisationsgrad des frühen Pietismus*, in: Geschichtsblätter für Waldeck 70, 1982, S. 141–162, darin S. 160 zur waldeckischen Schuldordnung von 1704; ferner NICKEL, Karl-Heinz: *Antike in Bildung und Erziehung im Fürstentum Waldeck von der Reformation bis zur Aufklärung*, in: BROSZINSKI, Hartmut; KÜMMEL, Birgit; WOLF, Jürgen (Hgg.): *Antikes Leben. Ideal und Wirklichkeit in Hofbibliothek und Kunstsammlungen der Fürsten von Waldeck und Pyrmont*, Petersberg 2009, S. 97–126; hier S. 102–103.
12 FOSSALUZZA, Cristina: *Aufklärung am Arolser Hof. Moderne pädagogische Konzepte in der Bibliothek der Fürsten zu Waldeck und Pyrmont*, in: Geschichtsblätter für Waldeck 98, 2010, S. 89–110.
13 KÜMMEL, Birgit: *Fürstin Christiane von Waldeck und Pyrmont – Eine Liebhaberin der Naturgeschichte*, in: Hessische Heimat 1993, S. 79–84.

Kammerherren Johann Daniel von Pentz anvertraut, der gemeinsam mit ihm und seinen jüngeren Brüdern von 1761–1763 eine Kavaliersreise in die Schweiz, nach Italien und Frankreich unternahm, auf der er u.a. auch Voltaire kennenlernte[14] und die adligen Umgangsformen und ein beträchtliches Bildungsniveau und Kunstverständnis erwarb.

Unter dem Einfluss der Lektüre u.a. von J. J. Rousseaus „Du Contract Social ou Principes du Droit Politique" (Amsterdam 1762) zeigte er sich 1763 bei der Übernahme der Regierung aus der Vormundschaft seiner Mutter wirtschaftlichen Reformmaßnahmen und einem aufgeklärten Regierungsprogramm gegenüber aufgeschlossen.[15] Seine Unfähigkeit jedoch, die massive Verschuldung seines Hofes durch Einschränkung seines verschwenderischen Lebensstils zu beheben,[16] der Plan einer nicht standesgemäßen Ehe mit einer Bürgerlichen, eine Millionen schwere Hypothek beim hessischen Landgrafen und der geplante Verkauf der Grafschaft Pyrmont drohten den Staatsbankrott und die Mediatisierung des kleinen Fürstentums herbeizuführen. Dies konnte nur durch den energischen Widerstand seines jüngeren Bruders Georg verhindert werden.[17] Gleichwohl setzte der Fürst durch den großzügigen Ausbau der Hofbibliothek und seiner Kunstsammlungen sowie zahlreiche weitere repräsentativ-kulturelle und wirtschaftliche Aktivitäten wesentliche Akzente, zu denen auch die Förderung des Schulwesens gehörte. Dazu ließ er in der Hofbibliothek alle wichtigen neueren Werke zur Pädagogik anschaffen, wie etwa Jean Jaques Rousseaus „Émile" und zahlreiche weitere.[18] Inwieweit man aus dem Vorhandensein nahezu aller aktuellen Bücher zur Erziehung und Bildung auf ein tiefergehendes Interesse des Fürsten an pädagogischen Fragen schließen kann, wie dies z.B. C. Fossaluzza in ihrer

---

14 MURK, Karl: *Fürsten, Krieger, Kavaliere. Karrierewege, Rollenverständnis und Lebensweise der Brüder Friedrich, Christian und Georg von Waldeck und Pyrmont*, in: BROSZINSKI, Hartmut; KÜMMEL, Birgit; WOLF, Jürgen (Hgg.): *Antikes Leben. Ideal und Wirklichkeit in Hofbibliothek und Kunstsammlungen der Fürsten von Waldeck und Pyrmont*, Petersberg 2009, S. 42–74; hier S. 43–47.
15 MENK, Gerhard: *Der aufgeklärte Absolutismus in Waldeck. Ein Schreiben F. v. Dalwigks an Fürst Friedrich (1772)*, in: Geschichtsblätter für Waldeck, Bd. 78, 1990, S. 133–149; hier S. 147.
16 Ebd., S. 47ff.; ausführlich zur finanziellen Situation, s. MURK, Karl: *Vom Reichsterritorium zum Rheinbundstaat. Entstehung und Funktion der Reformen im Fürstentum Waldeck (1780–1814)*. (Waldeckische Forschungen 9), Arolsen 1995; hier S. 40–49.
17 Ausführlich dazu s. NICOLAI, Helmut: *Arolsen. Lebensbild einer deutschen Residenzstadt*, Glücksburg 1954, S. 28–37.
18 Ausführlich dazu s. FOSSALUZZA, *Aufklärung* (wie Anm. 12), S. 92–95, 101–102.

Studie „Aufklärung am Arolser Hof" annimmt,[19] bleibt angesichts der fehlenden Umsetzung in konkrete Projekte eher zweifelhaft.

Allerdings scheint der Ausbildungsgang der drei waldeckischen Prinzen für die besser gestellte Bürgerschaft der Kleinstadt Arolsen, zu der auch die Familien der Hoffaktoren Juda und Stieglitz gehörten, in gewisser Weise Modellcharakter für die schulische Bildung ihrer begabteren Söhne gehabt zu haben. Dies lässt sich, wie unten ausführlicher dargestellt wird, an der Tätigkeit des von 1783 an in Arolsen wirkenden Philanthropisten Christian Carl André aufzeigen.[20]

Der Hofjude Marcus Juda und sein Umfeld

Unter den zahlreichen Nachkommen des Arolser Schutzjuden und Hoflieferanten Marcus Juda[21] finden sich in zwei Generationen zehn Ärzte, von denen mindestens drei als königliche Leibärzte und bedeutende Sozialmediziner, aber auch die übrigen als tüchtige Psychiater und Gerichtsärzte überregionale Bedeutung erlangt haben und in die Medizingeschichte eingegangen sind. Interessanter Weise haben sich die drei angesprochenen Leibärzte, nämlich Adalbert Friedrich Marcus, Johann Stieglitz und Charles Chrétien Henri Marc auf ganz unterschiedliche Weise wissenschaftlich profiliert und sind zu Exponenten gegensätzlicher medizinischer Schulen geworden. Es stellt sich daher die Frage nach den Orientierungspunkten, die für die wissenschaftliche Ausrichtung dieser Ärzte maßgeblich waren, nach den persönlichen Veranlagungen, Neigungen und Präferenzen, die ihre Orientierung bestimmten und den äußeren Umständen,

---

19 FOSSALUZZA, *Aufklärung* (wie Anm. 12), S. 95–98.
20 BEAUCAMP, Gerta: *Der Pädagoge Christian Carl André in Arolsen (1783–1785)*, in: Geschichtsblätter für Waldeck 78, 1990, S. 151–172.
21 Umfassende Darstellung s. HÄBERLEIN, Mark/SCHMÖLZ-HÄBERLEIN, Michaela: *Adalbert Friedrich Marcus (1753–1816). Ein Bamberger Arzt zwischen aufgeklärten Reformen und romantischer Medizin* (Stadt und Region in der Vormoderne, 5), Würzburg 2016; dort auch die gesamte frühere Literatur zu Marcus. Kurz gefasster Abriss s. AUMÜLLER, Gerhard: *Adalbert Friedrich Marcus. Der waldeckische Reformer des fränkischen Medizinalwesens und seine Familie*, in: Waldeckische Historische Hefte 11, Bad Arolsen, 2016; ältere Literatur s. SPEYER [Carl Friedrich] und MARC [Carl Moritz]: *Dr. A. F. Marcus nach seinem Leben und Wirken geschildert von seinen Neffen Dr. Speyer und Dr. Marc. Nebst Krankheits-Geschichte, Leichenöffnung, neun Beilagen und dem vollkommen ähnlichen Bildnisse des Verstorbenen*. Mit einer Vorrede von G. M. Klein, königl. baier. Rector und Professor auf der Universität zu Würzburg. Bamberg und Leipzig bei C. F. Kunz 1817; JÄCK, Joachim Heinrich: *Adalbert Friedrich Marcus nach dem Leben und Charakter geschildert*. I. Pantheon, Erlangen, Joh[ann] Jac[ob] Palm 1813, Sp. 705–751.

die für ihre berufliche Laufbahn entscheidend waren. Dabei soll hier vor allem die schulische Ausbildung genauer ins Auge gefasst werden, weil in den bisherigen Biographien dazu nur sehr wenige Angaben vorliegen und generell in der Literatur kaum detaillierte Studien zum Schulbesuch jüdischer Studenten in der vornapoleonischen Zeit durchgeführt wurden.

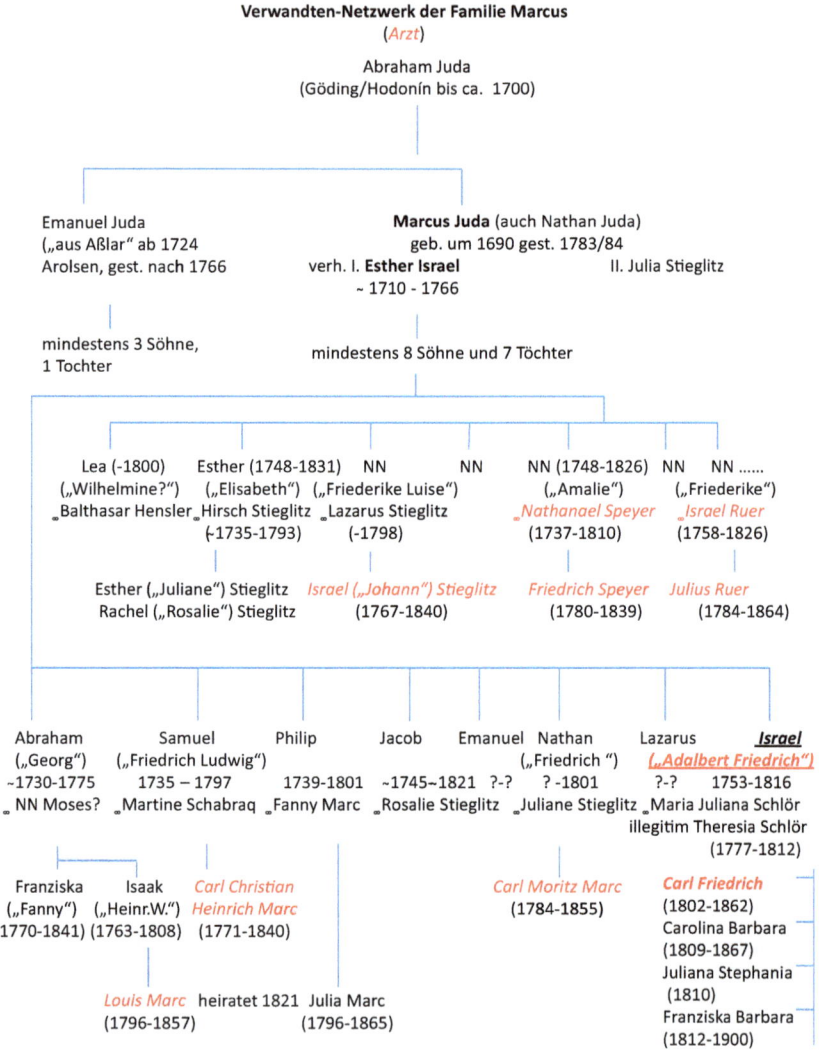

Abb. 1: Stammtafel Marcus

Zunächst ein Blick auf die nicht unkomplizierten verwandtschaftlichen Verhältnisse, die durch zahlreiche innerfamiliäre Ehen nicht nur einen ‚Ahnenschwund' bedingten, sondern die Beziehungen auch etwas unübersichtlich gestalten. Die beiden 1724 bzw. 1725 vermutlich aus dem solms-braunfelsischen Aßlar bei Wetzlar nach Arolsen eingewanderten Schutzjuden Emanuel und Nathan Juda waren bereits 1727 in der Lage, ein ansehnliches Wohnhaus in der „Herrengasse" zu erbauen, in dem sich auch der Versammlungsraum, der Cheder, und wahrscheinlich auch die Mikwe, das rituelle Bad, befanden. Der jüngere und offenbar geschäftstüchtigere Bruder Nathan, der bald den Vornamen Marcus, gelegentlich auch Moritz, verwendete, baute 1746 ein eigenes Haus, nicht zuletzt, um seinen großen, bis zu 18 Personen umfassenden Hausstand unterzubringen, heute Haus Jäger, Kaulbachstraße 15.[22] Zwei seiner Töchter heirateten die beiden Söhne des aus dem Wittgensteinischen stammenden Schutzjuden Levi Stieglitz, Hirsch und Lazarus, die 1763 einen Schutzbrief für Arolsen erhielten, wo sie ein großes Haus am Ende der Nordseite der Herrengasse, heute Schlossstraße 2, errichteten.[23] Sehr wahrscheinlich kam der Kontakt der beiden Familien bereits gegen Ende des 17. Jahrhunderts durch deren Messebesuche in Leipzig zustande, zumindest ist der aus dem mährischen Göding/Hodonín stammende Vater von Marcus Juda, Abraham Juda, dort nachweisbar,[24] und auch der Name Stieglitz deutet auf eine Bezugnahme auf die Leipziger Patrizierfamilie von Stieglitz.

Beide Brüder Stieglitz waren mit zwei Töchtern der Eheleute Juda verheiratet: Hirsch mit Esther, später Elisabeth, Lazarus Stieglitz mit Friederike Luise. Deren ältester Sohn war Sohn Israel, später als königlich-großbritannischer Leibarzt, Johann Stieglitz, der nachher noch genauer vorgestellt wird. Zwei weitere Töchter Marcus Judas waren bereits mit Ärzten verheiratet, nämlich Amalie mit dem aus Hoof bei Kassel stammenden Nathanael, später Friedrich Wilhelm Speyer, Hofarzt in Arolsen und Friedrike mit Herz Israel Ruer, Arzt in Meschede, deren Söhne wiederum Ärzte wurden. Von den mindestens acht Söhnen Marcus Judas, die bis auf den jüngsten alle Geschäftsleute waren, lebte Samuel zunächst in Arolsen, heiratete in Amsterdam, zog später nach Le Havre, ab etwa 1780 wieder

---

22 Hessisches Staatsarchiv Marburg (künftig: HStAM), Best. 127 Arolsen, Stadt 1: Neüstadt Arolßer Geschoß= und Lagerbuch. Errichtet in anno 1741. Nr. 23 und 24.
23 STIEGLITZ, Olga: *Die Nachkommen der Hofagenten Hirsch und Lazarus Stieglitz. Eine Klarstellung der interfamiliären Bezüge*, in: Geschichtsblätter für Waldeck 81, 1993, S. 103–162.
24 FREUDENTHAL, Max: *Leipziger Messgäste. Die jüdischen Besucher der Leipziger Messen in den Jahren 1675 bis 1764*, Frankfurt am Main 1928, S. 90; Göding: Abraham Marcy 1689, 1699, 1700.

für wenige Jahre nach Arolsen und starb 1797 in Erlangen. Sein Sohn war Carl Christian Heinrich Marc, der bis 1840 als königlich französischer Leibarzt in Paris lebte und auf den nachher genauer einzugehen sein wird.

Die älteren Söhne des Marcus Juda, die als Geschäftsleute nicht nur Englisch in Sprache und Schrift, sondern auch das am Hof gesprochene Französisch, teilweise auch Niederländisch beherrschten,[25] bildeten einen Teil des polyglotten Umfeldes, in dem Israel Marcus und seine Neffen aufwuchsen. Marcus Juda gehörte als Hoflieferant der jüdischen Oberschicht an[26] und war durch den Kontakt mit dem Hof mit vielfältigen Luxusbedürfnissen des Adels vertraut. Der Handel mit teureren Konsumgütern, vom Rauchtabak bis zum Silbergeschirr für den Fürsten, vor allem auch Textilien, über deren Kenntnis, Qualität und Bezugsquellen er durch seine Messeeinkäufe in Frankfurt und anderen Handelszentren detailliert verfügte,[27] machte offenbar einen wichtigen Teil seiner Lebenswelt und der seiner älteren Söhne aus. Sie waren es im Wesentlichen, die die Stoffe bzw. Kleidung für die Hofmusiker und andere Hofdiener lieferten und komplizierte Bankgeschäfte erledigten.[28] Und selbst die Töchter, nachweislich die Tochter Lea, versorgten die weiblichen Mitglieder des Hofes mit Kurzwaren, ein Hinweis auf die engeren Kontakte zum fürstlichen Hof und seinem adeligen und bürgerlichen Umfeld.[29] Wie eng dieser Kontakt war, zeigt sich an der Vermietung eines Raums im Hause Marcus an einen jungen Herrn von Biela, der von 1759 bis 1762 dort wohnte.[30]

Der gehobene Lebensstandard der Familie Marcus lässt sich auch daran ablesen, dass 1774 anlässlich einer Hochzeit im Hause der jüdische Hofmusiker Moses

---

25 Zahlreiche französische und englische Einträge, darunter auch ein französischer seines Bruders Israel, im Stammbuch von Philip Marc (im Besitz der Bibliothek des Waldeckischen Geschichtsvereins in Bad Arolsen). Der zeitweise in Amsterdam lebende und mit der aus einer Amsterdamer jüdischen Familie stammenden Martine Hartog Schabracq verheiratete Bruder Samuel Marc sprach neben Französisch auch Niederländisch.
26 Zur jüdischen Oberschicht s. BATTENBERG, *Juden in Deutschland* (wie Anm. 2), S. 107 ff.
27 HStAM, Best. 118 a Nr. 184, Rechnungen M. Juda 1755.
28 Ausführlich dazu HÄBERLEIN/SCHMÖLZ-HÄBERLEIN, *Marcus* (wie Anm. 21), S. 35–49.
29 HStAM, Best. 125 (unverzeichnet), Acta cameralia betr. d. Forderungen des Samuel und Jakob und Philipp Marcus in Arolsen wegen Waarenlieferung zur Hofhaltung 1764–1773.
30 HStAM, Best. 118 a Nr. 223, Belege zu Schatullrechnung März 1762. Es handelt sich vermutlich um einen Sohn des ehemaligen waldeckischen Forstmeisters von Biela; vermutlich hat v. Biela bereits als Schüler 1743 bei der Familie Marcus gewohnt (HStAM, Best. 118 a Nr. 172, fstl. Schatullkasse 1740–1812).

Gaiger, vielleicht ein Schwager des ältesten Marcus-Sohns Abraham, mit einem weiteren jüdischen Musiker, Isaak Süßkind, zum Tanz aufspielte.[31]

Die Lebenswelt der Familie Juda hob sich demnach deutlich von der des älteren Bruders Emanuel Juda im Nachbarhaus ab, das nach wie vor die Synagoge der orthodoxen Gemeinde war, während Markus Juda ganz offensichtlich der liberalen Gemeinde angehörte, deren Synagoge seine beiden Schwiegersöhne Hirsch und Lazarus Stieglitz auf ihrem großen Grundstück hinter dem repräsentativen Wohnhaus eingerichtet hatten. Es ist nicht bekannt, welcher Rabbi dieser Synagoge vorstand; am ehesten in Frage kommt der seit 1768 in Korbach tätige Lehrer und Rabbiner Abraham Saul, der 1770 zur Arolser jüdischen Gemeinde wechselte. Saul wurde 1715 als Sohn eines Rabbiners in Glogau in Schlesien geboren und studierte an der Jeschiwa, der Rabbiner-Hochschule, im mährischen Kremsier, später in Mannheim, Frankfurt am Main und Frankfurt/Oder. Nach verschiedenen Zwischenstationen war er 22 Jahre lang Rabbiner in Offenbach, ehe er 1768 nach Korbach zog. Seine beiden Söhne, damals schon über 20 Jahre alt, die bereits selbst unterrichteten, baten mit Einverständnis des Vaters um Aufnahme in das Korbacher Gymnasium, die ihnen der Rektor Winterberg gewährte und ihnen sogar das Unterrichtsmaterial stellte. Beeindruckt von der Toleranz und Großzügigkeit Winterbergs konvertierte die gesamte Rabbinerfamilie zum Protestantismus und wurde am Sonntag Laetare 1772 vom Hofprediger Johann Franz Christoph Steinmetz (1730–1791) in Arolsen getauft.[32]

Adalbert Friedrich Marcus – Ausbildungsgang und Lebenswerk

Der als jüngster Sohn Marcus Judas 1753 in der Kleinstadt Arolsen geborene Israel Marcus war 14 Jahre älter als sein 1767 ebendort geborener Neffe Israel Stieglitz. Der wiederum war vier Jahre älter als sein Cousin Carl Christian Heinrich Marc, der seine ersten neun Lebensjahre im französischen Le Havre verbrachte und erst dann in die Kleinstadt übersiedelte. Die Muster der Lebenswege der drei Ärzte sind jedoch ähnlich: Aufgewachsen im Schoß wohlhabender und eng mit einander verwandter Familie erhielten sie zunächst Privatunterricht, besuchten anschließend modern, d.h. pietistisch-philanthropisch ausgerichtete Gymnasien, studierten an relativ jungen, wissenschaftlich profilierten Universitäten, wo sie Anschluss an ähnlich begabte christliche Studenten fanden bzw. aufgrund ihres

---

31 ROUVEL, Diether: *Zur Geschichte der Musik am Fürstlich Waldeckschen Hofe zu Arolsen*, Regensburg 1962, S. 151.
32 STEINMETZ, Johann Franz Christoph: *Die Bekehrung einer jüdischen Familie zu Christo, nebst einem Anhange*, Mengeringhausen 1772, S. 4–5.

Fleißes von Professoren gefördert wurden und schließlich konvertierten, um höhere Positionen als Leibarzt, Hofrat und hoher Medizinalbeamter einzunehmen. Unterschiede treten dann in der wissenschaftlichen Orientierung und der Produktivität und Bedeutung zutage und deuten auf individuelle Eigenschaften, Präferenzen oder Entwicklungen. Das spiegelt sich auch im persönlichen Umfeld und den sozialen Verhaltensweisen der Drei wieder: Dem stets geschäftigen, allem Neuen zugewandten und an zahlreichen gesellschaftlichen Kontakten, auch zu Künstlern interessierte Marcus, der einen ausgesprochen liberalen, wenn nicht permissiven Lebensstil pflegte, steht der strenge, äußerst kritische, bis zur Schroffheit wahrheitsliebende und weltabgewandt lebende, an Literatur und Philosophie interessierte Stieglitz gegenüber, während der französisch geprägte Charles Marc als ein Muster an Liebenswürdigkeit, Fleiß, Mitmenschlichkeit und Bescheidenheit gerühmt wird. Wer waren die prägenden Persönlichkeiten für diese drei Ärzte während ihres frühen Ausbildungsganges?

Israel Marcus und das Gymnasium Illustre in Korbach

Der am 21. November 1753 geborene Israel Marcus wird, wie damals üblich, seine Kindheit in der Familie verbracht haben, umsorgt von der Mutter und den älteren Geschwistern. Man kann davon ausgehen, dass er in diesem Umfeld mit den Grundlagen des jüdischen Glaubens vertraut gemacht wurde, Thora und Talmud auf Hebräisch Lesen lernte und auch die Gebete, Festtage, Reinheitsgebote und was sonst ein jüdischer Junge bis zur Bar Mizwa beherrschen musste.

Zwar gab es bereits seit 1654 in Waldeck die formale Schulpflicht,[33] für die aber trotz der 1704 eingeführten, pietistisch orientierten Schulordnung[34] nur unzureichend gesorgt wurde. Wenige Schritte vom Haus der Familie Marcus entfernt befand sich in der sogenannten Trompetergasse die winzige, gerade einen Klassenraum umfassende Stadtschule,[35] in der ein Diakon oder der Hofkantor den Schulkindern die Grundzüge des Lesens, Schreibens, Rechnen und der Religion beibrachte. Von 1750 bis 1755 war der auch als Sekretär der Fürstinmutter Christiane tätige Theologe Johann Franz Christoph Steinmetz (1730–1791) dort „Informator", der nach kurzer Tätigkeit als Feldprediger bald zum Hofprediger und Superintendenten, später sogar Generalsuperintendenten aufstieg. Ihm folgten der Hofkantor Johann Christian Höhle (1731–1771), später der Organist und

---

33 MEDDING, *Korbach* (wie Anm. 11), S. 288.
34 Ebd., S. 292–293; S. 300.
35 NICOLAI, *Arolsen* (wie Anm. 17), S. 78; S. 178.

Hofküster Johann Adam Göhring;[36] es ist aber nicht nachzuweisen, dass sie Marcus unterrichtet hätten.[37]

1766, nachdem Israels Mutter Esther gestorben war und sein Vater Marcus Juda die wesentlich jüngere Julia Stieglitz,[38] eine Schwester seiner beiden Schwiegersöhne geheiratet hatte, wurde der Dreizehnjährige seinem wesentlich älteren Bruder Abraham anvertraut,[39] der für seinen Unterricht sorgte. Abraham hatte sich 1763 in Mengeringhausen niedergelassen[40] und dort vermutlich in die Familie Moses eingeheiratet.[41] Er hat neben dem Handel auch durch Vermittlung zahlreicher Judenschutzbriefe,[42] die Gründung einer Lotterie,[43] Beteiligung an einer Fabrik in Külte und andere Geschäfte offenbar ein größeres Vermögen erwerben können, das ihn 1774 in die Lage versetzte, in Arolsen ein großes fünfachsiges Haus mit zwei Anbauten zu errichten.[44] 1775 ist er dort gestorben.[45] Ob er seinem Bruder

---

36 Wenige Angaben zu beiden bei ROUVEL, *Geschichte der Musik* (wie Anm. 31), S. 54–55, 137; Göhring dürfte als Organist wie üblich „Mädchenschulmeister" gewesen sein.
37 Die frühen Biographen widersprechen sich hier: Während SPEYER/MARC, *Marcus* (wie Anm. 21) schreiben (S. 3), er habe den ersten Elementarunterricht *von Privatlehrern, theils zu Arolsen, theils zu Mengeringhausen in dem Hause eines nahen Verwandten* erhalten, heißt es bei JÄCK, *Marcus* (wie Anm. 21), Sp. 703: *Bey der Unzulänglichkeit der einheimischen Unterrichtsanstalt, wo er den wissenschaftlichen Elementarunterricht empfing, schickten sie [scil., die Eltern] ihn also 1766 auf das Gymnasium Illustre zu Korbach.*
38 HStAM, Best. 118 a Nr. 2541, Exemptionsschreiben für Marcus Juda, 1. Nov. 1766.
39 Sowohl SPEYER/MARC, *Marcus* (wie Anm. 21), wie JÄCK, *Marcus* (wie Anm. 21) geben fälschlich 1766 als Eintrittsjahr in das Korbacher Gymnasium an.
40 HStAM, Best. 121 Nr. 1591, Niederlassung des Schutzjuden Abraham Marcus in Mengeringhausen, 28. Juli 1763.
41 In Mengeringhausen sind erst ab 1778 bzw. 1792 drei jüdische Familien (Michael Heinemann, Josef Moses und Gottschalck Emanuel) nachgewiesen (HStAM, Best. 118 a Nr. 2783 und 2784). Heinemann wurde als *reich*, Moses als *mittel* eingestuft; vielleicht ist er identisch mit dem oben genannten Moses Gaiger.
42 HStAM, Best. 118 a, Nr. 2782 und 2783.
43 NICOLAI, *Arolsen* (wie Anm. 17), S. 131; HÄBERLEIN/SCHMÖLZ-HÄBERLEIN, *Marcus*, (wie Anm. 21), S. 38.
44 NICOLAI, *Arolsen* (wie Anm. 17), S. 93; S. 333. NICOLAI (S. 93) gibt als Baujahr 1776 an; damals war Abraham aber bereits verstorben.
45 HStAM, Best. 118 a Nr. 2783, Pro Memoria des Jacob Marcus an Geheim Secretair Frensdorf, Arolsen, 19. April 1775: *Es ist dem hiesigen Hrn. Stadt Commissarius nahmens Serrenissime (sic!) der Auftrag geschehen, 28 stück Louisd'or, so mein verstorbener Bruder Abraham Marcus wegen einen Schutz schuldig sein soll, von dessen Hinterlassenschaft einzutreiben, und kaum wurde die Vormundschaft über bemelten meines Bruders Erben dem Joseph Moses zu Mengeringhn. und mir aufgetragen [...].*

Israel in Mengeringhausen Privatunterricht erteilen ließ oder dieser die dortige Lateinschule[46] besuchte, bleibt ungeklärt. Ohne dass es nachzuweisen wäre, kommen als Lehrer am ehesten die Theologen Franz Henrich Schumacher, Johannes Hock, vielleicht auch der spätere Hofkaplan Johann Christian Viering (1743–1814) in Frage, die damals in Mengeringhausen bzw. dem benachbarten Helsen tätig waren und nachweislich Schüler privat unterrichteten.

In jedem Fall hatte der junge Israel Marcus 1769 so gute Kenntnisse im Lateinischen und Griechischen, dass er bei seinem Wechsel auf das Gymnasium Illustre in Korbach gleich in die erste Klasse, die Tertia, eingestuft wurde.[47] Diese einzige höhere Schule des Fürstentums war 1579 gegründet und im ehemaligen Franziskanerkloster untergebracht worden. Im Siebenjährigen Krieg hatte das Schulgebäude so schweren Schaden genommen, dass Ende der 1760er Jahre ein Neubau unumgänglich geworden war.[48] Die feierliche Grundsteinlegung am 31. Juli 1770 dürfte Marcus miterlebt haben, die Einweihung des Baues im Jahr 1787 jedoch nicht mehr.[49] Seinen Unterricht erhielt der Schüler Marcus daher im Hause des Rektors, in dem er auch zusammen mit weiteren Schülern untergebracht war. In der von seinen Neffen Carl Friedrich Speyer und Carl Moritz Marc verfassten Lebensbeschreibung Adalbert Friedrich Marcus' wird der *sehr gelehrte, im In- und Auslande sehr geachtete* Korbacher Rektor Friedrich Samuel Winterberg als sein erster Lehrer namentlich genannt[50] und soll hier als wichtige Bezugsperson in Marcus schulischer Bildung etwas ausführlicher vorgestellt werden.

Winterberg wurde am 22.10.1736 im benachbarten Landau als viertes Kind des Rektors Johann Henrich Winterberg und seiner Ehefrau Sabine Luise Syring geboren und dürfte dort zunächst die Stadtschule besucht haben.[51] Ein jüngerer Bruder war der spätere Pyrmonter Brunnendirektor Johann Christoph Winterberg.[52] Ob Samuel Friedrich, wie der bereits genannte, etwas ältere und ebenfalls

---

46 Ashauer, Wilhelm; Schacht, Heinrich: *Entwicklung der Schule*, in: *750 Jahre Mengeringhausen. Beiträge zur Geschichte einer waldeckischen Stadt*, hg. Stadt Mengeringhausen, Korbach 1984, S. 83–88. Die Schule wurde 1586 gegründet, der Rektor war zumeist ein Theologe, der auch Latein und Griechisch unterrichtete.
47 Speyer / Marc, *Marcus* (wie Anm. 21), S. 4; es handelte sich damals noch nicht um Jahrgangsklassen, sondern die Schüler wurden nach ihrem Kenntnisstand eingeteilt.
48 Medding, *Korbach* (wie Anm. 11), S. 244–246.
49 Ebd., S. 245.
50 Speyer / Marc, *Marcus* (wie Anm. 21), S. 4.
51 Waldeckische Ortssippenbücher, Bd. 9: *Landau*, bearb. Hugo Schoppmann, Arolsen 1961, S. 413.
52 HStAM, Best. 118 a Nr. 3342, Berichte des Brunnendirectors Winterberg in Pyrmont 1788–1800.

aus Landau stammende Johann Franz Christoph Steinmetz, auch als Schüler in das Waisenhaus in Halle wechselte, ist nicht bekannt. Er immatrikulierte sich am 19. Juni 1754 an der Universität Halle für Theologie unter dem Prorektorat von Michael Alberti.[53] Wie lange er in Halle studierte, ist nicht bekannt, vermutlich bis etwa 1758. Anschließend ist er zunächst als Feldprediger, dann als Pfarrer im waldeckischen Neukirchen tätig gewesen. Dort heiratete er 1761 Carolina Philippina Ebel (geb. ?, gest. 10.11.1798 in Korbach). Im Jahr darauf, am 15.09.1762, immatrikulierte er sich an der Universität Gießen. Sein Matrikeleintrag lautet: *Fridericus Samuel Winterberg, Pastor Neofaniensis, principatus Waldecciae*.[54] Das Studienfach wurde zu dieser Zeit in der Matrikel noch nicht angegeben. Offenbar hat er sich in Gießen zum Zweck der Promotion immatrikuliert, denn 1762 ist seine Dissertation nachweisbar; der Titel lautet: *Dissertatio theologica de relictione Christi a patre suo, Ps. 22, 1 coll. Matth. 27, 46,* gedruckt Gießen 1762. Promotor des Verfahrens war der Gießener Theologieprofessor Johann Hermann Benner.[55] Wahrscheinlich handelt es sich um eine philosophische Magisterpromotion, denn beim Dienstantritt als Rektor in Korbach 1769 unterzeichnet Winterberg als Magister.[56] Dort wurde am 10. Februar 1770, also während Marcus' Aufenthalt in Korbach, sein Sohn Johann Heinrich Christian Konstantin geboren, der es 1795 zum Kollaborator am Gymnasium und 1799 zum Konrektor, später von 1807 bis 1815 zum Pfarrer an der Korbacher Kilianskirche brachte.[57]

Winterberg war ein ehrgeiziger und zielstrebiger Pädagoge. Bereits kurz nach seinem Dienstantritt erbat er sich vom Fürsten die alleinige Leitung des Korbacher Gymnasiums, und er dürfte die treibende Kraft für den Neubau des Gymnasiums gewesen sein.[58] Als sich die Fertigstellung des Baus immer weiter verzögerte und er auch keinerlei Aussichten sah, dass das bis zur Tertia geführte Gymnasium bis

---

53 Universitätsarchiv der Martin-Luther-Universität Halle-Wittenberg, Rep. 46, Nr. 4, fol. 136, Nr. 481; freundl. Mitteilung von Archivassistentin A. Bugaiski, Universitätsarchiv der Martin-Luther-Universität Halle-Wittenberg vom 16.1.2016.
54 *Die Matrikel der Universität Gießen*, 2. Teil, 1708–1807, bearb. v. Otfried PRAETORIUS und Friedrich KNÖPP, Neustadt an der Aisch 1957. Die Angaben verdanke ich Frau Universitäts-Archivarin Dr. Eva-Marie Felschow, Universität Gießen.
55 SCHÜLING, Hermann: *Die Dissertationen und Habilitationsschriften der Universität Gießen im 18. Jahrhundert*, Gießen 1976. Freundlicher Hinweis von Frau Universitäts-Archivarin Dr. E. M. Felschow, Gießen.
56 HStAM, Best. 118 a Nr. 2832.
57 Einzelheiten s. MEDDING, *Korbach* (wie Anm. 11), S. 296; S. 320; S. 323.
58 HStAM, Best. 118 a Nr. 2832, Schreiben Winterbergs vom 20. April 1769; MEDDING, *Korbach* (wie Anm. 11), S. 296.

zur Secunda oder ‚Selecta' erweitert würde,[59] verließ er Korbach und übernahm die Leitung der hoch angesehenen Essener Stadtschule als zweiter Nachfolger nach dem bedeutenden Essener Pädagogen Johann Heinrich Zopf.[60] Zugleich wurde er dritter Prediger der lutherischen Gemeinde an der Marktkirche in Essen. Bereits 1779 wechselte er als Gymnasiarch und Rektor des Stadtgymnasiums nach Dortmund[61] und kehrte 1788 nach Korbach zurück, wo er das Rektorat übernahm und als Scholarch und Konsistorialrat bis zu seinem Tode am 10.11.1798 führte. Noch während seiner Dortmunder Tätigkeit legte er eine umfängliche theologische Dissertation *Periculum exegeticum* vor, mit der er 1789 in Göttingen zum Doctor theologiae promoviert wurde.[62] Außerdem publizierte Winterberg ein

---

59 Durch das Fehlen der „Selecta" war das Gymnasium keine vollwertige „Hohe Schule". Winterberg geriet offenbar wegen des mangelnden Ausbaus aufgrund der desolaten finanziellen Situation in eine schwere Depression (HStAM, Best. 118 a Nr. 2832, Schreiben Winterbergs vom 1.8.1771); auch sein Bruder Johann Christoph reagierte 1799 auf Kontroversen mit einer Depression (HStAM, Best. 118 a, Nr. 3342, Schreiben vom 15.8.1797).

60 Johann Arnold von Recklinghausen's *Reformations-Geschichte der Länder Jülich, Berg, Cleve, Meurs, Mark*, Dritter und letzter Theil. Hg. C. H. E. von Oven. Solingen und Gummersbach 1836, S. 364–365. Zu dem vom Hallenser Pietismus stark beeinflussten J. H. Zopf, der aus als Verfasser einer Universalhistorie und Praxis-orientierter Pädagoge hervorgetreten ist, s. Overmann, Karl: *Die Geschichte der Essener höheren Lehranstalten im 17. und 18. Jahrhundert mit besonderer Berücksichtigung des Evangelisch-Lutherischen Gymnasiums und seines Direktors Johann Heinrich Zopf*, in: Essener Beiträge Bd. 46, 1928, S. 3–196.

61 *Lexikon der vom Jahr 1750 bis 1800 verstorbenen teutschen Schriftsteller*, ausgearbeitet von Johann Georg Meusel, 15. Bd., Leipzig 1816, S. 229. Aus seiner Dortmunder Zeit ist ein sehr positives Abgangszeugnis für den Publizisten und Politiker Arnold Mallinckrodt (1768–1825) erhalten (Internet-Portal „Westfälische Geschichte", Artikel Mallinckrodt: *Arnold Mallinckrodt hat von Jugend auf eine gute Gemütsart gezeigt und bei zunehmendem Alter dieselbe durch die Tat bestätigt, auch sich allezeit mit sehr vielem Fleiß den schönen Wissenschaften gewidmet. Da er nun jetzt in beiden zur Reife gekommen, denkt er auf die Universität Halle zu reisen: Ich bitte also alle großen Rechtsgelehrten, welche daselbst lehren, daß sie diesen, die Zierde der besten Jünglinge, sich angelegentlichst mögen empfohlen sein lassen.* http://www.lwl.org/westfaelische-geschichte/portal/Internet/ku.php?tab=pnd&ID=100199054; Aufruf vom 17.1.2016).

62 Die 1787 begonnene Göttinger Dissertation über das 7. Kapitel des Römerbriefs, in dem es um den Zusammenhang von Willens- und Handlungsfreiheit, Gesetz und Sünde geht, ist in 2 Teilen erschienen: *Periculum exegeticum I. in cap. VII ad Rom. veram eius sententiam inquirens [...] Mengeringhusae M D CC X C* und *Periculum exegeticum II. in cap. VII ad Rom. quod verum eius sententiam inquirere pergit [...] Mengeringhusae M D CC XCI.* Teil I. war dem waldeckischen Regierungspräsidenten Friedrich

Gebetbuch für erwachsene Christen (Frankfurt am Main 1778) sowie ein *Gebetbuch für Christen, die sich bessern wollen, oder bereits gebessert haben* (Dortmund und Leipzig 1785) und weitere theologische Schriften.

Exkurs: Winterberg war 1796 auch noch der Lehrer von Marcus' Neffen Friedrich Carl Speyer (1780–1839), der nach dem Medizinstudium in Jena 1803 Mitarbeiter Marcus' in Bamberg wurde, dort auch den zeitweiligen Kapellmeister E.T.A. Hoffmann als Hausarzt betreute und nach dem Tode Marcus' 1816 dessen Lebensbeschreibung verfasste. Im Mai 1823 hatte er in Bamberg die Tochter Clara Franziska des Regensburger Landrichters Carl Freiherr von Godin (1746–1815) nach katholischem Ritus geheiratet, war später als Gerichtsarzt in Bamberg tätig und wie die übrigen ärztlichen Mitglieder der Familie wissenschaftlich außerordentlich produktiv. Seine Tochter Amélie (1824–1904), die 1845 in Bamberg den preußischen Offizier Franz Xaver Linz geheiratet hatte, ist als Jugendschriftstellerin im Münchner Umfeld Paul Heyses bekannt geworden.

Es war offenbar die liberale und tolerante Einstellung Winterbergs, die den beiden Rabbinersöhnen Abraham wie auch Israel Marcus den Zugang zum Gymnasium erleichterte, denn jüdische Schüler waren vorher die große Ausnahme. Man darf von einem prägenden Einfluss ausgehen, den er auf die in seiner Familie untergebrachten und in seinem Hause unterrichteten Schüler ausübte. Vermutlich aus der zweiten Phase seiner Korbacher Tätigkeit ab 1788 stammt ein undatierter 20-seitiger Bericht Winterbergs, in dem der sich zum Zustand der Schule, die Lehrer und den aktuellen wie künftigen Lehrplan äußert.[63]

Für diese spätere Datierung spricht die Erwähnung der *Vorschläge des Ministers von Zedlitz* (S. 9). Bei diesem handelt es sich um den preußischen Minister für das Geistliche Departement in lutherischen Kirchen- und Schulsachen, Karl Abraham von Zedlitz (1731–1793), der bereits 1776 bei seiner Aufnahme in die Akademie der Wissenschaften seine Erziehungsgrundsätze dargelegt hatte, die dann mit der Einrichtung des Oberschul-Collegiums 1787 für ganz Preußen verbindlich gemacht wurden.[64]

Ludwig Wieprecht Freiherr von Zerbst, *Patrono meo summo*, gewidmet, Teil II. dem Generalsuperintendenten J.F.C. Steinmetz und den Geheim- und Konsistorialräten F. Kleinschmidt, Th. Severin und F.P. Behr, *Fautoribus et Amicis optimis et optatissimis*.
63 HStAM, Best. 118a Nr. 2832.
64 RETHWISCH, Carl: *Zedlitz, Karl Abraham*, in: Allgemeine Deutsche Biographie 44 (1898), S. 744–748 [Onlinefassung]; URL: http://www.deutsche-biographie.de/pnd118808354.html?anchor=adb; Aufruf vom 16.4.2016. Für den Hinweis auf die Datierung danke ich Herrn Prof. Dr. Leonhard Friedrich, Universität Jena.

Winterbergs Gutachten mit seiner engen Bezugnahme auf die preußischen Schulreformen ist als Reaktion auf vorausgegangene strukturelle Probleme des Korbacher Gymnasiums zu interpretieren. Bereits 1776 hatte sein Nachfolger Christian Wilhelm Kreusler (1738–1786) zu Spenden für den Aufbau einer Schulbibliothek aufgerufen,[65] aber die Einrichtung des Gymnasiums kam nur langsam voran, nicht zuletzt, weil die Stadt Korbach sich beim Ausbau finanziell nur unzureichend beteiligte und noch 1787 Sammlungen für die Fertigstellung des Gebäudes veranstaltete.[66]

Zwischenzeitlich war aber im Oktober 1783 der Hauslehrer des späteren Präsidenten von Wechmar, Christian Carl André (1763–1831), über den unten weiter zu berichten sein wird, nach Arolsen gezogen und hatte hier im Auftrag des Fürsten den Plan eines Erziehungsinstituts im Sinne des Basedowschen Dessauer Philanthropins entwickelt.[67] Offenbar aus einer Konkurrenzsituation mit dem philanthropisch orientierten André heraus veröffentlichte der Theologe J.A.T.L. Varnhagen, damals Pfarrer in Wetterburg und ein früherer Mitschüler von Marcus in Korbach, im Februar 1785 im Waldeckischen Intelligenz-Blatt eine *Nachricht an das Publikum von Errichtung einer Erziehungsanstalt für Kinder beiderley Geschlechts und unterschiedlichen Alters*, in der er Eltern anbot, ihre Kinder in seine Familie aufzunehmen und gegen ein vierteljährliches Honorar von fünf Louis d'or zu verpflegen, zu versorgen und zu unterrichten. Knaben sollten

täglich in hinlänglichen Stunden im Lesen, Schreiben, Rechnen, in der deutschen, lateinischen, französischen, nachher auch griechischen und andern Sprachen, in den Grundlehren der christlichen Religion; ferner im Klavierspielen und Singen nach Noten, in der Naturgeschichte, Naturlehre mit Versuchen, in der vaterländischen, deutschen und allgemeinen Weltgeschichte, Erdbeschreibung, Wappenlehre; Münzwissenschaft, Kenntniß der Künste und Handwerke, Mathesis; nachher auch in der Vernunftlehre, praktischen Philosophie, u.s.w. unterrichtet werden.

Für die Mädchen sollten neben den Grundfertigkeiten, Sprachen und Musik hauswirtschaftliche Kenntnisse vermittelt werden. Vorerst könne er jedoch nicht mehr als sechs Kinder aufnehmen. Nach Ziel und Inhalt war das Programm Varnhagens deutlich weniger innovativ als Andrés Konzept und entsprach wohl eher den traditionell ausgerichteten Vorstellungen der Arolser Bürger- und Hofgesellschaft.

---

65 Waldeckisches Intelligenz=Blatt 1776, Nr. 5, 19. November 1776, S. 37–39.
66 MEDDING, Korbach (wie Anm. 11), S. 297.
67 BEAUCAMP, *Andre* (wie Anm. 20), Bd. 78 (1990), S. 151–171 und Bd. 79 (1991), Nachtrag, S. 243–249.

Zwar wurde André förmlich zum *Edukationsrat* ernannt, da aber der Fürst keinerlei Anstalten machte, den Schulplan Andrés umzusetzen, verließ dieser enttäuscht Arolsen im Juni 1785 und zog mit seinen Schülern, unter ihnen mehrere Marc- und Stieglitz-Kinder (s.u.) nach Schnepfenthal bei Gotha, wo er als Mitarbeiter seines Freundes Salzmann tätig wurde.

Aus dieser Zeit stammt ein weiteres, nicht datiertes Gutachten C.W. Kreuslers,[68] das die Vor- und Nachteile einer Latein- oder Realschule in der Residenzstadt Arolsen diskutiert. Es nimmt zahlreiche Formulierungen und Argumente aus Andrés Konzept auf und lässt erkennen, dass bei aller Vorsicht der Argumentation die eigentliche Intention die Erhaltung der Korbacher Schule war:

> *Da Se. Hochfürstl. Durchlaucht nach dem herrlichen Beyspiel anderer Regenten Deutschlands, nach Höchstdero landesvätterlichen Gesinnung entschlossen sind, das Edukations Geschäfte in Höchstdero Landen auf einen besseren und zweckmässigeren Fus zu setzen, und in dieser Absicht die drey oberen Klassen des Corbachischen Gymnasiums in die Residenz Arolsen zu verlegen; so müste letzteres mit einem gewissen éclat geschehen, und die Anstalten dieser Schule gemeinnützlicher und zu einer allgemeinerer Erziehung in allen Ständen bestmöglichst eingerichtet werden. Würde die Einrichtung so bleiben wie sie anjezzo ist; so würde die Verlegung der Schule nicht nur überflüssig seyn, sondern die Frequenz würde auch wegen des in aller Absicht theuerern Orts noch geringer seyn. Mehrere zu lehrende Wissenschafften Sprachen, besonders lebendige – Künste – Leibesübungen müsten Inländern und Ausländern die edle Erziehung die ihre Kinder daselbst erhalten könten, den anzuwendenden Kosten überwiegend machen. (fol. 2) Bisher ist unsere Schule zur blossen Bildung des sogenannten Gelehrten überhaupt nach den Bedürfnissen des Staats, so wie andere Schulen dieser Art hinreichend gewesen. Kurz sie ist blos eine lateinische Schule. Der zukünftige Kaufmann, Oeconomir [sic!], Jäger, Officier, Edelmann, Staatsmann, u.s.w. findet hier wenig Nahrung, womit er seinen lehrbegierigen Geist sättigen und sich zu seiner künftigen Bestimmung geschickt machen kann. Mit einem Wort unsere Schule ist keine Realschule. Sollte also ein Edukations Institut zu Arolsen errichtet werden, so müsten diese beyden Entzwecke und Absichten klüglich miteinander verbunden werden, die Gelehrte und bürgerliche Erziehung müste zusammen seyn.*

Es folgen eine Aufstellung des erforderlichen Lehrpersonals, die Skizze eines Unterrichtsplans, des notwendigen Gebäudes und seiner Ausstattung und Unterhaltung und die Diskussion der Vorteile und Nachteile der Einrichtung einer Realschule in Arolsen, die so geschickt kombiniert sind, dass bei Kenntnis der katastrophalen Finanzlage des Ländchens die Realisierung des Projekts utopisch erscheinen musste.

Verständlich, dass nach Alternativen gesucht wurde, die nun Winterberg, der nach dem Tode Kreuslers 1785 als inzwischen sehr renommierter Pädagoge nach

---

68 HStAM, Best. 118 a Nr. 2834.

Korbach zurückgekehrt war, mit seinem Gutachten aufzeigen sollte. Zwar waren unter Kreusler Neuerungen eingeführt worden, aber der Status quo der Schule dürfte im Wesentlichen noch der Situation entsprochen haben, wie sie (unter räumlich und organisatorisch) weit schlechteren Bedingungen während Marcus' Korbacher Schulzeit geherrscht haben.

Winterbergs Gutachten beginnt zunächst mit der Aufstellung allgemeiner Grundsätze wie dem Ziel der Erziehung,

daß der Jugend eine algemeine <u>Bildung</u> gegeben, das ist, ihr eine <u>algemeine</u> Kentnis des menschlichen Wissens und Thuns beigebracht werde, damit ihre Auswahl einer Lebensart desto vernünftiger sey, und der Fleis, womit sie sich dazu geschickt macht, eine glücklichere Sichtung/Richtung erlange.

Da die Begabungen und Interessen unterschiedlich seien, müsste höhere und „niedere" Schulen vom Staat vorgehalten werden. Es liege

in dem Wesen der algemeinen Bildung der Jugend, daß sie ihre Kräfte in mannigfaltigen einzelnen Fällen von verschiedener Art anwenden lerne. Es müssen daher in Schulen mannigfaltige Lectionen seyn, damit das <u>Genie</u> auf mehrerlei Weise versucht, und mit den Hauptgegenständen des menschlichen Wissens und Thuns desto bekanter und vertrauter werde. [...]

Gymnasien von der Art, wie das hisige ist, müssen nicht allein für so genante Studierende; sondern auch für Nichtstudierende brauchbar und nützlich seyn. Die letztere müssen in der <u>Religion</u> gegründet, und durch die <u>christliche Moral</u> für Tugend und Rechtschaffenheit unüberwindlich eingenommen, und dadurch zur Glückseligkeit geführet werden. Der beste Christ ist sicher der beste Mensch und Bürger und unausbleiblich glücklich. Die algemeinen Geschicklichkeiten, <u>Schreiben</u>, <u>Rechnen</u>, <u>Denken</u>, u.s.w. welche zum täglichen Leben in allen Ständen nöthig sind, müssen bis zur Volkommenheit gedeien. Für die übrigen Hauptklassen der Bürger, für Künstler, Kaufleute, Hof- und Kriegsleute mus so gesorgt werden, daß sie zu ihrer Bestimmung die vollste Tüchtigkeit erlangen.

Die Studierenden müssen die <u>historische</u> Kentnis des menschlichen Wissens, welche gleichsam die Grenze zwischen dem Reiche der Sinlichkeit und dem Reiche des reinen Verstandes ist, und auf den Universitäten entweder ganz verabsäumt, oder nicht recht getrieben wird, mit dahin bringen. Da die akademischen Jahre <u>nun</u> sehr kurz sind: so ist es <u>unregelmäßig</u> in Absicht des Studierens; <u>unverantwortlich</u> in Ansehung der Wissenschaften, und <u>unpolizeimäßig</u> von Seiten des Staats gehandelt, die Jünglinge mit einem Bischen magern Lateins oder höchstens mit einer kleinen Anzahl unverdauter wissenschaftlicher Begriffe sofort auf die Akademien zu weisen, ohne sie zu diesem, für sie selbst und für den Staat so <u>wichtigen Schritte</u> weiter vorzubereiten.

Es folgen Überlegungen zur Methodik, Didaktik, zu Lob und Strafen und schließlich eine detaillierte Darstellung aller Klassen (die ja damals noch keine

Jahrgangsklassen waren), des Lehrstoffs, der Fähigkeiten der einzelnen Lehrer und Verbesserungsvorschläge.

So erfährt man Einzelheiten über Marcus' schulischen Ausbildungsgang in den höheren Klassen. Zum Unterrichtsstoff der Tertia, also der obersten Klasse, schreibt Winterberg:

Tertia hat iezt 8. Schüler und wird, wie ich schon gesagt habe, von den drei obern Lehrern abwechselnd unterwiesen. Der Rector hat bisher die Theologie nach <u>Döderleins</u> Lehrbuche, die Mathematic nach <u>Ernesti</u> Initien, die Grundsätze der guten Schreibart, besonders der lateinischen nach <u>Scheller</u> vorgetragen, und den Vergil interpretieret. Der Conrector hat die lateinische und griechische Sprache gelehrt, die römischen Antiquitäten erläutert und die Universalgeschichte erzählet. Der Collaborator hat die Geographie und Naturgeschichte, wie auch die hebräische und französische Sprache getrieben.

In dieser Classe sollte die <u>alte</u> Geographie nach den d'Anvill'schen Charten; die Universalgeschichte, welche nichts anders, als die Geschichte der Menschheit ist, nach <u>Schlözer</u> und <u>Gatterer</u>; die Geschichte der Philosophie, nach <u>Gedickes</u> oder eines andern guten Verfassers Grundrisse; die ganze reine Mathematic nach <u>Kästner</u> oder <u>Karsten</u>; die Naturlehre nach dem verbesserten Erxleben; die arabische und hebraeische Sprache gelehrt, und die besten griechischen und lateinischen Schriftsteller, sowol Prosaiker als Dichter mit steter Rücksicht auf die Regeln des richtigen Denkens und guten Geschmacks interpretiert werden. Lectionen wären also

1) Die Theologie algemein faslich
2) Die reine Mathematic in ihrem ganzen Umfange verbunden mit einer gesunden Logick
3) Die alte Geographie nach den Anvilleschen Charten
4) Die Universalgeschichte, oder, Geschichte der Menschheit
5) Die Arthoecologie der Römer, Griechen und anderer Völker
6) Geschichte der Philosophie und gesammelte Litterairhistorie, rüstig und kurz.
7) Naturlehre
8.) Uebung in den Grundsätzen des Denkens und Empfindens
9.) Deutsche, lateinische, griechische und orientalische Sprachen
10.) Neuere Sprachen [...]

Der Name Tertia, welchen die oberste Classe hier führt, macht es wahrscheinlich, daß die Absicht bei Gründung des hiesigen Gymnasii gewesen sey, noch eine <u>Secunda</u> anzulegen. Möchte die Ausführung dieser Absicht doch S. Durchlaucht, dem iezt regierenden Fürsten vorbehalten seyn! Ich wenigstens wünsche nichts inniger, als die Einrichtung einer Classis selecta oder secunda, und die Verordnung, daß alle, welche im Lande befördert seyn wollten, auch die aus der Wildunger und andern Schulen, diese Selecta <u>zwei</u> Jahre besuchen müsten. Darin wollte ich <u>Encyclopädie</u>, <u>Methodologie</u> und <u>Litteratur</u> des theologischen Studiums, die <u>gesamte Philosophie</u> und <u>Mathematik</u>, die <u>biblischen Sprachen</u> und die Grundsätze der <u>Hermeneutic</u> und <u>Kritik</u> lehren, auch Profanscribenten erklären.

Es würde sich ein junger Jurist willig finden, die Encyclopädie und Methodologie auch die ersten Anfangsgründe der Rechtswissenschaft und Rechtsgeschichte zu lehren, wenn Sn.

Durchlaucht versprächen, ihn für dieses Verdienst durch eine gute Beförderung nachher zu belohnen.

Der hiesige Hofmedicus Wigand hat sich willig erkläret, die Anfangsgründe der Arzeneiwissenschaft zu lehren. Wenn ein solcher Cursus von unsern iungen Leuten geendigt würde: könten sie mit Nutzen auf die Universität gehen, und als geschickte, brauchbare Männer wiederkommen die dem Herrn und Lande rechtschaffen dienen würden.

Gewichtet man das in der Tradition von Schulinspektionsberichten und Empfehlungen stehende Gutachten Winterbergs aus der Perspektive der Geschichte der Pädagogik, so handelt es sich um einen *Übergangstext, der die Suchbewegungen des ausgehenden 18., frühen 19. Jahrhunderts bei der Reform der höheren Bildung spiegelt, auch noch in der Bestimmung dessen, was ‚allgemeine Bildung' ausmacht oder nach welchen Kriterien der Zugang in die Universität organisiert sein soll.*[69] So sind in Winterbergs Konzept philanthropische, pietistische und neuhumanistische Ansätze nicht scharf voneinander zu trennen.

Methodisch und curricular spiegeln sich laut H. E. Tenorth mehrere Traditionen in diesem Text, der Verweis auf „Natur" in der Methodenfrage sei sicherlich philanthropisch, aber die Philanthropen hätten selbst im Blick auf ihre pädagogische Praxis aus den alten Schulen und vom Pietismus mehr gelernt als ihre Propaganda gelegentlich einräume. Insofern sei eine scharfe Unterscheidung von pietistisch und philanthropisch nicht möglich. Auch die fachdidaktischen Debatten – über den Wert des Griechischen oder Lateinischen – sprechen nach der Einschätzung Tenorths für einen reformerischen Kontext. Insgesamt kann man demnach sagen, dass der Pädagoge Winterberg durchaus auf der Höhe der Zeit war und Marcus eine sehr solide Bildung, insbesondere auch im Bereich der alten Sprachen, vermittelt haben dürfte.

Die folgende Ausbildung Marcus' am Kasseler Collegium Carolinum von 1771 bis 1772 unter den Medizinprofessoren Huber und Stein ist in den Grundzügen bereits dargestellt worden[70] und braucht hier nicht wiederholt zu werden. Neue Aspekte finden sich im Beitrag von E. Mey in diesem Band.

---

69 Bewertung durch Prof. Dr. Heinz Elmar Tenorth, Humboldt-Universität Berlin, Institut für Erziehungswissenschaften, Abteilung Historische Bildungsforschung, mit Schreiben vom 10. Januar 2015. Ich danke den Herren Professoren H. E. Tenorth und D. Benner, ebenfalls Berlin, herzlich für ihre freundliche Hilfe bei der Auswertung des Winterbergschen Gutachtens.

70 HÄBERLEIN/SCHMÖLZ-HÄBERLEIN, Marcus (wie Anm. 21), S. 49–50, AUMÜLLER, *Marcus* (wie Anm. 21), S. 24–25.

Adalbert Friedrich Marcus und die Ärzte in seiner Verwandtschaft 37

Abb. 2: Jugendbildnis A. F. Marcus' (Porträt von Bausewein um 1790, Historisches Museum Bamberg)

Die Schulzeit der Ärzte in der Folgegeneration
Emanzipation vom väterlichen Vorbild: Carl Friedrich von Marcus

Aus Marcus' Ehe mit der aus dem kleinen Dorf Schmalwasser in der Rhön als Tochter eines fürstbischöflichen Forstbeamten geborenen Maria Juliana Schlör sind keine Kinder bekannt, aber dennoch hatte er Nachkommen. Sich über die herrschenden Konventionen der sittenstrengen Domstadt hinwegsetzend, begann Marcus 1802 eines seiner zahlreichen Liebesverhältnisse mit der jungen Cousine seiner Frau, der 1777 geborenen Theresia Schlör, verheiratete Zimmermann, die nach der Trennung von ihrem Mann als Haushaltshilfe in das Marcussche Haus gezogen war. Mit ihr hatte Marcus vier Kinder, die er kurz vor seinem Tode adoptierte.[71] Überdies war er aller Wahrscheinlichkeit nach der leibliche Vater des am 3. Mai 1802 geborenen Sohnes der Karoline Paulus, der Ehefrau des Jenaer Theologie-Professors Heinrich Paulus.[72]

Außer dem in der Matrikel der Pfarrei St. Martin nicht genannten erstgeborenen Sohn Carl Friedrich (*2. September 1802) werden dort drei Töchter der Theresia Schlör bzw. Zimmermann aufgeführt: 1. Carolina Barbara (*27. Januar 1809), 2. Juliana Stephania (*24. Dezember 1810), die aber schon als Kind starb, und 3. Franziska Barbara (*20. Juli. 1812). Bei allen Geburtseinträgen *extra matrimonium* wird der Vater nicht genannt, d. h. Marcus verschwieg seine Vaterschaft. Dass darüber in der Stadt gemunkelt wurde, ist ohne Zweifel. Bereits 1812 verstarb Theresia mit 35 Jahren im Kindbett, und die Kinder wurden in liebevoller Weise von Marcus' Ehefrau Maria Juliana aufgezogen.

Carl Friedrich Marcus, der älteste Sohn,[73] der durch ein angeborenes Augenleiden (Glaukom) behindert war und Privatunterricht durch Franz Michael Birnbaum und auf dem Gymnasium Nachhilfe durch dessen Mitschüler Johann Schönlein erhalten hatte, immatrikulierte sich bereits als 15-Jähriger in Würzburg, wo u. a. sein Mentor Schönlein und der ebenfalls aus Bamberg stammende Ignaz Döllinger seine Lehrer waren. 1822 promovierte Marcus bei Schönlein, dessen Assistent er von 1821 bis 1823 war. Da er sich einer burschenschaftlichen Verbindung angeschlossen hatte, wurde er 1823 verhaftet, nach München verbracht und erst nach 13-monatiger Haft 1825 freigelassen. Er nahm in München eine Assistentenstelle bei dem erzkonservativen Leiter des Allgemeinen Krankenhauses,

---

71 Ausführlich dazu s. Häberlein/Schmölz-Häberlein, *Marcus* (wie Anm. 21), S. 312–313; Aumüller, *Marcus* (wie Anm. 21), S. 89–90.
72 Häberlein/Schmölz-Häberlein, *Marcus* (wie Anm. 21), S. 220–27.
73 Zur Biographie s. Aumüller, *Marcus* (wie Anm. 21), S. 183–185.

Johann Nepomuk von Ringseis (1785–1880), an, einem Schüler Röschlaubs und ausgesprochenen Kontrahenten Schönleins. Anschließend ließ er sich 1827 als Gerichtsarzt in Aichach bei Augsburg nieder. Aus dieser Zeit stammt eine seiner ganz wenigen Veröffentlichungen, die er Ringseis, aber nicht seinem eigentlichen Förderer Schönlein widmete.

Abb. 3: C. F. von Marcus

Kein Wunder, dass es großes Aufsehen erregte, als ausgerechnet Marcus 1832 völlig überraschend nach Würzburg zum Nachfolger des seines Amtes enthobenen Lukas Schönlein zum ordentlichen Professor der medizinischen Klinik und speziellen Pathologie und Therapie berufen wurde, für ihn eine äußerst prekäre und unangenehme Situation, die zu allerlei böswilligen Kommentaren führte. Über Schönleins späteres Verhältnis zu Carl Friedrich Marcus ist nichts bekannt.[74] Nachdem er 1833 zudem Oberarzt am Juliusspital geworden war, setzte er die von Schönlein begonnene Tradition der klinischen Untersuchungen mit den vergleichsweise neuen Methoden der Auskultation (Abhören) und Perkussion (Abklopfen) fort und begann eine umfangreiche Vorlesungstätigkeit. Unter anderen kündigte er regelmäßig ein Kolleg über „Geschichte der Medizin" an, das großen Anklang fand. Später kamen Vorlesungen über Hautkrankheiten und insbesondere über Psychiatrie hinzu. Seine zunehmende Erblindung führte schließlich dazu, dass er seine klinische Tätigkeit immer mehr einschränken musste. Bereits 1835 zum Hofrat ernannt, wurde er 1858 in den persönlichen Adelsstand erhoben und hatte damit einen Sozialstatus erreicht, der seinem Vater zeitlebens versagt geblieben war. Seine Erblindung erforderte, dass er sich die Namen, das Aussehen und die Befunde der Patienten von seinen Assistenten sagen lassen musste, die er dank seines glänzenden Gedächtnisses bei den klinischen Visiten aus dem Kopf reproduzierte, doch ließ er sich 1853 von den klinischen Aufgaben entbinden. Seine Vorlesungen zur Medizingeschichte, zur Psychiatrie und interessanterweise bereits über Alterskrankheiten hielt er weiterhin, bis knapp zwei Wochen vor seinem Tod am 6. August 1862. Er hat wesentlich weniger als sein Vater publiziert, gilt aber als einer der Begründer der Psychiatrie, denn er sorgte für die strikte Trennung heilbarer und nicht heilbarer psychiatrischer Patienten und versuchte eine erste Einordnung psychiatrischer Krankheitsformen, die dann durch Wilhelm Griesinger (1817–1866) in Zürich 1860 erstmals konsequent umgesetzt wurde.

Leibarzt, kritischer Mediziner und Kant-Verehrer: Johann Stieglitz

Israel Stieglitz wurde am 31. März 1767 als Sohn des wenige Tage zuvor nach Arolsen übergesiedelten Schutzjuden Lazarus Stieglitz und dessen Ehefrau Friederike Marcus, einer älteren Schwester von A. F. Marcus, im Stieglitzschen Haus geboren. Lazarus hat wahrscheinlich längere Zeit in England, danach auch in Hamburg, Hannover und Berlin gearbeitet und war wie sein Bruder Hirsch und

---

74 SCHINDLER, Christoph: *Johann Lucas Schönlein*, in: AUMÜLLER, Gerhard/SCHINDLER, Christoph: *A. F. Marcus & J. L. Schönlein. 100 Jahre Bamberger Medizingeschichte*, Regensburg 2016, S. 114–179; hier S. 141.

seine Schwäger Philip und Jacob Marc an der Versorgung der waldeckischen Truppen in Amerika geschäftlich beteiligt. Außer dem Erstgeborenen Israel hatten Lazarus Stieglitz und seine Frau fünf weitere Kinder: Nikolaus (*1770), Bernhard (*1774), Emilie (*1775), Caroline (*1777) und Ludwig (*1778).[75] Zunächst dürfte Israel in Arolsen die kleine Stadtschule besucht haben und von Privatlehrern unterrichtet worden sein, ehe er spätestens ab 1779 (bis etwa 1784) an das renommierte Gymnasium Illustre in Gotha wechselte.[76] Aus seiner Gothaer Zeit hat sich ein Zeugnisfragment des Zwölfjährigen erhalten, in dem ihm im Lateinischen und Griechischen hervorragende Kenntnisse (*egregii*) bescheinigt werden.[77] Wenig später besuchte sein Cousin Carl Christian Heinrich Marc im unweit gelegenen Schnepfenthal das ab 1784 von dem Reformpädagogen Christian Gotthilf Salzmann geleitete Philanthropin,[78] und es ist anzunehmen, dass beide nahe verwandten Schüler in engerem Kontakt standen. Stieglitz hatte schon während der Schulzeit Interesse an der Philosophie entwickelt und sich u. a. mit Kants 1781 erschienener *Kritik der reinen Vernunft* befasst. Daher begann er zunächst in Berlin mit philosophischen Studien, stand in Verbindung zu dem jüdischen Aufklärer Moses Mendelssohn und verkehrte im Haus des Geheimen Kommissionsrates Benjamin Veitel Ephraim, wo er dessen Tochter Jente/Jeanette, seine spätere Frau Jeanette, kennenlernte. Vermutlich hatte er über Ephraim und Mendelssohn, der Anfang Januar 1786 verstarb, auch Verbindung zu dessen Hausarzt, dem fürstlichwaldeckischen Hofrat Marcus Herz (1747–1803).[79]

Ob er an den philosophischen und medizinischen Privatvorlesungen teilnahm, die Herz zuhause und im Berliner Jüdischen Krankenhaus hielt, oder zu den

---

75 STIEGLITZ, *Hofagenten* (wie Anm. 23), S. 65.
76 Thüringisches Staatsarchiv Gotha, Best. Oberkonsistorium Gen. Loc. 19 Nr. 124, Bl. 309–311; 1785 wird er nicht mehr genannt, ebd. Nr. 129. Schreiben vom 09.12.2015, Az. 6340, Tg. 2264-15; Dipl.- Arch. A. Loth.
77 Ebd., Nr. 124 Censoria Cursus I^{mi} MDCCLXXIX; fol. 311, No. 12 Ißrael Stieglitz.
78 Marc und vier weitere Schüler wechselten im Juni 1785 mit ihrem Arolser Lehrer Christian Carl André an die von Salzmann geleitete Schule in Schnepfenthal, s. BEAUCAMP, *André* (wie Anm. 20); hier S. 166.
79 LEDER, *Grenzgänge* (wie Anm. 3), S. 118–119; zu Mendelssohn und der Haskala s. auch LAUER, Gerhard: *Die Rückseite der Haskala*, Göttingen 2008. Herz stand in engem brieflichem Kontakt mit Immanuel Kant, s. LEDER, *Grenzgänge* (wie Anm. 3), S. 208–213. An den philosophischen Diskussionen in seinem Hause nahm u.a. auch der preußische Minister von Zedlitz teil, ebd., S. 210.

studentischen Gästen zählte, die das Ehepaar Herz freitags zu Essen einzuladen pflegte, ist nicht bekannt, aber sehr wahrscheinlich.[80]

Am 6. November 1786 immatrikulierte sich Stieglitz für das Fach Medizin an der Universität in Göttingen. Bald freundete er sich mit Wilhelm von Humboldt an, dem er sogar einmal das Leben rettete, als dieser beim Bad in der Leine zu ertrinken drohte. Humboldt besuchte im Herbst 1788 gemeinsam mit seinem Freund Stieglitz dessen elterliches Haus in Arolsen; wie lange die Freundschaft anhielt, ist nicht bekannt. Am 25. April 1789, also mit 22 Jahren, erwarb Stieglitz den medizinischen Doktorgrad mit einer Dissertation über verborgene Geschlechtskrankheiten (*Commentatio de morbis venereis larvatis*), in der er sich mit den Ansichten des mit Lichtenberg befreundeten Schweizer Arztes Christoph Girtanner (1760–1800) auseinandersetzte.[81] Er widmete sie dem königlichen Leibarzt Herz in Berlin, ein Indiz für nähere Beziehungen. Anschließend ließ er sich als praktischer Arzt in Hannover nieder. Wenig später geriet sein Vater in geschäftliche Schwierigkeiten, musste Konkurs anmelden und verstarb im Frühjahr 1792.[82] Seine Mutter, die ihr ererbtes Vermögen erhalten konnte,[83] zog mit ihrer unverheirateten Tochter und dem jüngsten Sohn Ludwig zunächst nach Gotha, später nach Hannover und schließlich nach St. Petersburg, wo Ludwig sich niedergelassen hatte und ein äußerst erfolgreicher Geschäftsmann und Bankier geworden war.

---

80 Ebd., S. 132; S. 135. Zur Bedeutung Herz' für die Identitätsfindung jüdischer Ärzte s. auch WOLFF, *Medizin und Ärzte* (wie Anm. 4).
81 GIRTANNER, Christoph: *Abhandlung über die venerischen Krankheiten*, 3 Bde., Göttingen 1783–1789.
82 STIEGLITZ, *Hofagenten* (wie Anm. 23), S. 62.
83 HStAM, Best. 118a Nr. 2774, Abzugsgeld der Wwe. Stieglitz, Schreiben des Regierungssekretärs Stöcker vom 27. August 1799.

Abb. 4: Bildnis Stieglitz' als jüngerer Mann (Porträtstich von Joh. Friedrich Bolt, www.digiporta.net, PT_03579_01)

Im selben Jahr heiratete Israel Stieglitz in Berlin Sophie Jeanette Ephraim (1764–1843), die zweitälteste Tochter des Berliner Geschäftsmanns Benjamin Veitel Ephraim, die ihre ersten Lebensjahre in Amsterdam verbracht hatte und 1768 mit den Eltern nach Berlin zurückgekehrt war. Aus der Ehe gingen die beiden Söhne Carl Ludwig (*26.8.1792) und Wilhelm Adolph (*13.1.1796) hervor.

Ähnlich wie sein Onkel Adalbert Friedrich Marcus konvertierte Israel Stieglitz mit seiner Familie, einschließlich seiner Mutter und Schwester, im protestantischen Hannover natürlich zum evangelischen Glauben und erhielt den Taufnamen Johann (Friedrich Georg Ludwig). Die Familie wohnte in der Calenberger Neustadt in Hannover im Haus Bäckerstr. Nr. 226 (entsprechend der Lage des heutigen Friederikenstifts).[84] Im Gegensatz zu seinem kontaktfreudigen Bamberger Onkel Marcus, lebte Stieglitz sehr zurückgezogen und widmete sich vor allem seinen wissenschaftlichen, philosophischen und literarischen Interessen.

Wie Marcus ein begnadeter Arzt, wurde Stieglitz 1802 zum königlich-hannoverschen Hofarzt und bereits 1806 zum Leibarzt befördert. Als Hofrat (1820) und Obermedizinalrat (1832) erhielt er wegen seiner ärztlichen, organisatorischen und wissenschaftlichen Leistungen mehrfach Auszeichnungen; mit der Überreichung des Kommandeurskreuzes des Königlich Hannoverschen Guelphenordens war die Möglichkeit der Erhebung in den Adelsstand verbunden, die Stieglitz jedoch nicht in Anspruch nahm. So lehnte er auch im Januar 1839 mit einem resignierenden Schreiben an seine Bekannten und Vorgesetzten jeglichen Aufwand zu seinem 50-jährigen Doktorjubiläum ab, das dennoch mit Ordensverleihungen, Gedenkmünzen, Gratulationsschreiben der Göttinger Medizinischen Fakultät und einer Festschrift gebührend gewürdigt wurde. Am 31. Oktober 1840 starb er – ganz ähnlich wie sein Cousin C. C. H. Marc – völlig überraschend und ohne vorher krank gewesen zu sein. Die Nachrufe sprechen von ihm in größter Hochachtung als bedeutendem Arzt.

Carl Christian Heinrich Marc – Von Schnepfenthal nach Paris

Der etwas jüngere Cousin Stieglitz', Charles Chrétien Henri Marc, wurde am 4. November 1771 in Amsterdam[85] als Sohn des später in Erlangen als *Finanzrat* tätigen Samuel Marc (1735–1797) und der einer Amsterdamer jüdischen

---

84 Niedersächsisches Landesarchiv, Hauptstaatsarchiv Hannover (NLA HStA H), Best. 74 Hannover, Nr. 1698.
85 Biographie s. Égiste LISLE, *De la folie considéré dans ses rapports avec des questions médico-légales, par C.-C.-H. Marc*, in: Annales d'hygiène publique et de médecine légale, vol. 24 (1840), p. 205–218; ferner Jean-Gabriel-Victor DE MOLEON: *Collection des travaux sanitaires et hygiéniques projetés où executés dans les divers états de L'Europe*, Paris 1828, S. XIV–XVIII; CALLISEN, Adolph Carl Peter: *Medicinisches Schriftsteller-Lexicon der jetzt lebenden Aerzte, Wundärzte, Geburtshelfer, Apotheker, und Naturforscher aller gebildeten Völker*, 12. Bd. (Lus – Mes), Copenhagen 1832. In seiner Dissertation (Erlangen 1792) nennt sich Marc *Franciscopolitanus*, d. h. aus Le Havre (alte Bezeichnung *Franciscopolis*) stammend, was zu Verwechslungen der Stadt als seinem Geburtsort

Diamantenhändlerfamilie entstammenden Martine Hartog Schabracq[86] geboren. 1772, wenige Wochen nach seiner Geburt, zog die Familie nach Le Havre („de Grace"), wo Marc seine Kindheit verbrachte. Bis zum neunten Lebensjahr blieb er in Frankreich, um 1780 zog die Familie nach Arolsen zurück, wo er spätestens ab 1783 Unterricht durch den bereits genannten, aus Thüringen kommenden Pädagogen und Journalisten Christian Carl André (1763–1831) erhielt.

Als Enkel eines jüdischen Hoffaktors und Sohn eines Musikerehepaars[87] war André am 20. März 1763 im südthüringischen Hildburghausen geboren worden, hatte nach dem Besuch des philanthropisch orientierten Gymnasiums Kloster Berge bei Magdeburg einige Semester in Jena studiert und war dann 1782 Hauslehrer bei dem Adligen Friedrich Albrecht von Wechmar (1742–1813) auf Gut Roßdorf in der Nähe von Bad Salzungen geworden. André war nicht nur sehr musikalisch,[88] sondern hatte auch praktische Interessen, vor allem im Bereich der

---

geführt hat. Da in den Synagogenregistern in Amsterdam (s. Anm. 86) sein Beschneidungstermin (4 Kislev 5532) geführt wird, ist dies auch als Geburtsort anzusehen.

86 http://www.dutchjewry.org/genealogy/cohen_amers/114.htm und http://www.geni.com/people/Martine-Schabracq/6000000014074271972, Aufruf vom 27.11.2015. Einzelheiten s. AUMÜLLER, *Marcus* (wie Anm. 21), S. 189–194.

87 Zur Biographie Andrés s. BEAUCAMP, *Andre* (wie Anm. 20), S. 152–155; BRUSNIAK, Friedhelm: Artikel „*André, Andrä, Andre, Andrea, Christian Carl*", in: Musik in Geschichte und Gegenwart (MGG). 2., neu bearb. Auflage, hg. v. Ludwig FINSCHER. Supplement, Kassel etc. 2008, Sp. 12–14. Möglicherweise ist die teilweise Übereinstimmung der Vornamen Andrés mit denen Marcs ein Hinweis, dass dieser um 1783/84 in Arolsen getauft wurde und André Pate war.

88 Zu Andrés musikalischen und musikpädagogischen Aktivitäten s. BRUSNIAK, Friedhelm: *Das erfolgreiche Wirken der Erfurter Georg Peter-Weimar-Schüler in Fürstentum Waldeck um 1800 und das Problem einer „Musikgeschichte ohne Denkmäler"*, in: Musik – Geschichte – Erfurt. Gedenkschrift für Helga Brück, hg. v. Michael LUDTSCHEIDT, Erfurt 2014, S. 103–116; DERS.: *„Hannchens Geburtstagsfeyer" – Eine wenig bekannte literarische Quelle zur Rezeption und Adaptation von Johann Gottlieb Naumanns Oper Cora im Kreise thüringischer Philanthropisten um 1786*, in: Johann Gottlieb Naumann und die europäische Musikkultur des ausgehenden 18. Jahrhunderts, hg. v. Ortrun LANDMANN und Hans-Günter OTTENBERG (Dresdner Beiträge zur Musikforschung 2), Hildesheim/ Zürich/ New York 2006, S. 423–442; DERS.: *Der Kloster-Berge-Schüler Christian Carl André (1763–1831) als Musikpädagoge – Magdeburger Impulse für einen Wegbereiter musikalischer Volksbildung um 1800*, in: Kloster Berge, Klosterbergegarten, Gesellschaftshaus, Telemann-Zentrum – Zu Geschichte, Gegenwart und Zukunft eines Magdeburger Areals, hg. v. Carsten LANGE (Beiträge zur Regional- und Landeskultur Sachsen-Anhalts 35), Halle 2004, S. 84–91; DERS.: *Zur Adaptation von Johann Friedrich Reichardts „Lieder für Kinder" durch den Schnepfenthaler Philanthropisten Christian Carl André*, in: Johann

Landwirtschaft. Die Anregungen dazu hatte er vielleicht von dem in Jena tätigen Professor Joachim Georg Darjes (1714-1791) erhalten.[89]

In Arolsen entwickelte André lebhafte Aktivitäten, u.a. durch zahlreiche Artikel im Waldeckischen Intelligenzblatt, das nachweislich auch von den Familien der Hoffaktoren genutzt wurde, regte die Bildung einer Schulbibliothek an und wurde schließlich vom Fürsten mit der Bildung eines Erziehungsinstituts beauftragt.[90] Dessen Konzept lehnte sich eng an die Vorstellungen des Philanthropisten Christian Gotthilf Salzmann an, der im Begriff war, in Schnepfenthal bei Gotha ein eigenes, philanthropisch orientiertes Gymnasium einzurichten.[91] Kurz nachdem Andrés ehemaliger Arbeitgeber von Wechmar zu Jahresbeginn 1785 als Präsident in Arolsen seine Tätigkeit aufnahm,[92] wechselte André im Juni des Jahres mit fünf seiner Arolser Zöglinge nach Schnepfenthal, darunter Kindern der Familien Marc, so auch Charles Chrétien Henri.[93] Andrés Aufgaben in Schnepfenthal hat

---

Friedrich Reichardt und die Literatur. Komponieren Korrespondieren Publizieren, hg. v. Walter SALMEN. Hildesheim/ Zürich/ New York 2003, S. 322-334. Herrn Prof. Dr. Friedhelm Brusniak, Universität Würzburg, sei auch an dieser Stelle für die Überlassung von Sonderdrucken und vielfältige weitere Hinweise gedankt.

89 Freundlicher Hinweis von Prof. Dr. Leonhard Friedrich, Universität Jena.

90 Einzelheiten s. BEAUCAMP, *Andre* (wie Anm. 20), S. 155-166, FOSSALUZZA, *Aufklärung* (wie Anm. 12), S. 101ff.; BRUSNIAK, *André* (wie Anm. 87), Sp. 12-13. Am 6. Juni 1785 wurde André vom Fürsten zum *Waldeckischen Erziehungs Rath* ernannt (HStAM, Best. 118a, Nr. 2838), quasi ein Trostpflaster nach dem Scheitern der hochfliegenden Pläne.

91 Aus der umfangreichen Literatur zu Salzmann und Schnepfenthal seien hier nur einige Beispiele genannt: MÜLLER, Johannes Ludolf: *Die Erziehungsanstalt Schnepfenthal 1784-1934 – Festschrift aus Anlaß des hundertfünfzigjährigen Bestehens der Anstalt*, Schnepfenthal 1934; FRIEDRICH, Leonhard (Hg.): *Pädagogische Welt – Salzmanns Schnepfenthal. Ausgewählte Texte*, Jena 2007; hier besonders S. 113-161; DERS.: *Anbahnung wirtschaftlicher Kompetenz durch Schule. Schulversuche in Thüringen – Ende des 17., Mitte und Ende des 18. Jahrhunderts*, in: *Zwischen Stadt, Staat und Nation Bürgertum in Deutschland*. Teil 1, hg. v. Stefan GERBER, Werner GREILING, Tobias KAISER, Klaus RIES, Göttingen 2014, S. 15-50; hier besonders S. 38-50.

92 Wie André verließ Wechmar Arolsen bzw. den Fürstenhof wenige Jahre später, weil er von der Launenhaftigkeit und Unzuverlässigkeit des Fürsten und den kleinlichen Intrigen der Hofbeamten massiv enttäuscht war und zudem trotz gerichtlicher Auseinandersetzungen schwere finanzielle Verluste hinnehmen musste, s. MURK, *Reichsterritorium* (wie Anm. 16), S. 45-49.

93 Ausführlich dazu BEAUCAMP, *Andre* (wie Anm. 20), S. 158-160 und Nachtrag S. 244. Henri Marc und sein jüngerer Bruder Philipp sowie die früheren Arolser Schüler Andrés, v. Wechmar, Suden und Kneuper werden in der Schnepfenthaler Schülermatrikel erwähnt, vgl. MÜLLER, *Schnepfenthal* (wie Anm. 91), S. 206-207.

Salzmann wenig später notiert, dabei jedoch nicht erwähnt, dass André auch als Musiklehrer fungierte. Nach Friedhelm Brusniak war André *einer der profiliertesten Vertreter musikalischer Erziehung im Geiste des Philanthropismus*.[94] Später war er mit unterschiedlichen Funktionen in Brünn und Stuttgart beschäftigt, wo er bis zu seinem Tode 1831 vielfältig publizistisch tätig war.

Im Jahr 1792, als André bereits in Gotha ein eigenes Lyzeum für Mädchen eingerichtet hatte, erschien sein Spiel mit Musik, Tanz und Gesang *Musterung der Stände*, in dem er eine praktische Beschreibung der Tätigkeit von Kaufleuten, Hausfrauen usw. gab, die mit musikalischen Mitteln lebhaft gestaltet und aufgelockert wurde.[95] Sie ist seinen früheren Arolser und Gothaer Zöglingen gewidmet. Der Namenskatalog der 16 aus Arolsen stammenden Kinder, in dem Marc als bereits promovierter Mediziner herausgehoben erscheint,[96] lässt die gesellschaftlichen Beziehungen der Elternfamilien aufscheinen, die alle der gehobenen Bürgerschicht der Residenzstadt angehörten.

Sehr interessant ist die folgende Charakterbeschreibung Marcs durch den Schulleiter Salzmann:

> *Henri Marc aus Havre de Grace, hat bei ähnlichen Anfangskenntnissen die deutsche Sprache nicht so sehr in seiner Gewalt, übertrifft aber freilich in grammatischer und praktischer Kenntnis der französischen, als seiner Muttersprache, alle seine Mitschüler. Indessen da er neben dieser angeborenen Überlegenheit ganz das gute Nationelle seines Vaterlandes mit feinem Charakter verbindet, sehr viel Freude daran findet, anderen gefällig sein zu können, so wird sein Umgang seinen Mitschülern eine gute Gelegenheit sein, sich in dieser Sprache mehr Fertigkeit zu erwerben.*[97]

Besonders die Hilfsbereitschaft und Zugewandtheit werden auch später in den Nachrufen auf Marc betont. Damals hatte Marc offenbar noch Defizite im Deutschen,[98] dafür aber muttersprachliche Fertigkeiten im Französischen.

---

94 BRUSNIAK, André (wie Anm. 87), Sp. 13.
95 Zur musikpädagogischen Bedeutung des Stücks s. SZCZEPANIAK, Elke: *Musikpädagogik im Zeichen von Bachelor und Master. Perspektiven der Studienreform aus fachwissenschaftlicher und hochschuldidaktischer Sicht* (Würzburger Hefte zur Musikpädagogik 4), Weikersheim 2012, S. 221–226.
96 BEAUCAMP, *Andre* (wie Anm. 20), Nachtrag S. 244, Abb. 3.
97 SALZMANN, Christian Gotthilf: *Nachrichten aus Schnepfenthal*, Schnepfenthal 1786, S. 56; Herrn Prof. Dr. L. Friedrich, Universität Jena, danke ich für den freundlichen Hinweis auf dieses Zitat (vgl. auch BEAUCAMP, *Andre* [wie Anm. 20], Nachtrag, S. 248).
98 In seinem im Schularchiv Schnepfenthal erhaltenen Brief vom 16. Januar 1785, der in kalligraphischer Schrift in kindlicher Ausdrucksweise an einen Schulfreund gerichtet ist, sind diese Defizite jedoch nicht erkennbar. Abdruck des Briefs bei BEAUCAMP, *Andre* (wie Anm. 20), Nachtrag, S. 244, Abb. 4a, Transkription S. 246.

Er besuchte das Philanthropin in Schnepfenthal von Mitte 1785 bis Ende August 1789. Ob er Kontakt mit seinem Cousin Israel Stieglitz hatte, der bis 1785 Schüler am Gymnasium Ernestinum in Gotha war, ist nicht bekannt. Wohl aber kann man der Schnepfenthaler Schülermatrikel entnehmen, dass sein um 1773 geborener jüngerer Bruder Philip Marc ebenfalls die Schnepfenthaler Schule besuchte und dann in Erlangen studierte. Über dessen späteren Lebensweg ist nichts bekannt.

Salzmanns pädagogisches Credo lautete: *Die vorzüglichste Ursache von dem vielen Jammer und Elend in der Welt ist in der fehlerhaften Erziehung zu suchen.* Die Philanthropisten versuchten daher, vereinfacht gesagt, einen Nützlichkeitsorientierten Erziehungsweg einzuschlagen. Anstelle von Latein traten bevorzugt moderne Sprachen und Realien. Spielerische Lernmethoden, Lernspiele und die Ablehnung der bis dahin gängigen Prügelstrafe sollten der Weckung von Neugier und Ermutigung zu eigenen Erkundungen und Erprobungen dienen, ebenso wie eine Sicherheit bietende pädagogisch förderliche Atmosphäre und bestätigende Erfolgserlebnisse, Vorbilder und Regeln.[99] Salzmann fühlte sich als Anwalt der Kinder: *Von allen Fehlern und Untugenden seiner Zöglinge muss der Erzieher den Grund in sich selbst suchen*, schreibt er.[100] Der erfolgreiche Praktiker orientierte Schnepfenthal an der Familienerziehung: anschauende Erkenntnis durch Naturbeobachtung, handwerkliche Arbeiten, Wanderungen, Reisen und körperliche Erziehung traten anstelle sturer Sprachpaukerei und seitenweisem Auswendiglernen.[101]

Eine der Leitfiguren unter Marcs Schnepfenthaler Lehrern war der aus Gera stammende Theologe und Pädagoge Christian Ludwig Lenz (1760–1833),[102] der zunächst am berühmten Dessauer Philanthropin gearbeitet hatte, aber nach Auseinandersetzungen mit dessen doktrinärem Leiter Basedow nach Schnepfenthal

---

99 FRIEDRICH, *Anbahnung wirtschaftlicher Kompetenz* (wie Anm. 91), S. 40–41.
100 SALZMANN, Christian Gotthilf: *Einige Gedanken über die Notwendigkeit und den Vorzug öffentlicher Erziehungsanstalten*, in: FRIEDRICH, *Pädagogische Welt* (wie Anm. 91), S. 67.
101 FRIEDRICH, *Pädagogische Welt* (wie Anm. 91); S. 128–153.
102 Lenz hatte von 1779–1784 in Jena und Leipzig Theologie und Philologie studiert und war nach seiner Tätigkeit in Schnepfenthal ab 1802 Gymnasialdirektor in Nordhausen und von 1806 bis 1819 ebenfalls Gymnasialdirektor in Weimar. Nach seiner wegen eines Augenleidens vorgezogenen Pensionierung 1819 zog er nach Schnepfenthal zurück, wo er am 17. Mai 1833 starb, vgl. Schumann, *„Lenz, Christian Ludwig"* in: Allgemeine Deutsche Biographie, Bd. 18 (1883), S. 271–272 [Onlinefassung]; URL: http://www.deutsche-biographie.de/pnd116910909.html?anchor=adb; Aufruf vom 20. April 2016.

gewechselt war, wo er Salzmanns Schwiegersohn wurde. Lenz entfachte offenbar das Interesse seiner Schüler, darunter auch Marcus', an den klassischen Sprachen. Er stand, ähnlich wie bereits André, auch in Verbindung mit dem Fürsten Friedrich Carl August von Waldeck, dem er als *erhabenem Beförderer einer besseren Erziehung und Unterweisung* ein Widmungsexemplar seiner Abhandlung *Über das Fürstliche Erziehungs-Institut zu Dessau und besonders den gegenwärtigen Zustand desselben* (1787) übersandte.[103]

Möglicherweise hat Fürst Friedrich mit einem Stipendium dafür gesorgt, dass Lenz sich besonders um den hochbegabten Carl Christian Heinrich Marc kümmerte;[104] zumindest ist eine besonders enge Bindung beider dem lateinischen Abschiedsgedicht zu entnehmen, das Marc bei seinem Weggang aus Schnepfenthal verfasste und dem Lenz eine „Praefatio" voranstellte.

---

103 FOSSALUZZA, *Aufklärung* (wie Anm. 12), S. 102 und Abb. 6, S. 103.
104 Im Zusammenhang mit Andrés Ernennung zum Erziehungsrat 1785 ist die Rede davon, der Fürst sei bereit, auf Andrés Empfehlung von Zeit zu Zeit *einen oder mehrere Jünglinge [....] daselbst erziehen zu lassen* (HStAM, Best. 118 a Nr. 2838), vgl. FOSSALUZZA, *Aufklärung* (wie Anm. 12), S. 102. Ob man daraus, wie FOSSALUZZA im Gegensatz zu BEAUCAMP, auf ein vertieftes Interesse des Fürsten an modernen Erziehungsmethoden schließen kann, scheint eher zweifelhaft.

DE BONIS
PAEDAGOGEI
SCHNEPFENTHALIANI,
ORATIUNCULA,
qua eidem Vale dixit
auctor
C. C. H. Marc,
Franciscopolitano-Gallus.

Praefatus eſt
Chrn. Ludov. Lenz.

Abb. 5: *De bonis Paedagogei Schnepfenthaliani oratiuncula (https://www.deutsche-digitale-bibliothek.de/item/MZNQGOR7TERNOYD3WUFAD36ANYX2U376)*

1790 erschien in dem vom ersten Lehrstuhlinhaber für Pädagogik, Ernst Christian Trapp, herausgegebenen Braunschweigischen Journal die lateinische Abhandlung *De bonis Paedagogei Schnepfenthaliani oratiuncula* von C.C.H. Marc,[105] der Christian Ludwig Lenz ein sechsseitiges Vorwort vorangestellt hatte. Ziel sei es, darzustellen, wie gut sich Marc lateinisch ausdrücken könne;[106] er sei mit dreizehn Jahren ohne jegliche Kenntnisse des Lateinischen nach Schnepfenthal gekommen und habe vier Jahre Unterricht erhalten, dabei in den beiden letzten Jahren täglich ein bis zwei Stunden.[107] Er werde bei seinem geplanten Wechsel an die Universität Jena zweifellos dort eine Zierde sein, nicht nur durch seinen eleganten Stil, sondern auch durch seine klugen Argumente. Dies verdanke er der besonderen Art des Lateinunterrichts, den er in Schnepfenthal empfangen habe, bei dem beide täglich miteinander auf Latein geplaudert und geschrieben hätten.[108]

Marc beginnt seine elfseitige Lobrede auf Schnepfenthal und was er dort erlernt hat, mit der Anrede der immerwährend mit Ehrfurcht und Liebe zu behandelnden Lehrer, der geliebten Mitschüler und der hochgeehrten anderen Zuhörer sowie dem Hinweis auf den schweren Herzens drohenden Augenblick des Abschiednehmens; das schöne Bild Schnepfenthals als der Tempe, also des wildromantischen thessalischen Tals in Thüringen, werde immer seine Fantasie beflügeln usw.[109] Die Vorzüge der *Educatio physica* werden hervorgehoben als Grundlage künftiger Glückseligkeit,[110] die Vorteile der Stille und Abgeschiedenheit der Lage der Schule werden betont und durch Zitate aus Sallust, Seneca, Xenophon und anderen illustriert.[111] Besonders geht er auf die *Intelligentiae formatio* und die Bedeutung der *vera Christi doctrina* für die *Emandatio animi, voluntatis, morumque* ein.[112] Dankbar wird auch des Herzogs in Gotha gedacht, der die Schule mit seiner Milde unterstützt habe, und der Lehrer, die sich so um

---

105 *De bonis paedagogei Schnepfenthaliani, oratiuncula qua eidem Vale dixit auctor C. C. H. Marc, Franciscopolitano-Gallus. Praefatus est Chrn. Ludov. Lenz*, in: Braunschweigisches Journal 1790, Heft 1, 1. Stück, Januar 1790, hg. v. E. Chr. Trapp, Braunschweig. Im Verlage der Schulbuchhandlung, nach S. 128 fol. I–XXII (https://www.digizeitschriften.de/dms/img/?PID=ZDB023276533_0007|LOG_0006) Aufruf vom 20. April 2016.
106 Ebd., fol. III.
107 Ebd., fol. IV, VII.
108 Ebd., fol. VI.
109 Ebd., fol. IX: *Praeceptores sempiterno pietatis et amoris cultu prosequendi, Condiscipuli carissimi, ceterique Auditores honoratissimi.*
110 Ebd., fol. XI.
111 Ebd., fol. XIII.
112 Ebd., fol. XV, XVII.

seine Erziehung bemüht hätten. Deshalb gälten alle seine Gebete diesem Ort und der darin Wohnenden, und das *Immortale Numen*, die Allmacht Gottes, möge allen Schaden abwenden. Die Liebe und das Vertrauen, die ihm von allen und jedem einzelnen entgegengebracht worden seien, wären tief in seiner Brust verankert.[113] Ein sehr emotionales Abschiedsgedicht eines ungenannten Freundes auf seine Tugenden schließt den bemerkenswerten Text ab.[114]

Nach dem Abschluss des Gymnasiums in Schnepfenthal studierte Marc ab 1789 Medizin, nicht wie geplant in Jena, sondern in Erlangen, wohin seine Eltern übergesiedelt waren. Dort promovierte er 1792 mit einer Arbeit über ein seltenes Krampfleiden, die er neben anderen seinem Onkel Adalbert Friedrich Marcus widmete. Nach weiterer praktischer Ausbildung in Wien arbeitete Marc längere Zeit in Bamberg bei Marcus, der ihn im Allgemeinen Krankenhaus beschäftigte. Während dieser Zeit verfasste der wissenschaftlich hoch begabte junge Arzt bereits mehrere Publikationen, darunter die deutlich von Marcus beeinflusste Abhandlung *Allgemeine Bemerkungen über die Gifte und ihre Wirkungen im menschlichen Körper; nach dem Brown'schen Systeme dargestellt*, Erlangen 1795. Im gleichen Jahr kehrte Marc nach Frankreich zurück, wo er sich u. a. dem Kreis um den berühmten Corvisart anschloss und bei der Gründung der *Société médicale d'émulation* mitwirkte.

---

113 Ebd., fol. XX.
114 Ebd., fol. XXI *Composuit suaves tibi gratia modestia mores, Praefulsitque tuo pulcher in ore pudor;* fol. XXII *Mox magis atque magis vires anquirit eundo, Tum celebri se effert nomine conspicuum: Sic tibi succrescat virtus nomenque decusque, Adjiciatque aliquid lux nova quaeque tibi!*

Abb. 6: Porträt Charles Chrétien Henri Marcs (Lithographie von Thierry Frères, um 1840)

Nachdem er 1811 mit einer Thèse *Sur les maladies simulées* in Paris promoviert worden war, wurde er französischer Staatsbürger. Der einflussreiche Arzt und Apotheker Antoine-Augustin Parmentier (1737–1813), der mit Marc befreundet war und dessen chemische Interessen teilte, sorgte dafür, dass dieser nach seinem Tode 1816 Mitglied der obersten Gesundheitsbehörde in Paris, dem *Conseil supérieur de salubrité,* wurde. Marc hatte damit in Frankreich den Status erreicht, den sein Onkel Adalbert Friedrich für Franken einnahm. Louis Philippe, der Herzog von Orléans, hatte schon früher ein enges Vertrauensverhältnis zu Marc entwickelt und ernannte ihn nach der Julirevolution 1830 und seiner Thronbesteigung als

König der Franzosen zum ersten Leibarzt. Marcs Biograph Égiste Lisle schreibt dazu, dass diese Ernennung keinerlei Auswirkung auf seine Bescheidenheit und außerordentlich menschenfreundliche Hilfsbereitschaft hatte,[115] wie sie sich dem Betrachter seines Portraits unmittelbar mitteilt.

Im Rahmen seiner Tätigkeit im *Conseil* wurde ihm die Organisation des Rettungswesens und der Betreuung Ertrinkender und Erstickender übertragen, die er 25 Jahre lang pflichtbewusst erfüllte. 1840 erschienen dann die beiden umfangreichen Bände seines Hauptwerks mit dem schlichten Titel *De la folie, considérée dans ses rapports avec les questions médico-judiciaires* (Paris 1840, in der deutschen Übersetzung des Psychiaters der Charité in Berlin, K. W. Ideler: *Die Geisteskrankheiten in Beziehung zur Rechtspflege*). Systematisch begründet Marc darin zunächst die Kompetenz und Zuständigkeit von Ärzten für die Geisteskranken, legt zur Erklärung von zwanghaften Geisteskrankheiten die Bedeutung des freien Willens dar und erläutert die verschiedenen Formen der *Willensstörungen* bzw. *Leidenschaften* und ihre Bedeutung für das Strafrecht. Weitere systematisch abgehandelte Themen betreffen Wahnvorstellungen, Monomanien wie die von ihm beschriebenen Formen der Pyromanie und Kleptomanie, aber auch Geistesschwäche, Tobsucht und Verwirrtheit sowie die Diagnostik und strafrechtliche Relevanz der verschiedenen Formen des Wahnsinns. Im zweiten Band wird diese Thematik weiter vertieft, dazu werden die Möglichkeiten der Behandlung und ihre Voraussetzungen diskutiert. Damit entwickelt Marc eine ganz ähnliche Zugangsweise wie sein Würzburger Vetter Carl-Friedrich v. Marcus, die einen wesentlichen Schritt in der Klassifizierung von psychiatrischen Erkrankungen darstellt, wie sie dann später in Deutschland und der Schweiz vor allem von Wilhelm Griesinger bei der Entwicklung der Anstaltspsychiatrie weiter ausgebaut und therapeutisch umgesetzt wurde. Wenn man C. C. H. Marcs wissenschaftliche Bedeutung auf die von ihm geprägten Begriffe wie *Kleptomanie* reduziert und ihn als Nebenfigur unter Pinel und Esquirol einordnet, wird man seiner wissenschaftlichen Bedeutung und seinem aufgeklärten humanitären Ansatz für die strafrechtliche Beurteilung von Geisteskranken nicht gerecht.[116]

---

115 Lisle, *Annales d'hygiène publique* (wie Anm. 85), S. 207.
116 Aumüller, *Marcus* (wie Anm. 21), S. 193.

Abb. 7: Titelblatt De la Folie (Band I) von C. C. H. Marc, Paris 1841 (http://gallica.bnf.fr/ark:/12148/bpt6k85087q)

Dabei ist bemerkenswert, wie Marc sich vom zunächst deutlichen Einfluss Adalbert Friedrich Marcus' auf sein wissenschaftliches Denken emanzipiert, der in seiner Auseinandersetzung mit dem Brownianismus, der therapeutischen Anwendung von Eisenverbindungen, der Beschäftigung mit Keuchhusten und anderen

Lungenkrankheiten fassbar wird. Der Kontakt mit seinen französischen Kollegen hat seinen Blick unzweifelhaft geweitet und zu wichtigen neuen Konzepten geführt. Ähnlich wie Marcus ist er bis zu seinem Lebensende wissenschaftlich aktiv geblieben. Bis wenige Stunden vor seinem plötzlichen und unerwarteten Tode hat er an seinem Werk über die Geisteskrankheiten gearbeitet.

Ein Vergleich der Laufbahn der vier ärztlichen Persönlichkeiten

Unter den vier untersuchten Ärzten nimmt C.F. von Marcus eine Sonderstellung ein: Als illegitimer, adoptierter Sohn eines berühmten Vaters, durch eine angeborene Augenkrankheit behindert und von Kindheit an im streng katholischen und akademisch geprägten Milieu einer größeren Residenzstadt aufgewachsen und vielfältig gefördert, hat er gleichsam natürlich die Laufbahn eines Universitätsprofessors eingeschlagen, in der er dann auch überaus erfolgreich war. An der Breite seines Wissens und seiner Lehrtätigkeit lässt sich seine spezielle wissenschaftliche Begabung ohne weiteres nachvollziehen. Dass er fast nichts publiziert hat, dürfte eher mit seiner fortschreitenden Glaukom-Erkrankung zusammenhängen und weniger auf das Vorbild seines Lehrers Schönlein zurückzuführen sein, dessen ärztliche Innovationen er weitergeführt hat. Es ist kaum anzunehmen, dass seine Herkunft aus einer jüdischen Familie größere Probleme der Identität für ihn bedeutet haben. Bei seinem Vater und dessen beiden Neffen stellt sich die Situation grundsätzlich anders dar. Zwar haben sowohl Marcus wie Stieglitz und Marc als Leibärzte ihrer Landesherren, als leitende Medizinalbeamte und hoch angesehene Sozialmediziner den Höhepunkt der damaligen Laufbahnmöglichkeiten von Ärzten erreicht, aber sie mussten, um diese Karriere machen zu können, doch das ursprüngliche religiös-spirituelle Umfeld verlassen und ihr Judentum aufgeben. Bei Marc geschah dies offenbar schon in der späteren Kindheit, bei Stieglitz und Marcus erst nach Abschluss der akademischen Ausbildung. Bei beiden ist der Zusammenhang mit der angestrebten Position unzweifelhaft. Welche Rückwirkungen sich dadurch auf ihre Identität ergaben, lässt sich ihren spärlichen autobiographischen Angaben nicht entnehmen. Auffällig ist, mit welcher scheinbaren Leichtigkeit der Schritt zur Konversion erfolgte. Hier mag zum einen die bereits in der Vätergeneration nachweisbare Lockerung der Bindung an das orthodoxe Judentum eine Rolle gespielt haben, möglicherweise aber auch der bei aller Toleranz doch spürbare religiös-konfessionelle Druck der Erzieher, insbesondere pietistisch beeinflusster Theologen wie Winterberg, Stroth und Lenz. Ein weiteres Indiz auf eine sorgfältig geplante Laufbahn ist die Bereitschaft, die damals für das Medizinstudium notwendigen Fächer wie Philosophie, alte Sprachen, vor allem Latein, und breite Literaturkenntnisse zu erwerben. Sie wurde offenbar schon frühzeitig in der bildungsbeflissenen

Atmosphäre der Kleinstadt Arolsen angebahnt und durch die Auswahl der besuchten Schulen gezielt verstärkt. Bei allen vier untersuchten Ärzten sind die perfekte Beherrschung des Lateinischen und die Aufnahmebereitschaft für große Wissenskomplexe bemerkenswert, die sich dann auch im wissenschaftlichen Œuvre niederschlugen. Sie folgen damit dem Typus des Gelehrten, wie dies Eberhard Wolff in seiner Studie über die jüdischen Ärzte des Reformzeitalters herausgearbeitet hat.[117] Die wissenschaftliche Qualität ihrer Werke unterscheidet sich hinsichtlich Originalität, Innovationscharakter, kritischer Einstellung und Nachhaltigkeit der Ergebnisse ganz erheblich und ist offenbar von den Charaktereigenschaften der Autoren bestimmt: Bei Marcus die fast unkritische Begeisterungsfähigkeit für alles Neue, bei Stieglitz der rigorose Skeptizismus gegenüber jeglichen Produkten des menschlichen Geistes und bei Marc die am französischen Rationalismus geschulte und dem Kausalitätsprinzip folgende, gleichwohl empathische Systematik der Herangehensweise und des Verständnisses von Geisteskrankheiten. Fragt man abschließend nach dem Stellenwert der schulischen Ausbildung für die Lebensleistung dieser vier ebenso eindrucksvollen wie erfolgreichen Ärzte, so drängt sich der Eindruck auf, dass sie weniger laufbahnbestimmend war als deren intellektuelle und charakterliche Anlagen.

Fazit

Die beiden Hoffaktoren-Familien Juda und Stieglitz waren für die ökonomische und kulturelle Entwicklung der Neustadt Arolsen von herausragender Bedeutung; ihr Beitrag zur Kultur, Wissenschaft und Ökonomie hatte eine von Amerika bis Russland ausstrahlende Spannweite und nachhaltige Wirkung, wie sie ähnlich nur von den großen jüdischen Familien Berlins erreicht wurde. Besondere Sorgfalt richteten die Familien auf die Ausbildung der Söhne und wendeten dabei Verfahrensmuster an, wie sie beim höheren Bürgertum und dem Landadel üblich waren:

– Früherziehung durch Hauslehrer/Hofmeister,
– Besuch des Gymnasiums mit enger Bindung an dessen Leiter,
– Finanzierung des Studiums an einer modernen Reformuniversität.

Die bereits in der Vorgänger-Generation bemerkbare Lockerung der religiösen Bindung erleichterte die Konversion zum Christentum, wobei in der Regel die regional dominierende Konfession gewählt wurde und damit weitere Karriereschritte ermöglichte.

---

117 WOLFF, *Medizin und Ärzte* (wie Anm. 4), S. 55–103.

Charakterliche und geistige Voraussetzungen waren herausragende Intelligenz und Fleiß und die Bereitschaft, sich besonders diejenigen Bildungsstandards und Inhalte anzueignen, die für den angestrebten Beruf essentiell waren, wie im Fall der Medizin gewandte Latinität und ausgedehnte Literaturkenntnisse. Persönlichkeitstypische Merkmale wie Begeisterungsfähigkeit, Empathie-Begabung oder kritische Distanz waren dann jedoch für die jeweilige Gelehrtenkarriere bestimmender als der vorausgegangene Bildungsweg.

Birgit Kümmel

Kulturgeschichtliche Aspekte einer spätabsolutistischen Residenz

Abstract: The tiny, financially extremely weak principality of Waldeck and its residential town of Arolsen, nevertheless, boasted of an ambitious cultural atmosphere and cultivation of arts, imitating larger international role models in Italy and France. The richly endowed library in the monumental new castle, a number of court musicians, and the numerous paintings, sculptures, collections of coins, natural artifacts and similar precious objects, which were purchased by the prince dowager Christiane, a native Bavarian princess, as well as by her sons, led the financial situation of the court close to a financial crash, which could only be avoided by the ingenuity of the court, prior to the incorporation of the highly indebted small principality into the Prussian state in the middle of the 19th century.

Nach der Reformation war das ehemalige Kloster in Arolsen zu einem Schloss der Grafen von Waldeck umgebaut worden. Ab 1694 wurde Arolsen zur Hauptresidenz des Landes. 1710 fand unter Friedrich Anton Ulrich die Grundsteinlegung zu einem neuen, ursprünglich größer geplanten Schloss statt, das 1720 feierlich eingeweiht wurde. Die Arbeiten im Inneren zogen sich noch mehrere Jahrzehnte hin. Der Marstall und das Regierungsgebäude am Schlossvorplatz wurden erst um 1750 errichtet. Der Architekt war Julius Ludwig Rothweil. Das dreiflügelige, einen doppelten Hof weiträumig umschließende Schloss mit einem rückwärtigen Garten orientierte sich an den modernsten Bauten der Zeit. Mit dem vorgelagerten Graben nahm es auch noch ältere Elemente der Wehrarchitektur auf.

Das Schloss sollte als absolutistischer Herrschersitz und als ein barockes „Prachtgebäude" mit seinem Schmuck der Fassaden und der Dekoration seiner Innenräume die Ansprüche auf einen erblichen Fürstentitel unterstreichen und den Ruhm des Hauses Waldeck verkünden.

Dank der politischen Weitsicht des in Arolsen residierenden Fürsten Georg Friedrich war Waldeck wieder vereint worden. Sein Vetter, Graf Christian Ludwig, entschied sich deshalb bei der Zentralisierung des Landes für Arolsen als Sitz der ersten gemeinsamen Residenz. Sein Sohn Friedrich Anton Ulrich stand dann vor der Aufgabe, an diesem Ort eine repräsentative Residenzstadt zu errichten, die zudem der von ihm angestrebten Fürstung architektonisch Ausdruck verleihen sollte.

In den Idealplänen für die Residenzstadt wird noch durch die regelmäßige, auf das Schloss gerichtete Gestaltung der absolutistische Herrschaftsanspruch ausgedrückt. Die asymmetrische Entwicklung der Anlage hingegen zeigt, dass der in Kleinresidenzen häufig unternommene Versuch, mangelnde politische Bedeutung architektonisch zu kompensieren, auch in Arolsen misslang. Denn die Stadt schuf sich ihren eigenen Mittelpunkt, das ehemals zentral gedachte Schloss jedoch geriet an die Peripherie.[1]

Kunst und Architektur am waldeckischen Hof

Ein Charakteristikum höfischer Kultur ist die Mobilität von Künstlern und Handwerkern zwischen den Höfen, großen und kleinen. Insbesondere die Baumeister, Bildhauer und Maler etablierten international gängige, vor allem ästhetische und technische Standards. So schufen italienische Künstler Deckenmalereien und Stukkaturen im Arolser Residenzschloss. Von Carlo Ludovico Castelli stammen die Deckenfresken.[2] Der italienische Maler, dessen Herkunft noch nicht eindeutig geklärt ist, kann erstmals ab Ende des 17. Jahrhunderts in Deutschland nachgewiesen werden. Über sein mögliches Schaffen vor dieser Zeit in Italien ist bisher nichts bekannt. In den Jahren 1721/22 war Castelli nach Aktenlage mit der Ausarbeitung der Deckenfresken im Schloss Arolsen betraut. Ein Hauptbild im Treppenhaus zeigt die Verherrlichung eines Jünglings in antiker Götterwelt.

---

1 KÜMMEL, Birgit; HÜTTEL, Richard (Hgg.): *Arolsen: indessen will es glänzen; eine barocke Residenz.* Ausstellungskatalog Stadt Arolsen und Museumsverein, Korbach 1992, S. 181; S. 193. SCHÜTTE, Ulrich; KÜMMEL, Birgit: *Julius Ludwig Rothweil und die Architektur kleinfürstlicher Residenzen im 18. Jahrhundert*, Petersberg 2006; PUNTIGAM, Sigrid: *Öffnungen und Grenzen, Das Arolser Residenzschloss im Planungsprozess*, in: Die Sanierung des Residenzschlosses Arolsen (Arbeitshefte des Landesamtes für Denkmalpflege Hessen, Bd. 14), Stuttgart 2009, S. 77–93.

2 THOM SUDEN, Marina: *Die Deckenbilder im Schloss Arolsen und ihre Vorbilder*, in: Die Sanierung des Residenzschlosses Arolsen (Arbeitshefte des Landesamtes für Denkmalpflege Hessen, Bd. 14), Stuttgart 2009, S. 95–107.

Kulturgeschichtliche Aspekte einer spätabsolutistischen Residenz 61

Abb. 1: Carlo Ludovico Castelli, Apotheose des Hauses Waldeck, 1721–22, Schloss Arolsen, Deckenfresko im Treppenhaus

Als Vorbild verwendete Castelli ein Deckengemälde aus dem Medici-Zyklus, den Pietro da Cortona in der Sala Giove im Palazzo Pitti in Florenz ausführte. Der Vergleich zeigt, dass Castelli in großen Teilen eine detailgetreue Übernahme des italienischen Vorbildes schuf. Offensichtlich ging es Fürst Friedrich Anton Ulrich als Auftraggeber nicht darum, etwas Innovatives und Neues in seinem Schloss zu präsentieren, sondern man kopierte Bekanntes. Die Darstellung einer Apotheose war ein für die Herrscherikonographie der Frühen Neuzeit geläufiges Thema, das sich unabhängig vom Stand des Regenten zur Verherrlichung der eigenen Person eignete. Die Deckenfresken Cortonas in den Planetensälen des Palazzo Pitti – Sala di Marte, Sala di Venere, Sala di Giove – wurden seit ihrer Entstehung hoch geschätzt. Mit Hilfe von Reproduktionsgraphiken fanden die Darstellungen zusätzlich Verbreitung und konnten ihren Weg bis nach Waldeck finden.

Fürstin Christiane von Waldeck und Pyrmont[3] kommt besonders im Hinblick auf die kulturelle Entwicklung der Residenz besondere Bedeutung zu. Als Tochter des Herzogs Christian III. von Pfalz-Zweibrücken-Birkenfeld (1674–1735) und seiner Frau Caroline, einer Prinzessin von Nassau-Saarbrücken, wurde Christiane 1725 geboren. Caroline sorgte nicht nur für eine Ausbildung ihrer beiden Söhne Friedrich Michael und Christian – der später als Christian IV. dem Vater nachfolgte und seinen Hof in Zweibrücken als Musenhof ausbaute –, sondern auch ihrer beiden Töchter Christiane und Karoline. Christiane heiratete 1741 mit sechzehn Jahren den fast 20 Jahre älteren Fürsten Carl August Friedrich von Waldeck und Pyrmont und ging damit eine Verbindung mit einem in der dynastischen Hierarchie weniger bedeutenden Fürstenhaus ein, das erst in der zweiten Generation diesen Titel führen durfte. Die um 1710 begonnene Residenz Arolsen war architektonischer Ausdruck dieser Standeserhebung. Die Ankunft der jungen Fürstin dokumentiert sich auch in der Innenausstattung des Residenzschlosses, indem die Appartements der neuen Herrscherin ihren Vorstellungen gemäß ausgestattet wurden. Auffallend dabei ist, dass nur das äußere Appartement, welches vorrangig der Repräsentation diente, umgestaltet wurde und somit die neue dynastische Verbindung demonstrativ vorstellte.[4]

Das Fürstenpaar ließ sich 1748 von dem in Kopenhagen geborenen Porträtmaler Johann Georg Ziesenis in zwei Einzelporträts abbilden.

---

3   KÜMMEL, Birgit: *Fürstin Christiane zu Waldeck und Pyrmont (1725–1816)*, in: MERKEL, Kerstin; WUNDER, Heide (Hgg.): *Deutsche Frauen der frühen Neuzeit*, Darmstadt 2000, S. 211–221; S. 279–283.

4   PUNTIGAM, Sigrid: ‚*Oben und unten (und die leere Mitte)*', *Geschlechterdifferenz und Statusfrage. Zur Raumdisposition der Herrscherappartements des Arolser Schlosses*, in: SCHÜTTE, Ulrich; KÜMMEL, Birgit: Julius Ludwig Rothweil und die Architektur kleinfürstlicher Residenzen im 18. Jahrhundert, Petersberg 2006, S. 89–108.

Kulturgeschichtliche Aspekte einer spätabsolutistischen Residenz 63

Abb. 2: Johann Georg Ziesenis, Fürst Carl August Friedrich von Waldeck und Pyrmont (1704–1763), 1748, Öl, Leinwand, H. 86 cm, B. 69 cm, Stiftung des Fürstlichen Hauses Waldeck und Pyrmont

Abb. 3: Johann Georg Ziesenis, Fürstin Christiane von Waldeck und Pyrmont (1725–1816), 1748, Öl, Leinwand, H. 86,5 cm, B. 69,5 cm, Stiftung des Fürstlichen Hauses Waldeck und Pyrmont

Fürst Carl hatte als jüngerer Sohn des Fürsten Friedrich Anton Ulrich entsprechend der Erbfolgeregelung keine Aussichten auf die Regierungsübernahme und trat daher in die Armee ein. Seit 1723 war er Oberst im württembergischen Regiment, später stand er in österreichischen Diensten. 1728 musste er nach dem Tod seines unverheirateten Bruders Christian die Regierung übernehmen. Dem Militär blieb er weiter verbunden. So ließ sich der Fürst nach barockem Schema in der prächtigen Uniform eines österreichischen Feldmarschalls mit Harnisch, Großkreuz und Ordensband des Hubertusordens vor einem dramatisch bewegten Himmel abbilden Der repräsentative Anspruch wird betont durch den leicht erhobenen Kopf und die gedrehte Körperhaltung mit dem gebietend nach vorne geführten linken Arm.[5]

Christiane wählte eine Darstellung in einem schlichten Baumwollkleid vor einem neutralen Hintergrund. Sie strahlt Ruhe und Kontemplation aus. Das Buch in ihren Händen weist sie als geistig und künstlerisch interessierte Frau aus. Als Gegenstücke akzentuieren diese beiden Porträts eindrucksvoll das Rollenverständnis von Mann und Frau im 18. Jahrhundert. Dem dynamischen Element des Fürsten in freier Natur wird das häusliche Element der Fürstin gegenübergestellt. Zudem stehen sich mit der repräsentativen Typisierung einerseits und der eher intimen, bürgerlich anmutenden Gestaltung andererseits zwei Auffassungen gegenüber, die sich am Ende des 18. Jahrhunderts vermischten und eine neue Porträtform entstehen ließen.[6] Eduard Vehse erwähnt in seiner bissigen und pointierten Schilderung des waldeckischen Hofes Christiane in einer Passage mit dem Fazit: *Sie war eine Dame die das Lesen liebte.*[7]

Fürst Carl und Fürstin Christiane ließen sich nach der Geburt des Erbprinzen Carl Ludwig Christian 1742 in einem verkleideten Porträt als Stärke und Weisheit, als Herkules und Minerva, darstellen.

---

5 KÜMMEL/ HÜTTEL, Arolsen: indessen will es glänzen (wie Anm. 1), S. 243–244.
6 KÜMMEL/ HÜTTEL, Arolsen: indessen will es glänzen (wie Anm. 1), S. 244–245.
7 VEHSE, Eduard: *Geschichte der kleinen deutschen Höfe*, Bd. 39, Hamburg 1856.

Abb. 4: *Allegorisches Familienbildnis des Fürsten Carl von Waldeck und Pyrmont und seiner Gemahlin Christiane und des erstgeborenen Prinzen Carl, um 1743, Öl, Leinwand, H. 150 cm, B. 115 cm, Privatbesitz*

Wie der Rückseite des Gemäldes zu entnehmen ist, diente ein Werk des Italieners Paolo Veronese als Vorbild, das sich einst in der Kunstsammlung des Herzogs von Orleans, eines Verwandten der Fürstin, befunden hatte. Ein Kupferstich von Louis Desplaces aus der ersten Hälfte des 18. Jahrhunderts war die Vorlage von zwei Malern, einer für die Staffage zuständig, der bessere für die Ausarbeitung der Gesichter. Schon eine Generation zuvor hatte Carls Vater, Fürst Friedrich Anton Ulrich, Herkules und Minerva für sich entdeckt. Er ließ sie im Giebel des Mittelrisalites darstellen.[8]

Die dynastischen Verpflichtungen erfüllte die Fürstin, indem sie insgesamt sechs Kinder zur Welt brachte, die Söhne Carl Ludwig Christian (1742–1756), Friedrich Carl August (1743–1812), Christian August (1744–1798), Georg (1747–1813), Ludwig (1752–1793) und die Töchter Caroline Louise (1748–1782) und Louise (1751–1816). Großen Wert legten Carl und Christiane auf die Erziehung ihrer Kinder, die in einem aufgeklärt absolutistischen Milieu heranwuchsen. Die Söhne wurden, wie viele ihrer Standesgenossen, der Gedankenwelt Friedrichs II. von Preußen, entsprechend geformt; dass die Fürstin auch ihren Töchtern eine geeignete Ausbildung zukommen ließ, erscheint vor dem Hintergrund ihrer eigenen Erziehung, Ausbildung und ihrer außergewöhnlichen Persönlichkeit selbstverständlich. Das Fürstenpaar lebte den Kindern die Leidenschaft für Kunst, Literatur und die Antike vor. Carl bereiste die historischen Stätten in Italien und gab als Kunstliebhaber zahlreiche Gemälde und Familienporträts bei Johann Heinrich Tischbein d. Ä. (1722–1789) in Auftrag. Christiane wollte den Arolser Hof zu einem „Musensitz" erheben, ähnlich wie ihre Schwester Karoline, die Landgräfin von Hessen-Darmstadt.

Die elterliche Begeisterung steckte an. In Briefen berichteten Christiane und ihre Söhne von ihren reichhaltigen und wachsenden Sammlungen. Als vertraute Ansprechpartnerin unterstützte die Fürstin zudem die beiden Töchter und die fünf Söhne nach Kräften. Sie erteilte Ratschläge, spendete Trost, bürgte für Schuldaufnahmen und vermittelte zwischen den Geschwistern.

Während der meist militärisch bedingten Abwesenheit des Fürsten stellte Christiane die höchste Autorität im Fürstentum dar. Die Regierung unterlag dann ihr und einem ihr zur Seite gestellten Geheimratsgremium. Um ihre Rolle als Statthalterin und Regentin auszufüllen, verschaffte sie sich Kenntnisse durch die Lektüre politischer und staatsrechtlicher Schriften. Auf diese Rolle als Statthalterin verweist auch Johann Heinrich Tischbein d. Ä. in seinem großformatigen und der Repräsentation dienenden Familienporträt aus dem Jahr 1757.

---

8   DRINKUTH, Friederike Sophie: „doch seind die Gesichter verendert". Ein waldeckisches Familienbildnis und die Verwendung von graphischen Vorlagen für das Ausstattungsprogramm im Arolser Residenzschloss, in: Die Sanierung des Residenzschlosses Arolsen (Arbeitshefte des Landesamtes für Denkmalpflege Hessen, Bd. 14), Stuttgart 2009, S. 109–121.

Abb. 5: Johann Heinrich Tischbein d. Ä., Fürst Carl von Waldeck und Pyrmont und seine Familie, 1757, Öl, Leinwand, H. 322 cm, B. 441 cm, Stiftung des Fürstlichen Hauses Waldeck und Pyrmont

Tischbein schuf in diesem ‚Programmbild' nicht nur repräsentative Bildnisse der fürstlichen Familie, sondern verstand es geschickt, die Anwesenden in einen erzählerischen Hergang einzubinden. Fürst Carl schreitet mit ausgebreiteten Armen die Schlossterrasse hinauf, wo ihn seine Familie begrüßt. Christiane geht in hellblauem Kleid ihrem Gatten entgegen. Sie, die im Kreis ihrer Kinder gezeigt wird, weist dem aus dem Krieg zurückkehrenden Fürsten den Fürstenstuhl zu, von dem sie sich gerade erhoben hat. Die Gruppe hinterfängt der schwungvolle Bogen des Marstallgebäudes, das 1755 gerade vollendet war. Sein westliches Gegenstück kam nicht zur Ausführung. Das Gebäude im Vordergrund rechts entspricht nicht der Lokalität, die Zusammenschau von Schloss und Marstall nicht der gebauten Realität. Vielmehr wird auf die Verdienste des Fürsten verwiesen: zum einen seine militärischen Meriten – zum anderen die einzige große Bauaufgabe seiner Regentschaft, das Gebäude des Marstalls. Das hohe Portal des fiktiven Gebäudes, von ionischen Säulen flankiert, verleiht jedoch ebenso wie die Terrasse der Szene ihren würdevollen Rahmen. Mit seinen zahlreichen Figuren in Lebensgröße ist dieses Werk zweifelsohne der anspruchsvollste Auftrag, den Tischbein für Fürst Carl ausführte. Familienporträts dieser Art wurden später auch von anderen Höfen angefordert.[9]

Bereits 1756 hatte der Waldecker Fürst seinen Nachbarn, Landgraf Wilhelm VIII. von Hessen-Kassel, gebeten, ihm dessen Hofmaler Johann Heinrich Tischbein nach Arolsen zu senden. Der Maler stand nach seiner Ausbildung in Paris und Italien seit zwei Jahren in landgräflichen Diensten, um die zahlreichen Damenporträts für die beiden Galerien im Lustschloss Wilhelmsthal bei Kassel zu malen. In Waldeck entstand 1756 auch ein Bildnis der Fürstin, dessen Zweitfassung ebenfalls in Wilhelmsthal ihren Platz fand. Die freundschaftliche Verbundenheit dokumentiert noch heute ein Porträt des Landgrafen in der fürstlichen Porträtsammlung in Arolsen.

Als Fürst Carl 1763 starb, verlangte die Staatsräson von Christiane die Übernahme der vormundschaftlichen Regentschaft für ihren Sohn Friedrich. Bis zur Erlangung seiner Volljährigkeit 1766 erfüllte die Fürstin geschickt diese Aufgabe. Fürst Carl hatte in seiner Vormundschaftsverordnung 1763 seine Frau als Vormund und *alleinige Landes-Regentin* bestimmt und auf die *vorzüglichen ganz ausnehmenden Eigenschaften* Christianes als Regentin ausdrücklich verwiesen. Ein Vorbild war ihr in dieser Situation ihre Mutter, die nach dem frühen Tod Christians III. 1735 die Regentschaft für ihre unmündigen Kinder übernommen hatte und deren Ansprüche und Rechte erfolgreich durchsetzen konnte. Christiane war zu diesem Zeitpunkt zehn Jahre alt gewesen, ihre ältere Schwester Caroline (1721–1774) vierzehn. Caroline, ebenso wie ihre Schwester musisch und politisch gebildet, sorgte als Gemahlin des Landgrafen Ludwigs IX. von Hessen-Darmstadt für den Aufbau des Hauses und des Landes.

Da Christianes Sohn Friedrich unverheiratet blieb, übernahm sie auch als Fürstinwitwe weiterhin repräsentative Pflichten. Als Witwensitz ließ sie sich ab 1763 durch den Hofbaumeister Franz Friedrich Rothweil das ‚Neue Schloss' errichten.[10] Christianes Bruder Christian IV. hatte durch den Pariser Architekten Pierre Patte für seine Frau Marie Anne Comtesse de Forbach ein Haus in der Art eines Hotel erbauen lassen. Dieser Bau orientierte sich am sogenannten Bellevue der Madame de Pompadour, die Christian IV. 1751 die Baupläne zugänglich gemacht hatte. Für die Planung dieses Schlösschens Forbach interessierte sich wiederum die waldeckische Fürstin. Sowohl für die bis auf den repräsentativen Mittelrisalit schlichte Fassadengestaltung des 15achsigen Baues als auch für die Grundrissgestaltung finden sich Vorbilder in Architekturformen der französischen Régence,

---

9 KÜMMEL/ HÜTTEL, Arolsen: indessen will es glänzen (wie Anm. 1), S. 231–232.
10 KÜMMEL/ HÜTTEL, Arolsen: indessen will es glänzen (wie Anm. 1), S. 208–210.

hier vor allem in der Pariser Hotelarchitektur des 18. Jahrhunderts. Im Unterschied zum Residenzschloss waren in Christianes Witwenpalais die Räume parallel zu einer mittleren Enfilade angeordnet. Im Obergeschoss des Hôtel double lagen die repräsentativen Räume, an den Ecken befanden sich kleinere Kabinette, die dem Wunsch nach Bequemlichkeit entsprachen. Einfachheit und Anspruch, Privatheit und Repräsentation halten sich in der Grundrissdisposition die Waage. Mit diesem Bau wurde modernste Architektur der französischen Hauptstadt in der kleinen waldeckischen Residenz realisiert.

Die Nachfolgegeneration

Friedrich Carl August, 1743 geboren, wurde nach dem frühen Tod des älteren Bruders Carl waldeckischer Erbprinz.[11] Mit seiner Volljährigkeit übernahm er 1766 die Regierung von seiner Mutter. Friedrich galt als ein vornehmer und wohlwollender Mensch. Seine aufgeklärt-absolutistische Politik sollte das Land modernisieren. Machtbewusst und stolz auf seinen Rang, verbat er sich dabei jegliche Kritik und Einmischungen. Ehrfurchtsvoll verteidigte der Fürst die seit Jahrhunderten gewachsene Landesverfassung. Auch als Waldeck 1807 dem napoleonischen Rheinbund beitrat, lehnte er Veränderungen ab. Seinem Regierungsstil mangelte es allerdings an Kontinuität. Hinzu kam die Schuldenkrise, wobei Friedrichs Hang zu Wohltätigkeit und Verschwendung sowie seine verhängnisvolle Spielleidenschaft verschärfend wirkten. Mit teils betrügerischen Finanzpraktiken versuchte der Fürst, dem eigenen Status und Bedarf gerecht zu werden. Anfang 1780 schien der Staatsbankrott unabwendbar. Des Geldmangels wegen verzichtete Friedrich auch auf die Ehe. Enthaltsam lebte er aber keineswegs. Charlotta Hermann, Tochter eines Regierungsrates, war jahrelang die Mätresse des Regenten. Seine Mutter zog aus Verärgerung über die nicht standesgemäße Liaison aus dem Residenzschloss aus. Als Soldat der niederländischen Infanterie befehligte Friedrich 1793 und 1794 ein militärisches Kommando gegen die Franzosen. Der Fürst, der bis dahin nie aktiv gedient hatte, quittierte angesichts der ausweglosen Lage an der hart umkämpften Front schließlich den Dienst und widmete sich wieder seinen heimischen Pflichten.

---

11 MURK, Karl: *Fürsten, Krieger, Kavaliere – Karrierewege, Rollenverständnis und Lebensweise der Brüder Friedrich, Christian und Georg von Waldeck und Pyrmont*, in: BROSZINSKI, Hartmut; KÜMMEL, Birgit; WOLF, Jürgen (Hgg.): Antikes Leben, Ideal und Wirklichkeit in Hofbibliothek und Kunstsammlungen der Fürsten von Waldeck und Pyrmont, Petersberg 2009, S. 41–74.

Friedrich, der Begründer der Hofbibliothek, war ein belesener und kulturbegeisterter Fürst. Sein Arbeitszimmer schmückten Büsten und Porträts von großen Denkern wie Sokrates oder Rousseau. Von seinen Auslandsreisen nach England oder in die Niederlande brachte er regelmäßig Bücher, Gemälde, Kupferstiche oder Antiken mit. Auch im Reich verreiste er oft, etwa nach Potsdam, Berlin, Dresden oder zum alljährlichen Sommeraufenthalt nach Pyrmont.

Im letzten Jahrzehnt seiner fast fünfzigjährigen Regentschaft sah sich der Fürst zu drastischen Einschränkungen genötigt. Von Gicht und Sorgen geplagt, verließ er Arolsen nach 1806 kaum noch. Auf Reisen verzichtete er, da ihm ein standesgemäßes Auftreten unmöglich schien. Als Friedrich 1812 starb, sollte er seinem Bruder Georg ein schweres Erbe hinterlassen.

Friedrich beauftragte Johann Heinrich Tischbein, ein bedeutendes Ereignis aus der deutschen Geschichte zu schildern: den Triumph des Cheruskerfürsten Hermann über die Legionen des Varus. Dieses monumentale Gemälde[12] ist heute

---

12 LINNEBACH, Andrea: „*Das befreyte Deutschland*" Tischbein „*Der Triumph Hermanns nach seinem Sieg über Varus*" *für Fürst Friedrich von Waldeck und Pyrmont*, in: BROSZINSKI, Hartmut; KÜMMEL, Birgit; WOLF, Jürgen (Hgg.): Antikes Leben, Ideal und Wirklichkeit in Hofbibliothek und Kunstsammlungen der Fürsten von Waldeck und Pyrmont, Petersberg 2009, S. 285–296.

Abb. 6: *Johann Heinrich Tischbein d. Ä., Der Triumph Hermanns nach seinem Sieg über Varus, 1772, Öl, Leinwand, H. 285 cm, B. 435 cm, Stiftung des Fürstlichen Hauses Waldeck und Pyrmont*

als wandfeste Installation Bestandteil eines Raumes im ‚Corps de Logis' des Arolser Residenzschlosses; ursprünglich war es für das Sommerschloss des Fürsten in Bad Pyrmont bestimmt – in der Landschaft, wo die Schlacht der Überlieferung nach stattgefunden haben sollte. Im September des Jahres 9 besiegte der Germane Arminius mit seinen Männern die drei Legionen des römischen Befehlshabers Varus. Die Niederlage markierte einen schweren Rückschlag für Roms Expansionspolitik.

Bis zur Renaissance und der Erforschung antiker Quellen geriet die Schlacht in Vergessenheit. Arminius, seit 1532 auch Hermann genannt, wurde Symbol nationaler Befreiung und inspirierte Kunst, Literatur und Musik. Buchillustrationen aus der waldeckischen Hofbibliothek zeigen ihn in der barocken Version des wehrhaften, älteren Kriegers, als bärtigen Herkules oder dem Heldenbild des 18. Jahrhunderts entsprechend als zarten Jüngling. Zur gängigen Arminius-Literatur zählten Dichtungen von Schönaich und Wieland sowie Dramen von Schlegel und Möser. Klopstocks bekanntere „Hermannsschlacht" erschien 1769.

Arminius-Opern unterhielten in ganz Europa, meist mit der Liebesgeschichte Hermanns und seiner Braut Thusnelda. Werte wie Freiheit und Gerechtigkeit machten Hermann zum Sinnbild europäischer Aufklärung.

Die Waldecker Fürsten hatten einen besonderen Bezug zu Hermann. Nahe ihrem Territorium bei Pyrmont vermuteten sie den bis heute umstrittenen Ort der Varusschlacht. Zeitgenössische Karten verzeichneten dort die ‚Arminius-Burg'.

Neben dem Vorbild der Antike bestand am waldeckischen Hof ein Interesse an deutscher Kultur. Der Leiter der Landgräflichen Sammlung in Kassel, Rudolf Erich Raspe, lobte diese fortschrittliche Einstellung.

Tischbein befasste sich wiederholt mit Hermann. Eine erste Fassung der Varusschlacht entstand 1758 im Siebenjährigen Krieg. Für Fürst Friedrich malte Tischbein dann 1771/72 eine große Variante. Die Bildidee griff erstmals ein Thema der deutschen Frühgeschichte auf. Für eine realistische Umsetzung der historischen Personen, Waffen und Trachten studierte Tischbein archäologische Funde sowie zeitgenössische und antike Schriften wie Tacitus' ‚Germania'. Das Gemälde präsentiert den siegreichen Hermann als kultivierten, tugendhaften Herrscher, eine Figur, mit der sich Fürst Friedrich identifizieren konnte. Im Stil des ‚Verkleideten Porträts' lieh er dem Helden seine Gesichtszüge und reiht sich so als ‚neuer Hermann' in die Tradition des legendären Germanen ein. Wie Arminius wollte er als Bewahrer von Friede und Freiheit im Gedächtnis bleiben.

Der als drittes von sechs Kindern Carls und Christianes 1744 geborene Sohn Prinz Christian August von Waldeck und Pyrmont[13] erlangte Ruhm in der kaiserlichen Kavallerie und als waghalsiger Geschäftsmann und Schuldenmacher. Des Berufs und der Finanzen wegen blieb er unverheiratet. Als Kind fiel Christian durch seine rasche Auffassungsgabe und Schlagfertigkeit auf, aber auch durch sein aufbrausendes und launisches Verhalten. In Gesellschaft präsentierte er sich später als charmanter und geistreicher Plauderer und kompetenter Kunstkenner. Als eifriger Sammler und Reisender[14] widmete er sich seinen musischen Interessen. Antikes, Münzen und Gemmen sowie Skulpturen und Gemälde schmückten sein Palais in Wien. Zudem trug der Prinz eine umfangreiche Bibliothek zusammen.[15]

---

13 MURK, Fürsten, Krieger, Kavaliere (wie Anm. 11), S. 41–74.
14 FRIEDT, Daniel: *Auf dem Weg zur reinsten Quelle. Die Italienfahrten des Prinzen Christian von Waldeck und Pyrmont*, in: BROSZINSKI, Hartmut; KÜMMEL, Birgit; WOLF, Jürgen (Hgg.): Antikes Leben, Ideal und Wirklichkeit in Hofbibliothek und Kunstsammlungen der Fürsten von Waldeck und Pyrmont, Petersberg 2009, S. 233–258.
15 KÜMMEL, Birgit: *Zur Geschichte der ‚gesammelten Antike' des Prinzen Christian von Waldeck und Pyrmont*, in: BROSZINSKI, Hartmut; KÜMMEL, Birgit; WOLF, Jürgen (Hgg.):

Er war auch Verfasser von Gedichten, Übersetzungen und Manuskripten zum Kriegswesen, in die seine militärischen Erfahrungen einflossen.

Christians Laufbahn im österreichischen Heer begann früh. Mit zehn Jahren war er Anwärter für eine Rittmeistercharge. Den aktiven Dienst trat er im Sommer 1763 an, unmittelbar nach der Erziehungsreise mit den Brüdern Friedrich und Georg. Im Kampf gegen Türken und Franzosen erhielt der leidenschaftliche Soldat zahlreiche Ehrungen und Beförderungen.

Die vielen Gefechte überstand Christian nicht unversehrt. Eine Kanonenkugel zerfetzte 1792 seinen linken Arm. Nach der Genesung stand er dennoch weiterhin an der Front. Für seinen im ganzen Reich gelobten Beitrag zur zeitweiligen Zurückdrängung der Franzosen im Elsass berief ihn der Kaiser zum Kommandeur des Maria-Theresia-Ordens und dann zum General der Kavallerie. Seine militärische Karriere und sein Ruf litten jedoch unter einigen unüberlegten Aktionen des impulsiven Prinzen. Wegen einer Nichtigkeit ließ sich Christian zu einem Aufsehen erregenden Pistolenduell mit seinem Vorgesetzten hinreißen.

Hinzu kamen die erheblichen Geldnöte. Eine dubiose Kapitalbürgschaft für seinen Bruder Friedrich und Fehlspekulationen beim Erwerb einer Immobilie trieben Christian in den Ruin.

Als portugiesischer Oberbefehlshaber versuchte Christian ab 1797 die Armee zu modernisieren. Unverrichteter Dinge und nach viel zu kurzer Dienstzeit starb der Prinz 1798 auf Schloss Sintra bei Lissabon. Der erhoffte ruhige Lebensabend in der waldeckischen Heimat blieb aus. Der Antikenbegeisterung des Prinzen Christian verdanken die Sammlungen des Fürstenhauses neben Teilen seiner umfangreichen Bibliothek bedeutende Bestände realer antiker Fundstücke und zeitgenössischer Kunst des Klassizismus. Diese Kunstwerke gelangten in den Besitz seiner Brüder Fürst Friedrich und Prinz Georg.

Der 1747 geborene Prinz Georg von Waldeck und Pyrmont[16] heiratete als einziger der Brüder und übernahm nach dem Tod des kinderlosen Bruders Friedrich 1812 die Regentschaft. Bis zur Eheschließung diente Georg aktiv als Infanterist im kaiserlichen Heer und avancierte zum Generalmajor.

Georg las viel und gerne. Antike Klassiker wie Homer, Vergil und Ovid studierte er in griechischer und lateinischer Originalsprache. Auch sammelte er Münzen und Naturalien. Als Soldat in Hermannstadt vergrößerte er sein Kabinett

---

Antikes Leben, Ideal und Wirklichkeit in Hofbibliothek und Kunstsammlungen der Fürsten von Waldeck und Pyrmont, Petersberg 2009, S. 233–258.

16 MURK, Fürsten, Krieger, Kavaliere (wie Anm. 11), S. 41–74.

um Edelsteine, Mineralien, Fossilien und Bücher zur Naturgeschichte. In seinem Regiment beschäftigte Georg zudem einen Zeichner, der die römischen Altertümer der Gegend festhielt. Nach dem Tod des Bruders Christian gelangte dessen außergewöhnliche Sammlung antiker Münzen und Medaillen in Georgs Besitz.

Auf Beschluss der Brüder sollte Georg den Fortbestand des Hauses sichern. Er heiratete 1784 Albertine von Schwarzburg-Sondershausen. Das Paar lebte in Basel, dann im Rhodener Schloss, in Pyrmont und schließlich im Arolser Residenzschloss. Trotz Georgs Bemühungen um einen ausgeglichenen Haushalt reichten seine finanziellen Mittel nie aus. Sogar die Erziehungskosten für seine 13 Kinder überstiegen das Budget. Das Finanzielle bot immer wieder Anlass zu familiärem Zwist. Nach erbittertem Streit über Friedrichs geplanten Verkauf von Pyrmont setzte sich Georg 1805 selbst in den Besitz und erprobte dort seine Eignung als künftiger Fürst. Auch die ausbleibende, aber vertraglich zugesicherte fürstliche Unterstützung von Georgs Familie war ein stetes Ärgernis.

Georg war ein geschickter Diplomat und besonnener Realpolitiker. Nach der Auflösung des Reiches drängte der Prinz auf die Annäherung an Frankreich und erreichte 1807 den Beitritt Waldecks zum Rheinbund. Friedrich überließ aus Abneigung gegen Napoleon zunehmend seinem Bruder die Vertretung des Hauses gegenüber dem mächtigen Herrscher. Doch auch unter dessen Schutz blieb die Existenz des Fürstentums bedroht. Als Landesherr stand Georg vor den alten Schuldenbergen, die sein strikter Spar- und Reformkurs nicht verringern konnte. Einen effizienteren Staat wollte er durch Umgestaltung der Verfassung nach französischem Vorbild erreichen, stieß damit aber auf regen Widerstand. Nach einem Sturz vom Pferd starb Fürst Georg 1813. Noch am Sterbebett musste ihm Erbprinz Georg Heinrich versprechen, die notwendigen Reformen sobald wie möglich umzusetzen.

Naturkundliche Sammlungen und Hofbibliothek

Neben programmatischen Auftragswerken bildender Kunst wurden durch das Fürstenpaar Carl und Christiane sowie dessen Söhne Sammlungen und Bibliotheken gegründet.

Abb. 7a u. b: Fürstlich Waldecksche Hofbibliothek im Westflügel, Raum I und III, Schloss Arolsen

In Naturwissenschaften sehr bewandert und durch die väterliche Wunderkammer in Birkenfeld vorgeprägt, baute Fürstin Christiane ein erlesenes Kunst- und Naturalienkabinett auf.[17] Dieses beinhaltete neben Fossilien, Mineralien, völkerkundlichen Exponaten und konservierten Tierpräparaten auch Gemälde, Kupferstiche und eine beachtliche Bibliothek mit mehreren tausend Bänden. Mit Schenkungen unterstützte sie den Aufbau der naturhistorischen Sammlung der Universität Göttingen. Mit dem verantwortlichen Professor und Naturforscher Johann Friedrich Blumenbach ging sie auf Ausgrabungen und führte einen regen Briefwechsel.

Carl August Seidel urteilte 1785 in seiner Reisebeschreibung:

> *Die verwitwete Fürstin-Mutter [...] ist eine vortreffliche Dame, die jeden mit Hochachtung und Ehrfurcht erfüllt. [...] Naturgeschichte ist jetzt ihr Lieblingsstudium. Sie besitzt aus diesen Fach sehr schöne Werke und ihre Naturaliensammlung ist [...] so beträchtlich wie möglich.*[18]

Zwischen 1770 und 1775 legte Christiane auch einen Garten an, bei dem sie auf eine möglichst vollständige Sammlung fremder und seltener Nadelhölzer achtete. Der Reformpädagoge Christian Carl André, der von 1783 bis 1785 in Arolsen tätig war, beschrieb seine Rezeption der Naturalienkammer[19] wie folgt:

> *Wir haben nicht nur, was unserm Boden die Natur schon sehr reichlich gab, sondern wir verdanken es Ihro Durchlaucht des Fürsten Mutter, daß wir in ihrem Garten eine Sammlung der merkwürdigsten Pflanzen, und in ihrem Kabinette die vorzüglichsten auswärtigen Naturalien finden.*

Der Garten und die Naturalienkammer nutzte André für seinen Unterricht gleichermaßen.

Blumenbachs Schilderung seiner Eindrücke aus Arolsen

Blumenbach interessierten bei seiner „Reise ins Waldeckische vom 1. bis 14. Oct. 1777" besonders die fürstlichen Sammlungen und Bibliotheken.[20] Er beobachtete und berichtete:

---

17 KÜMMEL, Birgit: *Das Kunst- und Naturalienkabinett der Fürstin Christiane von Waldeck und Pyrmont*, in: KÜMMEL/ HÜTTEL(Hgg.): Arolsen: indessen will es glänzen (wie Anm. 1), S. 129–136.
18 C. A. S. [SEIDEL, Carl August]: *Tagebuch einer Reise von der westphälischen Grenze bis nach Leipzig*, Leipzig 1786, S. 10–15.
19 BEAUCAMP, Gerta: *Der Pädagoge Christian Carl Andree in Arolsen (1783–1785)*, in: Geschichtsblätter für Waldeck 78, 1990, S. 151–172; hier S. 156.
20 Fürstlich Waldecksche Hofbibliothek Arolsen, Waldec. 661. KÜMMEL, Birgit: *Johann Friedrich Blumenbach, Reise ins Waldeckische vom 1. bis 14. Oktober 1777*, in: Geschichtsblätter für Waldeck 84, 1996, S. 169–186.

Gegen Abend kam ich nach Arolsen und logirte beim Geh. Cammerr. Penzel, wurde noch denselben Abend nach Hofe geladen, wo mir die ganze Zeit meines Dortseins ungemeine Politeße erzeigt wurde. Die Fürstin gab mir gleich die Schlüßel zu ihrem Natural. Cab[inett] um da, wan ich wollte, und im Negligee sein zu können. [...] Die verwittwete Fürstin sowol, als ihr Sohn, der Fürst sind beides Personen von den ungemeinsten Qualitäten. [...] Beide haben vortreffliche Kenntnisse, ausgesuchte Bibliothek, lesen sehr viel. Er hat zumal in historischen Fächern und Sie in Naturgesch[ichte] wahre Gelehrsamkeit. Doch das alles ohne die mindeste Prätension, die Gelehrten spielen zu wollen. Er war mit dem Grafen von Bückeburg sehr liirt, und arbeitet an einer Geschichte des letzten Krieges, von der man sich sehr viel versprechen kann. [...]

Das Schloß ist sehr modern und circa 1720 gebaut. Parterre wohnt der Fürst und oben seine Mutter. In des Fürsten Cabinet hingen lauter gemalte Portraits großer Helden, Staatsmänner und Gelehrten [...] In einem Saal waren lauter wirkliche actionen seiner Vorfahren von Querfurt gemalt. In einem Zimmer war eine kleine Sammlung von Gemälden, aber meist ganz auserlesene Stücke. Eine Familie des Gr. v. Egmond von van Dyk, einen Herodias von Cranach. Was mich aber über alles charmirte, war das ber[ühmte] Gemälde von B[enjamin] West, (Wovon man auch einen großen Kupferstich hat): der Tod des General Wolf. [...] Noch hat der Fürst das ber[ühmte] Originalgemälde von B. Tischbein: Hermann nach dem Sieg über Varus, was aber gegen West erschrecklich absticht. Lauter forcirte Theater Stellungen, so wenig Natur, so unbedeutende Gesichter, ein so kreischendes Colorit. [...] Der Fürst hat eine ausgesuchte Bibliothek zumal zur Geschichte, zu den bildenden Künsten. Die herculanischen Alterthümer u. mehr dergleichen Werke von erstem Range. Auch die schönen neueren Ausgaben von klassischen Autoren. Wir kamen einmal auf die letzten zu reden. Er nannte mir viele die ich alle kannte, bis auf die neue Ausg. von Ovidii Metamorph. die vor einigen Jahren in Paris in 4 Quartanten mit 140 M. von und nach dem größten Meister rausgekommen ist, und die ich noch nie gesehen hatte. Er holte sie gleich und schenkte sie mir. Sie ist nicht auf unserer Bibl. und das Exemplar ist in rothen Marmorbänden mit goldenem Schnitt. Er hat auch eine artige Kupfer Sammlung und eine Collection von Schwefelpasten worunter die ganze Strophine Suite ist, von denen viele nicht in den Lippertschen Millemien existieren. Er will mir sie herschicken, um sie mit Muße durchgehn zu können.

In der Fürstin Bibl[iothek] sind die prächtigsten Werke zur Naturgeschichte, auch viel zur Kirchen Historie, die sie ebenfalls liebt. Sie hatte unter anderen ein sehr splendides und aufs genauste illuminirtes Exempl[ar] von Seba. Hes. ru. natural. (Sie haben Notiz von dem Werke hinten in Ernestis physic geschrieben) wie ich ihr sagte, daß wirs nicht illum[iniert] hätten, schenkte Sies gleich unserer Bibliothek und bat sich nur das unillum[inierte] dafür aus. [...]

Ihr Naturalien Cabinet ist sehr vollständig und enthält viele ungemein kostbare Stücke. Es war manches in Unordnung, falsch rangirt, die Thiere in Spiritus übel verwart, das sie aber alles gleich nach meiner Angabe abändern, die eingeengten Kunstsachen raus thun lies. Sie sagte mir gleich anfangs, daß ich alles, was wir hier noch nicht hätten und bei ihr doppelt läge, rausthun und ja mit uns. Cab[inett] nicht stiefmütterlich verfaren sollten. Das hab ich dann gethan und unser Cab[inett] hat dadurch einen sehr beträchtlichen Zuwachs von Capitalstücken erhalten. [...] Die Fürstin schickte mir gleich darauf die Naturalien fürs Cabinet, den Seber für die Bibl. und für mich: einige ächte Englische Bleystiffte und ein paar andere Kleinigkeiten, die mir vielleicht bei meinen Excursionen brauchbar sein könnten.

Nicht nur der später international bedeutende Johann Friedrich Blumenbach würdigte das ausgeprägte Interesse der waldeckischen Fürstin an der Naturgeschichte. In seiner Abhandlung über die Gemäldesammlungen, Kunstkammern, Naturalienkabinette und botanischen Gärten in Deutschland beschrieb auch Friedrich Hirsching 1786 die waldeckische Fürstin als *grosse Kennerin und Freundin der gesamten Physik.*[21]

Auch Wilhelm von Humboldt, der die Fürstin bei seinem Besuch im September 1788 kennenlernte, beschrieb ihre umfangreichen Kenntnisse und ihre Persönlichkeit.[22]

Von da vom Pferdestall und der Wagenremise [heute Christian Daniel Rauch-Museum] giengen wir zur Wohnung der verwittweten Fürstin, die eine sehr aufgeklärte Frau sein, und sich sehr viel mit ernsthaften Studien, besonders mit Naturgeschichte beschäftigen soll. Wir besahen ihr Naturalienkabinet. [...] Der Pallast oder besser das Haus der verwittweten Fürstin liegt ganz nahe in ihrem Garten, sehr angenehm.

Wenig später knüpfte Humboldt an:

Die [Bibliothek] der Fürstin besteht aus etwa 6000 Bänden, und ist vorzüglich wichtig in Absicht der Kirchenhistorie, Philosophie, und Naturgeschichte. Die verwittwete Fürstin – eine Zweybrükische Prinzessin – hat 8000 Thaler Wittum, und 3000 Thaler eignes Vermögen jährlich.

Schließlich schreibt Humboldt:

Ich aß bei der verwittweten Fürstin, wo der Fürst auch war. Ich aß bei ihr am Tisch. Sie ist in der That eine überaus vernünftige Frau, spricht sehr gut und richtig deutsch, überaus schön französisch, und wie man mir sagte auch Englisch. Der Ton am Tisch gefiel mir ausserordentlich. Es war nicht die mindeste Gene. Jeder sprach wie und was er wollte.

Wilhelm von Humboldt berichtete natürlich auch über die wesentlich größere Bibliothek des Fürsten Friedrich:

---

21 HIRSCHING, Friedrich K[arl] G[ottlob]: *Nachrichten von sehenswürdigen Gemälde- und Kunstsammlungen, Münz-, Gemmen- und Kunst und Naturalienkabinetten, Sammlungen, physikalischer und mathematischer Instrumenten, anatomischen Präparaten und botanischen Gärten in Teutschland*, Erlangen 1786, Bd. 1, S. 47.

22 HUMBOLDT, Wilhelm von: *Gesammelte Schriften*, Bd. XIV, Berlin 1916, S. 4 ff.

> *Cuhn führte uns in die Bibliothek des Fürsten. Sie ist dicht neben seiner Schlafkammer. Cuhn ist Bibliothekar, und hat sehr sorgfältige Catalogen gemacht. Die Bibliothek selbst ist erst vom Fürsten angekauft, und besteht aus 10000 Bänden. Es ist eine gewisse Summe zur jährlichen Vergrößerung festgesezt, die aber immer überschritten wird. In diesem Jahr wurden allein für 78 Karolin Englische (da doch für die Englische Litteratur nur 30 Karolinen Etat ist) und für 1000 Livres Französische Bücher angekauft. Das historische Fach vermehre sich seit kurzem um 1500 Bände. Die Bibliothek besteht aus mehreren Fächern: Das Encyclopädische; das Archäologische, hierin z. B. das ‚Museum Pio-Clementinum', die Herkulanischen Alterthümer; das belletristische, lauter Dichter aller Gattung und aller Nationen; das geographische, völlig vollständig, alle neuern und ältern merkwürdigen Reisebeschreibungen, vorzüglich die ‚voyages pittoresques', von denen allein jedes Heft ½ Karoline kostet; das historische, diplomatische u.s.f. Der Fürst braucht die Bibliothek selbst sehr viel. Er arbeitet auch selbst Werke aus. So wird jetzt in Paris von ihm eine Beschreibung der Feldzüge 1745. 1746. 1747. in den Niederlanden gedrukt. Auch eine Geschichte des siebenjährigen Krieges ist schon fertig, und er hält sie nur zurück, weil einige noch lebende Personen darin vorkommen. Jetzt sammelt Cuhn für ihn Materialien zur Geschichte des Waldekischen Prinzen George Friedrich. Die Bibliothek hat noch keinen guten Plaz, ist auch noch nicht ganz aufgestellt. Der Fürst hat schon ein eignes Gebäude dafür aufführen lassen wollen.*

Fürstin Christiane von Waldeck und Pyrmont überlebte bis auf die jüngste Tochter alle ihre Kinder. Sie starb 1816 im hohen Alter von 90 Jahren. Der Eintrag im Kirchenbuch würdigte die Fürstin:

> *Ihre großen und ausgebreiteten Kenntnisse, Ihre Frömmigkeit, Wohltätigkeit, Freundlichkeit und wahre Humanität erwarben Ihr Achtung und die Liebe aller, die sie kannten.*[23]

---

23 Kirchenbuch Arolsen, Evangelische Kirchengemeinde, Bad Arolsen.

Karin Dengler-Schreiber

Zur Biographie von Adalbert Friedrich Marcus in seiner Bamberger Zeit[1]

Abstract: The study focuses on the activities of A. F. Marcus in Bamberg as a physician, a manager of public health affairs in Franconia, as a scientist and a citizen, who was very committed to culture, especially to the Bamberg theatre. It becomes evident, how efficient Marcus was, to be commemorated as one of the town's leading personalities in the late 18th and early 19th centuries. His major contributions were the perfect organization of the General Hospital, turning it into one of the leading medical institutions of the time, but also his support for and friendship with E.T.A. Hoffmann, jurist, composer, poet and painter, who in some of his novels mentions Marcus positively.

Am 6. März 1777 hat Adam Friedrich von Seinsheim, Fürstbischof von Würzburg und Bamberg, Israel Marcus die Erlaubnis erteilt, sich in Bamberg *frey und häuslich* niederzulassen und den Arztberuf auszuüben.[2] Bamberg war damals die Hauptstadt eines relativ eigenständigen ‚Staates', des Hochstifts Bamberg. In diesem Land regierte der Fürstbischof als Landesherr über etwa 180.000 Untertanen.

---

1 Überarbeitete Fassung des Vortrags „Zur Biographie von A.F. Marcus in seiner Bamberger Zeit", gehalten am 23.4.2016 anlässlich der Tagung „Bildungsziele und Karrierestrategien jüdischer Ärzte im späten 18. und frühen 19. Jahrhundert". Die Redeform wurde weitgehend beibehalten, hinzugefügt wurden lediglich die Anmerkungen. Zu Israel/ Adalbert Friedrich Marcus vgl. als Neuestes: HÄBERLEIN Mark; SCHMÖLZ-HÄBERLEIN, Michaela: *Adalbert Friedrich Marcus (1753–1816). Ein Bamberger Arzt zwischen aufgeklärten Reformen und romantischer Medizin*, Würzburg 2016 (Stadt und Region in der Vormoderne, hg. von Mark HÄBERLEIN, Bd 5); AUMÜLLER, Gerhard; SCHINDLER, Christoph: *Adalbert Friedrich Marcus – Johann Lucas Schönlein. 100 Jahre Bamberger Medizingeschichte*, Regensburg 2016. Vgl. auch DENGLER-SCHREIBER, Karin: *Dr. Adalbert Friedrich Marcus (1753–1816)*, in: So ein Theater. Geschichten aus 200 und einem Jahr Bamberger Stadttheater, Bamberg 2003. S. 131–141; GRÜNBECK, Wolfgang: *Der Bamberger Arzt Dr. Adalbert Friedrich Markus*, Diss. Erlangen-Würzburg 1991; JÄCK, Heinrich Joachim: *Adalbert Friedrich Marcus nach seinem Leben und Charakter geschildert*, in: DERS.: Pantheon der Literaten und Künstler Bambergs, Erlangen 1813 [-1815], Nr. 94, Sp. 697–752; SPEYER, [Friedrich] und MARC, [Karl Moritz]: *Dr. A.F. Markus nach seinem Leben und Wirken geschildert von seinen Neffen Dr. Speyer und Dr. Marc. Nebst Krankheitsgeschichte, Leichenöffnung, neun Beilagen und dem vollkommen ähnlichen Bildnisse des Verstorbenen*. Mit einer Vorrede von G. M. KLEIN, Bamberg/ Leipzig 1817.
2 HÄBERLEIN, Adalbert Friedrich Marcus (wie Anm. 1), S. 60.

Zum Vergleich: Das Fürstentum Waldeck hatte etwa 35.000, die Stadt Arolsen 810 Einwohner.[3] Dagegen musste die Residenzstadt Bamberg mit ihren über 20.000 Einwohnern dem jungen Arzt fast stattlich vorkommen.[4] Regierungszentrum des Hochstifts war der Domberg in Bamberg. Dort residierten die fürstbischöfliche Regierung, der fürstbischöfliche Hof und das Domkapitel, bewacht von den Soldaten des Fürstbischofs.[5] Am Domplatz ging es meist lebhaft zu, denn viele Pilger kamen zum Grab des heiligen Kaiserpaars Heinrich und Kunigunde. Sie waren die Touristen der damaligen Zeit und damit ein wichtiger Wirtschaftsfaktor für die Stadt. Die größten Arbeitgeber in der Residenzstadt jedoch waren der Fürstbischof und seine Verwaltung. Auch die sieben Klöster der Stadt unterhielten viele Arbeitsplätze, von den unterschiedlichen Handwerkern über Gärtner und Weingärtner bis zu Kutschern und Boten. Die geistlichen Brotherren bildeten allerdings nur eine dünne Oberschicht: Nur zwei Prozent der Einwohner Bambergs waren Geistliche und Ordensleute. 13 Prozent der Erwerbstätigen in Bamberg ernährten sich als Handwerksmeister, Gesellen und Lehrjungen, acht bis neun Prozent waren Dienstboten; 17 Prozent, immerhin 3.000 Personen, waren registrierte Arme.[6] Bamberg war eine Verwaltungs- und Handwerkerstadt; Manufakturen gab es noch kaum. Einen wichtigen Wirtschaftszweig in Bamberg stellten die Gärtner mit 386 Meisterbetrieben.[7] Sie produzierten vor allem Bamberger Gemüse; am bekanntesten waren Zwiebeln und Süßholz, das als Süßungsmittel (Zucker gab es ja noch nicht) so wichtig war, dass es 1602 als Wahrzeichen für die Stadt auf dem ersten Bamberger Stadtplan von Petrus Zweidler abgebildet wurde.[8]

Die katholische Religion prägte die Stadt auch kulturell sehr intensiv. Unterhalten konnten sich die Menschen vor und nach der Messe, bei Taufen, Hochzeiten und Beerdigungen, Kirchweihen und anderen kirchlichen Festen. Aus der Stadt

---

3   Ich danke Herrn Prof. Dr. Aumüller für diesen Hinweis.
4   SCHEMMEL, Bernhard: *Bamberg und die „Harmonie" zwischen Aufklärung und Biedermeier*, in: Jahrbuch für Fränkische Landesforschung 53, 1992, S. 324; MORLINGHAUS, Otto: *Zur Bevölkerungs- und Wirtschaftsgeschichte des Fürstbistums Bamberg im Zeitalter des Absolutismus*, Erlangen 1940 (Erlanger Abhandlungen zur Mittleren und Neueren Geschichte, N.F. Band III).
5   GUNZELMANN, Thomas; RUDERICH, Peter, u.a.: *Stadt Bamberg, Stadtdenkmal und Denkmallandschaft, 1. Stadtentwicklungsgeschichte*, Bamberg 2012 (Die Kunstdenkmäler von Bayern, Regierungsbezirk Oberfranken III), S. 375 ff.
6   SCHEMMEL, Harmonie (wie Anm. 4), S. 325. Vgl. HÄBERLEIN; SCHMÖLZ-HÄBERLEIN, Adalbert Friedrich Marcus (wie Anm. 1), S. 61.
7   GUNZELMANN, Stadtentwicklungsgeschichte (wie Anm. 5), S. 471.
8   Staatsbibliothek Bamberg, V B 22/1-4. Vgl. GUNZELMANN, Stadtentwicklungsgeschichte (wie Anm. 5), S. 14.

heraus kam man meist nur zu Verwandtenbesuchen und Wallfahrten. Intellektuelle Anreize waren rar gesät. Es gab bis zur Mitte des 18. Jahrhunderts in Bamberg keine öffentlichen Bibliotheken, keine Buchhandlungen, keine Tageszeitung, keine Museen oder Ausstellungen, keine Konzerte außerhalb der Kirchen und kein Theater.[9]

So sah also die Situation aus, die Israel Marcus vorfand, als er in Bamberg seine Praxis eröffnete.[10] Ihm gelangen in kurzer Zeit einige spektakuläre Heilerfolge, was ihn bald sehr erfolgreich machte, und das alles trotz seiner jüdischen Religionszugehörigkeit. Er gewann zahlreiche Freunde aus dem gehobenen Bürgertum, darunter den Rechtsgelehrten Nikolaus Thaddäus Gönner, den Stadtapotheker Joseph Sippel, den Hofkonditor Gallus Heinrich Klietsch[11] oder den Hofgerichtsdirektor Dr. Georg Michael Weber. Es war ein geistig fortschrittlicher Kreis, aufgeklärt, liberal, religiös tolerant, offen für die Ideen der Französischen Revolution und begierig nach Informationen über Neuentwicklungen auf wissenschaftlichem, kulturellem und politischem Gebiet.[12]

Zwei Brüder von Israel gehörten später ebenfalls diesem Freundeskreis an: Aus Petersburg kam der Kommerzienrat Friedrich Marc nach Bamberg und aus New York der Konsul Philipp Marc. Der Zuzug dieser beiden welterfahrenen Männer zeigt, wie Bamberg, vorher ein enges verschlafenes katholisches Nest, sich in jenen Jahrzehnten nach außen öffnete. Dazu trugen auch die Beziehungen der Familie Mark/Markus bei, deren Mitglieder sich ja buchstäblich über die ganze Welt verteilten: von New York bis Moskau, von Boston bis Taschkent, von Stockholm bis Daressalam, sowie bis Tiflis, London, Petersburg und Paris und in viele Städte Deutschlands.

1779 starb Fürstbischof Adam Friedrich von Seinsheim und die Wahl des neuen Regenten war für Israel der absolute Glücksfall: Gewählt wurde Franz Ludwig

---

9 Dengler-Schreiber, Theater (wie Anm. 1), S. 17.
10 Marcus hat zunächst in „einer Art Gemeinschaftspraxis" mit dem späteren Bamberger Garnisons- und Leibarzt Johann Philipp Ritter (1752–1813) zusammengearbeitet; Jäck, Pantheon (wie Anm. 1), Sp. 708; Aumüller, Bamberger Medizingeschichte (wie Anm. 1), S. 34.
11 Schemmel, Harmonie (wie Anm. 4), S. 328. Schemmel, Bernhard: *Das Bamberger „Museum". Lesegesellschaften des frühen 19. Jahrhunderts*, in: Bibliotheksforum Bayern 14, 1986, 1, S. 50–68; hier S. 52 f.; siehe auch Anm. 21.
12 Zur Rolle des Verlags Göbhardt in diesem geistigen Umfeld vgl. Walther, Karl Klaus: *„Eine kleine Druckerei, in welcher manche Sünde geboren wird". Bambergs erster Universitätsbuchhändler. Die Geschichte der Firma Göbhardt*, Bamberg 1999 (Bamberger Studien und Quellen zur Kulturgeschichte, 1).

von Erthal. Er hatte Israel bereits als Domherr konsultiert, kannte und vertraute ihm – und er hatte eine besondere, höchst ungewöhnliche Eigenschaft: Er hatte keine Vorbehalte gegen Juden.[13] Er holte den jungen Arzt bald an seinen Hof, brauchte er doch dringend einen guten Arzt, da er sehr oft krank war und ihm vor allem die Harnblase Beschwerden machte. Das war einem Bischof bei langen Messen und Empfängen besonders lästig. Von Erthal wollte Israel zu seinem Leibmedicus bestellen, aber dafür musste dieser katholisch werden. Am 11. März 1781 taufte ihn der Fürstbischof persönlich in der Hofkapelle und seine Tauf- und Firmpaten waren hochangesehene Herren am Hof – der Dompropst und Großkanzler der Universität Bamberg, Adalbert Philipp Hutten von Stolzenberg, dem er seinen neuen Vornamen Adalbert Friedrich verdankte, und Oberhofmarschall von Stauffenberg.[14]

Von Erthal benötigte seinen Leibarzt im Lauf der Jahre immer dringender. Marcus musste zeitweilig sogar seine Praxis schließen und ihn auf seinen Reisen begleiten. Entscheidend für die Entwicklung Bambergs war aber vor allem ihre geistige Verbundenheit: Beiden brannten die sozialen Fragen der Zeit auf der Seele. So versuchten sie, die drängenden Probleme von Armut und Krankheit durch neue Wege zu lösen. Zusammen entwickelten sie Projekte, die das gesamte Medizin- und Sozialwesen in Franz Ludwigs Fürstentümern Würzburg und Bamberg modernisierten.

Das wichtigste dieser Projekte, Marcus' Lebenswerk, war das „Allgemeine Krankenhaus" in Bamberg. Es wurde 1789 eingeweiht, war damals das modernste Krankenhaus Europas und galt als vorbildlich in der Krankenversorgung.[15] Vorbildlich wurde auch der Aufbau des „Gesellen- und Dienstboteninstituts", einer

---

13 WUNSCHEL, Hans Jürgen: Das Verhältnis Franz Ludwig von Erthals zu Protestanten und Juden, in: BAUMGÄRTEL-FLEISCHMANN, Renate (Hg.): Franz Ludwig von Erthal. Fürstbischof von Bamberg und Würzburg 1779–1795 (Veröffentlichungen des Diözesanmuseums Bamberg, 7), Bamberg 1995, S. 101–106.
14 Der fürstbischöfliche Kanzlist Johann Georg Endres schrieb in seinem Tagebuch: „den 11ten märz haben Celsissimus allhier in der Hofkapell, den Juden doctor Marcus getauffet, dessen tauffbad ware p.t. Herr Dompropst von Hutten, welcher in mit dem namen Fridrich Adalbert benennet, nach der Tauff empfinge er die Firmung, p.t. Herr Obermarschall v. Stauffenberg ware firmbad." Vgl. HÄBERLEIN; SCHMÖLZ-HÄBERLEIN, Adalbert Friedrich Marcus (wie Anm. 1), S. 66.
15 SCHEMMEL, Bernhard: Das Bamberger Allgemeine Krankenhaus von 1789, in: BAUMGÄRTEL-FLEISCHMANN, Renate (Hg.): Franz Ludwig von Erthal. Fürstbischof von Bamberg und Würzburg 1779–1795 (Veröffentlichungen des Diözesanmuseums Bamberg, 7), Bamberg 1995, S. 155–169; AUMÜLLER, Bamberger Medizingeschichte (wie Anm. 1), S. 35–48.

Vorform unserer Krankenkassen.[16] Und das unter Fürstbischof Franz Ludwig geschaffene, mit Marcus beratene System der Armutsbekämpfung wirkte über die bayerische „Armenordnung" bis in moderne Sozialgesetze hinein.[17]

Im Jahr der Eröffnung des Krankenhauses 1789 fand die Französische Revolution statt. Der fortschrittliche Bamberger Kreis um Marcus stand deren Ideen zunächst positiv gegenüber. Marcus hat seine Haltung auch ganz offen seinem Fürsten und Arbeitgeber Franz Ludwig von Erthal gegenüber geäußert. Er schrieb ihm als Kommentar zur Französischen Revolution:

[Die Revolution] wird den wohlthätigsten Einfluß auf die ganze Menschheit haben. Der Unterschied der Stände, der durch einen sträflichen Despotismus zu groß und drückend geworden, wird dadurch zum Teil aufgehoben werden. Ich will nicht sagen, daß die Menschen oder die Stände alle gleich werden sollen, aber der Abstand, der bisher zu groß war, dem wird hoffentlich abgeholfen werden [...] Die Großen werden nachgiebiger werden, weil sie gelehrt worden sind, daß die Unterdrückung zuletzt selbst unterdrückt worden.[18]

Allerdings dürften nur wenige Bamberger Bürger so gedacht habe. Doch zu dieser geistigen Elite gehörte damals glücklicherweise auch der regierende Fürst.

In den 1790er Jahren kamen mit den politischen Umwälzungen in Europa neue Leute und viel frischer Wind nach Bamberg. Unter allen fränkischen Städten nahm man hier die meisten Flüchtlinge aus Frankreich auf. Darunter war auch Gérard Gley, ein ehemaliger Geistlicher. Er gründete mit Unterstützung von Adalbert Friedrich Marcus und Graf Julius von Soden 1795 die „Bamberger Zeitung", die zu einem der liberalsten und fortschrittlichsten Blätter Deutschlands wurde, in deren Beiblatt „Charon" Menschenrechte und Pressefreiheit gepriesen wurden, damals ganz neue und revolutionäre Ideen.[19] Ein weiteres wichtiges Medium für die Verbreitung jener Ideen war das Theater, das Marcus leidenschaftlich liebte.

---

16 HÄBERLEIN; SCHMÖLZ-HÄBERLEIN, Adalbert Friedrich Marcus (wie Anm. 1), S. 102–111; REDDIG, Wolfgang F.: *Armut, Krankheit, Not in Bamberg. Sozial- und Gesundheitswesen bis zum Beginn des 19. Jahrhunderts*, Bamberg 1998 (Darstellungen und Quellen zur Geschichte Bambergs, hg. vom Stadtarchiv Bamberg durch Robert Zink, zusammen mit Ulrich Knefelkamp und Horst Miekisch, Nr. 5), Dok. 18.

17 DENGLER-SCHREIBER, Karin; KÖBERLEIN, Paul: *Leben im Bamberger Land. 150 Jahre Kreissparkasse Bamberg*, Bamberg 1990, S. 49. GEYER, Karl: *Die öffentliche Armenpflege im kaiserlichen Hochstift Bamberg*, in: Alt-Bamberg 10, 1908, S. 146; Staatsarchiv Bamberg, Rep. 141, Fasc. 108 (Preisausschreiben zur Bekämpfung der Armut); MICHEL, Konrad: *Aufklärer auf dem Bischofsstuhl. Ein Porträt Franz Ludwig von Erthals*, in: Bericht des Historischen Vereins Bamberg, 114, 1978, S. 73.

18 DENGLER-SCHREIBER, Theater (wie Anm. 1), S. 22.

19 KNOCH, Stefan: *Bamberger Tagblatt (1834–1945)*, in: Historisches Lexikon Bayerns (Online-Ressource).

Doch das war ein Thema, von dem sein Arbeitgeber und Landesherr gar nichts wissen wollte. Marcus konnte Franz Ludwig offenbar nicht davon überzeugen, dass das Theater *ein wahres Beförderungsmittel der Moralität und Cultur sey* und auf die Bildung des Volkes eine *wohlthätige Würkung* ausüben würde. V. Erthals ausgeprägtem sozialem Engagement erschien jede Ausgabe für derlei Vergnügungen als eine überflüssige Verschwendung von Geldern, die dringend für die Bekämpfung von Not und Armut gebraucht wurden. Weder in Würzburg noch in Bamberg durfte während der Regierungszeit Erthals Theater gespielt werden. Er schloss sogar das Gartentheater im fürstbischöflichen Jagdschloss Seehof, das vorher in adligen Kreisen sehr beliebt gewesen war.[20]

Schließlich griff Marcus zur Selbsthilfe. Sein Freundeskreis hatte sich immer mehr vergrößert. Man traf sich häufig, machte Ausflüge, besonders gern nach Bug, organisierte Spiele, Hausmusiken, Tanzabende, lebende Bilder, Bälle und eben auch Theaterstücke. 1791 beschlossen Marcus und seine Freunde schließlich, dem Ganzen eine organisatorische Form zu geben.[21] Sie gründeten den „Club", der sich einmal wöchentlich traf, anfangs in einem Privathaus, dem großen Haus des Bürgermeisters Franz Josef Übelacker. Zunächst blieben die gehobenen bürgerlichen Schichten unter sich. Der Neffe von Marcus, Dr. Speyer, schrieb, dass dieser

gesellschaftliche Verein, in welchem die größte Heiterkeit und das ungezwungenste, freundschaftlichste Benehmen herrscht [...] bald zu einer großen Anzahl von Mitgliedern anwuchs, *obgleich den Statuten gemäß Adel und Militär davon ausgeschlossen blieben.*[22]

Vermutlich haben diese zunächst auch gar nicht daran teilnehmen wollen und über diese Zusammenkünfte unter ihrem Niveau die Nase gerümpft. Doch allmählich änderte sich etwas im kollektiven Umgang miteinander – die Adeligen kamen nach der Französischen Revolution etwas von ihrem hohen Ross herunter, die Bürger wurden selbstbewusster. 1796 wurden die Statuten geändert und die Standesschranken beseitigt. Der „Club" erhielt nun den Namen „Gesellschaft der Honoratioren".[23]

---

20 DENGLER-SCHREIBER, Theater (wie Anm. 1), S. 20.
21 LEIST, Friedrich: *Die Geschichte der Harmonie-Gebäude in Bamberg*, Bamberg 1885, S. 7: „es wurde eine seiner [Marcus'] Lieblingsideen, in Bamberg ein in jeder Beziehung vollendetes geistig belebtes gesellschaftliches Leben aufblühen zu lassen. Den Anfang machte er damit, dass er in Verbindung mit seinen Freunden, dem Stadtapotheker und Stadtrathe Sippel, dem Professor Nikolaus Gönner und dem Hofkonditor Klitsch, dann mit seinen beiden Brüdern Kommerzienrath und Konsul Marc eine Gesellschaft unter dem Namen „Club" stiftete."
22 SPEYER; MARC, Dr. A. F. Marcus (wie Anm. 1), S. 137.
23 SCHEMMEL, Harmonie (wie Anm. 4), S. 329.

Am 14. Februar 1795 starb Fürstbischof Franz Ludwig von Erthal. Für Marcus war Erthals Tod ein schwerer Schlag, denn er verlor damit seinen Gönner und seinen Einfluss bei Hof. Er behielt zwar seinen Titel als Leibmedicus, aber mit dem neuen Regenten, dem 71jährigen Christoph Franz von Buseck, verstand er sich gar nicht. Buseck war ein alter und sehr engstirniger Mann, der Marcus offensichtlich nicht mochte. Er wollte sogar das Krankenhaus auflösen.[24] Es gab nur einen Lichtblick: in Theaterfragen war er toleranter als v. Erthal.

Die „Gesellschaft der Honoratioren" war inzwischen weiter gewachsen. Das Haus im Vorderen Bach wurde für ihre Aktivitäten zu klein. Selbst das große Haus, das Marcus sich 1792 in der Langen Straße gekauft hatte – eine der angesagtesten Adressen in der Stadt und ein Beweis dafür, dass Marcus inzwischen gesellschaftlich ganz oben angekommen war – scheint dafür nicht ausgereicht zu haben, obwohl zu diesem besonders repräsentativen Palais ein barocker Garten mit einem sehr großen Rückgebäude gehörte, das durch eine der schönsten Barocktreppen Bambergs erschlossen war.[25]

Man traf sich deshalb im „Fexer'schen Anwesen im Zinkenwörth". Der Kaufmann und Stadtrat Ignaz Kaspar Fexer hatte 1791 dort ein ‚Gesellschaftshaus' erbaut, mit einem repräsentativen Ballsaal für 130 Personen, mit entsprechenden Nebenzimmern zum Spielen und Lesen und mit einer Orangerie im Garten. Das Ganze vermietete er tageweise für gesellschaftliche Anlässe. Seine Hauptmieterin wurde die „Gesellschaft der Honoratioren".[26]

Und jetzt wurde auch der Wunsch nach einem Laientheater wieder laut. Wir können uns heute, in unseren Zeiten des überwiegend passiven Medienkonsums, kaum noch vorstellen, in welchem Umfang damals die ‚Theatermanie' verbreitet war, die Lust am Theaterspielen. Auch Marcus war schon als Schüler und Student als Schauspieler aufgetreten. Jetzt machte er sich kurzerhand an die Organisation des Theaterprojekts. Er wurde Direktor, sein Freund, der Buchdrucker August Klietsch, übernahm die Regie und sorgte für die Ausstattung. 1797 fand die erste Aufführung statt. Anfangs spielten die Beteiligten nur zum eigenen Vergnügen. Sie erklärten sich erst dann mit einer öffentlichen Aufführung einverstanden, als Marcus vorschlug, den Erlös für karitative Zwecke zu verwenden. Er wurde den Instituten „für kranke Gesellen" und „für kranke Dienstboten" geschenkt. Die Laienspielgruppe nahm an zwei Abenden die unglaubliche Summe von 1.300 Gulden

---

24 JÄCK, Pantheon (wie Anm. 1), Sp. 716.
25 BREUER, Tilmann; GUTBIER, Reinhard: *Stadt Bamberg. Innere Inselstadt*, Bamberg 1990 (Die Kunstdenkmäler von Bayern, Regierungsbezirk Oberfranken VII, 2), S. 958 ff. (Lange Straße 27, Haus zum schwarzen Kleeblatt).
26 DENGLER-SCHREIBER, Theater (wie Anm. 1), S. 24.

ein (zum Vergleich: ein Dienstbote verdiente im Jahr sechs bis zehn Gulden, ein Handwerksmeister 52 Gulden, der Bibliothekar Jäck 300 Gulden, Marcus als Leibarzt in Bamberg und Würzburg und „Chefarzt" des Krankenhauses das Spitzeneinkommen von 1.100 Gulden). Das beflügelte natürlich, man spielte weiter.[27] Doch dann brach Krieg aus und zwar europaweit.

1792 begannen nämlich die Koalitionskriege zwischen dem revolutionären Frankreich und den alliierten europäischen Staaten. Bamberg wurde in den folgenden neun Jahren zweimal von französischen Truppen besetzt, die sich zunehmend unziviliesiert benahmen. Die Situation war schwer erträglich mit hohen Kontributionen, Geiselnahmen, Einquartierungen, Vergewaltigungen und Beeinträchtigungen, die Soldaten in Kriegszeiten so mit sich bringen. Viele Bessergestellte flohen aus der Stadt.[28] Das waren keine guten Bedingungen für fröhliches gesellschaftliches Leben.

Die politischen und geistigen Umwälzungen, die durch diese Kriege angestoßen wurden, veränderten die europäische Landkarte und führten auch zum größten Umbruch in Bambergs Geschichte seit der Bistumsgründung, zur Säkularisation, also zur Auflösung des Hochstifts Bamberg und seine Übergabe an Bayern. Es ist merkwürdig, wie lautlos diese einschneidende Wende vor sich ging. Am 6. und 7. September 1802 marschierten bayerische Truppen in Bamberg ein. Das bedeutete das Ende einer 800 Jahre dauernden Epoche, in der Bamberg Hauptstadt eines selbständigen Staates gewesen war. Der Vorgang wurde nirgendwo symbolisch festgehalten, es sind keine Plakate oder Abbildungen erhalten, es gab keine Feiern und keinen Widerstand. Der überwiegende Teil der Bevölkerung war einverstanden mit dem Regierungswechsel, denn der Wunsch nach Veränderungen war groß.[29]

Soviel Anfang war selten. Aus dem zerbröselnden Alten entstand ein Sauerteig, aus dem sich zukunftsweisendes Neues formen ließ. Einer derjenigen, die dies frühzeitig erkannten und zum allgemeinen (und auch zum eigenen) Wohl zu nutzen verstanden, war Adalbert Friedrich Marcus. Schon am 31. Januar 1803, zwei Monate nach der Abdankung von Fürstbischof Buseck, wurde er vom bayerischen

---

27 DENGLER-SCHREIBER, Theater (wie Anm. 1), S. 26.
28 DENGLER-SCHREIBER, Karin: *Kleine Bamberger Stadtgeschichte*, Regensburg 2006, S. 102.
29 DIPPOLD, Günter: *Der Umbruch von 1802/04 im Fürstentum Bamberg*, in: BAUMGÄRTEL-FLEISCHMANN, Renate (Hg.): Bamberg wird bayerisch. Die Säkularisation des Hochstifts Bamberg 1802/03, Bamberg 2003, S. 21–50; hier insbes. S. 44.

Kurfürsten zum Medizinaldirektor für Würzburg und Bamberg ernannt und stand damit an entscheidender Stelle für wirklich weitreichende Projekte.[30]

Er nutzte die in Bamberg freiwerdenden geistlichen Gebäude für verschiedene neue Institutionen im medizinischen und sozialen Bereich, zum Beispiel für ein Altenheim in der ehemaligen Benediktinerabtei St. Michael, eine neuartige Irrenanstalt in deren Propstei St. Getreu, eine Art Hospizhaus im sogenannten „Aufseesianum" und eine Entbindungsanstalt für unehelich Schwangere, die gleichzeitig dem Unterricht der Hebammen und Geburtshelfer diente, in der ehemaligen fürstbischöflichen Hofwaschanstalt.[31] Nach der Auflösung der Universität Bamberg richtete er am Krankenhaus eine medizinische Schule ein, die bald so berühmt wurde, dass Ärzte und Naturwissenschaftler aus ganz Europa dorthin strömten, unter anderem der Philosoph Friedrich Wilhelm Schelling, der dort auch Vorlesungen hielt.[32]

Es ist erstaunlich, dass Marcus neben diesen vielfältigen Tätigkeiten auch noch Zeit fand für ein ausgedehntes gesellschaftliches Leben, das nach dem Ende der Kriege wieder aufblühte, und für das Theater. 1802 überredete er den Grafen Soden, das Fexersche Anwesen zu kaufen und dort ein neues Theater zu bauen, das mit den vorhandenen Gesellschaftsräumen verbunden wurde[33] und das auch heute noch den Kern des Bamberger Stadttheaters bildet. Bis zum Ende seines Lebens blieb Marcus eng mit dem Theater verbunden, das er häufig und mit großen Verlusten finanziell unterstützte.[34]

Außerdem war er nach wie vor eine der führenden Persönlichkeiten in der „Gesellschaft der Honoratioren", die sich 1804 einen neuen Namen gab und sich fortan „Gesellschaft Harmonie" nannte.[35] Im frühen 19. Jahrhundert entstanden allenthalben derartige ‚gesellige Vereine'. In ihnen vereinigten sich die Honoratioren der Städte: der Stadtadel, die Gelehrten, Beamten, Ärzte, Offiziere und die gebildeten Kaufleute. In Bamberg wurden, was ungewöhnlich war, auch Frauen zugelassen. Endgültig anerkannt war die Gesellschaft, als 1810 auch Herzog Wilhelm in Bayern und sein Sohn Pius mit dem gesamten herzoglichen ‚Hofapparat'

---

30 HÄBERLEIN; SCHMÖLZ-HÄBERLEIN, Adalbert Friedrich Marcus (wie Anm. 1), S. 242.
31 AUMÜLLER, 100 Jahre Medizin (wie Anm. 1), S. 58ff.
32 SEGEBRECHT, Wulf: *Romantische Liebe und romantischer Tod. Über den Bamberger Aufenthalt von Caroline Schlegel, Auguste Böhmer, August Wilhelm Schlegel und Friedrich Wilhelm Schelling im Jahre 1800*, Bamberg 2008 (Fußnoten zur Literatur, 48), S. 116–126.
33 DENGLER-SCHREIBER, Theater (wie Anm. 1), S. 37.
34 JÄCK, Pantheon (wie Anm. 1), Sp. 722; siehe auch Anm. 37.
35 SCHEMMEL, Harmonie (wie Anm. 4), S. 329.

(Hofmarschall, Hofkanzler, Hof-Oekonomie-Amtmann und Schlossprediger) der „Harmonie" beitraten. Der Herzog hatte das Herzogtum Berg an den französischen General Murat abtreten müssen und als Ausgleich dafür die Neue Residenz in Bamberg erhalten. Dort hielt er in Erinnerung besserer Zeit in strenger Förmlichkeit Hof. E.T.A. Hoffmann porträtierte ihn literarisch in der Person des Fürst Irenäus, der sein Ländchen

> *auf einem Spaziergange über die Grenze aus der Tasche verloren habe. [...] er tat so als sei er ein regierender Herr, [...] und die Stadt war gutmütig genug, den falschen Glanz dieses träumerischen Hofes für etwas zu halten, das ihr Ehre und Ansehen bringe.*[36]

E.T.A. Hoffmann war von Haus aus Jurist, empfand sich aber vor allem als Künstler mit mehrfacher Begabung als Komponist, Maler und Dichter. Im Zuge der napoleonischen Kriege war er aus preußischen Diensten entlassen und vom damaligen Theaterdirektor Graf Soden als Musikdirektor ans Bamberger Theater verpflichtet worden. Doch Soden ging in Konkurs, und der nächste Direktor entließ Hoffmann, der sich von da an mühsam mit künstlerischen Gelegenheitsarbeiten und Klavier- und Gesangsstunden sein Auskommen sichern musste. Marcus hatte Hoffmanns Genie erkannt und förderte ihn, wo er konnte. Ein entscheidender Schritt war die Einführung Hoffmanns in die „Gesellschaft Harmonie". Für Hoffmann war dies der Schlüssel zur besseren Bamberger Gesellschaft. Von da an wurde er von Abendeinladung zu Abendeinladung weitergereicht; die Gastgeberinnen rissen sich eine Zeitlang um ihn, weil er so *amüsant und unterhaltsam* war. Das hatte für ihn den Vorteil, dass er sein Abendessen und seinen Alkohol nicht selbst zahlen musste und dass er dabei Aufträge für Musikstunden bekam, auch wenn ihn das Unverständnis vieler Teilnehmer für wahre Kunst ärgerte und zu bitterstem Spott reizte. Für die Literaturgeschichte am bedeutendsten wurde es, dass Marcus Hoffmann in die von ihm gegründete „Irrenanstalt" mitnahm. Die Eindrücke, die Hoffmann hier bekam, haben sein ganzes dichterisches Werk beeinflusst.[37]

Bei all diesen zahlreichen Unternehmungen Adalbert Friedrich Marcus' wird eine Person so gut wie nie erwähnt, nämlich seine Frau Maria Juliana. Marcus

---

36 HOFFMANN, E.T.A.: *Lebensansichten des Katers Murr*, Frankfurt am Main 1976, S. 44; S. 45.

37 DENGLER-SCHREIBER, Karin: *Marcus und die Nervenklinik Bamberg*, in: Bericht des Historischen Vereins Bamberg, 141, 2005, S. 400. SEGEBRECHT, WULF: *Krankheit und Gesellschaft. Zu E.T.A. Hoffmanns Rezeption der Bamberger Medizin*, in: BRINKMANN, Richard (Hg.): Romantik in Deutschland, Stuttgart 1978 (Deutsche Vierteljahresschrift für Literaturwissenschaft und Geistesgeschichte, 52, Sonderband), S. 267–290; S. 270.

hatte sie 1781 kurz nach seiner Taufe geheiratet. Sie war hübsch, doch die Ehe wurde nicht glücklich. Ein Problem war sicherlich, dass Maria Juliana keine Kinder bekommen konnte. Das dürfte schwierig gewesen sein für einen Mann, der aus einer so großen und eng verbundenen Familie kam wie Marcus. Adalbert Friedrich war der einzige der sieben Brüder, der keine legitimen Kinder hatte. Dr. Speyer schrieb, die Ehe sei in jeder Hinsicht unfruchtbar gewesen, da Juliana offenbar auch die geistigen Interessen ihres Mannes nicht teilte.[38]

Sie hatte es aber auch nicht leicht mit ihm. Marcus' Verhältnis zu den Frauen war, sagen wir mal, sehr intensiv. Der Bibliothekar Jäck berichtet, dass Marcus' Begeisterung für das Theater von verschiedenen *Actricen* sehr angefeuert worden sei,[39] und der berühmteste aller Bamberger Theaterdirektoren, Franz von Holbein, den Marcus und E.T.A. Hoffmann dorthin geholt hatten, verließ Bamberg, so das Gerücht, weil Marcus mit seiner Frau ein Verhältnis hatte.[40]

Dann ist da die Geschichte mit der Frau des Jenaer evangelischen Theologen Heinrich Gottlob Paulus.[41] 1802 hatte nämlich Karoline Paulus einen Sohn August geboren, dessen leiblicher Vater höchstwahrscheinlich Marcus war. Paulus hatte von der Affäre erfahren, und in Jena tratschte man offen darüber. In einem Brief schrieb Caroline Schlegel, es sei fraglich, *ob das Jüngelchen, was der Paulus hier warten und wickeln muss, einen Apostel (Paulus) oder Evangelisten (Markus) zum Vater hat*. Offenbar aber hatte man sich arrangiert, denn Marcus stand auch später noch in Briefkontakt mit Paulus. Als dieser als Schulrat 1807 nach Bamberg kam, wohnte er sogar in Marcus' Haus in der Langen Straße. Noch 1810 schrieb Marcus an Karoline Paulus, die inzwischen eine anerkannte Schriftstellerin war:

Bamberg ist ein Paradieß und ich bin der Adam, so lange Sie hier sind, sollten Sie die Eva seyn. Die Schlange brauchen Sie nicht mitzubringen, damit bin ich versehen.[42]

---

38 Speyer; Marc: A. F. Marcus (wie Anm. 1), S. 20. Häberlein; Schmölz-Häberlein, Adalbert Friedrich Marcus (wie Anm. 1), S. 71.
39 Jäck, Pantheon (wie Anm. 1), Sp. 722: „mit welchem Geld- und Zeitverluste er [Marcus] aus besonderem Interesse für die Sache dieses Institut [das Theater] aus dem gänzlichen Ruine wieder hervorzauberte, werde ich einst in meiner ausführlichen Geschichte des Theaters von Bamberg beweisen. Wurde gleichwohl der rege Eifer Marcus für die Anstalt manchmal auch durch die öffentlichen Reize der einen oder andern Actrice noch mehr angefeuert […]".
40 Dengler-Schreiber, Theater (wie Anm. 1), S. 66.
41 Häberlein; Schmölz-Häberlein, Adalbert Friedrich Marcus (wie Anm. 1), S. 220–226.
42 Häberlein; Schmölz-Häberlein, Adalbert Friedrich Marcus (wie Anm. 1), S. 344.

Nur vier Monate nach der Geburt des Sohnes August bekam Marcus 1802 einen weiteren unehelichen Sohn von einer Cousine seiner Frau, Theresia Schlör, mit der er später noch drei Töchter hatte. Er hat die Kinder adoptiert und seine Frau Juliane hat sie nach seinem Tod großgezogen. Der Sohn Carl Friedrich wurde ein berühmter Arzt und Professor an der Universität Würzburg.

Maria Juliana war also wohl eine großherzige Frau, aber die Stimmung im Hause Marcus scheint doch manchmal nicht die beste gewesen zu sein. Einmal wollte Marcus sogar von zu Hause ausziehen. 1807 bat er die verantwortliche Krankenhauskommission *ganz dringend*, ihm im säkularisierten Kloster Michelsberg die *vormalige Prälatenwohnung, [...] welche aus 4 heitzbaren Zimmern nebst Schlafgemach bestehet*, zu überlassen. Man fragt sich schon, wofür Marcus neben seinem großen Haus in der Langen Straße noch eine solche Zweitwohnung brauchte. Der Generalkommissär des Mainkreises, Stephan von Stengel, also der höchste Regierungsbeamte in Nordbayern zu dieser Zeit, der später Marcus' Schwägerin Julie Stieglitz heiratete, verhalf ihm zu der gewünschten Wohnung.[43] Marcus bedankte sich dafür mit einem selbstverfassten Theaterstück „Der Jokus auf dem Michelsberge", in dem alle möglichen griechischen Götter dem *edlen Stephan* huldigen und ihm zum neuen Jahr Glück wünschen.[44]

Später zog er sich auch gern auf die Altenburg zurück. Die Burg steht auf dem höchsten der berühmten sieben Bamberger Hügel und war im Mittelalter Jahrhunderte lang der Wohnsitz der Bamberger Bischöfe. 1554 wurde sie in einem Krieg schwer beschädigt, der Bischof zog hinunter in die Stadt und die Burg verfiel. Nur der Turm, das Torhaus und die Mauern standen noch.[45] Die Burg war als landwirtschaftliches Anwesen verpachtet. Es ist nun eine etwas ‚anrüchige' Geschichte, wie Marcus in den Besitz der Burg kam: nämlich des Mistes halber. Zunächst hatte er nur die Grundstücke rund um die Burg erworben und dort Obstgärten und einen Weinberg angelegt. Auch Pfirsichbäumchen, die er von einem Freund aus Weimar geschickt bekam, hat er *an der dicken Mauer der Altenburg* angepflanzt.[46] Für diese Anlagen aber benötigte er Dünger und dafür wiederum Tiere, die ihn produzierten. Also pachtete Marcus auch die Stallungen

---

43 HÄBERLEIN; SCHMÖLZ-HÄBERLEIN, Adalbert Friedrich Marcus (wie Anm. 1), S. 312f.
44 MARCUS, Adalbert Friedrich: *Der Jokus auf dem Michelsberge*, Bamberg 1808 (Online-Ressource).
45 BREUER, Tilmann; GUTBIER, Reinhard; RUDERICH, Peter: *Stadt Bamberg. Immunitäten der Bergstadt. 3: Jakobsberg und Altenburg*, Bamberg 2008 (Die Kunstdenkmäler von Bayern, Regierungsbezirk Oberfranken V, 3), Baugeschichte S. 257–293; hier S. 278.
46 Brief Marcus' an Friedrich Justin Bertuch vom 12.4.1798, HÄBERLEIN; SCHMÖLZ-HÄBERLEIN, Adalbert Friedrich Marcus (wie Anm. 1), S. 209.

im Hof der Altenburg, reparierte und vergrößerte sie, so dass sie mehr als acht Rinder beherbergen konnten.

Daneben aber stand der 33 Meter hohe Burgturm, den 1790 ein Blitz getroffen hatte und der seitdem ohne Dach war und einzustürzen drohte. Die fürstbischöfliche Hofkammer hatte kein Interesse, Geld für die Reparatur auszugeben, und votierte deshalb dafür, dem Hofarzt Marcus die gesamte Burg zu überlassen mit der Auflage, Turm und Mauern instand zu setzen. Marcus wurde so zum ‚Denkmalpfleger wider Willen'.[47]

Aber er wertschätzte die Burg zunehmend, unter anderem auch deswegen, weil man sie damals für den Stammsitz des Grafen Adalbert von Babenberg hielt, der dort angeblich 906 hingerichtet worden war. Marcus fühlte sich seinem mutmaßlich gastfreundlichen und mäzenatischen Namensvetter geistesverwandt. Er richtete sich im Torhaus eine Wohnung ein und führte alle seine Freunde und Besucher auf die Burg. Einer davon war E.T.A. Hoffmann, der zwischenzeitlich längere Zeit dort wohnte, für Marcus einen der Mauertürme mit der Geschichte des Grafen Adalbert ausmalte und wohl auch an den zahlreichen feucht-fröhlichen Festen teilnahm.

Am 4. Juli 1801 kaufte Marcus schließlich die gesamte Burg außer Turm und Mauern und machte sie öffentlich zugänglich. Sein Neffe berichtet:

Mit der größten Liberalität öffnete er dem Publikum alle Gärten und Zimmer und war nie vergnügter, als wenn seine Burg recht stark besucht wurde. Durch Verbesserung der Wege, durch neue Anlagen, durch die Errichtung einer kleinen Gastwirthschaft, suchte er dem Freunde der Natur die Besteigung dieses Berges immer einladender zu machen, und hatte wirklich die Freude, dass die Altenburg, früher so wenig besucht, ein Lieblingsspaziergang des Publikums wurde.[48]

Letztlich wünschte Marcus sich sogar, neben der Burg begraben zu werden. Und das kam schneller als erwartet. Er, der immer so stolz auf seine Gesundheit gewesen war, starb trotz der Hilfe aller Ärzte Bambergs mit nur 63 Jahren am 26. April 1816, wahrscheinlich an Krebs.[49] Die ganze Stadt trauerte um ihn, Tausende begleiteten seinen Leichnam unter dem Geläut aller Kirchenglocken der Stadt hinauf auf die Altenburg. In der Grabrede brachte sein Kollege Josef Friedrich Gotthard die herausragende Wirkung Marcus' auf das Geschehen seiner Zeit in Bamberg auf die bezeichnende Formel: *Marcus kam – und es ward Licht.*[50]

---

47 HÄBERLEIN; SCHMÖLZ-HÄBERLEIN, Adalbert Friedrich Marcus (wie Anm. 1), S. 208–211; S. 341–343.
48 SPEYER; MARC, Dr. A. F. Marcus (wie Anm. 1), S. 141f.
49 GRÜNBECK, Der Bamberger Arzt (wie Anm. 1), S. 19.
50 GOTTHARD, J.F.: *Epilog am Grabe unseres unvergeßlichen Marcus*, Bamberg 1816.

Ausbildungswege jüdischer Ärzte

Eberhard Mey

Medizinerausbildung am Collegium Carolinum Kassel

Abstract: The Collegium Carolinum in Kassel, an institution intermediate between high school and university, which i.a. was visited by A. F. Marcus prior to his university studies in Göttingen, was highly tolerant with respect to the religion of its students, allowing for a certain number of Jewish students. Details of the teachers, the different subjects of studies and the development of the educational standards especially in the second half of the 18th century are presented.

Zu Ostern 1769 verließ Marcus das Gymnasium zu Korbach, um seine Studien an dem berühmten Carolinum in Kassel fortzusetzen, und sich zugleich für sein eigentliches Fach, die Arzneikunde, vorzubereiten. Kassel enthielt damals einige berühmte medicinische Lehrer, unter denen der treffliche Geburtshelfer Stein, als ein Stern erster Größe hervorleuchtete. Des Unterrichtes dieses großen Lehrers, so wie Matzkopf's und Hubers genoss er mit vielem Ernste und erwarb sich gründliche Kenntnisse in der Zergliederungskunst. Mit dem größten Eifer setzte er zugleich das Studium der ältern Sprachen fort, erlernte das Französische und Englische, lebte in vertrauten Verhältnissen mit Künstlern, und besuchte sehr häufig die treffliche Bildergallerie und andere Kunstsammlungen, woran Kassel so reich ist. Hierdurch, so wie durch den fleissigen Besuch des Theaters, wurde der Kunstsinn, welcher unsern Freund durch das ganze Leben begleitete, auf eine vorzügliche Weise genährt und entwickelt. So vorbereitet, bezog er im Jahre 1772 die berühmte Georgia Augusta.[1]

Mit diesen Sätzen beschreiben Karl Friedrich Speyer und Karl Moritz Marc, die Neffen des Adalbert Friedrich Marcus, 1817 in der Gedenkschrift für ihren Onkel seine Ausbildung in Kassel.

Im Folgenden soll skizziert werden, was das *berühmte Carolinum* war, wer dessen *berühmte medicinische Lehrer* waren, welche Kenntnisse man dort erwerben konnte und wer dieses *Unterrichtes [...] genoss*.

---

1 SPEYER, Karl Friedrich; MARC, Karl Moritz: *Dr. A. F. Marcus nach seinem Leben und Wirken geschildert von seinen Neffen Dr. Speyer und Dr. Marc. Nebst Krankheits-Geschichte, Leichenöffnung, neun Beilagen und dem vollkommen ähnlichen Bildnisse des Verstorbenen.* Mit einer Vorrede von G. M. Klein, königl. baier. Rector und Professor auf der Universität zu Würzburg, Bamberg und Leipzig 1817, S. 6–7 (Online-Ressource). Marcus kam erst 1771 nach Kassel.

Das Collegium Illustre Carolinum[2] wurde im Jahr 1709 von Landgraf Karl, dem bedeutendsten hessischen Landgrafen der Barockzeit, gegründet. Karl hatte ursprünglich die Gründung einer Akademie der Wissenschaften geplant, was sich noch in der Einladung zur Eröffnungsfeier zeigt. Das neue Collegium war aber dann ein „Mittelding" zwischen Schulen und Universitäten, das etwa im „Handbuch der deutschen Bildungsgeschichte" neben der gleichnamigen Einrichtung in Braunschweig und der Hohen Karlsschule in Stuttgart als „Hohe Schule" bezeichnet wird.[3] Es sollte durch Lehrveranstaltungen in den Teildisziplinen der Mathematik und Physik sowie der Anatomie der Vorbereitung auf das Studium in den höheren Fakultäten an den hessischen Landesuniversitäten Marburg und Rinteln dienen.

Für das Carolinum wurde das Ottoneum, der erste feste Theaterbau auf dem Kontinent, zum sogenannten Kunsthaus umgebaut. Dorthin wurde ein Teil der landgräflichen Sammlungen gebracht, die auch für den Unterricht herangezogen werden sollten.

---

2 vgl. als Überblick MEY, Eberhard: *Aufklärung in der Residenzstadt Kassel: Das Collegium Carolinum*, in: HEIDENREICH, Berndt (Hg.): *Aufklärung in Hessen. Facetten ihrer Geschichte*, Wiesbaden 1999 (Kleine Schriftenreihe zur hessischen Landeskunde, 7), S. 46–56; DERS.: *„Der zukünftige Gelehrte und der Hofmann" – Lehrangebot und Studenten am Collegium Carolinum in der Regierungszeit Friedrichs II.*, in: WUNDER, Heide; VANJA, Christina; WEGNER, Karl-Hermann (Hgg.): *Kassel im 18. Jahrhundert: Residenz und Stadt*, Kassel 2000, S. 191–211; DERS.: *300 Jahre Collegium Carolinum*, in: Philippia. Abhandlungen und Berichte aus dem Naturkundemuseum im Ottoneum zu Kassel, 14/3 2010, S. 173–188. Dort auch weitere Beiträge zu verschiedenen Einzelaspekten. Die folgenden Ausführungen beruhen auf MEY, Eberhard: *Die Medizinische Fakultät des Collegium Carolinum in Kassel, 1709-1791*, in: WENZEL, Manfred (Hg.): *Samuel Thomas Soemmerring in Kassel (1779-1784). Beiträge zur Wissenschaftsgeschichte der Goethezeit*, Stuttgart/ Jena/ New York 1994 (Soemmerring-Forschungen Bd. 9), S. 25–73.

3 SCHIKORSKI, Isa: *Hohe Schulen*, in: HAMMERSTEIN, Notker; HERMANN, Ulrich (Hgg.): *Handbuch der deutschen Bildungsgeschichte*, Bd. 2: 18. Jahrhundert, München 2005, S. 355–368.

Medizinerausbildung am Collegium Carolinum Kassel

Abb. 1: Ansicht des Friedrichs-Platzes der Residenz-Stadt Cassel. Kolorierter Kupferstich von Gotthelf Wilhelm Weise, nach einer Zeichnung von Johann Werner Kobold aus dem Jahr 1789. Rechts neben dem Museum Fridericianum das Ottoneum.

Abb. aus: Der Münchhausen-Autor Rudolf Erich Raspe. Wissenschaft – Kunst – Abenteuer, hg. von Andrea Linnebach, Kassel 2005, S. 93

Abb. 2: Das 1604 erbaute Ottoneum war seit 1709 Sitz des Collegium Carolinum, ab 1738 auch des Seminarium Medico-Chirurgicum

Abb. aus: Joachim Heinrich Balde; Leopold Biermer: Medizin in Kassel. Daten – Fakten – Bilder, Kassel 1973, S. 42 (Foto: Presse- und Illustrationsfotograf Kurt W. L. Mueller)

Nachdem die bis zum Jahr 1723 ernannten Professoren gestorben waren, ohne dass es zur Ernennung von Nachfolgern kam, war das Carolinum von 1727 bis 1753 praktisch eine Selekta der Stadtschule, deren Rektor auch zugleich sein einziger Professor war.

Im Jahr 1738 stellte man in Kassel fest, dass viele Chirurgen *zu nichts anders als zum Bartscheren zu gebrauchen*[4] waren. Die Qualität von Chirurgen, die damals in einer Lehre ausgebildet wurden, war für die Landgrafschaft von großer Bedeutung. Die Landgrafschaft Hessen-Kassel war im 18. Jahrhundert das am stärksten militarisierte deutsche Territorium, dessen Truppen oft an auswärtige Mächte vermietet wurden.[5] Die dafür gezahlten Subsidien bildeten eine wichtige Einnahmequelle für den hessischen Staat. Da der Wert der Truppen auch von ihrer gesundheitlichen Verfassung abhängig war, wurde der Einstellung von Militärchirurgen zunehmend Aufmerksamkeit gewidmet.[6]

In Kassel wurde daher *beym Carolinum* ein *Collegium Medico-Chirurgicum* gegründet, an dem Chirurgen von vier Professoren, zwei Chirurgen und einem Apotheker ausgebildet werden sollten. Um immer einen gewissen Stamm an Chirurgen zur Verfügung zu haben, wurde ein Seminarium eingerichtet, dessen Mitglieder entstehende Vakanzen bei Militär- und Stadtchirurgen füllen sollten.

Collegium und Seminarium entwickelten sich nicht wie geplant. Bis zum Jahr 1760 waren lediglich zwölf Seminaristen ausgebildet worden[7] und die Zahl der Professoren war auf drei gesunken.

---

4 So die Formulierung in der Präambel der *Verordnung, das Collegium Medico-Chirurgicum zu Cassel betreffend*, in: Sammlung Fürstlich-Hessischer Landesordnungen (im Folgenden HLO) IV, 1730–1751, Cassel 1782, S. 498.
5 vgl. dazu GRÄF, Holger Th.; HEDWIG, Andreas; WENZ-HAUBFLEISCH, Annegret: *Die „Hessians" im Amerikanischen Unabhängigkeitskrieg (1776–1783). Neue Quellen, neue Medien, neue Forschungen*, Marburg 2014 (Veröffentlichungen der Historischen Kommission für Hessen, 80).
6 Zur Militärchirurgie vgl. HOFF, Jörg: *Zur Geschichte des Militärsanitätswesens in Hessen-Kassel vom Beginn des stehenden Heeres unter Landgraf Karl (1670–1730) bis zum Übergang Kurhessens an Preußen im Jahre 1866*, Diss. Marburg 1980.
7 Hessisches Staatsarchiv Marburg (im Folgenden: HStAM), Best. 5, 10549, Bl. 2; vgl. HOFF, Militärsanitätswesen (wie Anm. 6), S. 113–120.

Die kurze *Blütezeit der Medizin*[8] in Kassel begann mit dem Beginn der Regierung Friedrichs II. von Hessen-Kassel im Jahr 1760.[9] Der Landgraf hatte von 1732–1737 die Universität Genf besucht und verstand sich selbst als aufgeklärter Herrscher. Bereits vor seinem Regierungsantritt hatte er seine „Pensées diverses sur les Princes"[10] verfasst, eine Art Regierungsprogramm, in dem er u.a. auch die Schaffung von Bildungseinrichtungen vorsah:

> Je suis beaucoup pour qu'un Prince fasse de Nouveaux Etablissemens, des Maisons d'Enfans trouvé, d'Orfelins, pour les Foux des Hospitaux, avec des Ecoles de Médecine et de Chirurgie, qu'il établisse des academies, des Universités, des Ecoles de Génie, d'Artillerie, des Collèges.[11]

Schon am 1. März 1760, genau einen Monat nach dem Tod seines Vaters, folgte er der Bitte der Kasseler Medizinprofessoren und befahl die *Wiederaufnahme des [...] Seminarii Chirurgici*,[12] und am 3. März 1761, noch vor Ende des Siebenjährigen Krieges, in dem Kassel stark belastet wurde, verfügte er die Errichtung eines Accouchier- und Findelhauses.[13]

Nach dem Ende des Siebenjährigen Krieges begann die Erweiterung des Carolinums, bei dem das gleichnamige Collegium in Braunschweig als Vorbild diente. Es wurden auch Professoren der oberen Fakultäten berufen. Zeitweise waren in den vier Fakultäten bis zu 18 Professoren tätig. Hinzu kamen – ohne einen entsprechenden Titel – Lehrer für Kriegsbaukunst, für die Fächer Zeichnen,

---

8   HEINEMANN, Käthe: *Aus der Blütezeit der Medizin am Collegium illustre Carolinum zu Kassel*, in: Zeitschrift des Vereins für Hessische Geschichte und Landeskunde (im Folgenden ZHG) 71, 1960, S. 85–96.
9   Vgl. VON BOTH, Wolf; VOGEL, Hans: *Landgraf Friedrich II. von Hessen-Kassel. Ein Fürst der Zopfzeit*, München/ Berlin 1973; INGRAO, Charles W.: *The Hessian Mercenary State: Ideas, Institutions and Reforms under Frederick II, 1760–1785*, Cambridge 1987 sowie den Ausstellungskatalog *Aufklärung und Klassizismus in Hessen-Kassel unter Landgraf Friedrich II. 1760–1785*, hg. von den Staatlichen Kunstsammlungen Kassel, Kassel 1979.
10 Gedruckt in: Hessische Blätter, Nr. 856/857 vom 23. und 26. August 1882, Neudruck der deutschen Übersetzung unter dem Titel FRIEDRICH II., LANDGRAF VON HESSEN-KASSEL: *Verschiedene Gedanken über die Fürsten*, in: SCHWEIKHART, Gunter (Hg.): Stadtplanung und Stadtentwicklung in Kassel im 18. Jahrhundert, Kassel 1983 (Kasseler Hefte für Kunstwissenschaft und Kunstpädagogik, Heft 5), S. 29–32.
11 Hier zitiert nach der handschriftlichen Fassung der *Pensées sur les Princes et les Ministres*; HStAM, Best. 4a, 90, 21, Bl. 31.
12 *Casselische Policey- und Commercien-Zeitung* (im Folgenden: PCZ) vom 10. März 1760, S. 86. Angesichts der Belastungen durch den Siebenjährigen Krieg fanden sich allerdings zunächst keine Seminaristen.
13 *Reglement, wie es bey dem Accouchir- und Fündelhaus zu halten und auf was für Art es damit allenthalben einzurichten*, HLO VI, 1760–1785, Cassel 1790, S. 20–23.

Italienisch, Französisch, Englisch, Reiten, Tanzen, Fechten und Drechseln außerdem Schreib- und Rechenmeister.

Damit war das Carolinum wesentlich besser ausgestattet als die Landesuniversitäten Marburg und Rinteln, was besonders deutlich wird, wenn man die Medizinischen Fakultäten vergleicht. In Kassel waren von 1764 bis 1772 – d.h. in der Zeit, in der Marcus in Kassel studierte – und dann wieder von 1778 bis 1786 sechs Mediziner tätig.[14] In Marburg war die Medizinische Fakultät, die nach den Statuten des Jahres 1653 drei Professoren haben sollte, im Februar 1761 ganz zum Erliegen gekommen und ab Ende 1762 bestand sie aus zwei Professoren, erst 1781 wurde ein dritter zunächst außerordentlicher Professor ernannt.[15]

Bei der Gründung des Collegium Medico-Chirurgicum war der Unterricht in den einzelnen Fächern bestimmten Professoren ad personam zugewiesen worden. Deren Anzahl war auch nach 1760 nicht festgelegt, so dass Berufungen auch ohne vakante „Planstellen" erfolgten.[16] So wurde etwa der Ober-Chirurgus und spätere General-Chirurgus Johann Heinrich Brandau (1711–1776) aufgrund seiner Kenntnisse im Jahr 1764 zum Professor für das Spezialgebiet der Augenheilkunde ernannt.[17]

Bei allen Berufungen spielte das Interesse des Landesherrn eine große Rolle, was im Falle Ernst Gottfried Baldingers (1738–1804)[18] im Jahr 1781 besonders deutlich wurde. Friedrich II. wollte den Primarius der Medizinischen Fakultät in Göttingen unbedingt nach Kassel holen und ernannte ihn zum landgräflichen Leibarzt und

---

14 Wenn nach 1772 Vakanzen nicht besetzt wurden, dürfte das der Finanzkrise nach dem Ende der Subsidienzahlungen aus dem Siebenjährigen Krieg geschuldet sein, vgl. INGRAO, Mercenary State (wie Anm. 9), S. 88.

15 GUNDLACH, Franz: *Catalogus Professorum Academiae Marburgensis. Die akademischen Lehrer der Philipps-Universität in Marburg von 1727 bis 1910*, Marburg 1927 (Veröffentlichungen der Historischen Kommission für Hessen und Waldeck, 15), S. 183–191; S. 230–231. Auch in Rinteln waren nur zwei Medizinprofessoren tätig.

16 Das galt auch für die anderen Fakultäten, was etwa bei der Ernennung von Georg Forster im Dezember 1778 deutlich wird. Die Instruktionen der einzelnen Professoren, die im Staatsarchiv Marburg erhalten sind (Bestand 5 und K), unterscheiden sich nach Umfang und Detailliertheit.

17 STRIEDER, Friedrich Wilhelm: *Grundlage zu einer Hessischen Gelehrten und Schriftsteller Geschichte. Seit der Reformation bis auf gegenwärtige Zeiten*, Bd. 2, Cassel 1782, S. 2. In einigen Semestern bot er allerdings auch andere Vorlesungen an. Brandau war der einzige Medizinprofessor ohne Doktortitel.

18 Zu Baldinger vgl. MROSS, Klaus: *Ernst Gottfried Baldinger, gelehrter Arzt der Aufklärungszeit, und sein Schüler Samuel Thomas Soemmerring*, in: WENZEL, Soemmerring (wie Anm. 2), S. 245–261.

Primarius der Medizinischen Fakultät am Carolinum. Er erhielt die erstaunlich hohen Bezüge von 2000 Reichstalern (die Marburger Primarii erhielten nur 600 Reichstaler) und konnte zudem noch eine lukrative Privatpraxis führen.

Mit diesem Besetzungsverfahren unterschied sich das Carolinum von der Marburger Universität, an der noch immer die Statuten des Jahres 1653 galten. Dort versuchte ein *Tertius* bzw. *Secundus* bei einer Vakanz „aufzurücken" und die attraktive Stellung eines *Primarius* zu erhalten. Dadurch entwickelten die Inhaber der „unteren" Professuren oft nur wenig Engagement in ihren Fächern. Medizinische Forschung und Lehre, vor allem der Grunddisziplinen Anatomie und Chirurgie, wurden so kaum gefördert.[19] Der Vorteil der Kasseler Regelung ist offensichtlich: Johann Jacob Huber d. Ä. (1707–1778) arbeitete in Kassel 35 Jahre als Anatom und konnte in dieser Zeit umfangreiche Kenntnisse gewinnen und publizieren.[20]

Lehre ohne Forschung? – dass dieses Bild der Universitäten der Frühen Neuzeit nicht zutrifft, hat Marian Füssel gezeigt[21] – und das gilt auch für das Carolinum. Die Professoren Huber, Baldinger und Theodor August Schleger (1727–1772) wurden in die *Leopoldina* aufgenommen, einige ihrer Kollegen gehörten auch anderen Wissenschaftlichen Akademien an. Ihre Veröffentlichungen wurden – u.a. in den „Göttingischen Gelehrten Anzeigen" – rezensiert.

Seit 1748 hatten einige Professoren ihre Vorlesungen in individuellen Einladungsschriften angekündigt. Erst im Jahr 1764 erschien ein gedrucktes Vorlesungsverzeichnis mit dem Titel *Ankündigung der Vorlesungen und Uebungen, welche bey dem Collegio Carolino zu Cassel künftighin überhaupt und insbesondere im Sommer dieses Jahrs 1764 gehalten werden*.[22] Darin wurde einerseits auf die Zweckbestimmung aus der Gründungszeit rekurriert – Vorbereitung auf das Studium an einer der Höheren Fakultäten –, andererseits sollte auch ein junger Mann, *welcher sich*

---

19 Vgl. STEUDEL, Johannes: *Medizinische Ausbildung in Deutschland 1600–1850*, in: SCHWENK, Sigrid (Hg.): *Et Multum et multa. Beiträge zur Literatur, Geschichte und Kultur der Jagd. Festgabe für Kurt Lindner*, Berlin 1971, S. 393–420; hier S. 395.

20 Schriftenverzeichnis Hubers bei STRIEDER, Grundlage (wie Anm. 17), Bd. 6, 1786, S. 231–236.

21 FÜSSEL, Marian: *Lehre ohne Forschung? Zu den Praktiken des Wissens an der Universität der Frühen Neuzeit*, in: KINTZINGER, Martin; STECKEL, Sita (Hgg.): *Akademische Wissenskulturen. Praktiken des Lehrens und Forschens vom Mittelalter bis zur Moderne*, Basel 2015, S. 59–87.

22 Cassel 1764. In der *Ankündigung* waren auch bereits die Professoren des Collegium Medico-Chirurgicum mit aufgeführt, dessen offizielle Eingliederung in das Carolinum erfolgte allerdings erst 1767; HStAM, Best. 5,10550, Bl. 21. Vorlesungsverzeichnisse, die bis zum Sommersemester 1786 gedruckt wurden, sind nicht vollständig erhalten.

als ein Unstudirter, am Hofe und in dem Feld, dem Dienst seines Fürsten und Vaterlandes dermaleinst mit Vortheil widmen will, die Vorlesungen hören können. Diese Erweiterung wurde ausdrücklich in die „Erneuerte(n) und verbesserte(n) Gesetze für das Collegium Illustre Carolinum"[23] aus dem Jahr 1766 aufgenommen.

Sie enthielten auch Mustercurricula für Studenten an den drei höheren Fakultäten, die jeweils in vier Semestern auf das Studium an einer Landesuniversität vorbereitet werden sollten.[24]

Ein Vergleich mit den Mustercurricula der Landesuniversitäten[25] macht die Sonderstellung der Medizin in Kassel deutlich. In Marburg und Rinteln sollte ein Medizinstudium in zehn Semestern absolviert werden, beginnend mit einem viersemestrigen „Grundstudium" mit Kollegs der Philosophischen Fakultät. Das entsprechende Curriculum für das Carolinum enthielt nur 20 Collegia in vier Semestern. Bereits im zweiten Semester sollten mit je einem Collegium Botanicum, Anatomicum und Chymicum die Grundlagen für die Medizin gelegt werden. Es bot ein verkürztes Universitätsstudium, das sich vor allem zur Ausbildung von Militär- und Stadtchirurgen eignete.

Wenn Marcus in Kassel *das Studium der älteren Sprachen fort(setzte)*, folgte er damit den Vorschlägen des Curriculums. Unterricht in den modernen Fremdsprachen war in den Curricula nicht ausdrücklich enthalten, wurde aber angeboten.

Zu den propädeutischen Kollegs gehörten auch die Mathematikvorlesungen, die Johann Matthias Matsko (1717–1796) hielt.[26] Matsko las in den Semestern, in denen Marcus in Kassel studierte, über *Newtons Philosophie* und Kegelschnitte nach dem Kompendium des Leipziger Professors Christian August Hausen. Da Marcus sich später an ihn erinnerte, besuchte er möglicherweise auch dessen astronomische Beobachtungen, die im Vorlesungsverzeichnis des Wintersemesters

---

23 HLO VI, S. 374–377.
24 HLO VI, S. 377–379. Im Jahr 1773 wurden noch einmal *Erneuerte und verbesserte Gesetze für die Studiosos Collegii Carolini* mit Mustercurricula erlassen (HLO VI, S. 714–725). In den Anlagen wurde angekündigt, dass man „für die Studiosos Medicinae et Chirurgiae das mit dem Carolinum unter einem gemeinschaftlichen Directorio stehende Collegium Medicum ein eigenes Consilium & Methodo studiorum" erstellen wolle, was sich aber in den Quellen nicht finden ließ.
25 HLO VI, S. 310–311.
26 STRIEDER, Grundlage (wie Anm. 17), Bd. 8, 1788, S. 247–251; Bd. 11, 1797, S. 364; Bd. 15, S. 349–351.

1771/72 angekündigt wurden: *Merkwürdige Himmelsbegebenheiten wird er bey Zeiten ankündigen, und einem jeden der sie sehen will, Gelegenheit darbieten.*[27]

Collegia Botanica

Botanik wurde in Kassel – wie auch an den Universitäten – zunächst als Hilfswissenschaft für Mediziner gelehrt. Hier war bereits im Jahr 1568 unter dem damaligen Landgrafen Wilhelm IV. ein Botanischer Garten angelegt worden. Auf Ersuchen des Botanikprofessors Christoph Heinrich Böttger (1737–1781)[28] entstand im Jahr 1765 ein neuer Botanischer Garten in der Aue mit einem Ananas- und einem botanischen Treibhaus. Dort wurden 600 Pflanzen kultiviert, womit die ursprünglich für pharmakologische Zwecke bestimmte Anzahl von 359 deutlich erweitert wurde.[29] Botanik beschränkte sich nicht auf die medizinische Pflanzenkunde, sondern wurde als eigenständige Wissenschaft betrieben, wobei die Systematik Linnés zugrunde gelegt wurde. Böttger führte jeweils am Sonnabend botanische Exkursionen durch, eine Unterrichtsform, die auch von seinem Nachfolger Conrad Moench (1744–1805) fortgeführt wurde.

In der Lebensbeschreibung des Adalbert Friedrich Marcus wird kein Chemieprofessor erwähnt – die entsprechende Stelle war seit dem Jahr 1764 vakant. Chemievorlesungen wurden aber auch von dem Botaniker Böttger gehalten.[30]

Die Anatomischen Theater und der anatomische Unterricht[31]

Wichtiger für Marcus' weitere Karriere war die Ausbildung in Anatomie. Bei der Gründung des Carolinums stand für den Anatomieunterricht in der Laterne,

---

27 *Ankündigung der Vorlesungen und Uebungen welche bey dem Collegio Carolino zu Cassel im nächstkünftigen Winter dieses 1771sten Jahrs gehalten werden*, in: PCZ 1771, S. 3.
28 STRIEDER, Grundlage (wie Anm. 17), Bd. 1, 1781, S. 493.
29 INGRAO, Mercenary State (wie Anm. 9), S. 78; vgl. auch BÖTTGER, Christoph Heinrich: *Beschreibung des botanischen Gartens zu Cassel als ein Beytrag zur Geschichte der Botanik*, in: DERS.: Zur Feyer des höchsten Namensfestes des [...] Herrn Friedrich des Zweyten, Cassel 1777, S. 4–28.
30 Böttger las über die *Gründliche Anleitung zur Chymie* (Leipzig 1727) des Leipziger Arztes Gottfried Rothe. Der 1780 berufene Jacob Dietrich Ebert folgte den Kompendien des Johann Gottschalk Wallerius.
31 Vgl. AUMÜLLER, Gerhard: *Zur Geschichte der Anatomischen Institute von Kassel und Mainz I*, in: Medizinhistorisches Journal 5, 1970, S. 59–80.

dem turmartigen Aufbau des Kunsthauses,[32] ein kleiner Raum als Anatomiekammer zur Verfügung. Dort befand sich auch ein *Schranck mit einem vollständigen Armamentario Chirurgico & Anatomico*,[33] und in den ersten Jahren führte Peter Wolfart auch einzelne Sektionen durch.

Als Marcus sein Studium in Kassel begann, wurde Anatomie von Johann Jacob Huber[34] gelehrt. Huber hatte in Bern bei Albrecht von Haller und in Straßburg studiert, war 1736 auf Vorschlag Hallers als Prosektor nach Göttingen berufen und dort 1739 zum Außerordentlichen Professor der Anatomie ernannt worden. Von 1742 bis zu seinem Tod im Jahr 1778 lehrte er in Kassel.

Das größte Problem für die Anatomen des 18. Jahrhunderts stellte der Mangel an Leichen dar, über den auch in Kassel verschiedentlich geklagt wurde.[35] Bei der Errichtung des Collegium Medico-Chirurgicum war 1738 angeordnet worden,

> *daß in Ermangelung des hierzu nöthigen Hospitals zur Cultur dieses anatomischen Studii die zum todt verdambten und würklich executirte Delinquenten, in ermangelung deren aber die in denen Wayßen= Zucht= und Gefangenhäussern wie auch auff dem Siechenhoff, sodann in dem Jacobs und Süsterhäussern verstorbene darzu genommen werden sollen.*[36]

---

32 Die barocke Kuppel, in der sich auch eine Sternwarte befand, wurde bereits zu Beginn des 19. Jahrhunderts abgetragen.

33 VALENTINI, Michael Bernhard: *Musei Museorum, oder der vollständigen Schau-Bühne frembder Naturalien zweyter Theil*, Frankfurt am Main 1714, Appendix V, S. 16. Aus diesem Werk wird auszugsweise zitiert bei DREIER, Franz Adrian: *Zur Geschichte der Kasseler Kunstkammer*, in: ZHG 72, 1961, S. 123–142; hier S. 132f. – Valentini war Doktorvater des ersten Anatomieprofessors Peter Wolfart.

34 STRIEDER, Grundlage (wie Anm. 17), Bd. 6, 1786, S. 224–236.

35 Die Klage über den Mangel an Leichen für die Anatomie war weit verbreitet: STUKENBROCK, Karin: *„Der zerstückte Körper". Zur Sozialgeschichte der anatomischen Sektionen in der frühen Neuzeit (1650–1800)*, Stuttgart 2001 (Medizin, Gesellschaft und Geschichte, Beiheft 16); zur Situation in Kassel vgl. HOFF, Militärsanitätswesen (wie Anm. 6), S. 108f.

36 HLO IV, S. 497. Nach der *Medicinalordnung* von 1767 sollten auch „verstorbene Dirnen, die sich drey und mehrere Fornications-Fälle zu Schulden kommen lassen […] zur Anatomie und zu Ausübung chirurgischer Operationen genommen werden"; (HLO VI, S. 477–478). Zur Lage und Bedeutung der genannten Häuser vgl. HOLTMEYER, Aloys: *Die Bau- und Kunstdenkmäler im Regierungsbezirk Cassel. Bd. VI: Kreis Cassel-Stadt. Text, 1. Teil*, Kassel 1923, S. 250–258. Auch Selbstmörder wurden durch die Sektion „im Kunsthauß wieder ehrlich gemacht"; LOSCH, Philipp (Hg.): *Zwei Kasseler Chroniken des achtzehnten Jahrhunderts*, Kassel 1904, S. 124.

An diese Regelung musste in den folgenden Jahren wiederholt erinnert werden.[37] Trotzdem waren die Arbeitsbedingungen in Kassel im Vergleich zu anderen Anatomischen Theatern nicht schlecht.[38] Huber konnte dort bis zum Jahr 1777 249 Sektionen durchführen, also pro Jahr etwa sieben.[39]

Als er seine Tätigkeit in Kassel aufnahm, wurde er angewiesen, jeweils im Winter zu sezieren[40] und

> *von allen Teilen des Leibs die nötigen praeparata [zu] machen, damit [...] denen Chirurgis, wenn keine Cadavera vorhanden, das ihnen zu wissen nötige davon könne angewiesen werden.*[41]

Dieser Pflicht kam Huber wohl gewissenhaft nach, denn bereits im Jahr 1744 bat er darum, ihm im Kunsthaus weitere Räume zur Verfügung zu stellen.[42] Nach einer Beschreibung des Kunsthauses aus dem Jahr 1767, die dem Kasseler Bibliothekar Schmincke zu verdanken ist, gab es in der Anatomiekammer *ausser einer grossen Anzahl chirurgischer Instrumente* eine Sammlung exotischer Tiere,

> *verschiedene Geburten von 1 bis zu 7 Monaten, auch viele Misgeburten von Menschen und Thieren, und andere dergleichen natürliche Seltenheiten mehr, welche in Gläsern mit spiritus vini erhalten werden. [...] Von menschlichen Körpern sind ebenfalls viere vorhanden, davon zweene ausgestopft, die anderen zweene aber ausgedörret sind, und indianische Sandmumien gennenet werden. Unten in dem Auditorio Carolino sind ebenfalls in einem Schranke einige Gerippe von unterschiedenem Alter von frischgebohrnen auch 2. 3. und fünfjährigen Kindern, nicht weniger von erwachsenen Menschen beyderley Geschlechtes, besonders aber ein schöner Foetus von fünf Monat mit allem Zubehör, nebst andern Praeparatis des hiesigen Hofrath Hubers in Spiritus vini zu sehen.*[43]

Huber musste die Sektionen ohne die Unterstützung eines Prosektors durchführen. Lediglich für technische Hilfestellungen konnte er den Pedell des Kunsthauses

---

37 HStAM, Best. 5, 10548, Bl. 45, 47, 56.
38 Der Marburger Professor Duising berichtete 1748, dass an der dortigen Universität 20 Jahre lang keine öffentliche Sektion stattgefunden habe; HStAM, Best. 5, 8154, Bl. 3.
39 HUBER, Johann Jacob [d. Ä.]: *Invitatio ad negotia anatomica in novo theatro tractanda*, Cassel 1777.
40 Hubers Instruktion in HStAM, Best. K 160, S. 279.
41 HStAM, Best. 5, 1003, Bl. 5.
42 HStAM, Best. 5, 15445, Bl. 47.
43 [SCHMINCKE, Friedrich Christoph]: *Versuch einer genauen und umständlichen Beschreibung der Hochfürstlich-Hessischen Residenz- und Hauptstadt Cassel nebst den nahe gelegenen Lustschlössern, Gärten und andern sehenswürdigen Sachen*, Cassel 1767, S. 189–191.

heranziehen.⁴⁴ Erst 1773, als Huber bereits im 66. Lebensjahr stand, wurde auf seine Bitte hin sein Sohn, Johann Jacob Huber d. J., zum Prosektor ernannt.⁴⁵ Dieser hielt auch Vorlesungen, legte sein Amt aber spätestens im März 1780 nieder, als er zum Leibmedicus der Landgräfin bestellt wurde.⁴⁶

Da die Anatomie in der Laterne des Kunsthauses recht unzweckmäßig untergebracht war, hatten bereits 1775 Pläne bestanden, das Anatomische Theater in das sog. „Kaufhaus" zu verlegen. Die Pläne wurden aber nicht verwirklicht, da die Räumlichkeiten für ein Anatomisches Theater nicht geeignet waren.⁴⁷ Im Folgejahr erging dann der Befehl, dass ein Gebäude am Leipziger Platz in der Unterneustadt östlich der Fulda als Anatomisches Theater eingerichtet werden solle.⁴⁸ Die offizielle Einweihung fand zwar erst unter Hubers Nachfolger Samuel Thomas Soemmerring (1755–1830)⁴⁹ statt, Huber selbst konnte aber noch im Herbst 1777 in einer Programmschrift des Carolinums *ad negotia anatomica in novo theatro tractanda*⁵⁰ einladen.

Soemmerring, der 1779 auf Initiative seines Freundes Georg Forster nach Kassel berufen wurde, hatte noch 1782 über einen Mangel an menschlichen Leichen

---

44 Vgl. Bestallung des Pedellen Döring vom 3.9.1745; HStAM, Best. K 160, S. 573.
45 Die Ernennung erfolgte am 4.6.1773; HStAM, Best. 5, 2899, Bl. 9. Die übrigen Mitglieder hatten Hubers Bitte unterstützt und dabei die Erwartung geäußert, dass Huber d. J. nach dem Tod seines Vaters dessen Nachfolge antreten könnte; ebd. Bl. 7. Nach der Biographie im *Biographiskt lexikon öfver namnkunnige svenske män, Ny rev. upplaga*, Bd. 9, Stockholm u.a., 1843, S. 301, schlug der Schwede Adolph Murray, der Bruder des Göttinger Professors Johann Andreas Murray, um 1774 die ihm angebotene Stelle als Prosektor am Carolinum aus. Freundlicher Hinweis von Frau Dr. Andrea Linnebach-Wegner.
46 Die Ernennung erfolgte am 31.3.1780; HStAM, Best. K 169, S. 560. Es ließ sich nicht überprüfen, ob Huber d. J. noch nach dem Amtsantritt Soemmerrings als Prosektor tätig war, wie Ekkard es nahe legt; EKKARD, Friedrich: *Litterarisches Handbuch der bekanntern höhern Lehranstalten in und ausser Teutschland in statistisch-chronologischer Ordnung, Teil 1*, Erlangen 1780, S. 116.
47 HOLTMEYER, Baudenkmäler (wie Anm. 36), Text, 2. Teil, S. 588.
48 Vgl. SCHUCHARD, Jutta: *Kassel und sein „Theatrum Anatomicum"*, in: *Samuel Thomas Soemmerring. Naturforscher der Goethezeit in Kassel*, hg. von der Stadtsparkasse Kassel, Kassel 1988 (Kassel trifft sich – Kassel erinnert sich in der Stadtsparkasse), S. 36–51. Im Anatomiegebäude war auch eine Wohnung für den Professor eingerichtet, die von Soemmerring und seinem Nachfolger Brühl genutzt wurde.
49 Zu Soemmerrings Zeit in Kassel ausführlich: ENKE, Ulrike: *Soemmerrings erste Professur*, in WENZEL, Soemmerring (wie Anm. 2), S. 75–141.
50 HUBER, Johann Jacob: *Invitatio ad negotia anatomica in novo Theatro tractanda. Disputantur quaedam de ortu hominis*, Cassel 1777.

geklagt.[51] Dieser Mangel wurde aber behoben: bereits 1783 schrieb Forster an seinen späteren Schwiegervater Heyne, Soemmerring sei *seit einiger Zeit gar zu sehr beschäftigt, sowohl mit Patienten als hauptsächlich mit Leichnamen*.[52]

Soemmerring konnte in seiner Zeit in Kassel 88 menschliche Leichen sezieren,[53] darunter mehrere „Mohrenkörper", was 1784 zu seiner Veröffentlichung „Über die körperliche Verschiedenheit des Mohren vom Europäer" führte.[54] Hinzu kam eine große Zahl seltener Tiere, vor allem aus der landgräflichen Menagerie – darunter der berühmte „Goethe-Elefant". Das zahme Eichhörnchen, das der Historiker Johannes von Müller nach seinem Weggang aus Kassel zurückgelassen hatte, gab den Anstoß für Soemmerrings Arbeit „Ueber die Durchkreuzung der Sehenerven".[55]

Als Soemmerring im Jahr 1784 einen Ruf an die neu organisierte Universität in Mainz annahm, hinterließ er in Kassel 270 Präparate,[56] darunter eine Sammlung von 36 Embryonen, die 1780 nach Soemmerrings Empfehlung angekauft worden war.[57]

---

51 Soemmerring an Johann Heinrich Merck, 8. Oktober 1782, in: DUMONT, Franz (Bearb.): *Samuel Thomas Soemmerring. Briefwechsel 1761/65-Oktober 1784*, Stuttgart/ Jena/ New York 1996 (Samuel Thomas Soemmerring Werke, Bd. 18), S. 348.

52 Forster an Heyne 7. Dezember 1783, zitiert bei ENKE, Soemmerrings Professur (wie Anm. 49) S. 114.

53 In seinen Protokollen listete er 88 Sektionen auf, in den *Materialien*, die er 1784 an Friedrich Wilhelm Strieder für dessen *Hessische Gelehrten- und Schriftsteller-Geschichte* sandte, nannte er sogar die Zahl 98, DUMONT (Bearb.), Soemmerring, Briefwechsel (wie Anm. 51), S. 631.

54 Mainz 1784.

55 Johann Christian Billmann, der seit 1777 am Carolinum studierte, setzte Soemmerrings Untersuchungen fort. Er ließ am 8. November 1784 folgende Anzeige in die *Casselische Policey- und Commercien-Zeitung* einrücken: *Ein Hund, welcher durch einen Zufall das eine Auge verlohren hat, wird zu kaufen gesucht* (PCZ 1784, S. 872), vgl. seinen Brief an Soemmerring in: DUMONT, Franz (Bearb.): *Samuel Thomas Soemmerring. Briefwechsel 1784–1792, Teil I: November 1784-Dezember 1786*, Stuttgart/ Jena/ New York 1997 (Samuel Thomas Soemmerring Werke, Bd. 19), S. 57.

56 [SOEMMERRING, Thomas Samuel]: *Präparate, welche Herr Hofrath Sömmerring [sic!] (jetzt zu Mainz), dem Anatomischen Theater zu Cassel 1784 zurück ließ*, in: Medicinisches Journal 4, 1787, S. 14–23. Die Veröffentlichung erfolgte wohl auch, weil sein Nachfolger Michaelis behauptet hatte, Soemmerring habe die dem Carolinum gehörenden Präparate mit nach Mainz genommen; vgl. DUMONT (Bearb.), Soemmerring, Briefwechsel (wie Anm. 55), S. 173, Anmerkung 2.

57 Soemmerring an Friedrich II.; DUMONT (Bearb.), Soemmerring, Briefwechsel (wie Anm. 51), S. 286/7.

Christian Friedrich Michaelis (1754–1814),[58] der am 4. Juni 1784 zum Professor der Medizin und der praktischen Chirurgie ernannt worden war,[59] erhielt am 3. September die Professur für Anatomie.[60] Johann Wilhelm Christian Brühl (1757–1806)[61] wurde am 10. September 1784 zum Prosektor ernannt und erhielt am 18. Februar 1785 den Titel eines Ordentlichen Professors der Medizin.[62]

Beide kündigten in den Vorlesungsverzeichnissen Anatomievorlesungen bzw. Sektionen an. Als sie im Dezember 1785 mit anderen Professoren nach Marburg versetzt wurden, vertrat der Kurator des Carolinums, Johann Philipp Franz Fleckenbühl gen. Bürgel, die Auffassung, *es solle wieder nach den ursprünglichen Absichten des Landgrafen Karl organisiert werden*.[63] Die Ernennung eines Anatomieprofessors, die dann erforderlich gewesen wäre, unterblieb jedoch. Da auch die in Kassel verbliebenen Professoren Ebert, Schröder und Stein diese Aufgabe nicht mit übernahmen, wurde das Anatomische Theater nicht mehr genutzt, im Jahr 1787 abgebaut und nach Marburg versetzt.[64]

Collegia Chirurgica

Die Verordnung das Collegium Medico-Chirurgicum zu Cassell betreffend aus dem Jahr 1738 hatte eine detaillierte Auflistung der zu vermittelnden chirurgischen Operationen bis hin zur *Oeffnung der Brust und [des]Unterleibs* enthalten.[65]

In den Mustercurricula des Jahres 1766 wurden lediglich allgemein ein *Collegium Chirurgicum* und ein *Collegium de operationibus chirurgicis* aufgeführt. Diese Kollegs waren nicht nur Vorlesungen vor allem auf der Grundlage des Kompendiums von Lorenz Heister, sondern die Lernenden sollten zudem *durch Fragen und Antworten aus der Chirurgie geübt* werden,[66] und es wurden auch Operationen durchgeführt.

Nach der *Erneuerte(n) Medicinalordnung* des Jahres 1767 hatte der Professor Chirurgiae die Aufgabe, *chirurgische Operationen an Cadaveribus* durchzuführen, und auch die Chirurgen hatten nach ihrer theoretischen Prüfung in

---

58 STRIEDER, Grundlage (wie Anm. 17) Bd. 9, S. 30–34; Bd. 17, S. 386.
59 HStAM, Best. 5, 2904, Bl. 3a.
60 HStAM, Best. 5, 1144, Bl. 38.
61 STRIEDER, Grundlage (wie Anm. 17), Bd. 13, 1812, S. 256–258; Bd. 15, 1806, S. 366.
62 GUNDLACH, Catalogus (wie Anm. 15), S. 204, Nr. 351.
63 HStAM, Best. 5, 15444, Bl. 37.
64 SCHUCHARD, Theatrum Anatomicum (wie Anm. 48), S. 41.
65 HLO IV, S. 498–502; hier S. 499.
66 *Ankündigung der Vorlesungen* […] (Sommersemester 1772).

öffentlicher Sitzung *Sectionen an einem Cadavere* vorzunehmen,[67] nicht alle eingelieferten Leichen standen also dem Anatomieprofessor zur Verfügung. Professor Theodor August Schleger[68] kündigte solche Operationen generell in den Vorlesungsverzeichnissen und jeweils nach der Einlieferung von Leichen in der „Hessen-Casselischen Zeitung" an. Im Jahr 1771 führte er Operationen an vier Leichen durch,[69] und im Jahr 1772 lud er mit einer Programmschrift zu Sektionen ein, die durch zwei Studenten erfolgen sollten.[70] Gelegentlich wollten Schleger und sein Nachfolger Brandau auch Operationen *an lebendigen Menschen* vornehmen.[71]

Das Accouchier- und Findelhaus und der geburtshilfliche Unterricht

In der Verordnung des Jahres 1738 war der Professor Anatomiae angewiesen worden, den Hebammen

> *den nöthigen Unterricht zu ertheilen, auch bey vorfallenden Sectionen weiblicher Körper die Structur derer denenselben nöthig zu wissen seyenden Theilen deutlich zu erklähren.*[72]
> Zudem *ist auch unumbgänglich nöthig, einige [Studenten] zu choisiren, die sich auff das Accouchiren [...] mit fleiß legen.*[73]

Diese Bestimmungen weisen auf einen in der frühen Neuzeit weit verbreiteten Missstand. Klagen über mangelnde Kenntnisse der Hebammen führten zum Erlass von Hebammenordnungen, in denen auch die Ausbildung geregelt wurde.[74]

---

67 *Erneuerte Medicinalordnung* vom 21. Dezember 1767, in: HLO VI, S. 469–483; hier S. 478; S. 479.
68 STRIEDER, Grundlage (wie Anm. 17), Bd. 13, 1812, S. 1–5.
69 Im Jahr 1771 führte er Operationen an vier Leichen durch; *Hessen-Casselische Zeitung* vom 20.4., 13.5., 22.11. und 3.12.1771. Die Gerätschaften, die die Professoren benutzten, waren ihr Privateigentum. Nach Schlegers Tod wurde in der Policey- und Commercien-Zeitung ihre Versteigerung angekündigt; PCZ 1773, S. 743. Auch an Universitäten des 18. Jahrhunderts konkurrierten Anatomen und Chirurgen um Leichen; STUKENBROCK, Zerstückte Körper (wie Anm. 35), S. 137–141.
70 *Hessen-Casselische Zeitung*, 25. Stück, 13. Februar 1772, S. 100.
71 *Ankündigung der Vorlesungen* [...] (Sommersemester 1767), S. 2.
72 HLO IV, S. 501.
73 Ebd., S. 499.
74 Vgl. NÖTH, Alois: *Die Hebammenordnungen des 18. Jahrhunderts*, Diss. Würzburg 1931. In Hessen hatte bereits die Medizinalordnung von 1616 die Wundärzte mit dem Unterricht für Hebammen beauftragt; HLO I, S. 569.

Im 18. Jahrhundert zog man auch zunehmend männliche Geburtshelfer (Accoucheurs) bei Entbindungen hinzu.[75]

Um Todesfälle bei Entbindungen und Kindsmord zu vermeiden, gab Landgraf Friedrich II. 1761 den Auftrag, in Kassel ein Accouchier- und Findelhaus zu errichten.[76] Die Einrichtung – nach den Gründungen in Straßburg, Berlin, Wien und Göttingen die fünfte ihrer Art im deutschen Sprachraum[77] – gab ledigen Müttern die Möglichkeit, ihr Kind dort zur Welt zu bringen oder es mittels eines Torno, einer Drehvorrichtung, anonym abzugeben.

Bereits 1761 war aber auch betont worden, dass

> diese Veranstaltung die Unterweisung derer Studiosorum Medicinae & Chirurgiae, desgleichen derer Heb-Ammen mit zum vornehmsten Augenmerck hat.[78]

Da sich „ehrbare Frauen" weithin vor männlicher Hilfe bei Geburten scheuten, versuchte man, ledige Mütter zur Entbindung im Accouchier- und Findelhaus zu bewegen. Für die Bedürftigen unter ihnen waren die medizinische Versorgung und Pflege kostenlos, auch die sonst üblichen Kirchenbußen konnten auf Antrag erlassen werden.[79]

Mit der Leitung des Accouchier- und Findelhauses wurden 1763 die Kasseler Mediziner Georg Wilhelm Stein (1737–1803)[80] und Christoph Heinrich Böttger beauftragt. Beide hatten in Göttingen u.a. bei Johann Georg Roederer studiert und sich im Laufe von Studienreisen in Straßburg bei Johann Jakob Fried

---

75 Vgl. ZEDLER, Johann Heinrich: *Großes vollständiges Universallexicon Aller Wissenschaften und Künste,* Bd. 1, Halle/ Leipzig 1732, Sp. 1535, zum Stichwort „Alte, Hebamme": „In Frankreich ist unter den Vornehmen die Weise aufgekommen, daß man nicht mehr Weiber, sondern Männer so der Chirurgie und Anatomie erfahren, gebraucht, die daher besonders Accoucheurs genannt werden."

76 Zum Accouchier- und Findelhaus vgl. VANJA, Christina: *Das Kasseler Accouchier- und Findelhaus 1763–1787: Ziele und Grenzen „vernünftigen Mitleidens" mit Gebärenden und Kindern,* in: SCHLUMBOHM, Jürgen; WIESEMANN, Claudia (Hgg.): *Die Entstehung der Geburtsklinik in Deutschland 1751–1850. Göttingen, Kassel, Braunschweig,* Göttingen 2004, S. 96–126.

77 Vgl. EULNER, Hans-Heinz: *Die Entwicklung der medizinischen Spezialfächer an den Universitäten des deutschen Sprachgebietes,* Stuttgart 1970, S. 285.

78 HLO VI, S. 21.

79 Ebd. Kindsmörderinnen wurden nicht zum Tod verurteilt, sondern ins Spinnhaus gebracht. Brief Soemmerrings an Camper, in: DUMONT (Bearb.), Soemmerring, Briefwechsel (wie Anm. 51), S. 314.

80 Strieder, Grundlage (wie Anm. 17), Bd. 15, 1806, S. 285–292; Bd. 16, 1812, S. 554.

fortgebildet.⁸¹ Nach ihrer Rückkehr im Jahr 1761 nach Kassel hatten sie sich zunächst als praktische Ärzte niedergelassen, bevor sie mit der Leitung des neu errichteten Accouchier- und Findelhauses betraut und zum Professor – Stein für Geburtshilfe, Böttger für Botanik – ernannt wurden.⁸²

Abb. 3: Georg Wilhelm Stein (1737–1803). Kupferstich von Gotthelf Wilhelm Weise, nach einem Gemälde von Werner Kobold

Abb. aus: Samuel Thomas Soemmerring in Kassel (1779–1784). Beiträge zur Wissenschaftsgeschichte der Goethezeit, hg. von Manfred Wenzel (Soemmerring-Forschungen, Bd. IX), Stuttgart, Jena, New York 1994, S. 65

---

81 Stein studierte zudem bei Levret, Abbé Nollet und Sabatier in Paris sowie bei Muschenbroeck in Leiden.
82 Stein wurde 1763 zunächst zum Professor Medicinae extraordinarius, 1764 dann „zum Professore ordinario Medicinae & Chirurgiae specialim artis obstetriciae dergestalt gnädigst ernannt, dass Er die im Findelhauß vorfallende Acouchements mit respiciren soll"; PCZ S. 129 vom 12. März 1764.

Das Accouchier- und Findelhaus bildete die Voraussetzung für den geburtshilflichen Unterricht, der bis zu seiner Aufhebung im Jahr 1791 in jedem Semester angeboten wurde.[83]

In den ersten Jahren unterrichteten neben Stein auch Böttger und der Professor Chirurgiae Schleger, die dabei verschiedene Lehrbücher zugrunde legten.[84] Offenbar war es dadurch zu Unstimmigkeiten gekommen, denn in der *Accouchir- und Hebammenordnung* vom 21. Dezember 1767 erhielt der Professor Artis obstetriciae Stein das alleinige Recht, Collegia publica über die Hebammenkunst zu lesen, *(d)amit auch endlich die Lehrart der Hebammen-Kunst, so viel wie möglich, durchgehends einförmig seyn möge.*[85] Stein wurde dabei angewiesen, jeweils im Sommer eine theoretische und im Winter eine praktische Einführung zu geben.

Zu Beginn seiner Kasseler Lehrtätigkeit hatte Stein nach den Werken verschiedener Autoritäten gelesen,[86] dann verfasste er seine eigenen Lehrbücher. Der „Theoretischen Anleitung zur Geburtshülfe" (1770) folgte 1772 eine „Praktische Anleitung zur Geburtshülfe in widernatürlichen und schweren Fällen". Beide Werke erlebten mehrere Auflagen,[87] waren weit verbreitet[88] und wurden ins Französische und Italienische übersetzt.[89]

---

83 An der Universität Marburg wurden nach den Vorlesungsverzeichnissen in der Zeit von 1761 bis zum Wintersemester 1784/85 nur in sieben Semestern entsprechende Vorlesungen angeboten.

84 Schleger las 1764 nach SMELLIE, Wilhelm(!): *Eine Sammlung besonderer Fälle und Bemerkungen in der Hebammenkunst, Zweiter Band*, Altenburg 1763, Stein nach HENCKEL, Johann Friederich: *Abhandlung von der Geburtshilfe*, Berlin 1761, vgl. *Ankündigung der Vorlesungen* (wie Anm. 22), S. 6.

85 HLO VI, S. 486–493; hier S. 487. Böttger wurde erst 1780 auch zum zweiten Professor der Entbindungskunst ernannt, STRIEDER, Grundlage (wie Anm. 17), Bd. 1, 1781, S. 493.

86 Stein las nach HENCKEL, Abhandlung (wie Anm. 84) und CRANTZ, Heinrich Johann Nepomuk: *Einleitung in eine wahre und gegründete Hebammenkunst*, Wien 1756.

87 Die *Theoretische Anleitung* erschien 1807 in siebenter, die *Practische Anleitung* 1800 in sechster Auflage.

88 Steins Lehrbücher wurden auch an zahlreichen Universitäten den Vorlesungen zugrunde gelegt, z.B. in Leipzig, Gießen, Ingolstadt, und andere Autoren folgten seinem Vorbild. Simon Friedrich Morgenstern, Hebammenlehrer in Magdeburg, legte Steins *Practische Anleitung* seinem eigenen *Unterricht in der Hebammenkunst*, Magdeburg 1777 zugrunde. In dessen *Vorbericht* erklärte er, er habe „auch öfters seinen Rath, besonders bey den schiefen Lagen eines Kindes, bey welchen man sonst grausame Operationen vornahm, zu nutzen gesucht." (Online-Ressource).

89 SIEBOLD, Eduard Caspar: *Versuch einer Geschichte der Geburtshülfe*. Bd. 2, Berlin 1845, S. 459.

Steins Schüler wurden *in würklicher Ausübung* der Hebammenkunst im Accouchier- und Findelhaus angewiesen. Im Sommersemester 1767 wollte er

> so wohl Manual- als Instrumental-Operationen in einem ordentlichen Cursu Montags und Donnerstag von 1 bis 3 Uhr lehrend vortrage[n], und in dem hierzu bequemen Fantome[90] zeige[n], hauptsächlich aber selbige, zu nöthiger Uebung der Hände, bis zur vollkommenen Geschicklichkeit auch von ihnen [seinen Zuhörern] selbst verrichten lasse[n].[91]

1773 kündigte er an, dass jeweils am Sonnabend *Touchirübungen* stattfinden sollten,[92] für die ein gewisses Touchiergeld zu zahlen war. Im Vorbericht zu seiner *Practischen Anleitung* stellte er 1783 einen zweisemestrigen Kurs mit jeweils drei Kollegs vor.[93]

Stein hatte bereits 1777 mehr als 1000 Frauen entbunden. Bis dahin war es nur zu 15 Todesfällen gekommen, die aber nicht direkte Folge der Entbindung waren.[94] Im Jahr 1787 hatte er bei 3000 Entbindungen Hilfe geleistet.[95]

Als besonderes Verdienst wurde angesehen, dass Stein die Levretsche Geburtszange in Deutschland eingeführt hatte.[96] Er entwickelte dieses Instrument weiter

---

90 Stein hatte das Phantom nach französischem Vorbild in Kassel eingeführt: STEIN, Georg Wilhelm: *De versionis negotio pro genio partus salubri et noxio vicissim agit et labores hac hyeme publice et privata habendo indicit*, Cassel 1763, S. 32; vgl. RITTER, Gerhard: *Das geburtshilfliche Phantom im 18. Jahrhundert*, in: Medizinhistorisches Journal 1, 1966, S. 127–143; hier S. 136.

91 *Ankündigung der Vorlesungen* [...] (Sommersemester 1767), S. 2.

92 STEIN, Georg Wilhelm: *Kurze Beschreibung einer Brust- oder Milchpumpe, sammt der Anweisung zu deren vortheilhaften Gebrauch bey Schwangeren und Kindbetterinnen nebst der Anzeige seiner Vorlesungen über die Chirurgie und Entbindungskunst*, Cassel 1773, S. 20.

93 „Semestre 1. 1) Die Theorie der Entbindungskunst. 2) Die Praxis der Entbindungskunst, sammt einem systematischen Cursu Operationum in der Machine. 3) Ein theoretisch-practisches Examinatorium und Disputatorium. Semestre 2. 1) Die gelehrte Geschichte der Entbindungskunst. 2) Ein critisches Casual-Collegium über die verschiedenen Schriftsteller in der Entbindungskunst. 3) Ein Collegium, worinnen die Erklärungen und Beurtheilungen meiner eignen Beobachtungen von Geburtsfällen vorgetragen werden"; STEIN, Georg Wilhelm: *Practische Anleitung zur Gebürtshülfe. Zum Gebrauche der Vorlesungen, Dritte vermehrte und verbesserte Auflage*, Cassel 1783.

94 STEIN, Georg Wilhelm: *Theoretische Anleitung zur Geburtshülfe*, 2. Aufl. Cassel 1777, Vorbericht.

95 STRIEDER, Grundlage (wie Anm. 17), Bd. 15, 1806, S. 286.

96 Stein wurde bereits von seinen Zeitgenossen dafür gerühmt, so z. B. von dem Memminger Stadtarzt Ehrhart (1740–1805), der selbst wegen des Gebrauchs der Geburtszange kritisiert worden war. EHRHART, Jodokus: *Sammlung von Beobachtungen zur Geburtshülfe*, Frankfurt, Leipzig 1773, S. 22 (Online-Ressource).

und betonte in einer Einladungsschrift zum Sommersemester 1771 die Erfolge, die er mit seinem Einsatz hatte.[97] Stein konstruierte zudem eine Reihe von Instrumenten zur Geburtshilfe, die er zum Teil zuerst in Programmschriften des Carolinums vorstellte.[98]

Bei seinen Zeitgenossen stand er in hohem Ansehen. Bereits 1764 erhielt er einen Ruf an das Collegium Anatomico-Chirurgicum in Braunschweig,[99] und in Göttingen hoffte man, er würde einen Ruf an die Georgia Augusta annehmen.[100] Häufig wurde er zu Entbindungen nach auswärts gerufen,[101] und 1776

---

[97] Er habe die Zange in 54 Fällen benutzt. Dabei seien 41 Kinder lebend und nur 13 tot geboren worden; STEIN, Georg Wilhelm: *De praestantia forcipis ad servandam foetus in partu difficili vitam agit et ad prosequendas lectiones in artis obstetriciae theoriam auditores convocat*, Cassel 1771, S. 25. Stein reagierte damit wohl auf die Kritik seines Kollegen Schleger, der in der Hessen-Casselischen Zeitung, 13. Stück vom 22. Januar 1771, S. 52 eine Rede angekündigt hatte, in der er die Frage: „Ob nach vernünftigen Gründen, und vermöge der Erfahrung, für die Gesundheit und Erhaltung der Gebährenden, mit der beliebten Levretischen Zange, oder mit Hilfe dergleichen Instrumenten, besser gesorget, sey, auch solchergestalt mehr Kinder lebendig zur Welt gebracht, und für die Zukunft gesund erhalten werden können, als durch die blosse Hülffe der Hände, möglich ist", erörtern will. Stein hatte sich schon seit 1768 in seinen Vorlesungen mit der Kritik an der Zangenentbindung, wie sie etwa Deisch formulierte, auseinandergesetzt; DEISCH, Johann Andreas: *Kurze/ und in der Erfahrung gegründete Abhandlung, daß weder die Wendung/ noch englische Zange in allen Geburtsfällen vor Mutter und Kind sicher gebrauchet, noch dadurch die scharfen Instrumente gänzlich vermieden werden können*, Augsburg 1754.

[98] Stein konstruierte einen Geburtsstuhl, eine Brust- oder Milchpumpe, einen Pelvimeter (Beckenmesser, vom Kasseler Mechanicus Breithaupt hergestellt), einen Labimeter (Griffmesser), Cephalometer, Cliseometer zur Bestimmung der Neigung des Beckens, Baromacrometer (Waage für Neugeborene) sowie besondere Messer für den Kaiserschnitt. Steins Veröffentlichungen wurden in mehreren Zeitschriften rezensiert, die lateinischen Programmschriften erschienen auch in deutscher Übersetzung in Baldingers *Magazin vor Aerzte*, vgl. STRIEDER, Grundlage (wie Anm. 17), Bd. 15, 1806, S. 288–292.

[99] BEISSWANGER, Gabriele: *Das Accouchierhospital in Braunschweig 1767 bis 1800: Tempel der Lucina oder Pflanzschule der Ungeziefer?* in: SCHLUMBOHM; WIESEMANN (Hgg.), Entstehung (wie Anm. 76), S. 127–143; hier S. 131.

[100] Brief Christian Gottlob Heynes an Soemmerring vom 22. Februar 1782, in: DUMONT (Bearb.), Soemmerring, Briefwechsel (wie Anm. 51), S. 331.

[101] Steins Name erscheint wiederholt in der *Policey- und Commercien-Zeitung* in der Liste der *Fremde(n) und hiesige(n) Personen, so [...] in Cassel angekommen*. Er kam z. B. zurück aus Arolsen, Weimar und Eutin. In seiner Bewerbung um eine Professur

erhielt er den Auftrag, einen Hebammenkatechismus für die Grafschaft Lippe zu verfassen.[102]

Als das Kasseler Accouchier- und Findelhaus im März 1787 aufgehoben wurde, befürworteten die Marburger Professoren Brühl und Busch Steins Versetzung. Die beiden Schüler Steins betonten, dessen Berufung sei ein Gewinn für die Universität Marburg und sie wollten gern mit dem *größten jetzt lebenden Geburtshelfer* zusammenarbeiten.[103] Stein wurde zwar berufen, unterrichtete aber zunächst noch weiter in Kassel.[104] Erst 1791 begann er seine Lehrtätigkeit in Marburg, wo er auch Leiter der neuen Entbindungsanstalt wurde, die 1792 ihren Betrieb aufnahm und an der er bis zu seinem Tod im Jahr 1803 tätig war.[105]

Weitere Vorlesungen

Im dritten und vierten Semester sah das *Curriculum Studiosi Medicinae vel Chirurgiae* am Carolinum weitere Collegia vor, die auch an den Landesuniversitäten vorzuhalten waren: je ein *Collegium Physiologicum, in Materiam Medicam, in pathologiam generalem* und *specialem, pharmaceuticum* und *formulare*. Einige der Kasseler Professoren machten zudem Lehrangebote, nur in den höheren Semestern der Curricula der Landesuniversitäten enthalten waren.[106]

---

betonte Brühl, er habe „während öfterer Abwesenheit des Hofraths Stein [...] bey schweren Geburten" helfen können, HStAM, Best. 5, 1336, Bl. 5v.

102 STEIN, Georg Wilhelm: *Hebammen-Catechismus zum Gebrauch der Hebammen in der Graffschaft Lippe*, Lemgo 1776. Das Buch wurde auch von Professor Fritze am Entbindungsinstitut in Herborn benutzt; GRÜN, Hugo: *Die Medizinische Fakultät der Hohen Schule Herborn*, in: Nassauische Annalen 70, 1959, S. 56–144; hier S. 134. Der Lübecker Hebammenlehrer Adolph Friedrich Vogel übernahm wörtliche Passagen aus diesem Buch, vgl. LOYTVED, Christine: *Hebammen und ihre Lehrer: Wendepunkte in Ausbildung und Amt Lübecker Hebammen (1730–1850)*, Osnabrück 2002, S. 126. Nach seiner Versetzung nach Marburg verfasste Stein auch einen *Katechismus zum Gebrauch der Hebammen in den hochfürstl. Hessischen Landen nebst Hebammenordnung und Anlagen*, Marburg 1801.

103 Zitiert bei SCHRÖTER, Peter: *Frauenklinik und Hebammenlehranstalt der Philipps-Universität Marburg 1792–1967*, Diss. Marburg 1969, S. 9.

104 Stein hielt in Kassel noch bis zum Jahr 1791 Hebammenkurse; HStAM, Best. 5, 1249, passim.

105 Vgl. dazu SCHRÖTER, Frauenklinik (wie Anm. 103), S. 3–27.

106 Therapie (Baldinger, Ebert, Schröder), Semiotik (Böttger, Baldinger, Schröder), Forensische Medizin (Stein), Diätetik (Schröder).

Ausbildung in Hospitälern und der Charité

Nach Anfängen in Italien und den Niederlanden wurden im 18. Jahrhundert auch an einigen deutschen Universitäten Collegia Clinica eingeführt. Es gab zwar seit der Einrichtung eines Collegium Clinicum in Halle an einzelnen Universitäten Kliniken mit der Möglichkeit einer praktischen Ausbildung von Studenten, an den meisten deutschen Universitäten richtete man jedoch erst am Ende des 18. Jahrhunderts klinische Abteilungen ein.[107] Auch an einer gut ausgestatteten Universität wie Göttingen wurden Collegia Clinica zunächst nur als Privatinitiative einzelner Professoren gehalten,[108] erst im Jahr 1781 wurde ein *Academisches Hospital* als Lehrkrankenhaus eingerichtet.[109]

In Kassel sollte der Praxisbezug der Ausbildung nach der Verordnung für das *Collegium Medico-Chirurgicum* aus dem Jahr 1738 für alle Fächer gelten. Die Regimentschirurgen waren angewiesen worden,

> Ihre Patienten anzuzeigen und die Seminaristen mit zur Cur zuziehen, damit die Professores dadurch anlaß nehmen können, Ihnen die application der Theoretischen Gründte auff die vorfallende Casus zu zeigen.[110]

Wo diese Casus zu zeigen waren, blieb dabei offen.

1738 war von der *Ermangelung eines Hospitals* die Rede, während die Wohlfahrtseinrichtungen der Stadt Kassel bezeichnenderweise als potentielle Lieferanten von Leichen für die Anatomie genannt wurden.[111]

Erstmals in der „Nachricht von dem Collegio Carolino zu Cassel" aus dem Jahr 1768 wurde auch ein Hinweis auf klinische Ausbildung gegeben, denn dort wurden *Lazarete* erwähnt, womit Armenhäuser gemeint waren.[112]

---

107 KARENBERG, Axel: *Lernen am Bett der Kranken. Die frühen Universitätskliniken in Deutschland (1760–1840)*, Hürtgenwald 1997.
108 Vgl. EULNER, Spezialfächer (wie Anm. 77), S. 184–191.
109 KARENBERG, Lernen (wie Anm. 107), S. 98ff.
110 HLO IV, S. 497.
111 HLO IV, S. 497. Vgl. VANJA, Christina: *Institutionen aufgeklärter Wohlfahrt und mittelalterlicher Karitas*, in: WUNDER; VANJA;WEGNER, Kassel (wie Anm. 2), S. 104–142.
112 „Lazareth, heißet ein Gebäude, worinnen die krancken, welche aus Armuth sich nicht selbst versorgen können, oder mit ansteckenden Kranckheiten behafftet sind, verpfleget und mit dienlichen Artzeney-Mitteln versehen werden", ZEDLER, Universallexicon (wie Anm. 75), Bd. 16, Halle/ Leipzig 1737, Sp. 1241. Neben den Armenhäusern gab es wohl auch Lazarette für die Versorgung der in Kassel stationierten Truppen. Nach HOFF, Militärsanitätswesen (wie Anm. 6), S. 148 wurde 1751 ein Garnisonslazarett im Jacobshaus erwähnt. Während des Siebenjährigen Kriegs waren drei Kasseler Kirchen und das Maximilianische Palais als Lazarett benutzt worden,

Ausdrücklich wurde in der Medizinalordnung des Jahres 1767 angeordnet,

die besonders im hiesigen Jacobs-Hause[113] *vorzunehmenden operationes Chirurgicæ (sollten) in ihrer Gegenwart von dem dazu verordneten Membro Collegii und Professore Chirurgiæ, oder auch allenfalls unter dessen Aufsicht von einem der geschicktesten Seminaristen vorgenommen* werden.[114]

Zudem war 1756 Cornelius Gössel (1718–1764), Professor der Botanik, Pharmazeutik und Chemie, zum Medicus des anfangs des 18. Jahrhunderts für die hugenottischen Flüchtlinge erbauten[115] Französischen Hospitals ernannt worden.[116] Sein Nachfolger wurde Christoph Heinrich Böttger, der im Vorlesungsverzeichnis für das Wintersemester 1774/75 ankündigte:

Denen Beflissenen, welche sich zu der praktischen Medicin vorbereiten wollen, wird er Pathologie und Semiotik, nicht weniger ein praktisches Collegium auf Verlangen lesen. Dabey auch, um die praktischen Lehren beym Krankenbette angewendet zu sehen, die Lernenden in die ihm als Arzt anvertrauten Hospitäler[117] *führen, sie da anweisen, und selbst urtheilen lassen.*[118]

Vermutlich nahmen auch andere Professoren, die in Kassel als Ärzte praktizierten,[119] ihre Studenten zu Visiten mit. Philipp Jakob Piderit (1753–1817) wies in seinen

---

PIDERIT, Franz C. Th.: *Geschichte der Haupt- und Residenz-Stadt Cassel*, 2. Auflage hg. v. Jacob Christoph Carl HOFFMEISTER, Cassel 1882, S. 282. Nach 1763 befand sich auch in dem sogenannten Jägerhaus in der Unterneustadt ein Garnisonslazarett; SCHMINCKE, Versuch (wie Anm. 43), S. 225. Georg Wagner starb am Fleckfieber, das er sich wohl im Lazarett der Alliierten zugezogen hatte; STRIEDER, Grundlage (wie Anm. 17), Bd. 16, 1817, S. 384.

113 Es handelte sich dabei um ein Heim für arme Männer, HOLTMEYER, Baudenkmäler (wie Anm. 36), S. 257–258. Die Aufsicht über die Herrschaftlichen Lazarette führte der General-Chirurgus Frantz Erckenbrecht Cornitius (*Hochfürstl. Hessen-Casselischer Staats- und Adreß-Calender auf das Jahr Christi 1765, 1767, 1768*).
114 HLO VI, S. 478.
115 HOLTMEYER, Baudenkmäler (wie Anm. 36), S. 253; im Jahr 1772 wurde ein Neubau eingeweiht, ebd. S. 254.
116 HStAM, Best. K 163, S. 269.
117 Böttger war auch Medicus des Reformierten Waisenhauses und des 1760 gestifteten Lutherisch-Frankenbergischen Armenhauses. Er war dort Nachfolger von Johann Ludwig Mutillet (1737–1772), dem Sohn des Professors, der dort seit 1770 tätig war, *Staats-Calender 1770*, S. 140.
118 HStAM, Best. XII B 587m.
119 Nach den Angaben in den Staatskalendern waren das die Professoren Baldinger, Böttger, Conrad Henrich Brandau, Johann Heinrich Brandau, Brühl, Gössel, Huber d. Ä., Huber d. J., Mutillet, Schleger, Schröder, Soemmerring, Stein.

autobiographischen Angaben ausdrücklich auf die Bedeutung des Unterrichts am Krankenbett hin, den er bei Professor Schleger erhalten hatte.[120]

Im Jahr 1772 gab Friedrich II. den Auftrag, ein modernes Krankenhaus zu bauen.[121] Der Neubau vor dem Leipziger Tor, zwischen der Kasseler Unterneustadt und dem Dorf Bettenhausen gelegen, der nach dem Berliner Vorbild den Namen Charité erhielt, galt mit 220 Betten als eines der größten Krankenhäuser seiner Zeit. Es war zunächst als „Landkrankenhaus" für die Stadt und die drei Kasseler Ämter – nicht als Lehrkrankenhaus – geplant. Dies wird in der bereits 1776 erfolgten personellen Besetzung seiner Direktion deutlich: Neben dem Architekten Simon Louis du Ry waren je zwei Vertreter der Regierung und der Stadt Kassel sowie zwei in Kassel praktizierende Ärzte, nicht aber Professoren des Carolinums vertreten.[122] Der Botaniker Böttger bezeichnete aber 1777 das Wohl des Carolinums als *keine der geringsten Nebenabsichten [...] des Landkrankenhauses*.[123] Die Mitglieder des Collegium Medicum erwarteten durch *beyhülfe der Charité* ein Anwachsen des Seminarium Medico-Chirurgicum,[124] und im Jahr 1780 wiesen die Professoren Stein, Böttger und Soemmerring darauf hin, dass die Fertigstellung der Charité *und die Anstellung berühmter und genugsam erfahrener Aerzte und Wundaertze* – wobei sie an den Göttinger Professor Richter dachten – neben dem Accouchier-Institut, der Anatomie und dem Botanischen Garten fremde Studenten an das Carolinum ziehen könnte[125] – demnach wollten sie die Charité als Lehrkrankenhaus nutzen. Soemmerring selbst lehnte aber die ihm angebotene Leitung des Krankenhauses ab.[126]

Zu einer offiziellen Verbindung mit dem Carolinum kam es erst 1782, als Ernst Gottfried Baldinger, der bereits in Göttingen ein Collegium Clinicum geleitet

---

120 STRIEDER, Grundlage (wie Anm. 17), Bd. 11, 1797, S. 78–82; hier S. 79.
121 HLO VI, S. 662–663. Vgl. HOMBURG, Herfried: *Ein gesunder Zufluchtsort für Kranke: die Charité*, in: BALDE, Joachim Heinrich u.a. (Hgg.): *200 Jahre Charité – Städtische Kliniken Kassel. Beiträge zur Entwicklungsgeschichte des Krankenhauswesens von 1785 bis 1985*, Kassel 1985, S. 7–48. Zur Finanzierung wurde eine Hochzeitssteuer eingeführt, die in abgestufter Weise von allen Verlobten in der Stadt Kassel, den Kasseler Ämtern, aber auch in ganz Niederhessen, im Fürstentum Hersfeld und der Grafschaft Ziegenhain zu zahlen war.
122 *Staats-Calender 1776*, S. 81.
123 BÖTTGER, Beschreibung (wie Anm. 29), S. 28.
124 HStAM, Best. 5, 1349, Bl. 5.
125 HStAM, Best. 5, 10549, Bl. 124.
126 Brief an Camper vom Oktober 1782, in: DUMONT (Bearb.), Soemmerring, Briefwechsel (wie Anm. 51), S. 345, zwei Jahre zuvor wollte er sie gern übernehmen, Brief an Camper, ebd. S. 305.

hatte, nach seiner Berufung nach Kassel auch zum Direktoriumsmitglied der Charité ernannt wurde.[127] Ein direkter Bezug auf die Ausbildung am Carolinum fehlte auch in der Stiftungsurkunde vom 8. Februar 1785, in der es lediglich pauschal heißt:

> Da auch 9. bei denen in der Charité vorkommenden mancherlei Krankheiten und Verwundungen junge Medici und Chirurgi sehr oft Gelegenheit finden dürften, ihre Kenntnisse zu erweitern und sich in Praxi zu üben, so soll allen denjenigen, welche in dieser Absicht von der Behandlung der Kranken und Verwundeten daselbst sich näher unterrichten, auch den vorzunehmenden chirurgischen Operationen beiwohnen wollen, der freie Zutritt zu aller Zeit gestattet, und der dirigirende Medicus sowohl als der General-Chirurgus ihnen darunter in alle Wege beförderlich sein.[128]

Für die Ausbildung der Studenten konnte diese Erlaubnis jedoch kaum noch von Bedeutung sein: Die Fertigstellung des Baues verzögerte sich und seine Einweihung fand erst am 2. Mai 1785 statt, aber bereits im Dezember desselben Jahres wurden die meisten Professoren des Carolinums nach Marburg versetzt.[129]

Studenten und andere Hörer der medizinischen Vorlesungen

1. Studenten

Das Lehrangebot des Carolinums vermittelte ihnen eine umfassende Vorbereitung auf den Arztberuf. Bereits in der „Nachricht von dem Collegio Carolino zu Cassel", einer kurzen Werbeschrift aus dem Jahr 1768, wurde betont, *(d)er Hofmann und der Offizier, der Arzt, und besonders der Wundarzt, kann, wenn er will, hier sein Studium vollenden.*[130]

Die Studenten blieben oft länger als die in den Mustercurricula von 1767 vorgesehenen vier Semester. So studierte beispielsweise Philipp Jakob Piderit von 1766 bis 1772 am Carolinum. Da das Carolinum kein Promotionsrecht hatte, ging er anschließend nach Marburg, wo er am 7. Juli 1773 die medizinische Doktorwürde erhielt.[131]

---

127 STRIEDER, Grundlage (wie Anm. 17), Bd. 18, 1819, S. 5.
128 HOMBURG, Zufluchtsort (wie Anm. 121), S. 20. Erster dirigierender Arzt wurde 1783 Ludwig Casimir Laukhardt (vgl. ebd., S. 15); zum Oberchirurgus wurde 1784 Johannes Amelung ernannt; (HStAM, Best. 5, 1196, Bl. 2).
129 Baldinger hatte in seinem Vorschlag, der zur Versetzung der Professoren nach Marburg führte, als Alternative die weitere Tätigkeit des Anatomieprofessors Michaelis an der Kasseler Charité für möglich gehalten; HStAM, Best. 5, 15444, Bl. 44.
130 *Nachricht von dem Collegio Carolino zu Cassel*, Cassel 1768.
131 Strieder, Grundlage (wie Anm. 17), Bd. 11, 1797, S. 79f.

Über die Immatrikulationen am Carolinum liegen nur unzureichende Angaben vor. Ein „Album Studiosorum", dessen Führung 1766 vorgeschrieben wurde,[132] hat sich in den Akten nicht erhalten. Bis zum Jahr 1773 ist nur die Anzahl der jährlichen Neuimmatrikulationen bekannt – und die war trotz verschiedener Werbemaßnahmen gering. Im Jahr 1771, als Marcus nach Kassel kam, wurden 27 Studenten eingeschrieben. Die Höchstzahl von 32 Neuzugängen wurde in 1768 und 1773 erreicht.[133] Wie groß die Zahl der Medizinstudenten war, lässt sich nur punktuell ermitteln. Unter den 45 Studenten, die 1770 dem Landesherrn mit einem Gedicht zum 50. Geburtstag gratulierten, waren zehn der *A(rzneiwissenschaft) B(eflissene)*.[134]

Eine relativ große Hörerschaft hatte Georg Wilhelm Stein. Als er 1770 einen Kaiserschnitt durchführte, waren *12 Eleven* anwesend.[135] Im Wintersemester 1770/71 kündigte er im Vorlesungsverzeichnis eine Begrenzung der Hörerzahl an. Er wollte *die Theorie der Entbindungskunst nach Anleitung seines eigenen Lehrbuchs [...] lesen, jedoch so, dass er nur eine ausgesuchte Anzahl Zuhörer, für welche die Wichtigkeit der Materie am schicklichsten seyn möchte, zulassen wird.*[136]

Erst für die Jahre nach 1774 liegen *Etat und Conduite-Listen* vor, in denen pro Jahr zwischen zwei und neun Studenten der Medizin und Chirurgie eingetragen sind.[137] Als Gründe für das geringe Interesse wurden vor allem das fehlende Promotionsrecht und die Nähe zu dem attraktiven Göttingen gesehen.[138] Baldinger stellte 1784 fest: die Zeit für *Mittell-Institute* – zwischen Schulen und Universität – sei abgelaufen.[139]

---

132 HLO VI, S. 375.
133 HStAM, Best. 5, 15443, Bl. 44.
134 Universitätsbibliothek – Landesbibliothek und Murhard'sche Bibliothek der Stadt Kassel, 2° Ms. Hass. 549.
135 STEIN, Georg Wilhelm: [Einladungsschrift] *Zu dem feyerlichen Antritte des [...] neuernannten Prorectors [...] Es werden einige Kaisergeburtsgeschichten beygefügt*, Cassel 1775, S. 13. Bei insgesamt drei Kaiserschnitten überlebten zwei Kinder, die Mütter starben. Das erste in Kassel durch Kaiserschnitt geborene Kind erhielt 1772 den Namen Georgine Wilhelmine Caesarine (PCZ 1772, S. 140).
136 *Wintervorlesungen des Jahrs 1770* [...] (Online-Ressource).
137 HStAM, Best. 5, 15443, Bl. 73–140. Vermutlich wurden nicht alle Vorlesungen tatsächlich gehalten. Professor Schleger kündigte für das Wintersemester 1772/73 an, „in Privatstunden sollen [...] wann sich eine Anzahl Zuhörer findet, in schicklichen Stunden, die Physiologie, oder die Naturgeschichte der Arzneymittel oder andere [...] Theile der Medicin gelehrt werden."
138 Soemmerring an Camper im Oktober 1782, DUMONT (Bearb.), Soemmerring, Briefwechsel (wie Anm. 51), S. 345.
139 HStAM, Best. 5, 15444, Bl. 20.

2. Jüdische Studenten

Juden waren als Studenten am Carolinum zugelassen, obgleich in der Landgrafschaft Hessen-Kassel immer noch die „Neu eingerichtete Juden-Ordnung" aus dem Jahr 1749 galt, mit der die Zahl der Juden begrenzt werden sollte. Außerhalb der Jahrmärkte wurde Juden der Aufenthalt an allen Orten verwehrt, sofern sie nicht einen Schutzbrief erworben hatten, was nur den ältesten Söhnen inländischer Juden mit einem Vermögen von 500 Reichstalern möglich war. Die Zuwanderung von Juden in Orte, in denen bis dahin noch keine lebten, wurde verboten.[140] Im Jahr 1770 lebten in der Stadt Kassel lediglich 36 jüdische Familien,[141] zu denen auch die jüdischen Hof- und Cammer-Agenten des Landgrafen gehörten.[142]

Trotz dieser Beschränkungen konnten auch Juden am Carolinum studieren. Landgraf Friedrich II., der selbst zum Katholizismus konvertiert war, aber auch einer Freimaurerloge angehörte, verstand sich als aufgeklärter Herrscher. Die Zulassung von Juden zum Studium ist wohl eher diesem Selbstverständnis geschuldet als dem Einfluss jüdischer Finanziers.[143]

---

140 HLO IV, S. 1012–1018. Durch die *Verordnung, in wiefern den zweyten Juden-Söhnen der Landesherrliche Schutz ertheilet werden solle* vom 12. Oktober 1751 hatten auch zweite Söhne inländischer Juden mit einem Vermögen von 1000 Reichstalern die Möglichkeit erhalten, einen Schutzbrief zu erwerben (HLO V, S. 26–27). 1772 behauptete man, das Land werde dadurch „mit sehr vielen neuen Juden-Familien belästigt". Um „diesem einreissenden Uebel vorzukommen", wurde diese Erleichterung zurückgenommen. *Verordnung gegen die übermäßige Aufnahme der Juden und ihre wucherliche Händel* vom 7. April 1772 (HLO VI, S. 643–644, PCZ 1772, S. 314–315), vgl. VON BOTH, VOGEL, *Friedrich II.* (wie Anm. 9), S. 57–58. Eine zeitgenössische Darstellung bei KOPP, Ulrich Friedrich: *Von der Judenaufnahme in den Hessen-casselischen Landen*, in: Hessische Beiträge zur Gelehrsamkeit und Kunst 2, 1787, S. 130–148, 270–296.

141 THIELE, Helmut: *Die jüdischen Einwohner zu Kassel 1700–1942. Familiendaten und Adressen*. Als Manuskript vervielfältigt, Kassel 2006, S. 7.

142 1771 wurde Feidel David zum „würklichen Hof- und Cammer-Agent(en)" ernannt und Sustmann Herz erhielt „den Caracter als zweyter Hof und Cammer-Agent", PCZ 1771, S. 34. Unter den 26 Haupt-Collecteurs der *Armen- Waisen- und Findelhauß-Classen-Lotterie* waren 14 Juden aus Kassel und zwei aus dem benachbarten Dorf Bettenhausen, PCZ 1772, S. 537–538.

143 So die Vermutung von Rüdiger Mack; MACK, Rüdiger: *Jüdische Universitätsverwandte und Studenten in Marburg im 18. Jahrhundert*, in: Hessisches Jahrbuch für Landesgeschichte 24, 1974, S. 191–227; hier S. 222. In Kassel waren in der Regierungszeit Friedrichs II. auch jüdische Zahnärzte tätig: 1769 praktizierte der Paderbornische Hofzahnarzt Salomon Levi in Kassel. Der Fürstlich Sachsen-Gothaische und Coburgische Hofzahnarzt Asser Moses wurde 1783 auch in Kassel zum Hofzahnarzt

In der Werbeschrift „Nachricht von dem Collegio Carolino zu Cassel" aus dem Jahr 1768 hieß es: *Auch findet bey allem dem jeder Fremde Gelegenheit zu denen im deutschen Reiche gebilligten Religions=Übungen*[144] – was auch Juden einschließt. Juden waren offenbar auch bei ihren Kommilitonen akzeptiert: Die Liste der 45 Studierenden, die im Jahr 1770 mit einem Gedicht dem Landesherrn zum 50. Geburtstag gratulierten,[145] enthielten die Namen Hertz, der M.(athematik) B.(eflissener), Israel, der A.(rzneiwissenschaft) B.(eflissener)[146] und Speyer, der A.(rzneiwissenschaft) B.(eflissener). Letzterer wurde 1772 bei der Feier des Carolinums zum Namenstag des Landesherrn lobend erwähnt.[147]

Die „Erneuerte[n] und verbesserte[n] Gesetze für die Studiosos Collegii Carolini" vom 17ten September 1773 bekräftigten die Aufnahme von Juden ausdrücklich.[148]

Ihre Zahl blieb allerdings sehr gering. Auch 1773 waren von 51 Studenten am Carolinum lediglich drei Juden.[149] In den seit 1774 geführten „Etat und Conduite

---

ernannt; MERKEL, Helmut: *Aufstieg des zahnärztlichen Wesens in Kassel bis 1864*, Diss. med. Göttingen 1958, S. 26–27; S. 46–47.

144 Informationsblatt über das Collegium Carolinum, in: HStAM, Best. 5, 15443, nach Bl. 25.

145 Wie Anm. 134.

146 Jordan Emanuel Israel, stud. med. 01.11.1770 in Göttingen, 1775 Dr. med. in Marburg, Garnisonsarzt des hessen-kasselischen Infanterie-Regiments in Rheinfels; MACK, Universitätsverwandte (wie Anm. 145), S. 220–226; Israel trug sich im Jahr 1773 in das Besucherbuch im Kunsthaus ein: http://portal.ub.uni-kassel.de/besucherbuch/?type=detail&besucherID=2018.

147 *Hessen-Casselische Zeitung* 1771, S. 152. Joseph Speyer (geb. 1743 in Hoof) studierte seit 1768 am Carolinum, ging 1773 nach Marburg und nahm nach seiner Taufe den Namen Johann Valentin August an. SCHLICH, Thomas: *Der Eintritt der Juden in das Bildungsbürgertum des 18. und 19. Jahrhunderts: die jüdisch-christliche Arztfamilie Speyer*, in: Medizinhistorisches Journal 15, 1990, S. 129–142; hier S. 133, die Angaben zu STRIEDER sind zu korrigieren: recte: Bd. 11, S. 17.

148 „§ IV So wie überhaupt bey diesem Collegio nicht auf den Unterschied der Religionen gesehen wird, sondern sowohl Catholische als Protestantische ihr freies Religions-Exercitium und Gelegenheit zum Unterricht in den Grundsätzen ihrer Religion finden; so verstatten Wir insonderheit auch die Aufnahme der Juden, in so ferne solche die würkliche Absicht haben, sich in den Wissenschaften zu üben, und solche durch fleißiges Besuchen der Vorlesungen beweisen [...]"; HLO VI, S. 714–726; hier S. 714.

149 Nach Akten aus dem Besitz des Kurators Martin Ernst von Schlieffen, die Rudolf Hallo benutzen konnte, waren es neben Speyer und S. Hertz „H.L. Gans, ein Jude aus Kassel"; HALLO, Rudolf: *Geschichte der Jüdischen Gemeinde Kassel unter*

Listen derer am Collegio illustri Carolino gegenwärtig studierenden" werden mit Levi Hertz Gans aus Kassel und Alexander Zunz aus Paderborn nur zwei Juden genannt.[150] Weitere Namen von jüdischen Studenten ließen sich in den Quellen nicht finden.

3. Chirurgen

In den Etat- und Conduite-Listen wurden nur die immatrikulierten Studenten erfasst. 1774 findet sich dabei der ausdrückliche Vermerk: *Die übrigen Zuhörer sind Compagnie und Stadt Chirurgi, so nicht immaticulirt werden.*[151] Die Chirurgen, für deren Ausbildung das Collegium Medico-Chirurgicum 1738 eingerichtet worden war, blieben auch nach der Erweiterung des Carolinums als Hörer zugelassen. In den „Erneuerte[n] und verbesserte[n] Gesetze[n]" wurde 1773 ausdrücklich bestätigt:

> *Ob nun wohl jeder, der sich des Unterrichts am Collegio bedienen will, ordentlicherweise bey demselben immatriculirt seyn muß; so lassen Wir doch gnädigst geschehen, daß Officiers, Pagen, Regiments- und Compagnie-Chirurgi, nicht weniger in Bedienung stehende oder andere angesessene Einwohner hiesigen Orts, sich den Unterricht am Carolino, ohne sich deshalb erst immatriculiren zu lassen, nach Gutbefinden zu Nutze machen; jedoch sollen sich diese zuvor bey demjenigen Professore, bey welchen sie Collegia zu hören gewillet sind, deshalb gebührend melden.*[152]

Während für die Immatrikulation künftiger Ärzte lediglich ein Mindestalter von 14 Jahren vorgeschrieben war,[153] mussten die Chirurgen den Abschluss einer dreijährigen Lehre nachweisen, um Vorlesungen hören zu können.[154] Das

---

Berücksichtigung der Hessen-Kasseler Gesamtjudenheit, Bd. 1, Kassel 1931, Neudruck in: DERS.: *Schriften zur Kunstgeschichte in Kassel. Sammlungen, Denkmäler. Judaica*, hg. v. Gunter SCHWEIKHART, Kassel 1983, S. 591.

150 Zunz (seit 1773 am Carolinum) studierte 1774 und 1775 Medizin, er ging als Truppenlieferant der hessischen Truppen nach Amerika, wo er zu den Gründern der New Yorker Börse gehörte. Freundlicher Hinweis von Frau Dr. Schmölz-Häberlein; vgl. HÄBERLEIN, Mark; SCHMÖLZ-HÄBERLEIN, Michaela: *Revolutionäre Ansichten. Die transatlantischen Aktivitäten der Gebrüder Mark im Zeitalter der Amerikanischen Revolution*, in: Jahrbuch für europäische Überseegeschichte 15, 2015, S. 29–90; hier S. 62. Gans (seit 1772 am Carolinum) studierte 1774 Medizin, in den beiden Folgejahren Mathematik HStAM, Best. 5, 15443. Bll. 77v, 81v, 85v, 88v.
151 Ebd., Bl. 77 v.
152 HLO VI, S. 715.
153 Informationsblatt in HStAM, Best. 5, 15443 nach Bl. 25.
154 *Erneuerte Medicinalordnung*, in: HLO VI, S. 479f. Lehrlinge wurden wiederholt per Zeitungsanzeige gesucht; ein Beispiel: „Es suchet ein Chirurgus in Cassell einen Lehrburschen der von honetten Leuthen, sich selbsten verköstigen kann, und in der

Lehrangebot am Carolinum verbesserte zwar deren Qualifikation,[155] die generelle Unterscheidung zwischen Medizinern mit einem Universitätsstudium und „Handwerks-Chirurgen" wurde allerdings nicht aufgehoben.

Der Landgraf hatte ein Interesse an einer guten Ausbildung der Militärchirurgen. Nachdem er die Vorlesungsverzeichnisse für das Wintersemester 1781/82 erhalten hatte, monierte er, es würden zu wenig *publique lectiones* angekündigt. Der Weisung, in Zukunft mehr öffentliche Vorlesungen zu halten, fügte Friedrich II. eine eigenhändige Erklärung bei:

> *Die Publique Vorlesung im Auditorio der Anatomie und der Section der Cadavera muß sonderlich darum geschehen um der Compagnie Feldscherers zu unterweißen als welche nicht im Stande sind weiter Privata, noch Privatissima zu bezahlen.*[156]

Nach der „Verordnung die Errichtung eines Collegii und Seminarii Medico-Chirurgici zu Cassel betreffend" war die Zahl der examinierten Chirurgen in Kassel und den zugehörigen Ämtern auf zehn begrenzt.[157] Einen Hinweis auf die Zahl derer, die noch nicht examiniert waren, findet man in einer Eingabe der Professoren Stein, Böttger und Soemmerring aus dem Jahr 1780. Sie baten darum, das Seminarium Chirurgicum, das von 1738 bis 1770 bestanden hatte, wieder einzurichten. In dieser Zeit habe die Anzahl ihrer Hörer mehr als 20 betragen,

---

    Latinität so viel zu dieser Profeßion erfordert wird, erfahren ist, da er sich dann zu versprechen, dass er die Gründe der Chirurgie bey selbigem vollkommen erlernen wird"; PCZ 1771, S. 236.

155 Die Einladungsschrift SCHLEGERS: *Benachrichtigung von seinen Sommer-Unterweisungen, wobey auch die der Arzneygelahrtheit vorauszusetzende Gründe und die bey der Akademie sich anbietende gewünschte Gelegenheit zu Erlernung und glücklicher Verbindung der Chirurgie mit den Arzneywissenschaft angezeigt werden; erstes Stück,* Cassel 1763 lag mir nicht vor.

156 HStAM, Best. 5, 15443, Bl. 52. Für Privata waren pro Semester 4 Reichstaler, für Privatissima von wöchentlich vier Stunden 50 Reichstaler zu zahlen (Informationsblatt des Carolinums in HStAM, Best. 5, 15443 nach Bl. 25). Es gibt allerdings einen Hinweis darauf, dass auch ein Chirurg sich Privata leisten konnte und selbst präparierte: Gutachten Michaelis' für den Chirurgen Johann Wilhelm Brandt; HStAM, Best. 5, 1168, Bl. 3. Der Kurator des Carolinums, Martin Ernst von Schlieffen, sollte nach seiner Instruktion dafür sorgen, dass jeder Professor wenigstens ein Publicum las; HStAM, Best. 5, 11906, Bl. 427v.

157 HLO IV, S. 498. Hinzu kamen die Regimentschirurgen – im Jahr 1750 weitere sieben; HStAM, Best. 5, 5821. Bl. 17.

nach dem Fortfall des Seminars seien auch die übrigen Chirurgen nicht mehr zu den Vorlesungen gekommen.[158]

Die Militärchirurgen konnten offenbar die Vorlesungen mit Gewinn besuchen. An der grundsätzlichen Regelung, dass nur Ärzte zu *inneren Curen* berechtigt waren, wurde zwar festgehalten; es finden sich aber in den Akten eine Reihe von Ausnahmegenehmigungen für Chirurgen mit entsprechenden Kenntnissen, was zu einer Verbesserung der medizinischen Versorgung vor allem auf dem Lande beitrug.[159]

4. Bader und Hebammen

Die Chirurgen legten großen Wert darauf, dass sie sich von den Badern, die in Hessen-Kassel in einer Landesgilde organisiert waren, unterschieden.[160] Auch letzteren wurde ausdrücklich gestattet, an den Vorlesungen teilzunehmen, obwohl die Chirurgen dagegen protestiert hatten.[161]

Neben den männlichen Hörern wurden in Kassel auch Hebammen ausgebildet, womit bereits 1738 Johann Jacob Huber beauftragt worden war. Trotz der guten Bedingungen am Accouchierhaus fanden sich in Kassel offenbar nicht genügend Frauen, die an einer entsprechenden Ausbildung interessiert waren. Um ausreichend *Lehrtöchter* zu gewinnen, wurde 1770 in der „Policey- und Commercien-Zeitung" darauf hingewiesen, dass

denenselben auch während ihrer Lehre und dem Aufenthalt im Accouchir-Hauß, neben der täglichen Ordnungsmäßigen Verköstigung, ein sicheres an Gehalt, unter gewissen Dienst-Bedingungen, verordnet werden soll.[162]

---

158 HStAM, Best. 5, 19549, Bll. 123f. – Der Antrag der Professoren wurde abgelehnt: „Beruhet".
159 Beispiele: HStAM, Best. 5, 1165, Bl. 11; HStAM, Best. 5, Bl. 1189.
160 Die Unterscheidung wurde vom Landgrafen bestätigt; es gab allerdings einzelne Ausnahmen und die Bader durften auch zur Ader lassen; Reskript vom 22. Februar 1716; HLO V, S. 28.
161 HStAM, Best. 5, Bl. 5821. Nach dem Beschluss des hessischen Geheimen Rats vom 24. Mai 1763 war die Zahl der Bader in Kassel auf acht beschränkt; HLO VI, S. 88, 177. Der Landgraf erlaubte im Jahr 1771 einem Bader die Ausübung der Chirurgie neben dem Betrieb seiner Baderstube; HStAM, Best. 5, Bl. 926.
162 PCZ 1770, S. 307. 1785 verfügten die Landstände, dass wenigstens die Hebammen des Niederfürstentums zum Unterricht in das Kasseler Institut kommen sollten; SCHRÖTER, Frauenklinik (wie Anm. 103), S. 18.

Lehrtöchter kamen aber auch aus anderen deutschen Territorien. So wurden etwa *alle Hebammen des Hildesheimischen drei Monate lang in Kassel ausgebildet*, was man sich in Oldenburg zum Vorbild nahm.[163]

5. Fortbildung bereits promovierter Mediziner

1783 sandte der Göttinger Altphilologe Christian Gottlob Heyne seinen Sohn Karl nach dessen Promotion zur Fortsetzung seiner medizinischen Studien nach Kassel, was in Göttingen – wie sein Kollege Lichtenberg vermerkte – *viel Aufsehen* erregte.[164]

Diese Beobachtung leitet über zu einer weiteren Gruppe von Hörern: junge bereits promovierte Mediziner, die auf ihrer damals üblichen Studienreise nach Kassel kamen.

Johann David Busch, der Sohn des Marburger Medizinprofessors Johann Jacob Busch, ließ sich 1781 nach seiner Marburger Promotion in Kassel bei Stein fortbilden, bevor er im Herbst zum Professor extraordinarius in Marburg ernannt wurde.[165]

In Göttingen war nach dem Tod Roederers im April 1763 die Geburtshilfe nicht angemessen vertreten, was als ein Problem für die Universität gesehen wurde.

> ‚Unter den Studiosis' gab es ‚allerhand Klagen wegen Mangels an Unterricht'; und wer ‚das Accouchement' wirklich lernen wollte, ging von Göttingen aus noch an das Kasseler Entbindungshaus zu Georg Wilhelm Stein.[166]

Zu einer Verbesserung kam es dort erst, als Johann Heinrich Fischer, der bei Stein ein mehrmonatiger Privatissimum erhalten hatte,[167] zum Professor ernannt und ein Accouchierhaus eingerichtet wurde, das 1772 seiner Bestimmung übergeben wurde.[168]

---

163 MENSSEN, Brigitte; TAUBE, Anna-Margarete: *Hebammen und Hebammenwesen in Oldenburg in der zweiten Hälfte des 18. und zu Beginn des 19. Jahrhunderts*, in: HINRICHS, Ernst; NORDEN, Wilhelm (Hgg.): Regionalgeschichte, Probleme und Beispiele, Hildesheim 1980, S. 196. Auch die Hebammenlehrerin in Detmold war in Kassel von Stein ausgebildet worden.

164 Georg Christoph Lichtenberg an Johann Andreas Schernhagen, 1. Dezember 1783, in: JOOST, Ulrich; SCHÖNE, Albrecht (Hgg.): *Georg Christoph Lichtenberg: Briefwechsel*, Bd. 2, München 1985, S. 780. – Den medizinischen Doktortitel hatte Karl Heyne am 2. Oktober 1783 erhalten; vgl. ebd., S. 716.

165 *Neuer Nekrolog der Deutschen*, 11. Jahrgang 1833, 1. Theil, Weimar 1835, S. 258.

166 SCHLUMBOHM, Jürgen: *Lebendige Phantome. Ein Entbindungshospital und seine Patientinnen 1751–1830*, Göttingen 2012, S. 23.

167 Fischer wohnte auch bei Stein; PCZ 1776, S. 713.

168 SCHLUMBOHM, Lebendige Phantome (wie Anm. 166), S. 27–42.

Zur Fortbildung bei Stein[169] kamen auch Leonhard Ludwig Finke (seit 1776 Hebammenlehrer in Tecklenburg),[170] Friedrich Benjamin Osiander (seit 1792 Professor in Göttingen), Johann Ludwig Morgenthal (seit 1780 Professor an der Hohen Landesschule in Hanau),[171] Gottlieb von Ehrhart (seit 1785 Hebammenlehrer in Memmingen),[172] Georg Philipp Lehr (seit 1782 Stifts- und Hospitalarzt in Frankfurt),[173] Johann Peter Weidmann (Gründer des Mainzer Accouchements)[174] sowie – nach Steins Versetzung nach Marburg – Adam Elias von Siebold (seit 1799 Professor in Würzburg und Berlin).[175]

Einen guten Ruf hatte auch Soemmerring, der in der Anatomie zahlreiche Besucher hatte.[176] Zu ihnen gehörte 1782 der Mediziner Johann Georg Pickel, der im Herbst desselben Jahres eine Professur für Chemie in Würzburg übernahm.[177]

---

169 Als Studenten immatrikuliert waren sein Neffe Georg Wilhelm Stein d. J. (1803 sein Nachfolger in Marburg, dann Professor in Bonn) und Bernhard Christoph Faust (seit 1788 Leibarzt und Hofrat in Bückeburg).

170 CALLISEN, Adolph Carl Peter: *Medicinisches Schriftsteller-Lexicon der jetzt lebenden Aerzte, Wundärzte, Geburtshelfer, Apotheker, und Naturforscher aller gebildeten Völker*, 7. Bd., Copenhagen 1831, S. 269 (Online-Ressource).

171 MORGENTHAL, Johann Ludwig: *Von der Fürsorge für die Menschheit durch Hebammenschulen*, in: Hanauisches Magazin, 19. Stück, 1782, S. 161–165; hier S. 162.

172 EHRHART, Gottlieb von: *Physisch-medizinische Topographie der königl. bair. Stadt Memmingen im Illerkreis*, Memmingen 1813, S. 362 (Online-Ressource).

173 Dr. Lehr assistierte bei einem Kaiserschnitt: STEIN, Georg Wilhelm: *Geschichte einer Kaisergeburt in einer practischen Wahrnehmung*, Cassel 1783, S. 3.

174 Nach seiner Promotion 1779 in Würzburg wollte er Straßburg, Paris, Rouen, London und Göttingen besuchen und „als Abschluß der Reise wäre dem berühmten Geburtslehrer Herrn Stein zu Kassel ein Besuch zu machen"; WEBER, Barbara: *Johann Peter Weidmann (1751–1819) und das Mainzer Accouchement*, Diss. Mainz 1986, S. 14. Auch der Aschaffenburger Physicus Dr. Franz Hoepfner schrieb 1782 in einer Eingabe: „Würde mir zwar die größteste Gnade seyn, wenn ich, um meine Kentnisse zu erweitern, annoch ein halbes Jahr nach Hessen-Cassel zu dem sehr berühmten Herrn Stein reisen dürfte" und bat um einen Vorschuss; MATHY, Helmut: *Die Gründung des Mainzer Accouchements unter Johann Peter Weidmann im Jahre 1784*, in: Medizinhistorisches Journal 12, 1977, S. 108–134; S. 120.

175 SIEBOLD, Eduard Caspar Jacob von: *Versuch einer Geschichte der Geburtshülfe*, 2. Bd., Berlin 1845, S. 631. Stein konnte sein Renommee ausnutzen, indem er seit 1780 geburtshilfliche Vorlesungen und Übungen nur noch als Privata und Privatissima anbot, für die Hörergebühren zu zahlen waren.

176 Vgl. dazu ENKE, *Soemmerrings erste Professur* (wie Anm. 49).

177 Forster schrieb seinem späteren Schwiegervater Christian Gottlob Heyne am 9. Juni 1782, Pickel habe bei Soemmering „sicher eine Menge ihm ganz neuer Sachen

Auch Goethe kam im Oktober 1783 nach Kassel *und besuchte Sömmerringen fleißig in der Anatomie,* wie Forster an Friedrich Heinrich Jacobi schrieb.[178]

Am 26. Januar 1784 schrieb Forster, unter Soemmerrings Hörern seien *fünf Doctores Medicinae legitime promoti, davon 2 Professores sind.*[179] Soemmerring selbst behauptete, als er sich nach seiner Berufung nach Mainz um eine Verbesserung seiner Bezüge bemühte, dass er in seinem letzten Wintersemester in Kassel *unter vielen anderen Candidaten sieben lauter auf andern als den hessischen Universitäten promovierte Docteurs zu Zuhörern* gehabt habe und dass sich vor seinem Weggang aus Kassel *gegen 20 Candidaten gemeldet* hätten.[180]

Da es offenbar nicht möglich war, die Zahl der immatrikulierten Studenten zu steigern, hofften die Medizinprofessoren, dass die guten Einrichtungen (Accouchier- und Findelhaus, Anatomie, Botanischer Garten, Charité) mehr promovierte Ärzte zur Weiterbildung nach Kassel ziehen könnten, womit die hohen Personalkosten für das Carolinum weiterhin gerechtfertigt wären. Diese Hoffnungen erfüllten sich allerdings nicht.

Nach dem Tod Friedrichs II. am 31. Oktober 1785 zog man entsprechende Konsequenzen. Bereits am 29. November legte Ernst Gottfried Baldinger dem neuen Landgrafen Wilhelm IX. ein Gutachten vor,[181] das dann bis zum Jahr 1791 zur Versetzung der meisten Professoren des Carolinums – darunter aller Mediziner – nach Marburg führte. Damit endete die kurze Blütezeit der Medizin in Kassel und an der Universität Marburg begann ein neues Kapitel.

---

gelernt"; SCHEIBE, Siegfried (Bearb.): *Georg Forster: Briefe bis 1783*, Berlin 1978 (Georg Forsters Werke, 13. Bd.), S. 381.
178 Brief vom 13. November 1783, ebd., S. 503, zit. bei ENKE, Soemmerrings erste Professur (wie Anm. 49), S. 96.
179 Forster am 26. Januar 1784 an Spener, zit. ebd., S. 97.
180 Brief an Kurfürst Friedrich Karl Joseph; DUMONT (Bearb.), Soemmerring, Briefwechsel (wie Anm. 55), S. 156.
181 HStAM, Best. 5, 15444, Bll. 39–46.

Marian Füssel

Schwierige Wege zum Doktor.
Jüdische Medizin-Studenten und akademische Judenfeindlichkeit im 18. Jahrhundert (Halle, Göttingen)

Abstract: The universities of Göttingen and Halle, the leading scientific institutions in Germany during the 18th century, showed a significant number of higher medical graduations (doctorates) of Jewish medical students. The presence of a larger Jewish community in both towns was an important structural prerequisisite of this development. The cultural climate in the university towns, ranging from tolerance to antisemitism, and the role of the academic teachers is analyzed in detail. The discriminatory elements of the graduation ceremony are described, as well as their decrease during the transformation process within the universities at the end of the 18th century.

Das Studium an einer Universität bildete in der Gesellschaft der Frühen Neuzeit einen potentiellen Kanal sozialer Mobilität. Zwar sollten die Möglichkeiten sozialen Aufstiegs auch nicht überschätzt werden, doch gerade das Medizinstudium von Juden ist hier in mehrfacher Hinsicht aufschlussreich.[1] Die Medizin bildete innerhalb der klassischen vier Fakultäten das einzige Fach, in dem jenseits der christlichen Konfessionen überhaupt freiberufliche Chancen bestanden und man Juden daher zum Studium zuließ.[2] Die Theologie schied eindeutig aus, und auch eine Anstellung als Jurist inner- wie außerhalb der Hochschulen war ausgeschlossen.[3] Die Philosophie ermöglichte keine Unikarriere und eröffnete allenfalls eine

---

1 LA VOPA, Anthony: *Grace, Talent and Merit. Poor Students, Clerical Careers and Professional Ideology in Eighteenth-Century Germany*, Cambridge 1988.
2 SINCLAIR, Daniel: *Medizin*, in: DINER, Dan (Hg.): Enzyklopädie jüdischer Geschichte und Kultur, Bd. 4, Stuttgart 2013, S. 99–103; EFRON, John: *Medicine and the German Jews. A history*, New Haven 2001; GOLDENBOGEN, Nora (Hg.): *Medizinische Wissenschaften und Judentum*, Dresden 1996. Zur Entwicklung der Medizin als akademischer Disziplin an deutschen Universitäten des 18. Jahrhunderts vgl. BROMAN, Thomas H.: *The transformation of German academic medicine: 1750–1820*, Cambridge 1996.
3 Zu den ersten Jura- und Philosophiestudenten vgl. RICHARZ, Monika: *Der Eintritt der Juden in die akademischen Berufe. Jüdische Studenten und Akademiker in Deutschland 1678–1848*, Tübingen 1974, S. 57; S. 62.

Laufbahn als Hauslehrer. Angesichts der Diversität der städtischen Gesundheitsmärkte eröffnete somit einzig die Medizin entsprechende Chancen.[4]

Das Hochschulstudium von jungen Männern jüdischen Glaubens ist jedoch auch jenseits der Frage sozialer Mobilität aufschlussreich. Es zeigt wie in einem Brennglas einerseits die Inklusions- und Exklusionsmechanismen der christlichen Bildungseinrichtungen wie andererseits die Anpassungsbemühungen der Juden und die Genese einer *modernen jüdischen Identität*.[5] Und es kann ferner dazu dienen, das akademische Studium selbst zu historisieren, indem es Fragen von intellektueller Qualifikation, sozialem Stand und ökonomischer Rationalität verknüpft.[6] Im Folgenden werden die schwierigen Wege der Juden zum Doktortitel im Vergleich der beiden Universitäten Halle und Göttingen verfolgt. In Halle wurden reichsweit die meisten Juden promoviert und Halle diente der Universität Göttingen als institutionelles Vorbild. Göttingen galt nicht nur als die strukturell „modernste" Universität im Reich, sondern bildete auch den Ausbildungsort von Adalbert Friedrich Marcus und Israel Stieglitz, deren Andenken dieser Band gewidmet ist. Zunächst wird das kulturelle Klima in beiden Universitätsstädten im Hinblick auf das jüdisch-christliche Zusammenleben beleuchtet (1), in einem zweiten Schritt auf die sozialgeschichtlichen Dimensionen und Frequenzen der medizinischen Graduierung von Juden eingegangen (2), um schließlich am Beispiel des Einsetzungsrituals der Doktorpromotion symbolische und rechtliche Grenzziehungen zu diskutieren (3).

---

4 JÜTTE, Robert: *Zur Funktion und sozialen Stellung jüdischer „gelehrter" Ärzte im spätmittelalterlichen und frühneuzeitlichen Deutschland*, in: SCHWINGES, Rainer Christoph (Hg.): Gelehrte im Reich. Zur Sozial- und Wirkungsgeschichte akademischer Eliten des 14. und 16. Jahrhunderts, Berlin 1996 (Zeitschrift für Historische Forschung, Beiheft 18), S. 159–179. Zur Diskriminierung der „Judenärzte" vgl. HORTZITZ, Nicoline: *Der „Judenarzt": historische und sprachliche Untersuchungen zur Diskriminierung eines Berufsstands in der frühen Neuzeit*, Heidelberg 1994.

5 Vgl. WOLFF, Eberhard: *Medizin und Ärzte im deutschen Judentum der Reformära: Die Architektur einer modernen jüdischen Identität*, Göttingen 2014.

6 Vgl. RASCHE, Ulrich: *Die deutschen Universitäten und die ständische Gesellschaft. Über institutionengeschichtliche und sozioökonomische Dimensionen von Zeugnissen, Dissertationen und Promotionen in der Frühen Neuzeit*, in: MÜLLER, Rainer A. (Hg.): Bilder – Daten – Promotionen. Studien zum Promotionswesen an deutschen Universitäten der frühen Neuzeit, Stuttgart 2007 (Pallas Athene 24), S. 150–273.

1. Zwischen Judenfeindlichkeit und Toleranzpolitik: Das kulturelle Klima in den Universitätsstädten Halle und Göttingen

Die Wiederansiedlung von Juden im preußischen Halle an der Saale erfolgte nach ihrer Vertreibung im späten Mittelalter in etwa gleichzeitig mit der Gründung einer Universität in Halle. Am 27. März 1688 erhielt Salomon Israel einen Schutzbrief vom großen Kurfürsten für eine Niederlassung in Halle.[7] 1692 erhielt auch Behrend Wolff einen Schutzbrief und 1694 folgte ein weiterer für Assur Marx, der Wechsel- und Bankgeschäfte mit der im gleichen Jahr feierlich inaugurierten Universität pflegte und eine bedeutende jüdische Bibliothek besaß.[8] Um 1700 war die Gemeinde auf 12 privilegierte Familien und etwa 70 Personen angewachsen, eine Zahl, die sich bis 1725 auf 39 Familien erweiterte. Ein Stiefbruder von Salomon Israel mit Namen Salomon Liebmann sollte sich am 4. Juni 1695 an der Universität Halle immatrikulieren, musste aber noch im selben Jahr auf Befehl des Kurfürsten nach Frankfurt/Oder wechseln.[9] Die Existenz einer jüdischen Gemeinde war für die potentiellen Studenten eine wichtige Voraussetzung: Sie konnten ihre religiösen Verpflichtungen erfüllen, wohnten häufig bei ihren Glaubensgenossen, arbeiteten für sie als Hauslehrer oder profitierten von ihren Privatbibliotheken. Letzteres galt in Halle zweifellos auch für die Professoren, wodurch die wechselseitigen Beziehungen offenbar begünstigt wurden.[10] Doch auch für die Gemeinde brachten die Studenten Vorteile, da es in Halle zu dieser Zeit keinen lizensierten Judenarzt gab und man mit den Studenten dieses Versorgungsdefizit zumindest teilweise und temporär ausgleichen konnte.[11]

Für das kulturelle Klima in der Universitätsstadt sind Informationen hilfreich, wie sie fast beiläufig 1724 in einem Edikt „Wider die Tumulten" enthalten sind, das sich neben den üblichen studentischen Vergehen wie Geschrei oder dem Wetzen in die Steine auch explizit gegen die *spolirung der Glücks-Buden, Bestürm- und*

---

7 DIETZEL, Volker: *Die Geschichte der jüdischen Gemeinde zu Halle von den Anfängen bis zum Jahre 1800*, in: 300 Jahre Juden in Halle: Leben, Leistung, Leiden, Lohn [Festschrift zum Jubiläum des 300 jährigen Bestehens der Jüdischen Gemeinde zu Halle], hg. von der Jüdischen Gemeinde zu Halle. [Zsgest. und Red.: Volker DIETZEL; Wolfram KAISER], Halle 1992, S. 9–31; hier S. 22ff.
8 Ebd., S. 23.
9 Ebd., S. 28–29.
10 Ebd., S. 28.
11 KAISER, Wolfram; VÖLKER, Arina: *Jüdische Mediziner in Halle*, in: 300 Jahre Juden in Halle (wie Anm. 7), S. 313–362; hier S. 318–319.

Plünderung der Juden Schulen und einiger Häuser, wie auch Einwerff- und Schmeißung deren Fenster wendet.[12] Hintergrund des Ediktes war eine studentische Schlägerei mit einem Juden im Juni 1724, in der der christliche Student unterlegen war und sich hierfür mit einigen Kommilitonen später mit der Demolierung der Synagoge und mehrerer jüdischer Häuser rächte.[13] Solche Vorfälle bildeten in Halle aber eher die Ausnahme. Das vergleichsweise gute Verhältnis zwischen Juden und Christen stand allerdings auch deutlich vor dem Hintergrund der Missionierungsbemühungen seitens der Pietisten.[14]

Die medizinische Fakultät der Universität Halle zählte in der ersten Hälfte des 18. Jahrhunderts reichsweit zu den attraktivsten Ausbildungsstätten. Das verdankte sich nicht nur renommierten Köpfen wie Friedrich Hoffmann (1660–1742) oder Georg Ernst Stahl (1659–1734), sondern auch den institutionellen Infrastrukturen in der Lehre. So erfuhren die Studenten im von Johann Juncker (1679–1759) eingerichteten *Collegium clinicum* am Krankenhaus des Waisenhauses eine praxisorientierte Ausbildung.[15]

Auch in Göttingen waren Juden als Studenten von der Gründung der Universität 1734/1737 an zugelassen. So immatrikulierte sich bereits 1735 Benjamin Wolff Gintzburg an der jungen Hochschule, der sich alsbald in religiöse Gewissenskonflikte gedrängt sah und den Rabbiner Jakob Emden in Altona um ein Gutachten zur Frage ersuchte, ob er *am Sabbat an anatomischen Übungen teilnehmen dürfe*.[16] Den durch das Studium verursachten Depressionen entkam Gintzburg nach eigener Aussage nur durch das Vorbild des Maimonides. Besonders groß war die jüdische Gemeinde zu keiner Zeit, um 1776 umfasste sie 82 und 1796 rund hundert Personen.[17] Ständiger Gegenstand von Aushandlungen war die Anzahl der sogenannten Schutzjuden, die in der zweiten Hälfte des 18. Jahrhunderts etwa zwischen acht

---

12 Vgl. ZAUNSTÖCK, Holger: *Das Milieu des Verdachts. Akademische Freiheit, Politikgestaltung und die Emergenz der Denunziation in Universitätsstädten des 18. Jahrhunderts*, Berlin 2010, S. 62.
13 DIETZEL, Gemeinde (wie Anm. 7), S. 28.
14 RYMATZKI, Christoph: *Hallischer Pietismus und Judenmission. Johann Heinrich Callenbergs Institutum Judaicum und dessen Freundeskreis (1728–1736)*, Tübingen 2004.
15 BEIERLEIN, Christine (Red.): *250 Jahre Collegium Clinicum Halense 1717–1967: Beiträge zur Geschichte der Medizinischen Fakultät der Universität Halle*, Halle (Saale) 1967.
16 RICHARZ, Eintritt der Juden (wie Anm. 3), S. 78.
17 WILHELM, Peter: *Die jüdische Gemeinde in der Stadt Göttingen von den Anfängen bis zur Emanzipation*, Göttingen 1973 (Studien zur Geschichte der Stadt Göttingen, 10), S. 59; BRÜDERMANN, Stefan: *Göttinger Studenten und akademische Gerichtsbarkeit im 18. Jahrhundert*, Göttingen 1990 (Göttinger Universitätsschriften A, 15), S. 368; SABELLECK, Rainer: *Juden in Göttingen (1648–1866)*, in: Göttingen: Geschichte einer

und elf Familien wechselte.[18] Das kulturelle Klima im Umgang mit Juden unterlag im Göttingen des 18. Jahrhunderts diversen Schwankungen. Dabei erwies sich das Verhältnis zu den Juden als vollständig vom Charakter der Universitätsstadt geprägt. Das bedeutet, sowohl Toleranz als auch Ausgrenzung folgten deutlich der sozialen Logik der Hochschule und den Bedürfnissen und Interessen ihrer Angehörigen. Als zahlende Studenten waren junge Männer jüdischen Glaubens willkommen, als Kreditgeber der notorisch geldknappen Studenten jedoch zum Teil Gegenstand heftiger Attacken.[19] Die Politik der Universität gegenüber den Schutzjuden war in den ersten Jahrzehnten von einer positiven Haltung geprägt, da die Professoren die Juden als *geschickte Händler* und Lieferanten *ungewöhnlicher Waren* schätzten.[20] So befürworteten die Professoren 1741 ein Gesuch der Schutzjuden Gumprecht Jacob und Hertz Jacob, Waren den Universitätsverwandten nach Hause liefern zu dürfen, was in der Folge gegen die Widerstände von Rat und Gilden von der Regierung bewilligt wurde.[21] Auch 1777 votierten die Professoren angesichts einer Bittschrift der Göttinger Bürger für die Aufhebung des Judenschutzes mehrheitlich gegen die geforderte Ausweisung der Juden, eine Forderung, die vor allem aufgrund der studentischen Schulden und hoher Zinsforderungen artikuliert worden war.[22] Der Grund für diese Haltung ist mit Stefan Brüdermann jedoch weniger in einer grundsätzlichen Toleranz zu suchen als in der persönlichen Verstrickung einiger Professoren in diverse Geldgeschäfte.[23] Die Positionen der Göttinger Professoren zum Judentum schwankten zwischen Pragmatismus, Toleranz und erklärter Judenfeindlichkeit. Lichtenberg etwa gilt der jüngeren Forschung inzwischen als

---

Universitätsstadt, Bd. 2: *Vom Dreißigjährigen Krieg bis zum Anschluss an Preußen – Der Wiederaufstieg als Universitätsstadt (1648–1866)*, Göttingen 2002, S. 635–658.
18 WILHELM, Gemeinde (wie Anm. 17), S. 58–59.
19 BRÜDERMANN, Göttinger Studenten (wie Anm. 17), S. 364–372.
20 WILHELM, Jüdische Gemeinde (wie Anm. 17), S. 84–86, Zitate hier S. 85.
21 Ebd., S. 85.
22 Zu der Bittschrift vgl. SCHASER, Angelika: *Schutzjuden zwischen Studenten und Bürgerschaft in Göttingen am Ende des 18. Jahrhunderts – oder wie der Hermannstädter Student Johann Georg Hertel den Schutzjuden Moses Gumbrecht und die Göttinger Bürgerschaft um 2000 Taler betrog*, in: FUHRICH-GRUBERT, Ursula; JOHANNSEN, Angelus H. (Hg.): Festschrift für Ilja Mieck zum 65. Geburtstag, Berlin 1997, S. 349–36; hier S. 354–358; LÖWENBRÜCK, Anna-Ruth: *Judenfeindschaft im Zeitalter der Aufklärung: eine Studie zur Vorgeschichte des modernen Antisemitismus am Beispiel des Göttinger Theologen und Orientalisten Johann David Michaelis; (1717–1791)*, Frankfurt am Main u.a. 1995, S. 192–195.
23 BRÜDERMANN, Göttinger Studenten (wie Anm. 17), S. 368–369, ebd. auch der Nachweis diverser judenfeindlicher Äußerungen seitens der Professoren.

einigermaßen typischer Repräsentant aufgeklärter Judenfeindschaft.[24] Wesentlich aggressiver und publizistisch aktiver gingen allerdings seine Kollegen Johann David Michaelis (1717–1791), August Ludwig von Schlözer (1735–1809) und Christoph Meiners (1747–1810) gegen die Juden vor.[25]

Zu einem Meinungswandel unter den Professoren und einer Eskalation der antijüdischen Stimmung kam es in Göttingen dann ab Ende der 1780er Jahre. Im November 1789 sprachen sich die Professoren erstmals mehrheitlich für eine *Verminderung der Juden in Göttingen* aus.[26] Ein bezeichnendes Licht auf die Sichtweise der Akademiker auf die jüdischen Kreditgeber warf 1790 der spektakuläre Fall des Freiherrn von Grote, der die Universität mit 19.000 Talern Schulden verlassen hatte, was man seinen überwiegend jüdischen Gläubigern anlastete.[27] Bereits wenig später fand die Episode sogar Eingang in zeitgenössische Studienführer. So heißt es bei Carl Heun 1792:

> *Auf einer unsrer bekanntesten Universitäten hatte durch die schreyendste Gewissenlosigkeit eines solchen verworfenen Juden ein junger Edelmann 19.000 Rthlr. sage neunzehn tausend Thaler Schulden gemacht.*[28]

Der Fall erregte reichsweites Aufsehen, ging 1790/91 bis vor das Reichskammergericht und setzte die Universität unter Handlungszwang. Professor August Ludwig von Schlözer veröffentlicht 1791 in den Staats-Anzeigen eine Zusammenstellung von Texten unter dem Titel „Ob die jetzigen Juden in christlichen Städten überhaupt, und auf Universitäten insbesondere, als ansässige Bürger leidlich sind?"[29] Nach Mitteilungen über die Politik gegenüber den Juden in Straßburg und dem

---

24 SCHÄFER, Frank: *Lichtenberg und das Judentum*, Göttingen 1998, S. 159.
25 Zu Michaelis vgl. LÖWENBRÜCK, Judenfeindschaft (wie Anm. 22), zu Meiners vgl. SCHÄFER, Lichtenberg (wie Anm. 24), S. 147–158, zu Schlözer ebd. S. 117–139.
26 WILHELM, Jüdische Gemeinde (wie Anm. 17), S. 86; LÖWENBRÜCK, Judenfeindschaft (wie Anm. 22), S. 196–202.
27 BRÜDERMANN, Göttinger Studenten (wie Anm. 17), S. 370–371; AUFGEBAUER, Peter: „*Eine Menge beschnittener Fremdlinge…*" *Zur Geschichte der Juden in Göttingen im 18. und 19. Jahrhundert*, in: GRUBMÜLLER, Klaus (Hg.): 1050 Jahre Göttingen: Streiflichter auf die Göttinger Stadtgeschichte, Göttingen 2004, S. 138–156; hier S. 138f.
28 HEUN, Carl: *Vertraute Briefe an alle edelgesinnte Jünglinge die auf Universitäten gehen wollen*, 2 Bde., Leipzig 1792, Bd. 1, S. 92; vgl. als publizistische Spiegelung auch das anonyme *Probe-Stück von den Verdiensten eines Portugiesischen, Jüdischen Barons um die Universität Padua*, in: Neues Göttingisches Historisches Magazin 1, 1792, S. 350–361.
29 *Ob die jetzigen Juden in christlichen Städten überhaupt, und auf Universitäten insbesondere, als ansässige Bürger leidlich sind?* in: Staats-Anzeigen 15, 1791, H. 60, S. 439–478, darin S. 464–467 der Fall Grote, besonders drastisch zu den Juden in Göttingen vgl. S. 469ff., vgl. dazu ausführlich SCHÄFER, Lichtenberg (wie Anm. 24), S. 123–139.

Elsass schließen sich ein Bericht über die Schulden des Freiherrn von Grote sowie eine Chronik über die sich in Göttingen seit der Universitätsgründung aufhaltenden Juden an. In letzterer wurde vor allem die seitdem angeblich sprunghaft angestiegene Kriminalität angeprangert. 1793 wurden die drei Jahre später auslaufenden Schutzverträge der meisten jüdischen Familien Göttingens nicht mehr verlängert und diese 1796 der Stadt verwiesen.

2. Zur Sozialgeschichte der Graduierten jüdischen Glaubens

Die Forschungslage zu jüdischen Studierenden an Universitäten des Alten Reiches war bis in die 1970er Jahre von lokalen Einzelstudien geprägt, die oft auf unsicherer Datenbasis argumentierten. Eine Ausnahme stellen die stadt- und universitätshistorischen Arbeiten des Rechtshistorikers Guido Kisch (1889–1985) dar, die in Halle seit den 1960er Jahren von Wolfram Kaiser weitergeführt wurden.[30] Zu den leitenden Fragen zählte etwa die nach dem ‚ersten' promovierten Juden im Reich.[31] Ein grundlegender Wandel erfolgte 1974 mit der Pionierstudie von Monika Richarz über *Jüdische Studenten und Akademiker in Deutschland 1678–1848*.[32] Richarz legt eine vergleichende Bildungs-und Sozialgeschichte vor, die bis heute Maßstäbe setzt. Auf prosopographischer Ebene dauerte es noch bis in die 1990er Jahre, bis mit dem *Verzeichnis jüdischer Doktoren* von Manfred Komorowski 1991 und speziell zu Göttingen 1993 mit der Studie von Ulrich Tröhler der Forschungsstand signifikant erweitert und zum Teil auch korrigiert werden konnte.[33] Als erster an

---

30 KISCH, Guido: *Universitätsgeschichte und jüdische Familienforschung*, in: Jüdische Familien-Forschung. Mitteilungen der Gesellschaft für jüdische Familien-Forschung 10 (1934), S. 566–574; DERS.: *Die Prager Universität und die Juden 1348–1848. Mit Beiträgen zur Geschichte des Medizinstudiums*, Mährisch-Ostrau 1935; DERS.: *Die Universitäten und die Juden. Eine historische Betrachtung zur Fünfhundertjahrfeier der Universität Basel*, Tübingen 1961; DERS.: *Rechts- und Sozialgeschichte der Juden in Halle 1686–1730*, Berlin 1970, zu den Medizinstudenten darin S. 73–80.
31 KISCH, Guido: *Der erste in Deutschland promovierte Jude*, in: Monatsschrift für Geschichte und Wissenschaft des Judentum 78, 1934, S. 350–363.
32 RICHARZ, Eintritt der Juden (wie Anm. 3); DIES.: *Soziale Voraussetzungen des Medizinstudiums von Juden im 18. und 19. Jahrhundert*, in: SCHOLZ, Albrecht; HEIDEL, Caris-Petra (Hgg.): Medizinische Bildung und Judentum, Dresden 1998, S. 6–14.
33 KOMOROWSKI, Manfred: *Bio-bibliographisches Verzeichnis jüdischer Doktoren im 17. und 18. Jahrhundert*, München u.a. 1991 (Bibliographien zur deutsch-jüdischen Geschichte, 3); TRÖHLER, Ulrich; MILDNER-MAZZEI, Sabine: *Vom Medizinstudenten zum Doktor: die Göttinger medizinischen Promotionen im 18. Jahrhundert*; mit 4 Tab., Göttingen 1993 (Göttinger Universitätsschriften C, 3).

einer Universität im Reich graduierter Jude kann seitdem wohlmöglich nicht mehr Moses Salomon Gumpert gelten, der an der Universität Frankfurt an der Oder im Jahr 1721 promoviert wurde, sondern wesentlich früher im Jahr 1650 Jakob Israel (1621–1674) an der katholischen Universität Freiburg.[34] In der Literatur gilt dieser allerdings mit hoher Wahrscheinlichkeit als Konvertit.[35]

Blickt man auf die Gesamtzahl der 412 von Komorowski ermittelten Graduierten, so ergeben sich folgende aufschlussreiche Befunde: 166 erwarben den Doktor an fünf Universitäten der Niederlande (Leiden, Utrecht, Harderwijk, Franeker, Groningen), 246 an 21 verschiedenen Universitäten des Reiches. Im Reich dominierten die vier preußischen Hochschulen Halle, Königsberg, Duisburg und Frankfurt/Oder mit 147 von 246 Graduierten. Nur etwa fünf Prozent der Gesamtmenge der jüdischen Studenten schloss an einer katholischen Universität ab.

Mit zusammen 100 Graduierten entfiel ein signifikanter Anteil auf Halle und Göttingen. Die Universität Halle wies im 18. Jahrhundert die höchste Zahl immatrikulierter jüdischer Studenten auf. Richarz konnte darunter 59 Promotionen ausfindig machen, eine Zahl, die Komorowski später auf 69 erhöhte. In Göttingen wurden im gleichen Zeitraum insgesamt 31 jüdische Studierende zum Doktor promoviert. Hatte man in der Göttinger Matrikel von Anfang an auf einen *Judaeus*-Vermerk verzichtet, so wurden bei Promotionen bis 1759 Anmerkungen wie *gente Judaeus* getätigt. Vergleicht man das mit den allgemeinen Promotionszahlen, so zeigt sich, dass der Göttinger Anteil durchaus hoch war, da die Gesamtzahlen in Halle deutlich höher lagen: Zwischen 1750 und 1799 wurden in Halle 863 und in Göttingen 684 Kandidaten zu Doktoren der Medizin promoviert.[36] Von den Kosten lag die medizinische Promotion in Göttingen rund 10% höher als in Halle und betrug insgesamt etwa 116 Taler.[37]

---

34 KOMOROWSKI, Doktoren (wie Anm. 33), S. 7f.; S. 33, Nr. 007. Alle weiteren 62 zwischen 1655 und 1720 promovierten Juden, die Komorowski ermittelte, erlangten den Grad an einer niederländischen Universität. Zuvor und wohl auch später noch parallel finden sich jedoch auch „undoktorierte" ‚Judendoktoren', die sich zwar als Doktor bezeichneten, aber nicht an einer Hochschule graduiert wurden; vgl. JÜTTE, Zur Funktion (wie Anm. 4).
35 HORTZITZ, „Judenarzt" (wie Anm. 4), S. 42.
36 TRÖHLER, Ulrich: *„Neuer Wein in alten Schläuchen". Wechselnde Voraussetzungen und Beweggründe für die andauernde Beliebtheit der Göttinger medizinischen Promotionen im 18. Jahrhundert*, in: TRÖHLER; MILDNER-MAZZEI, Promotionen (wie Anm. 33), S. 9–49; hier S. 18.
37 Ebd., S. 31.

Halle, med. Prom. gesamt				240	221	107	99	196
Göttingen, med. Prom. gesamt				96	110	109	178	191
Halle, Juden	1	6	10	7	5	10	11	17
Göttingen, Juden		1	1	3	2	4	7	13
	1720er	1730er	1740er	1750er	1760er	1770er	1780er	1790er

Zahlen nach KOMOROWSKI, Manfred: *Bio-bibliographisches Verzeichnis jüdischer Doktoren im 17. und 18. Jahrhundert*, München u.a. 1991 (Bibliographien zur deutsch-jüdischen Geschichte, 3) und TRÖHLER, Ulrich; MILDNER-MAZZEI, Sabine: *Vom Medizinstudenten zum Doktor: die Göttinger medizinischen Promotionen im 18. Jahrhundert*; mit 4 Tab., Göttingen 1993 (Göttinger Universitätsschriften C, 3).

1724 wurde mit Moyses Sobernheim aus Bingen der erste Jude in Halle mit einer von seinem ‚Doktorvater' Friedrich Hoffmann verfassten Arbeit über Beruhigungsmittel promoviert. Im Fall Halles fällt unter anderem auf, dass von den ersten 16 jüdischen Medizinpromoventen zwischen 1724 und 1749 nur drei ihre Dissertation nicht selbst verfassten.[38] Ein Befund wurde zunächst mit ökonomischen Gründen der Kostenersparnis begründet, er sagt eventuell aber auch etwas über das gelehrte Selbstverständnis und die inhaltliche Qualität der Graduierten oder die Haltung des Doktorvaters zu seinem jüdischen Graduierten aus. Um hier zu genaueren Erkenntnissen zu gelangen, wären vergleichende Informationen zur Frage der Autorschaft erforderlich, die meist schwer zu gewinnen sind.[39]

Die medizinische Fakultät in Göttingen konnte schon zu Gründungszeiten der Universität mit Georg Gottlob Richter (1694–1773) und Albrecht Haller (1708–1777) renommierte Mediziner aus der Boerhave-Schule gewinnen.[40] Der

---

38 KAISER;VÖLKER, Jüdische Mediziner (wie Anm. 11), S. 324–326.
39 RASCHE, Die deutschen Universitäten (wie Anm. 6), S. 189–201; SCHUBART-FIKENTSCHER, Gertrud: *Untersuchungen zur Autorschaft von Dissertationen im Zeitalter der Aufklärung*, Berlin 1970; MARTI, Hanspeter: *Von der Präses- zur Respondentendissertation. Die Autorschaftsfrage am Beispiel einer frühneuzeitlichen Literaturgattung*, in: SCHWINGES, Rainer Christoph (Hg.): Examen, Titel, Promotionen. Akademisches und staatliches Qualifikationswesen vom 13. bis zum 21. Jahrhundert, Basel 2007 (Veröffentlichungen der Gesellschaft für Universitäts- und Wissenschaftsgeschichte, 7), S. 251–274.
40 Als Überblick vgl. ZIMMERMANN, Volker: *„Eine Medicinische Facultät in Flor bringen". Zur Geschichte der Medizinischen Fakultät der Georg-August-Universität Göttingen*, Göttingen 2009, sowie die Dissertationen von BRAUNROTH, Sabine: *Das Medizinstudium „von unten": Studenten, Väter, gehörte Hochschullehrer und Lehrgebiete 1735–1775 an der Georg-August-Universität in Göttingen*, Diss. Göttingen, 2008, zu den jüdischen

erste jüdische Kandidat, den Richter und Haller in Göttingen promovierten, war 1739 Lehmann Isaac Kohen [Cohn] aus Hamburg.[41] Haller verließ Göttingen bereits 1753 wieder, hinterließ der Georgia-Augusta jedoch ein modernes Anatomiegebäude am botanischen Garten. Mit dem in Halle promovierten Ernst Gottfried Baldinger (1738–1804) nahm die praktische Ausbildung in Göttingen einen weiteren wichtigen Anlauf. Baldinger gründete 1773 das *Collegium clinicum*, dem ab 1781 das akademische Hospital Konkurrenz machte.[42]

Der Waldecker Jude Israel Marcus (1753–1816) immatrikulierte sich am 30. Oktober 1772 an der Universität Göttingen und hörte in den folgenden Semestern unter anderem bei Baldinger Pathologie und Klinik, bei August Gottlob Richter (1742–1812), dem Neffen Georg Gottlob Richters, Chirurgie, bei Johan Andreas Murray (1740–1791) Botanik, bei Johann Christian Polycarp Erxleben (1744–1777) Chemie, bei Rudolf Augustin Vogel (1724–1774) Therapie, bei Abraham Gotthelf Kästner (1719–1800) Mathematik und bei Samuel Christian Hollmann (1696–1787) Physik.[43] Bei Baldinger wurde Marcus am 21. Juli 1775 mit der Dissertation „De Diabete" (Über die Zuckerharnruhr) promoviert.[44] Am 21. Oktober 1775 erschien in den „Göttingischen Anzeigen von gelehrten Sachen" eine kurze, positiv gehaltene Inhaltsangabe der Dissertationsschrift.[45] Noch im gleichen Jahr kehrte Marcus in seinen Heimatort Arolsen zurück, verließ diesen aber 1776 wieder und ging nach Würzburg, 1778 weiter nach Bamberg. Dort konvertierte er 1781 zum Katholizismus und trug fortan die Vornamen Adalbert Friedrich.[46]

Sein Neffe Israel Stieglitz wurde rund fünfzig Jahre nach der ersten Promotion eines jüdischen Studenten in Göttingen am 25. April 1789 mit einer Dissertation „De Morbis venereis larvatis" (Über die verdeckten Geschlechtskrankheiten) zum

---

Studenten vgl. nur knapp S. 63; KOLLET, Brigitta: *Das Medizinstudium im letzten Viertel des 18. Jahrhunderts an der Georg-August-Universität zu Göttingen: Studenten, Promovenden, Hochschullehrer*, Diss. Göttingen, 1999.

41 KOMOROWSKI, Doktoren (wie Anm. 33), S. 45 Nr. 111; TRÖHLER; MILDNER-MAZZEI, Promotionen (wie Anm. 27), S. 93, Nr. 14.
42 ZIMMERMANN, Fakultät (wie Anm. 40), S. 30–31.
43 HÄBERLEIN, Mark; SCHMÖLZ-HÄBERLEIN, Michaela: *Adalbert Friedrich Marcus (1753–1816). Ein Bamberger Arzt zwischen aufgeklärten Reformen und romantischer Medizin*, Würzburg 2016, S. 50–54.
44 TRÖHLER; MILDNER-MAZZEI, Promotionen (wie Anm. 33), S. 154, Nr. 348.
45 Göttingische Anzeigen von gelehrten Sachen 126. Stück, den 21. Oktober 1775, S. 1081.
46 Zur Person vgl. GRÜNBECK, Wolfgang: *Der Bamberger Arzt Dr. Adalbert Friedrich Markus*, Diss. Erlangen, Nürnberg 1971, S. 5–12 sowie jetzt ausführlich HÄBERLEIN, SCHMÖLZ-HÄBERLEIN, Bamberger Arzt (wie Anm. 43).

Doktor der Medizin promoviert.⁴⁷ Am 17. August erschien in den „Göttingischen Anzeigen von gelehrten Sachen" ein kurzer Verriss der Dissertation, während sie noch fünf Jahre später in der „Allgemeinen deutschen Bibliothek" gelobt wurde.⁴⁸ In seiner Studienzeit war Stieglitz unter anderem mit dem von Ostern 1788 bis Herbst 1789 in Göttingen studierenden Wilhelm von Humboldt (1767–1835) befreundet.⁴⁹ Die Promotion von Stieglitz fällt in die erste Konjunkturphase jüdischer Graduierungen in Göttingen. Von den 31 Studenten wurden sieben in den 1780er Jahren und dreizehn in den 1790er Jahren promoviert, während es in den Jahrzehnten zuvor maximal drei waren. Die Hochphase jüdischer Promotionen fällt damit aus lokaler Perspektive erstaunlicherweise genau in den Zeitraum, in dem sich die Haltung der Professoren zu den Juden vor Ort in Göttingen extrem verschlechterte. Vergleicht man die Werte allerdings mit Halle, so fällt auf, dass auch hier in den 1780er und 1790er Jahren eine deutlich erhöhte Frequenz festzustellen ist, diese Tendenz sich aber bereits in den 1770er Jahren, also ein Jahrzehnt früher als in Göttingen, abzeichnete.

3. Ein besonderes Ritual. Zur symbolischen und rechtlichen Praxis der Graduierung

Während des Studiums hielten sich die symbolischen Unterscheidungen zwischen christlichen und jüdischen Studenten offenbar in Grenzen. Juden trugen mitunter ebenso einen Degen, immatrikulierten sich, besuchten die Kollegien und wurden examiniert. Die eigentlichen Unterschiede und Sonderregelungen begannen erst mit dem Prozess der Graduierung. Für Juden hatte die Hochschulleitung in Preußen einen eigenen Doktorats-Permissionsantrag zu stellen. Erst nach dem dieser erfolgte, konnten Verfahren und Ritual beginnen. Fraglich war dabei nicht so sehr die Tatsache der Graduierung an sich, die nach älterem Verständnis ja immerhin eine Standeserhöhung bedeutete, sondern die Frage des künftigen Tätigkeitsortes. Lag dieser garantiert außer Landes, begünstigte dies die Zulassung, wie 1730 das Schreiben bezüglich Simon Adolphus aus London deutlich macht:

---

47 Deutsches Biographisches Archiv (DBA), Teil: 1, 1227, S. 342–354, KOMOROWSKI, Doktoren (wie Anm. 33), S. 68, Nr. 312, TRÖHLER; MILDNER-MAZZEI, Promotionen (wie Anm. 33), S. 193, Nr. 565.
48 Göttingische Anzeigen von gelehrten Sachen 132. Stück, den 17. August 1789, S. 1321–1322; Allgemeine deutsche Bibliothek 1765–96, 117. Bd., 1. Stück, 1794, S. 61–62.
49 Vgl. HUMBOLDT, Wilhelm von: *Briefe*, hg. von Philip MATTSON; Bd. 1, 1781-Juni 1791, Berlin 2014.

> *Wir sind auch bei denen von euch angeführrten Umständen und da dieser Jude dort nicht verbleiben, sondern wieder in auswärtige Lande gehen und dort sein praxin treiben will, gnädigst zufrieden, daß ihr demselben den gradum Doctoris privatim conferiren möget.*[50]

Die ‚Raumfrage' spielte auch bei dem konkreten physischen Ort der Promotion eine zentrale Rolle und konstituierte eine erste entscheidende Differenz zu den üblichen Promotionsritualen. In Halle war es üblich, die Verleihung im *Auditorium maximum* auf der Waage am Markt durchzuführen. Den jüdischen Kandidaten blieb dieser und jeder andere Ort der Universität dafür jedoch verwehrt. Der *actus* musste ‚außerhalb' stattfinden. Hier kamen nun die Räumlichkeiten der Mitglieder der jüdischen Gemeinde ins Spiel. So fanden Promotionen in der Synagoge oder in der Bibliothek von Marx Assur statt. Ihr Ritual verlief dabei funktional homolog zu der christlichen Variante. Über das *Juramentum Judaicum* berichte der hallische Jurist Friedrich Christoph Jonathan Fischer (1750–1798) im Jahr 1784:

> *Der Jude schwöhrt in der Synagoge in Gegenwart zehen anderer Juden, die über 14 Jahre alt sind, legt den Knorpel des Daumen auf den Anfang der zehen Gebothe, und darf durchaus nicht abrücken. Die Bibel muß jüdisch hebräisch, unpunktirt, und von einem Juden gedruckt seyn. Es müssen zugleich zur Sicherheit noch andere Förmlichkeiten beobachtet werden.*[51]

In der Praxis galt aber wohl bereits seit 1770 ein schlankeres Eidesverfahren, in dem die

> *Doctores Medicinae jüdischer Nation gleich nach der Kreation den gewöhnlichen Doctor-Eid in loco iudicii mit bedecktem Haupt und mit der auf die Thora gelegten rechten Hand in Gegenwart zweier Juden als Zeugen abgelegt haben.*[52]

Zuvor hatten die jüdischen Kandidaten, um ihre Eidesleistung an die universitäre Rechtsordnung zurückzubinden, lediglich auf der Gerichtsstube der Universität eine Unterschrift unter die Eidesformel der christlichen Kandidaten mit den Worten *ita me adjuvet Adonai* zu setzen. Der sogenannte ‚Judeneid' stellte die zentrale Unterscheidung des Vorgangs dar, da er den rechtlichen Kern des Einsetzungsrituals bildete.

Ein erster 1749 von einem Kandidaten unternommener Versuch zur Änderung des Verfahrens und des Ritus scheiterte letztlich am Widerstand der Fakultät und

---

50 KAISER; VÖLKER, Jüdische Mediziner (wie Anm. 11), S. 324; KAISER, Wolfram; VÖLKER, Arina: *Judaica medica des 18. und des frühen 19. Jahrhunderts in den Beständen des halleschen Universitätsarchivs*, Halle (Saale) 1979, S. 9.
51 KAISER; VÖLKER, Judaica medica (wie Anm. 50), S. 8.
52 KAISER; VÖLKER, Jüdische Mediziner (wie Anm. 11), S. 329.

nicht an dem der Regierung. Abraham Kisch aus Prag supplizierte am 4. März 1749 an den preußischen König, ihm,

> wie es auf Dero Königl. Universität zu Frankfurt an der Oder gewöhnlich ist ... nicht allein meine Disputationem inauguralem publice zu defendiren die gleiche Konzession geben, sondern auch nachher den gradum und honores Doctoris gewöhnlichermaßen zu conferiren und das Diploma ausfertigen mögen.[53]

Die Fakultät erhält darauf am 16. März 1749 die Antwort, den Kandidaten die Erlaubnis zu geben, *disputationem inauguralem publice zu defendiren* oder bei Bedenken einen Bericht nach Berlin zu senden. In den Fakultätsannalen ist dann jedoch für den 25. Juni dokumentiert, dass die Promotion von Kisch nichtöffentlich vollzogen wurde. Die Praxis, tatsächlich im Auditorium ‚öffentlich' den Grad zu erhalten, war erst ab 1770 immer öfter zu beobachten bis es 1784 zu einer formalen Gleichstellung der jüdischen und christlichen Graduierten in Preußen kam.[54] In Göttingen war der Inhalt des Eides bei der Graduierung in Medizin deutlich dem Eid in Halle nachempfunden.[55] Im Gegensatz zum Hallenser Eid enthält der Göttinger jedoch zusätzlich einen expliziten Passus zum Ruhm Gottes und des Staates: *perpetuo denique gloriam Dei et publicae rei salutem ante oculos habiturom esse*.[56] Erst 1775 reagierte man in Göttingen auf die Tatsache, dass die Kandidaten, den eine Seite langen Text des Eides nur einmal während des Graduierungsrituals zu Gesicht bekamen und so kaum gewährleistet war, dass sie ihn auch künftig genau memorierten.[57] Ab September des Jahres 1775 händigte man Ihnen daher einen Druck des Textes aus, den man unterschreiben konnte aber nicht musste, für die Gültigkeit wurde offenbar die Doktorurkunde, die den performativen Akt bestätigte, als hinreichend erachtet.

Ausblick

Um den Wandel der Relationen von Mündlichkeit und Schriftlichkeit, Öffentlichkeit und Nicht-Öffentlichkeit und Anwesenheit und Abwesenheit angemessen beurteilen zu können, sind sowohl die sich verändernden Rechtsverhältnisse der Juden in Preußen wie in anderen Territorien zu berücksichtigen als auch die allgemeinen Transformationsprozesse des Graduierungswesens

---

53 KAISER; VÖLKER, Judaica medica (wie Anm. 50), S. 16.
54 KAISER; VÖLKER, Jüdische Mediziner (wie Anm. 11), S. 329–330.
55 HELM, Jürgen: *Tradition und Wandel der ärztlichen Selbstverpflichtung: der Göttinger Promotionseid 1737–1889*, Diss. Göttingen, 1991, S. 15–17.
56 Ebd., S. 45–46.
57 Ebd., S. 10–13.

im 18. Jahrhundert. So kam es mit den Worten William Clarks in den letzten Dekaden des 18. Jahrhunderts zu einer zunehmenden *Entkörperlichung* des akademischen Subjekts im Graduierungswesen. Geld, Schriftlichkeit und Autorschaft gewannen an Bedeutung, körperliche Präsenz, Konfession und Eide verloren an Bedeutung.[58] Ein Prozess, der sich freilich nicht flächendeckend in allen konfessionellen Lagern und Territorien gleichzeitig vollzog, sondern in vielen Abstufungen. Wie Ulrich Rasche am Fall der Promotion *in absentia* gezeigt hat, ist der Terminus *Entkörperlichung* hier wörtlich zu nehmen.[59] Die physische Präsenz der Kandidaten beim Einsetzungsritual der Graduierung war immer weniger möglich und schließlich auch weniger nötig. Die schriftliche Urkunde wurde zum entscheidenden Merkmal.

Mit der Frage der Autorschaft verhält es nicht ganz so eindeutig. Einerseits gewann die eigene wissenschaftliche Autorität an Bedeutung, andererseits trieb der Titelhandel immer weitere Blüten. Der Prozess der formalen Gleichberechtigung jüdischer Graduierter in Preußen ab 1784 und die allgemeinen Bemühungen der Juden, um eine neu gestaltete hybride Identität jenseits der Assimilation fielen also in eine Zeit innerakademischer Transformationsprozesse, die entsprechende Entwicklungen strukturell eher begünstigten.[60] So ist es nur vordergründig ein Paradox, das etwa in Göttingen in den 1790er Jahren mit 13 Promotionen so viele Juden wie nie zuvor promovierten, obwohl das judenfeindliche Klima zu dieser Zeit einen vorläufigen Höhepunkt erreichte und man 1796 jüdische Familien ausweisen ließ. Die Universität Göttingen war ähnlich wie die in Halle, die im gleichen Zeitraum auf 17 Promotionen kam, trotz hoher Kosten als prestigereicher Studien- und Graduierungsort auch jenseits der Vorteile einer jüdischen Gemeinde vor Ort offenbar reichsweit von höchster Attraktivität. Doch die eigentliche Hürde für die akademische Karriere der Juden war nicht die Promotion, sondern die Zulassung zu einer akademischen Lehrtätigkeit. Diese blieb Juden noch bis in die Mitte des 19. Jahrhunderts versagt. Der erste jüdische Professor in Göttingen und damit Deutschland überhaupt war 1848 der Mathematiker Moritz Abraham Stern (1807–1894), der

---

58 CLARK, William: *Academic Charisma and the Origins of the Research University*, Chicago 2006, S. 201. Zur zeitgenössischen Reflexion über den Sinn der Eide vgl. MICHAELIS, Johann David: *Räsonnement über die protestantischen Universitäten in Deutschland*, 4 Bde., Frankfurt und Leipzig 1776, Bd. 4, S. 145–163.
59 RASCHE, Ulrich: *Geschichte der Promotion in absentia. Eine Studie zum Modernisierungsprozeß der deutschen Universitäten im 18. und 19. Jahrhundert*, in: SCHWINGES, Examen (wie Anm. 39), S. 275–351.
60 WOLFF, Medizin und Ärzte (wie Anm. 5).

durch Carl Friedrich Gauß zunächst eine *angestellte Professur* erhielt, aber erst 1859 zum ordentlichen Professor ernannt wurde.[61] Mit dem *Eintritt der Juden in die akademischen Berufe* (Monika Richarz) begann jedoch auch weitere Phase der Exklusion und Diskriminierung.

---

61 SCHALLER, Berndt: *Juden und Judentum an der Georgia-Augusta*, in: MITTLER, Elmar; SCHALLER, Berndt (Hgg.): Juden und Judentum in Stadt und Universität Göttingen, Göttingen 1996, S. 84–106; hier S. 87–88; zur Person vgl. SCHMITZ, Norbert: *Moritz Abraham Stern (1807–1894): Der erste jüdische Ordinarius und sein populärastronomisches Werk*, Hannover 2006. Zu den Problemen der Vereidigung von Stern als Göttinger Professor vgl. TÜTKEN, Johannes: *Privatdozenten im Schatten der Georgia Augusta: Zur älteren Privatdozentur (1734 bis 1831), Bd. 1: Statutenrecht und Alltagspraxis*, Göttingen 2005, S. 319.

Hans-Uwe Lammel

Die jüdischen Studenten des Berliner Collegium medico-chirurgicum und die Universität in Bützow (1760–1789)

Abstract: The Collegium medico-chirurgicum in Berlin was particularly attractive for the medical training of Jewish medical students in the 18th century. As it was not privileged to provide the rank of a medical doctorate, quite a number of medical students moved to the short-lived medical academy of Bützow in the duchy of Mecklenburg, where an influence of the Halle pietism was active at that time. Describing the individual development of Marcus Moses, as can be reconstructed from his preserved personal correspondence, the institutional and personal prerequisites of a successful completion of his studies are presented, for instance the help by the Jewish community and the intercession of individual personalities.

Eine Bildungs- und Universitätsgeschichte des 18. Jahrhunderts, die weniger von den Reformmodellen Göttingen und Halle aus argumentiert, sondern vielmehr die Perspektive des Randes einnimmt, gehört im Moment noch zu den Ausnahmen.[1] Vom Rand aus zu schauen, ist an dieser Stelle dreifach gemeint: erstens geographisch; angesprochen wird damit eine Landschaft östlich der Elbe und über die Oder hinausgehend, d. h. Grenzregionen,[2] die Standorte wie Berlin, Frankfurt/Oder und Bützow, aber auch Preßburg und Lissa inkludieren. Zweitens spielt diese Perspektivierung vom Rande aus auf die Institutionengeschichte an; im Folgenden wird die besondere Struktur und Ausrichtung eines medizinischen Bildungsinstituts, des Berliner Collegium medico-chirurgicum, in den Mittelpunkt gestellt werden. Für dieses Collegium einen systematischen Ort unter den Hohen Schulen des 18. Jahrhunderts zu bestimmen, entbehrt jeder Eindeutigkeit. Im damaligen Verständnis war es weder eine Hochschule

---

1 Asche, Matthias; Gerber, Stefan: *Neuzeitliche Universitätsgeschichte in Deutschland. Entwicklungslinien und Forschungsfelder*, in: Archiv für Kulturgeschichte 90, 2008, S. 159–201; Füssel, Marian: *Wie schreibt man Universitätsgeschichte?*, in: N.T.M. Zeitschrift für Geschichte der Wissenschaften, Technik und Medizin, 22, 2014, S. 287–293.
2 Wodziński, Marcin: Borderlands or Margins? Polish Jews and the Borderlands' Experience, in: Michułka, Dorota / Leinonen, Marja (Hgg.): Borderlands. What does it mean for Poland and Finland? (from literary and historical perspectives), Tampere 2004, S. 57–67.

noch eine Fakultät, obgleich die Professorenschaft und die vertretenen Fächer den Zuschnitt einer gut ausgestatteten medizinischen Fakultät besaßen; wohl eher eine medizinisch-chirurgische Fachhochschule – auch dieser Begriff erscheint fast zu modern –, der nicht das Recht zur Promotion zugebilligt worden war. Drittens soll sich der Blick vom Rande her in einer weiteren Weise lohnen: Er erlaubt, eine Gruppe von jungen Studienanfängern einzubeziehen, die im Verlaufe des 18. Jahrhunderts das erste Mal in größerer Zahl in Erscheinung trat, weil ihre Vertreter um eine medizinische Ausbildung vor allem an protestantischen deutschen Universitäten nachsuchten: gemeint sind jüdische Studenten. Meine These lautet: Bildungslandschaften[3] definieren sich in mindestens ebenso starkem Maße über etablierte akademische Einrichtungen wie über neu gegründete Hochschulen und über die Mobilität ihrer Protagonisten, Studenten und Professoren. Mobilität und Neugründung brachten ein bisher kaum beachtetes Moment dieser Bildungslandschaften an die Oberfläche: die Komplementarität der Einrichtung, deren hervorstechendste Merkmale Anschlussfähigkeit und Aufgabenteilung bildeten. Gerade für Studentengruppen wie jüdische Medizinstudenten war diese Komplementarität attraktiv, da ihre Bildungsvoraussetzungen und Bildungsabsichten oft recht unterschiedlich waren, obgleich sie einte, aus einer Situation der Marginalisierung heraus ihren Ort in der christlichen Kultur zu finden.

In dieser Untersuchung werden mit dem Blick auf die Minderheit jüdischer Medizinstudierender weniger quantitative Aussagen zum Medizinstudium im 18. Jahrhundert eine Rolle spielen; einem solchen Interesse könnte schnell mit einer Tabelle aus der bis heute gültigen Pionierarbeit über den Zugang von Juden zu akademischen Berufen von Monika Richarz entgegengekommen werden.[4] Vielmehr soll dieser Aspekt in einen größeren Zusammenhang gestellt werden. Den sich dazu anbietenden Kontext hat die amerikanische Historikerin Deborah Hertz hergestellt und vor einigen Jahren zur Grundlage einer Untersuchung gemacht, als sie sich für die Bedingungen von Assimilation und

---

3 ASCHE, Matthias: *Bildungslandschaften im Reich der Frühen Neuzeit – Überlegungen zum landsmannschaftlichen Prinzip an deutschen Universitäten in der Vormoderne*, in: SIEBE, Daniela (Hg.) unter Mitarbeit von Stefan WALLENTIN: „*Orte der Gelahrtheit". Personen, Prozesse und Reformen an protestantischen Universitäten des Alten Reiches*, Stuttgart 2008, S. 1–44.

4 RICHARZ, Monika: *Der Eintritt der Juden in die akademischen Berufe. Jüdische Studenten und Akademiker in Deutschland 1678–1848*, Tübingen 1974 (Schriftenreihe wissenschaftlicher Abhandlungen des Leo Baeck Instituts, 28).

Emanzipation von Juden in christlich geprägten Gesellschaften an der Wende vom 18. zum 19. Jahrhundert interessierte und die Frage aufwarf, wie Juden zu Deutschen wurden.[5] Die bei Deborah Hertz im Mittelpunkt stehende Welt jüdischer Konvertiten wird zugegebenermaßen nicht das Movens der an dieser Stelle vorzustellenden Überlegungen sein, auch wenn dieser Aspekt nicht ganz unberührt bleiben wird.

Die Untersuchung besteht aus zwei Teilen. Begonnen werden soll mit einer Vorstellung des Berliner Collegium medico-chirurgicum und der Beschreibung der Rolle, die dieser Einrichtung bei der Ermöglichung des Studiums der Medizin für jüdische junge Männer zugedacht werden kann. Dabei wird es um neue Einsichten in die Deutung einer bisher nur einseitig ausgewerteten Archivale, der Immatrikulationsliste des Collegiums, gehen und versucht werden zu zeigen, worin die Attraktivität der Berliner medizinischen Ausbildung im Allgemeinen und für Juden im Besonderen im 18. Jahrhundert bestand. Der zweite Teil wird dann der Verbindung zwischen jüdischen Medizinstudenten an der nur 30 Jahre existierenden mecklenburgischen Hochschule in Bützow und dem Berliner Collegium medico-chirurgicum gewidmet sein, da – wie schon erwähnt – ein Promotionsrecht für das Collegium nicht vorgesehen war. So wird beispielhaft zum einen nicht nur die Zulassung jüdischer Studenten zum Medizinstudium in Bützow, sondern auch zur Doktorpromotion erläutert werden. Das wird an einem konkreten Beispiel vor Augen geführt werden: Marcus Moses (um 1729–1786), späterer Bützower Doktor der Medizin, ging zu Studienzwecken von Berlin nach Bützow.[6] Sein Beispiel wird auch dazu dienen, die Frage nach Einzugsgebieten der Berliner und Bützower Einrichtungen ebenso zu stellen, wie nach den Herkunftsorten der jüdischen Studenten zu fragen. Für beide Standorte darf dabei ein Kontext von *intellectual history* hergestellt werden, der vielleicht als eine charakteristische Melange von Pietismus,[7] Aufklärung und

---

5 HERTZ, Deborah: *Wie Juden Deutsche wurden. Die Welt der Konvertiten vom 17. bis zum 19. Jahrhundert*, Frankfurt/Main, New York 2010, S. 30–38.

6 MANDL, Bernhard: *Med. Dr. Markus Moses. Sohn des Pressburger Oberrabbiners R. Mosche Charif, praktischer Arzt in Deutschland von 1766 bis 1786. Eine Lebensskizze*, Wien 1927.

7 GEYER-KORDESCH, Johanna: *German medical education in the eighteenth century: the Prussian context and its influence*, in: BYNUM, William F.; PORTER, Roy (Hgg.): *William Hunter and the Eighteenth-Century Medical World*, Cambridge Univ. Pr. 1985, S. 179–205; DIES.: *Cultural habits of illness: The Enlightened and the Pious in eighteenth century Germany*, in: PORTER, Roy (Hg.): Patients and Practitioners, Cambridge Univ. Pr. 1985, S. 175–204.

Haskala[8] gedeutet werden kann. Andererseits wird der akademische Werdegang von Marcus Moses dazu dienen können, die Perspektive von Patronage und Klientelismus[9] als Grundlage des Verhältnisses von christlichen Professoren und jüdischen Studenten bzw. Absolventen mit einzubeziehen. Die für eine solche Untersuchung einzigartige Quelle stellen ca. 60 Briefe von jüdischen Studenten und Absolventen der Medizin in Bützow dar, über die die Universitätsbibliothek Rostock verfügt.

Das Berliner Collegium medico-chirurgicum

Im ersten Teil soll ein weiterer Versuch der Beantwortung der Frage unternommen werden, worin die besondere Anziehungskraft des Berliner Collegium medico-chirurgicum für junge Leute bestand, die vorhatten, Ärzte, Chirurgen oder Pharmazeuten zu werden. Zunächst hat sich an der von Manfred Stürzbecher in den 1960er Jahren erstmalig getroffenen und von Georg Harig in den späten 1980er Jahren wiederholten Einschätzung, die Geschichte des Berliner Collegium medico-chirurgicum müsse erst noch geschrieben werden,[10] bis zum heutigen Tage nichts geändert. Eine derartige Geschichte vorzulegen, bildet eine archivalische und methodische Herausforderung ohnegleichen. Militärgeschichte, Akademiegeschichte, Wissensgeschichte und Krankenhausgeschichte fließen in dieser Einrichtung zusammen. In der Vergangenheit sind besonders die praktischen Aspekte einer Ausbildung am Collegium wie die gute pharmazeutische Unterweisung im Zusammenhang mit der Arbeit in der Hofapotheke hervorgehoben und die Übernahme einer Ausbildung am Krankenbett, wie sie in Leiden praktiziert wurde, akzentuiert, als auch die Zusammenführung von Medizin und Chirurgie sowie die enge Verflechtung von Sozietät und Collegium

---

8 BUCHENAU, Stefanie; WEILL, Nicolas (Hgg.): *Haskala et Aufklärung. Philosophes juifs des Lumières allemandes*, Paris 2009 (Revue germanique internationale, 9); FEINER, Shmuel; NAIMARK-GOLDBERG, Natalie: *Cultural Revolution in Berlin. Jews in the Age of Enlightenment*, Oxford 2011 (Journal of Jewish Studies, Suppl. 1).

9 Vgl. hierzu EMICH, Birgit et al.: *Stand und Perspektiven der Patronageforschung. Zugleich eine Antwort auf Heiko Droste*, in: Zeitschrift für historische Forschung 32, 2005, S. 233–265.

10 STÜRZBECHER, Manfred: *Aus der Geschichte des Collegium medico-chirurgicum in Berlin*, in: Medizinische Mitteilungen 21, 1960, S. 110–114; hier S. 111; HARIG, Georg: *Aspekte der chirurgischen Ausbildung in Berlin*, in: DERS. (Hg.): *Chirurgische Ausbildung im 18. Jahrhundert*, Husum 1990 (Abhandlungen zur Geschichte der Medizin und der Naturwissenschaften, 57), S. 35–58; hier S. 46.

als besondere Merkmale dieser Einrichtung benannt worden.[11] Ich möchte auf einen weiteren Bereich zu sprechen kommen, der meiner Auffassung nach das Verbindungsglied dieser drei Aspekte darstellt: Gemeint ist die Möglichkeit, den Aufbau des menschlichen Körpers durch die Sektion von Leichnamen kennenzulernen. Bereits für Gottfried Wilhelm Leibniz war es von entscheidender Bedeutung gewesen, der Medizin an der Berliner Societät der Wissenschaften einen Platz zu geben. In seiner „Summarischen Punctuation" vom Winter 1701 entwarf er ein umfangreiches Arbeitsprogramm für dieses Wissensfeld. Neben der Hauptaufgabe einer Erweiterung der Kenntnisse über Epidemien forderte er das Sammeln und Beschreiben von *Realia*, wozu auch anatomische Daten und pathologische Monstrositäten gehörten.[12] Gerade zum Erreichen dieser Zielstellung der Ausbildung sind im Verlaufe des Jahrhunderts verstärkte Anstrengungen von Seiten der Leitung des Collegiums gemacht worden. Und nicht zuletzt hatte man über dem das Theatrum anatomicum beherbergenden Eckpavillon des Gebäudes der Berliner Societät der Wissenschaften 1713 zur Eröffnung folgendes Motto angebracht: *In exercitus populique salutem, civium hospitumque commodum* (Zum Wohle des Heeres und des Volkes und zum Vorteil der Bürger und der Fremden gegründet).[13]

---

11 GRAU, Conrad: *Anfänge der neuzeitlichen Berliner Wissenschaft 1650–1790*, in: LAITKO, Hubert u. a. (Hgg.): *Wissenschaften in Berlin. Von den Anfängen bis zum Neubeginn nach 1945*, Berlin 1987, S. 14–95; hier S. 62–68.
12 HARNACK, Adolph von: *Geschichte der königlich preußischen Akademie der Wissenschaften zu Berlin*, Bd. 2, Berlin 1900, Nr. 65 a, S. 138–140; wiederabgedruckt bei ARTELT, Walter: *Medizinische Wissenschaft und ärztliche Praxis im alten Berlin in Selbstzeugnissen. Ein Lesebuch*, Berlin 1948, S. 49–52.
13 HARIG, Aspekte (wie Anm. 10), S. 39.

Abb. 1: Berliner Anatomisches Theater

Anton Balthasar König, Theatrum Anatomicum Regium Berolinense, Berlin, um 1720
Kupferstich, Plattenmaß: 22,5 x 18,9 cm
Inv.-Nr.: VII 60/1194 a,b W
© Stiftung Stadtmuseum Berlin
Reproduktion: Michael Setzpfandt, Berlin

Das Theatrum anatomicum bildete nicht nur die Keimzelle des Kollegiums, sondern auch den realen Ort, an dem die Lehrveranstaltungen dieses Instituts bis zum Ende des Jahrhunderts stattfanden. Dieses Engagement – in der Reihenfolge – für Heer, Volk, Bürger und Fremde setzte von Anfang an besondere Akzente, von denen einer der wichtigsten die solide anatomische Ausbildung sein sollte. Sie schien dem preußischen König und der Heeresverwaltung für die medizinische Versorgung der Soldaten unabdingbar, sie wurde aber auch von Anfang an mit Blick auf die zivilen Untertanen als bedeutsam empfunden. Einen ganz besonderen Akzent scheint die Apostrophierung des Fremden gebildet zu haben, der ganz im Sinne des Merkantilismus als eine lukrative Einnahmequelle für das Berliner Handwerk und Gewerbe angesehen wurde. So heißt es in einem „Pro memoria" der Anatomen Johann Friedrich Meckel (1714–1774) und Johann Gottlieb Walter (1734–1818) vom 13. Oktober 1765,

dass wenn auch Ausländer durch diese vortrefliche Anstalten profitiren wollten, zu gleich auch ihr Geld hier verzehren sollten, wodurch als mehr Geld ins Land geschaft werden, und eben hierdurch dasjenige in denen Königl. Cassen wieder ersetzet werden sollte, was der König auf eine andere Art der Academie [...] zu verwenden vor gut befunden.

Das sei von Anfang an die königliche Absicht gewesen.[14]

Wenn man an den sich wie einen roten Faden durch die medizinhistorische Literatur des 17. und 18. Jahrhunderts ziehenden Topos vom Mangel an Leichnamen für den anatomischen Unterricht an Universitäten erinnert, wenn man sich die Skepsis vergegenwärtigt, mit der dem anatomischen Unterricht in Bezug auf seinen Nutzen für das Medizinstudium und die künftige ärztliche Tätigkeit begegnet wurde, dann wird klar, was für eine Innovationskraft hinter der Gründung dieses Anatomischen Theaters stand: Die Sicherung einer höheren Qualität von Militärchirurgen als Aufgabe einer gelehrten Gesellschaft wurde von Anfang an auch als attraktiv für ausländische Studierende angesehen und sollte weiter ausgebaut werden. Gleichzeitig wurden im Verlaufe des Jahrhunderts die am Collegium erworbenen Abschlüsse in ein Zulassungsprocedere der obersten Medizinalbehörde, des Obercollegium medicum, für künftige Ärzte in Brandenburg-Preußen eingebunden.[15]

Zunächst, 1713, bestand der Lehrkörper des Anatomischen Theaters aus einem Professor der Anatomie und einem Prosektor. Der vom König ernannte erste Lehrer für Anatomie Christian Maximilian Spener (1678–1714), Bruder des

---

14 Archiv der Berlin-Brandenburgischen Akademie der Wissenschaften (künftig: ABBAW), XIV 8, Bl. 6r.
15 WINAU, Rolf: *Medizin in Berlin*, Berlin und New York 1987, S. 67–72.

Halleschen Pietisten Jacob Carl Spener (1684–1730, lud am 28. November 1713 zur ersten öffentlichen Sektion in Berlin ein. In dem dazu verfassten Programm „Über den Nutzen der Anatomie" gibt er die Verordnung des Königs wieder, es möge ein *bequemes Theatrum anatomicum mit allem Zubehör* aufgerichtet werden, in dem *mehrmalen des Jahres öffentliche Demonstrationes in Deutscher Sprache gehalten werden* sollten.[16] Spener hat bis zu seinem frühen Tod im Mai 1714 elf Anatomien durchgeführt.[17]

In den folgenden zehn Jahren hat sich der Kreis der zum großen Teil von der Akademie bezahlten Lehrenden nach und nach erweitert um die Fächer Medizin, Chirurgie, Arzneimittellehre, Zoologie, Botanik, Mathematik, Physik und Chemie, bis der König 1723 dieser Entwicklung dann auch einen Namen gab, denn es war eine um ein gemeinsames Ziel vereinte Gruppe von sieben medizinischen Lehrern entstanden, und diese Einrichtung der Akademie wurde fortan Collegium medico-chirurgicum genannt. Am 1. Januar 1727 wurden dieser Einrichtung dann auch Teile des Pesthauses vor dem Spandowischen Tor, eben jener Vorgängereinrichtung der heutigen Charité, übergeben, um einen klinischen Unterricht zu ermöglichen. Diese Kombination zwischen avanciertem Anatomieunterricht, theoretischer Unterweisung in allen medizinischen Fächern einschließlich Chirurgie und der Arbeit am Krankenbett wurde ergänzt durch eine militärische Komponente. Und vielleicht ist das Verb „ergänzen" an dieser Stelle nicht ganz wohl überlegt gewählt, man sollte besser von einer grundsätzlichen Ermöglichung dieses ambitionierten Ausbildungsprogramms durch die Hinzunahme einer militärischen Aufgabenstellung sprechen. König Friedrich Wilhelm I., der dafür sorgte, dass Brandenburg-Preußen über eine große Armee verfügte, ohne selbst jemals Krieg zu führen, richtete mit der Gründung des Anatomischen Theaters für die Kompagniefeldscherer seiner Truppen die Möglichkeit einer Qualifikation ein. Als *Chirurgiens pensionaires* klassifiziert, wurde ihnen unter Zahlung einer Pension von 100 Talern im Jahr bei freier Logis und Kost ein Studium am Collegium medico-chirurgicum auf Staatskosten gewährt. Zunächst handelte es sich um acht Kompagniefeldscherer der Garde, die für ein Studium von drei Jahren

---

16 Preuß, J. D. E.: *Das Königlich Preußische medizinisch-chirurgische Friedrich-Wilhelms-Institut (ursprünglich chirurgische Pépinière) zu Berlin. Ein geschichtlicher Versuch zum 25ten Stiftungstage desselben dem 2ten August 1819*, Berlin 1819, S. 14.

17 Zum Vergleich: An der Universität Rostock sind zwischen 1419 und 1790 38 öffentliche Anatomien durchgeführt worden. Lammel, Hans-Uwe: *Simon Pallas (1694–1770) und die chirurgische Ausbildung in Berlin*, in: Zeitschrift für ärztliche Fortbildung 88, 1994, S. 937a-942b; hier S. 939b-940a.

abkommandiert worden waren.[18] Um die Mitte des Jahrhunderts waren es dann zwölf (1749), zum Ende hin 16 Kompagniefeldscherer (1777).[19] Nach erfolgreichem Abschluss wurde ihnen nicht nur die Position eines Regimentsfeldscherers zugesagt, sondern auch die Option eingeräumt, dass sie nach dem Ausscheiden aus der Armee eine eigene Chirurgenstube in Berlin aufmachen durften.[20] Bis in die 1780er Jahre stand ausschließlich ihnen das Charité-Krankenhaus als klinische Ausbildungsstätte zur Verfügung. Man könnte diese militärische Komponente in der Berliner medizinisch-chirurgischen Ausbildung als störend empfinden, wenn man sich nicht klar machte, dass gerade die Sicherstellung dieses militärischen Teils der medizinisch-chirurgischen Ausbildung in nicht wenigen Fällen der Ausgangspunkt und das Druckmittel gegenüber der Akademie darstellte, um den Unterricht zu finanzieren. Diese besondere Verflechtung von militärischen Aufgaben, der Förderung der Wissenschaften und der Einrichtung einer medizinischen Fachhochschule, an der man zum Ausgang des Jahrhunderts u. a. auch philosophische Vorlesungen für die Studierenden anbot,[21] muss als das sie mit anderen Institutionen Europas wie in Stuttgart, Budapest, Moskau, London oder Paris vergleichbare Charakteristikum angesehen werden,[22] ohne indes den besonderen Zuschnitt und die preußische Färbung dieser Institution zu verhehlen.

---

18 LAMMEL, Hans-Uwe: *Zur Stellung der Pensionärchirurgen an der Berliner Charité*, in: HARIG (Hg.), Ausbildung (wie Anm. 10), S. 59–68.
19 HARIG, Aspekte (wie Anm. 10), S. 44.
20 Diese Zulassung von Wundarztstuben in der Residenz sollte unter Umgehung der Berliner Bader-, Barbier- und Wundarztzünfte und der dort geltenden Zulassungsbestimmungen geschehen.
21 Geheimes Staatsarchiv Preußischer Kulturbesitz (künftig: GSPK), Rep. 108 D Sekt. 1 Rep. 1, Nr. 1, Bl. 178r. Im „Sommerhalbjahr" 1804 bot Johann Gottfried Kiesewetter, Professor der Logik, mittwochs und samstags, 11 bis 12 Uhr, in „seiner Behausung" öffentliche Vorlesungen an, die er nach „seinem Compendium" las. Privatim würde er „angewandte Mathematik, vorzüglich in Beziehung auf Physik, lehren."
22 Zu Stuttgart Werner Friedrich Kümmel: *Chirurgischer Unterricht an der Hohen Karls-Schule in Stuttgart*, in: HARIG (Hg.), Ausbildung (wie Anm. 10), S. 207–226; zu Budapest: RÁKÓCZI, Katalin: *Die Josephs-Akademie und die chirurgische Ausbildung in Ungarn (1770-1806)*, in: ebd., S. 149–158; zu Moskau: MIRSKIJ, Mark: *Medico-chirurgische Ausbildung in Rußland*, in: ebd., S. 159–179; zu London: KILPATRICK, Robert: *Eighteenth-century England: Surgical Education in a Commercial Society*, in: ebd., S. 91–111; zu Paris: IMBAULT-HUART, Marie-José: *La formation chirurgicale en France au XVIIIème siècle, composante essentielle d'une nouvelle chirurgie*, in: ebd., S. 75–90.

Die jüdischen Studenten des Berliner Collegium medico-chirurgicum

Nach einer Skizzierung von Aufbau und Zielsetzung des Berliner Collegium medico-chirurgicum wenden wir uns den jüdischen Studenten zu, die an dieser Einrichtung studiert haben. Dazu ist eine quellenkritische Vorbemerkung notwendig.

Die Immatrikulationsliste des Collegiums für den Zeitraum von 1730 bis 1797 liegt seit Mai 1934 resp. Juni 1935 gedruckt vor,[23] allerdings in zwei Punkten unvollständig. Veröffentlicht wurde sie im 11. und 12. Jahrgang der Zeitschrift „Archiv für Sippenforschung und alle verwandten Gebiete", ein Fachorgan, das von Erich Wentscher herausgegeben wurde, der wie der Autor des die Matrikel enthaltenden Artikels, Major a. D. Alexander von Lyncker, in Berlin-Friedenau lebte. Von Lyncker verantwortete diese Veröffentlichung zwar, hat sie aber nicht allein zu Wege gebracht. In einer Fußnote dankt er *Frl. Annemarie Fritz* für ihre *gütige Unterstützung*; sie habe die *Kartothekarbeit* übernommen,[24] heißt es lapidar. Wer jemals in einem Archiv gearbeitet und sich mit seriellen Quellen beschäftigt hat, weiß, was Annemarie Fritz tatsächlich geleistet hat.

Von Lynckers Ziel war es, mit dieser Untersuchung den vortrefflichen Ruf, den das Collegium genossen haben soll, durch die Zahl der sich in Berlin inskribierenden „Ausländer" zu belegen. Von Lyncker und A. Fritz zählten in dem schon benannten Zeitraum von 1730 bis 1797 3799 Hörer aus. Unter ihnen befanden sich – ihr Fazit – *39 Balten, 35 Polen und Russen, 24 Schweizer, 20 Dänen, 19 Schweden, 14 Österreicher und Ungarn, 4 Holländer, 3 Franzosen, 3 Böhmen, 2 Engländer, 1 Italiener [und] 1 Türke.*[25] Auf die ethnopolitischen Voraussetzungen, von denen die Autoren bei einer derartigen Gruppierung von nicht aus Brandenburg-Preußen stämmigen Studierenden ausgingen, kann an dieser Stelle nicht weiter eingegangen werden. Wenn man heute die beiden Teile der abgedruckten Matrikel auch nur oberflächlich durchblättert, bemerkt man recht schnell, dass von Lyncker eine Personengruppe, die A. Fritz und

---

23 LYNCKER, Alexander von: *Die Matrikel des preußischen Collegium medico-chirurgicum in Berlin 1730 bis 1768*, in: Archiv für Sippenforschung und alle verwandten Gebiete 11, 1934, H. 5, Sp. 129–158; DERS.: *Die Matrikel des preußischen Collegium medico-chirurgicum in Berlin 1769 bis 1797*, in: Archiv für Sippenkunde und alle verwandten Gebiete 12, 1935, H. 4, Sp. 97–135.
24 LYNCKER, Matrikel (1934) (wie Anm. 23), Sp. 130b Anm. 2.
25 LYNCKER, Matrikel (1935) (wie Anm. 23), Sp. 97a. Von den Städten steht Berlin mit 302 Immatrikulationen an der Spitze, gefolgt von Hamburg mit 75, Breslau mit 46 und Königsberg mit 45 Einschreibungen.

er durchaus bemerkt haben, nicht mitgezählt oder seinen ‚landschaftlichen' Kategorien subsummiert hat bzw. nicht zählen ließ: *Israelit* heißt die von Lynckersche Bezeichnung für eine Gruppe von Immatrikulierten, die 42 mal in der abgedruckten Matrikel vorkommt, um in den Kategorien seines Fazits gleich wieder zu verschwinden. Und es wird sofort sichtbar, dass, wenn von Lyncker der ethnischen Logik bis zum Schluss gefolgt wäre, die Gruppe der *ausländischen* Studierenden von den *Israeliten* angeführt worden wäre.

Monika Richarz hatte sich nun in den 1970er Jahren über diesen Befund Gedanken gemacht und schlug, um weitere jüdische Studenten zu identifizieren, ein präzisierendes Vorgehen vor: Man könne aus den Namen nachträglich herauslesen, welcher Student am Berliner Collegium medico-chirurgicum Jude war. Obgleich ich ihre Vorgehensweise für problematisch und methodisch anfechtbar halte, will ich das Ergebnis mitteilen. Monika Richarz ermittelte vermöge dieser Methode, die sie als eine *Kombination von Familiennamen, Vornamen und Geburtsort* charakterisierte, dass 114 der Inskribierten des Collegiums *Juden gewesen sein müssen*,[26] und druckte die Liste der von ihr herausgefundenen Namen im Dokumentenanhang ab.[27] Sie notierte ausdrücklich, dass die Liste weder vollständig sei noch in *allen Fällen Sicherheit beanspruchen* dürfe.[28] Acht der Berliner

---

26 RICHARZ, Eintritt (wie Anm. 4), S. 52. Was den Gebrauch von jüdischen Namen als heuristisches Mittel angeht, hatte bereits Guido Kisch 1934 in einem Aufsatz *Universitätsgeschichte und jüdische Familienforschung* bemerkt, dass sich im 17. und 18. Jahrhundert in Deutschland „biblische Namen in nicht jüdischen Kreisen noch großer Beliebtheit und weiter Verbreitung erfreuten", und hinzufügt, dass über die „Zugehörigkeit der Träger solcher Vornamen zum Judentum manchmal Zweifel" bestünden, wenn „nämlich der Zuname nicht bedenkenfreien Aufschluß" gewähre. Jüdische Familien-Forschung 10, 1934, S. 590–602, hier 599. Auf welche Schwierigkeiten ein derartiges Vorgehen stoßen kann, zeigt KISCH, Guido: *Rechts- und Sozialgeschichte der Juden in Halle 1686–1730* (Veröffentlichungen der Historischen Kommission zu Berlin beim Friedrich-Meinecke-Institut der Freien Universität Berlin), Berlin 1970, S. 94, Anm. 39, wo er auf einen „‚Medicinae Licentiat Moses Marcus, Sohn des verstorbenen hallischen Rabbiners Marcus Samuel'" zu sprechen kommt, während unsere Forschung einen Studenten und Absolventen gleichen Namens in Bützow erbracht haben, dessen Vater der im zweiten Teil dieses Aufsatzes im Mittelpunkt stehende Marcus Moses aus Preßburg ist.
27 RICHARZ, Eintritt (wie Anm. 4), S. 226–229. Sie hat eine weitere Spalte hinzugefügt, die die „andernorts nachweisbaren Immatrikulationen gleichnamiger Studenten gleicher Herkunft" umfasst.
28 Ebd., S. 226. Siehe auch DIES.: *Soziale Voraussetzungen des Medizinstudiums von Juden im 18. und 19. Jahrhundert*, in: SCHOLZ, Albrecht; HEIDEL, Caris-Petra (Hg.): Medizinische Bildung und Judentum, Dresden 1998 (Medizin und Judentum, 4), S. 6–14; hier S. 10.

Studenten des Collegiums promovierten später in Frankfurt an der Oder und mindestens 13 in Halle[29] und zwei in Bützow.[30]

Da die seinerzeit von Monika Richarz aufgeworfene Frage nach der Zahl jüdischer Immatrikulationen nach wie vor wichtig bleibt, ihre bisherige Beantwortung aber nicht als zufriedenstellend angesehen werden kann, wurde von mir im Geheimen Staatsarchiv Preußischer Kulturbesitz in Berlin-Dahlem das Original eingesehen, das Monika Richarz für ihre Dissertation nicht vorlag.[31] Zunächst überraschte es nicht, statt der von Lynckerschen Bezeichnung *Israelit Jud(a)eus* bzw. Jude, manchmal auch nur ein „J." bzw. *gente Judaeus* zu finden. Wenn man allein diese Bezeichnungen für jüdische Inskribenten zusammenzählt, kommt man allerdings nicht auf 42, sondern bereits auf 75 Studenten des Collegiums, die auf diese Weise bei der Immatrikulation durch den Dekan bzw. seinen Stellvertreter gekennzeichnet worden waren. Künftige Forschung wird sich mit der Frage beschäftigen müssen, warum von Lyncker erst mit der Erfassung jüdischer Studierender begonnen hat, um sie dann abzubrechen.

Von Lyncker gibt indes noch eine weitere editorische Bemerkung in seiner Publikation der 1930er Jahre, die einen weiterführenden Hinweis enthält. A. Fritz und er hatten eine Information der Quelle überhaupt nicht in die abgedruckte Version übernommen: die Angabe der Immatrikulationsgebühr.

Prüft man diese Angaben, dann zeigt sich schnell, dass sie nicht, wie Monika Richarz behauptet hatte, über die gesamte Erfassungszeit einen Reichtaler betragen hatte, und dass – was das Wichtigere ist – jüdische Studenten, bis auf eine Ausnahme, stets eine höhere Immatrikulationsgebühr als ihre christlichen Kommilitonen zahlen mussten. Während Bernhard Samuel aus *Samoscht in Kleinpolen* am 20. November 1753 als *ein Jude* nach Zahlung eines Reichstalers immatrikuliert wurde, musste Levi Salomon aus Berlin am 5. Mai 1755 einen Reichstaler, 16 Groschen entrichten, während Aron Gordon, als *Jude* eingetragen, aus Wildau in Polen *gratis* inskribiert wurde, was die Ausnahme bildete. Während bis 1760 die Immatrikulationsgebühr für Juden langsam erhöht wurde, handelt es sich ab 1760 um eine vierfache Summe; statt eines Reichstalers wie von allen christlichen Studenten verlangte man von ihnen vier Reichstaler. Diese deutlich differierende Immatrikulationsgebühr wurde

---

29 Ebd, S. 52. Vgl. das Verzeichnis aller zwischen 1724 und 1783 in Halle promovierten jüdischen Doktoren der Medizin bei Kisch, Rechtsgeschichte (wie Anm. 26), S. 78–80.
30 Lammel, Hans-Uwe; Busch, Michael: *Haskala, Pietismus und der Rostocker Orientalist Oluf Gerhard Tychsen (1734–1815)*, Aschkenas. Zeitschrift für Geschichte und Kultur der Juden 27, 2017, H. 1, S. 195–238 (im Druck).
31 GSPK, I. HA Rep. 108 D Sect. XIV Rep. XIX, Nr. 6. Die im Folgenden aus dieser Archivale stammenden Informationen ebd., S. 47, 51, 94.

zugrunde gelegt, um aus der Matrikel eine annähernd genaue Vorstellung von der Anzahl jüdischer Studenten am Berliner Collegium zu bekommen. Aus der Recherche ergibt sich nun, dass 133 jüdische Studenten am Berliner Collegium in der Zeit von 1730 bis 1797 studiert haben. Sie haben zusammen so viel Immatrikulationsgebühr gezahlt wie knapp 500 ihrer christlichen Kommilitonen.[32]

Wie sah nun die Ausbildung jüdischer Studenten am Collegium aus? Richarz hat zu bedenken gegeben, dass viele von ihnen die Berliner Möglichkeit eines Medizinstudiums vor allem dazu nutzten, um sich eine solide Allgemeinbildung zu erwerben. Wenn man diese Feststellung auf die Medizin und die Naturforschung verengt, ist ihr sicher nichts entgegen zu halten, denn eine besondere Anziehungskraft übte der anatomische Unterricht aus, der wie alle anderen Vorlesungen auch in deutscher Sprache und in sehr aufwändiger Weise organisiert und durchgeführt wurde. Zur Erreichung dieses Ausbildungsziels kam dem Berliner Collegium seine Zugehörigkeit zur Berliner Akademie der Wissenschaften außerordentlich zugute. Der Berliner Anatom, Prosektor am Anatomischen Theater und spätere Bützower Professor August Schaarschmidt (1720–1791) stellte 1750 fest:

Unsere vortreffliche Anstalten des anatomischen Theaters geben, sowohl was die Menge der dahin gebrachten Körper, welche bis auf das kleinste bearbeitet werden, als auch was die hochgelehrten, erfahrnen und aufs beste ausgesuchten Herrn Professores betrifft, keinem einzigen in der Welt etwas nach. Der Vorrat der bei dem Theater aufgehobenen Präparate [...] schaffen bei den vielen curiosis und den zahlreichen chirurgischen und physischen Instrumenten dem Theater das vorzüglichste Ansehen.[33]

Aus den erbittert geführten Auseinandersetzungen über eine ausreichende Zahl von Kadavern für die anatomische Unterweisung geht hervor, dass hier Möglichkeiten zur Verfügung standen, von denen man an Universitäten nur träumen konnte. Wir lernen daraus aber auch, wozu der Anatomieunterricht diente, worauf man Wert legte und was die Ziele waren. Diese Themen begegnen immer wieder in den Akademieakten, und jeweils wurde dann bei einer solchen Diskussion zunächst der Status quo erhoben und die Frage gestellt, wie die ursprünglichen Vereinbarungen von 1713 lauteten, um scheinbar übersteigerten Forderungen entgegentreten zu können. So werden am 25. Februar 1772 wieder einmal jene

---

32 Der Vergleich der von Monika Richarz ermittelten jüdischen Studenten mit denen vermöge der Immatrikulationsgebühr herausgefundenen Namen bleibt einem weiteren Aufsatz vorbehalten.
33 SCHAARSCHMIDT, August: *Verzeichnis der Merkwürdigkeiten, welche bei dem anatomischen Theater zu Berlin befindlich sind*, Berlin 1750, in: Die naturwissenschaftlichen und medicinischen Staatsanstalten Berlins, Berlin 1886, S. 248; zitiert nach GRAU, Anfänge (wie Anm. 11), S. 62.

Akten zusammengetragen, die die *Liaison* zwischen Akademie und Collegium betreffen. Aus einer Stellungnahme des Professors Johann Theodor Eller (1689–1760) aus dem Jahre 1741 wird zitiert und hervorgehoben, dass die Akademie gar nicht für die Beschaffung aller Leichen zuständig sei. Das Collegium sei ursprünglich nur für die Pensionairchirurgen gegründet worden.

> *[N]ach her aber da auch andere und viele Fremde von dem Institute profitirt haben, die Professores genug genuß davon [haben], und können nicht alle Unkosten von der Societät verlangt werden.*

Man einigte sich 1741 für die sechs Wintermonate auf *20 bis 25 Cadavera*.[34]

Durch eine sehr ausführliche Stellungnahme der Anatomen Meckel und Walter vom 13. Oktober 1765 verfügen wir über Angaben der benötigten Zahl von Leichen gerade für den Zeitraum, in dem die Frequenz jüdischer Studierender in Berlin zunahm. Sie führen aus:

> *Denn anstatt daß in denen vorigen Zeiten sich in Berlin kaum 40 Ausländer aufhielten, so studiren hier jährlich anjetzo etliche Hundert.*

> *Wenn nun diese auswertige Junge Medici und Chirurgi alle insgesamt bemittelte Leuthe sind, und seyn müßen, so folget hieraus daß dieselben eine ansehnliche Summa Geldes hier in Berlin verzehren.*

> *Man nehme nur an daß alle Winter 150 in der Anatomie arbeiten und daß ein jeder junger Medicus oder Chirurgus hier in Berlin jährlich nur 400 Rtl zu seinem Unterhalt und zu Fortsetzung seines Studirens verwendet, da, wie es uns sehr zuverlässig bekandt ist, mancher unter ihnen 1000 und mehr Thaler verwendet, so folget, daß diese 150 Ausländer jährlich wenigstens 60 000 Rtl nach Berlin bringen müßen. Man müßte aber ein sehr schlechter Cammeraliste seyn, wenn man nicht einsehen könte, daß von diesen 60 000 Rtl zum allerwenigsten 3000 Rtl in die Königl Cassa komen müssen. Die gäntzliche haltung des Collegii Medico-Chirurgico kostet Ihro Majestat dem Könige mit Inbegriff / der Anatomischen Unkosten, allen sämtlichen Pensionen derer Professorum, des Castellans und des Aufsehers 2000 Rtl, folglich so bleibt noch ein Bestand in denen Königl. Cassen von 1000 Rtl und Ihro Königl. Majestat habe mithin die gantzliche Einrichtung des Collegii Medico-Chirurgici nicht allein ohnentgeldlich, sondern noch dazu Vortheil.*[35]

Beide Professoren berechneten auch, welche Summe für den anatomisch-chirurgischen Unterricht dabei vonnöten sei:

1.) Jährlich machten 30 Kursisten ihren Abschluss. Hierzu werden 90 Körper gebraucht.

---

34 ABBAW: PAW (1700–1811), I-XIV-9, Bl. 64v.
35 ABBAW, XIV 8, Bl. 7r-7v.

2.) Der Professor der Chirurgie benötige zu seinen öffentlichen und privaten Operationibus Chirurgicis wenigstens *40 Cörper*.
3.) *Wir Professores Anatomiae gebrauchen zu unsern öffentlichen Demonstrationibus Anatomicis 40 Cörper.*
4.) Die *Privat-Praeparanten, die hier ihr Geld verzehren und derer jährlich 150 sind,* benötigen *wenigstens 150 Cörper zu ihrer Uebung.* Dieses mache also insgesamt *320 Cörper* aus.

Einen Körper auf die Anatomie zu schaffen und *wieder zu beerdigen,* koste 1 Rtl 4 sl., folglich kosteten *alle Cadaver 373 Rtl. 8 gr.*

Zu den anatomischen Übungen in der Angiologie sollten privatim und öffentlich wenigstens 30 Kinderleichen vorhanden sein, und eine jede koste die Anatomie 8 gr., folglich insgesamt 10 Rtl.

Wenn man also *die gantze Summa zu samen faßet, welche die Anatomie vor Cörper und alle übrigen Unkosten gebraucht,* so ergab sich eine jährliche Summe von *Rtl. 547: 8 gr.*[36]

Darüber hinaus ließen Meckel und Walter nichts unversucht, um auch die sehr beengte Situation des anatomischen Unterrichts anzusprechen, wo pro Semester 150 Studenten in den *kleinen und niedrigen Stuben [...] in einem Pestilentzialischen-Qualm* unterrichtet werden müssten.[37]

Die Antwort der Akademieleitung ließ nicht auf sich warten. Am 13. November 1765 heißt es, sie gebe

> *hiermit Zur Resolution wie so wenig die Academie ihre Rechte auf das Theatrum Anatomicum so sie Vermöge der Verordnung von Anno 1719 erhalten sich vergeben habe, noch vergeben können, als es mit Seiner Königl. Majestät allerhöchster Genehmigung geschehen müßten, so daß sie vielmehr nach wie vor das Theatrum Anatomicum und die dabey befindliche Zwey Professores der Anatomie /16v/ als gäntzlich von derselben Direction abhangend ansiehet und kein ander Directorium als die Königliche Academie zu erkennen habe und derselben von den Verrichtungen auf besagten Theatro und der Aufrechthaltung deßelben, eintzig und allein Rechenschafft Zu geben schuldig sind, auch von denen dabey vorzunehmende Anstalten und Verbeßerungen von Zeit zu Zeit Bericht abzustatten haben.*[38]

Ansonsten gebe der König die Mittel für das Anatomische Theater, und es sei mit keiner Erhöhung des Etats in der geforderten Weise zu rechnen.

---

36 Ebd., Bl. 9r. Welche Praxis hinter dem Ausdruck der Wiederbeerdigung steht, muss noch geklärt werden.
37 Ebd. S. 8v.
38 Ebd., Bl. 16r-17r.

Eingedenk der „Summarischen Punctuation" von Leibniz vom Jahrhundertbeginn wird angesichts der hier geforderten 320 Körper plus 30 Kinderleichen für einen Zeitraum von sechs Monaten die Frage erlaubt sein, ob nicht die Lehrrealität und der professorale Imaginationsraum längst dabei waren, die Gründungsregelungen ad absurdum zu führen. Auch wenn folgende Assoziationen zeitgenössisch sicherlich ganz zutreffend und nicht haltbar sind, entsteht der Eindruck einer Seziermanufaktur und eines Operationsfließbandes,[39] bei denen sowohl die Umsetzung des Gedankens des anatomischen Selbstsehens, der Autopsie, als auch die Erreichung des Ziels der anatomisch-chirurgischen Dexterität als erstes ins Auge fallen.

Neben der anatomischen Expertise muss als weiterer Punkt der Attraktivität der Berliner medizin-chirurgischen Lehre die Teilnahme am klinischen Unterricht in der Charité angesprochen werden. Dieser Unterricht fand bis zur Einrichtung des „Klinischen Instituts" 1789, für das 12 Betten der Charité zur Verfügung gestellt wurden, lediglich für die Pensionärchirurgen statt.[40] Erst von da an musste dieser Unterricht drei Monate lang von allen Hörern besucht werden.[41] Die Regelung aus dem Jahr der Französischen Revolution darf aber nicht vergessen machen, dass seit 1744 sowohl der medizinische als auch der chirurgische Professor des Collegiums einmal wöchentlich mittwochs bzw. sonnabends Lehrvisiten in der Charité durchführten.[42] Dass über diese Lehrvisiten hinaus auch christlichen

---

39 SCHAARSCHMIDT, August: *Anatomische Anmerkungen, welche, bei Gelegenheit der wolverdienten Erhöhung, des Herrn D. Cothenius zum wirklichen Leib-Arzt Sr. Königlichen Majestät in Preussen und zum zweiten Direktor des Obercollegii Medici und Collegii Medico-Chirurgici, nebst der Abstattung des schuldigsten Glückwunsches zu der erhaltenen Würde, Demselben ergebenst dargelegt*, Berlin: Christian Friedrich Henning [1750], Bl. 3r, berichtet nicht nur von den „vielen Körpern, welche in den Winter-Monathen, auf dem Anatomischen Theater, unsern Händen, zur Zergliederung, übergeben werden", bei denen sich einige mit „widernatürlichste[n] Beschaffenheiten der Theile" fanden, sondern gibt auch den Fall eines scheinbar mit dem Zwerchfell verwachsenen Magens, der aus zwei Kammern bestand, wieder, als er die Anatomiesituation bei einer öffentlichen Prüfung schildert: „Von dem Körper einer Frau, welche 60 und etliche Jahre gelebt hatte, wurde einem, der seinen Cursum durch eine öffentliche Demonstration machen wollte, der Unterleib gegeben. Er sollte von den Theilen desselben, in ihrer Verbindung, Lage und natürlichen Beschaffenheit etwas vortragen."
40 HARIG, Aspekte (wie Anm. 10), S. 50.
41 DIEPGEN, Paul; HEISCHKEL, Edith: *Die Medizin an der Berliner Charité bis zur Gründung der Universität. Ein Beitrag zur Medizingeschichte des 18. Jahrhunderts*, Berlin 1935, S. 36–38.
42 GSPK, Rep. 108 D Sekt. 1, Rep. 1, Nr. 1: *Verzeichnis Der Lectionen, Wie selbige bey dem, Von Sr. Königl. Majestät in Preussen, zur Aufnahme Des studii medici Und chirurgici, in Dero Residentz gestiftetem Königlichem collegio medico-chirurgico Im 1752. und*

zivilen Studierenden der Zugang zu den Patienten versagt blieb, zeigt die Reaktion des Militärs in persona des Pensionärchirurgen Johann Michael Laube, der es vermochte, Professor Henckel buchstäblich aus dem Kreißsaal zu verjagen, als dieser einen seiner Lieblingsstudenten touchieren lassen wollte.[43] So geht man nicht fehl anzunehmen, dass nicht nur wegen religiöser Vorbehalte diese Seite der Berliner medizinisch-chirurgischen Ausbildung Juden verschlossen blieb. Andererseits gab es ein großes Jüdisches Krankenhaus in der Stadt, das seit 1782 von Marcus Herz geleitet wurde. Christoph Maria Leder spricht in seiner Monographie über Herz von einer *vorakademischen Praxisschulung* am Jüdischen Krankenhaus, die für jüdische Medizinstudenten in Halle seit den 1780er Jahren nicht untypisch gewesen sei.[44] Andere Untersuchungen gehen weiter und weisen darauf hin, dass es am Berliner Jüdischen Krankenhaus unter Marcus Herz einen klinischen Unterricht gegeben hat, der in Halle, wenn man sich dort zur Promotion anmeldete, anerkannt wurde, obgleich er als Privatveranstaltung auf den Studiengang nicht hätte angerechnet werden können.[45]

Einer weiteren Besonderheit des Berliner medizinischen Unterrichts muss an dieser Stelle noch gedacht werden. Neben den öffentlichen Vorlesungen, deren Zahl im Verlaufe der Jahre rückläufig wurde, hielten die Professoren Privatvorlesungen. Deren Zahl stieg dem gegenüber. Darüber hinaus konnte in Berlin jeder, der es wollte, medizinische Vorlesungen halten. Dazu war lediglich die Genehmigung des Collegiums notwendig.[46] Auf diese Weise gab es ein äußerst breites Spektrum medizinischer Lehrangebote, dessen Nutzen durchaus in der von Monika Richarz bedachten Weise besonders für jüdische Studenten interessant sein konnte.

1753sten Jahre gehalten werden, Berlin: Johann Gottfried Michaelis, Bl. 57v, und für 1764/65 Bl. 84r.
43 LAMMEL, Stellung (wie Anm. 18), S. 64.
44 LEDER, Christoph Maria: *Die Grenzgänge des Marcus Herz. Beruf, Haltung und Identität eines jüdischen Arztes gegen Ende des 18. Jahrhunderts*, (Münchner Beiträge zur Volkskunde, 35), Münster u. a., 2007, S. 132f.
45 KAISER, Wolfram; VÖLKER, Arina: *Vor 50 Jahren – vor 275 Jahren: zur Geschichte der halleschen Ars medica Judaica*, in: Wissenschaftliche Zeitschrift der Universität Halle 37, 1988, H. 5, S. 38–53; hier S. 43. DERS.: *Qui fut le premier professeur juif ayant enseigné la médecine en Allemagne à titre officiel*, in: Revue d'histoire de la médecine hébraïque 27, 1974, S. 145–147; DERS.: *L'enseignement médical et les juifs à l'université de Halle au 18e siècle*, in: Revue d'histoire de la médecine hébraïque 24, 1971, S. 23–26; S. 81–84; S. 107–110; 25, 1972, S. 11–14.
46 HARIG, Aspekte (wie Anm. 10), S. 36; S. 58; S. 57 Anm. 50.

Die jüdischen Studenten an der Universität Bützow

Nachdem die Situation jüdischer Medizinstudenten am Berliner Collegium medico-chirurgicum skizziert wurde, soll es im zweiten Teil um die Beziehung dieser Einrichtung zur 1760 gegründeten Universität Bützow gehen.[47] Der Mecklenburgische Herzog Friedrich[48] hat viel Geld aufgewandt, um mit dieser Hochschule ein pietistisches Gegenprojekt zur lutherischen Rostocker Universität zu schaffen. An dieser Stelle beansprucht der Umstand ein besonderes Interesse, dass erstmalig für Mecklenburg in Bützow die Aufnahme eines Medizinstudiums und der Abschluss einer medizinischen Promotion für Juden möglich wurden.[49] An einem studentischen Beispiel soll ein neuer, dieses Studium charakterisierender Zusammenhang vor Augen geführt werden, der bisher in der Bildungsgeschichte des 18. Jahrhunderts noch keine Rolle gespielt hat: Zu den Fragen der Förderung von jungen jüdischen Männern verfügt die Rostocker Universitätsbibliothek über ganz ungewöhnlich gute Quellen. Im Nachlass des Rostocker Orientalisten Oluf Gerhard Tychsen (1734–1815) gibt es unter den 2000 Briefen mit knapp 200 Korrespondenten in ganz Europa ca. 60 an ihn gerichtete Briefe jüdischer, in Bützow immatrikulierter Studenten, die nicht nur über die besondere Patronagebeziehung und den Klientelismus zwischen Hochschullehrern und jüdischen Studenten Aufschluss geben, sondern vor allem die herausragende Rolle von Tychsen selbst in diesen Angelegenheiten zeigen, wie wir vor kurzem zeigen konnten.[50]

---

47 Asche, Matthias: *Die mecklenburgische Hochschule Bützow (1760–1789) – nur ein Kuriosum der deutschen Universitätsgeschichte?*, in: Jahrbuch für Universitätsgeschichte 9, 2006, S. 133–147.

48 Ders.: *„Friedrich, Ruhm und Trost der Deinen. O, wie warest Du so gut." Herzog Friedrich von Mecklenburg-Schwerin (1756–1785) – Möglichkeiten und Grenzen eines frommen Aufklärers*, in: Manke, Matthias; Münch, Ernst (Hgg.): *Verfassung und Lebenswirklichkeit. Der Landesgrundgesetzliche Erbvergleich von 1755 in seiner Zeit*, Lübeck 2006, S. 225–260.

49 Maksymiak, Małgorzata Anna; Lammel, Hans-Uwe: *Die Bützower jüdischen Doctores medicinae und der Orientalist Oluf Gerhard Tychsen. Kontakte – Beziehungen – Netzwerke*, in: Arnold, Rafael; Busch, Michael; Lammel, Hans-Uwe; Thiessen, Hillard von: *Der Rostocker Gelehrte Oluf Gerhard Tychsen (1734–1815) und seine internationalen Netzwerke*. Internationale Tagung vom 25. bis zum 27. November 2015 (Publikation in Vorbereitung).

50 Zur Biographie des im Folgenden vorzustellenden Marcus Moses siehe Lewin, Louis: *Die jüdischen Studenten an der Universität Frankfurt an der Oder*, in: Jahrbuch der Jüdisch-Literarischen Gesellschaft, Bd. 14, 1921, S. 217–238; Bd. 15, 1923, S. 59–96; Bd. 16, 1924, S. 43–85; hier S. 45–47, und Mandl, Moses (wie Anm. 6).

Von den acht jüdischen Studenten, die mit Tychsen korrespondiert haben, wird im Folgenden der erste Bützower Medizinstudent Marcus Moses vorgestellt werden. Er stammte aus Preßburg, aus einer *polnischen Oberrabbinerfamilie*. An Marcus Moses lassen sich drei Dinge besonders gut zeigen. Zum einen und vor allem ist es die Zufälligkeit, mit der jüdische Studenten nach Bützow gelangten; an dieser Hochschule gab es keinen attraktiven anatomischen Unterricht, der zum Magneten werden konnte wie in Berlin; zum anderen ist es der Personenkreis, der sich der Förderung jüdischer Männer annahm. Hier muss auf die besondere Rolle, der die Orientalist Tychsen als ein Fachfremder bei diesen Vorgängen gespielt hat, ausdrücklich aufmerksam gemacht werden. Und drittens verfügen wir gerade mit Bezug auf Marcus Moses über ein Zeugnis, das uns den Ablauf eines Promotionsaktes an der Bützower Hochschule unter der Einflussnahme von Tychsen in prägnanter Weise vor Augen zu führen imstande ist.

Der Vorsteher der nicht unbedeutenden jüdischen Gemeinde in Bützow, Aaron Isaak (1730–1816),[51]

---

51 Die Landgräfin von Hessen-Kassel Sophie-Charlotte (1678–1749), die mit dem Mecklenburgischen Herzog Friedrich Wilhelm (1675–1713) verheiratet war, hat als Witwe in Bützow gelebt und für die Ansiedlung von Hugenotten und Protestanten aus der Pfalz gesorgt. 1738 hatte sie bereits Jochen Gumperts, den späteren Rabbiner Chajim Friedberg und einen Juden namens Nathan Hirsch mit Freibriefen ausgestattet und zu Hofjuden gemacht. Auch Aaron Isaak gehörte als Petschierstecher am Hofe und als Galanteriehändler zu diesem Kreis privilegierter Juden in Bützow.

Aaron Isaac. Stockholms Judiska Församling.   FOTO: KARL GABOR

Abb. 2: Portrait von Aaron Isaak

Öl auf Leinwand, 60 x 51 cm, zeitgenössisch, Jüdische Gemeinde Stockholm

berichtet in seinen Lebenserinnerungen von der Ankunft von Marcus Moses in Bützow, wo er wenige Jahre später zum Doktor der Medizin promoviert werden sollte. Aus dem Pass des *gewandte[n], feine[n] junge[n] Mannes*, den Issak beim Bürgermeister vorlegen musste, um eine Aufenthaltsgenehmigung zu erwirken – deren Kosten betrugen 16 Schilling pro Nacht – geht als Zweck seiner Reise hervor, *zu Universitäten* zu fahren.[52] Isaak verliert anfänglich kein Wort darüber, dass Marcus Moses Medizin studieren wollte. Das lag offenbar auf der Hand. Was er mitteilt, ist die Tatsache, dass Moses schon mehrere Tage krank war; darüber hinaus erwähnt er die *schöne[n] Zeugnisse seine[r] Tüchtigkeit und Gelehrsamkeit* und die Beherrschung von mehreren Sprachen (Französisch, Latein, Ungarisch,

---

52 Aaron Isaac: *Lebenserinnerungen*. Textfassung und Einleitung von Bettina Simon, hg. v. Marie und Heinrich Simon, Berlin 1994, S. 54; S. 55.

Hebräisch und Deutsch) und gibt seiner Absicht Ausdruck, diesem jungen Juden zu helfen, der nun schon drei Jahre unterwegs war.[53]

Zunächst sprach er mit dem Prorektor, der das Medizinstudium empfahl und eine Matrikel schickte, die Marcus Moses *unter die Justiz der Akademie* stellte.[54] Damit war sein Aufenthalt in Bützow gesichert. Sein Name erscheint am 6. Mai 1764 in der Matrikel. Dann sprach Aaron mit dem Medizinprofessor Georg Christoph Detharding (1699–1784), dem Philosophen Johann Nikolaus Tetens (1736–1807) und dem Orientalisten Paul Theodor Carpov (1712–1765) und konnte bei allen dreien ein freies Studium für Moses erwirken. Schließlich kleidete Aaron Isaak den Studenten ein.

Als Galanteriewarenhändler selbst stets elegant und nach der Mode christlicher Kavaliere angezogen, gab Aaron Isaak dem armen Studiosus *eins meiner Kleider*, einen Hut mit einer goldenen Tresse und einen mit Silber beschlagenen Degen.[55] Jeden Abend brachte Moses, so beobachtete Aaron diese für den jungen Mann liminale Situation, *mein Kleid, meinen Hut und Degen zurück und zog seine eigene Kleidung an.*[56]

Dieser Lauf der Dinge und das Arrangement, das Aaron Isaak vorbereiten zu müssen glaubte, scheint nicht dem Zufall überlassen gewesen zu sein. Seit dem Baseler Konzil von 1437 bis 1447 galt an den Universitäten mit Zulassung jüdischer Studenten die Regel – um den christlichen Charakter der Universitäten zu betonen – dass diese besonderen Gesetzen unterworfen sein sollten, besondere Gebühren zu entrichten hatten und gezwungen wurden, zusätzliche Vorlesungen zu hören, die nur ein Ziel verfolgten, nämlich die Konversion zum Christentum.[57] Die Erlangung der Doktorwürde war ihnen nicht erlaubt. Es hat den Anschein, ohne es abschließend sichern zu können, Aaron Isaak habe diese Gepflogenheiten berücksichtigt, als er Professoren sowohl der Philosophischen als auch der Medizinischen Fakultät mit der Bitte um ihr Mittun ansprach.

Zunächst war der Studienaufenthalt auf nur vier Wochen berechnet. Doch die drei Professoren, besonders Detharding und der Anatom August Schaarschmidt (1720–1791), der ebenfalls am Berliner Collegium studiert hatte, waren so vom Fleiß und der Begabung des jungen Mannes überzeugt, dass sie Aaron Isaak baten, mit Moses über die Fortsetzung seines Studiums in Bützow zu sprechen. Moses

---

53 Ebd., S. 56, 57.
54 Ebd., S. 57.
55 Ebd., S. 28.
56 Ebd., S. 58.
57 BERGER, Natalia: *Why medicine?*, in: DIES. (Hg.): *Jews and Medicine. Religion, Culture, Science*, Philadelphia und Jerusalem 1998, S. 21 und S. 24.

blieb eineinhalb Jahre, er konnte seinen Ruf als *geschickter Mediziner* begründen.[58] Es darf gefragt werden, wie er zu diesem Leumund kam, wenn es in Bützow keine Möglichkeit gab, praktische Erfahrungen, beispielsweise beim Krankenbettunterricht, zu sammeln. Isaac verschaffte ihm auch *eine reiche Braut*.[59] Am Ende dieses Abschnittes der Lebenserinnerungen erwähnt Aaron Isaak, dass Marcus Moses dann noch einmal nach Bützow gekommen sei, um den Doktorhut zu erhalten. Er lieh ihm dazu 200 Reichsthaler, die er nie zurückbekommen sollte.[60]

Zuvor ist Marcus Moses in Berlin gewesen, wie seine Inskription in die Matrikel des Berliner Collegium medico-chirurgicum vom 8. August 1763 belegt.[61] Dass er an den anatomischen Unterweisungen teilgenommen hat, davon kann man ausgehen; hier muss allerdings auch der Grundstock für die von Aaron Isaak erwähnte ärztliche Geschicklichkeit gelegt worden sein. Dafür kam nur das Berliner Jüdische Krankenhaus in Frage. In Berlin hatte er auf eine materielle Unterstützung durch den Bruder seiner Mutter, Löb Berliner, gerechnet, wurde aber in seinen Hoffnungen enttäuscht.[62] Seine Promotion fand zweieinhalb Jahre später, am 23. Januar 1766, in Bützow statt, wofür nochmals eine Immatrikulation vorliegt. Ob er zwischenzeitlich Bützow noch einmal verlassen hat, wissen wir nicht. Ohne dass bis zum heutigen Tag die Matrikel[63] des Berliner Collegiums systematisch ausgewertet werden konnte, was die Promotion von Berliner jüdischen Studenten betrifft, zeigen Stichproben, dass ein Teil von ihnen nach Halle ging, um dort den Doktorhut zu empfangen, weil sie sich eine ärztliche Praxis in Brandenburg-Preußen wünschten. Monika Richarz gibt für das Jahr 1798 an, dass von den elf in Berlin approbierten jüdischen Doktoren der Medizin mindestens sechs das einheimische Collegium besucht hatten. Der Berliner Arzt Marcus Herz (1747–1803) ist ein ganz prominenter Vertreter dieser Gruppe; er hatte sich am 19. September 1770 am Berliner Collegium medico-chirurgicum einschreiben lassen, um zwei Jahre später mit der finanziellen Unterstützung

---

58 ISAAK, Lebenserinnerungen (wie Anm. 52), S. 59.
59 Siehe die Einladung von Marcus Moses an Natan Hirsch in Bützow zu seiner Hochzeit mit der Tochter des Feibush aus Strelitz im Februar 1766, Brief Mordechai an Natan vom 10. Adar [5]526, in: Universitätsbibliothek Rostock, Sondersammlungen, Mss. orient. 267 b, Bl. 149.
60 ISAAK, Lebenserinnerungen (wie Anm. 52), S. 60.
61 LYNCKER, Matrikel (wie Anm. 23), S. 150b.
62 MANDL, Moses (wie Anm. 6), S. 4. GSPK (wie Anm. 31), S. 67.
63 ASCHE, Matthias; HÄCKER, Susanne: *Matrikeln*, in: RASCHE, Ulrich (Hg.): Quellen zur frühneuzeitlichen Universitätsgeschichte. Typen, Bestände, Forschungsperspektiven, Wiesbaden 2011 (Wolfenbütteler Forschungen 128), S. 243–267.

David Friedländers (1750–1834) in Halle sein Studium fortzusetzen. In Berlin war er in der Lage gewesen, sich durch das Schreiben für Zeitungen und Zeitschriften und wohlhabende jüdische Mäzene über Wasser zu halten.[64]

Umso deutlicher stellt sich die Frage, ob Moses' medizinische Ausbildung lediglich von Bützow und Berlin geprägt war, oder ob er auch anderswo medizinische Vorlesungen gehört hat[65] – immerhin kam er mit einem „Attest der christlichen Universität in Frankfurt an der Oder".[66] Sie ist im Moment nicht zu beantworten. Weiterhin muss unbeantwortet bleiben, warum Moses zur Promotion nicht nach Halle, sondern nach Bützow ging. Fehlten ihm Geld und Beziehungen? Oder war es bekannt, dass es in Bützow jemanden gab, der für jüdische Studenten interessant war und sich für sie engagierte? Doch noch einmal zurück zu seinem ersten Eintreffen in Bützow.

Faktum bleibt, dass Moses nach seiner ersten Ankunft in Bützow an der Philosophischen Fakultät den jungen Tychsen kennengelernt haben muss, wenn ein Kontakt nicht schon vorher über Mittelsmänner und -frauen, deren Namen wir noch nicht kennen, hergestellt worden ist. Aber nicht nur das. Wie spätere Zeugnisse nahelegen, entwickelte sich zwischen beiden eine besondere Beziehung. So hat der Medizinstudent Moses in mindestens zwei Fällen als Opponent einer philosophischen Disputation fungiert, deren Themensteller der Orientalist Tychsen war. Diese akademischen Aktivitäten sowie drei gelehrte Veröffentlichungen sind für diese kurze Zeit greifbar.[67] Ob Tychsen Marcus Moses schon vor seiner Bützower Zeit bekannt war und er ihn wie später andere Bützower Medizinstudenten, die zum Studium am Collegium medico-chirurgicum nach Berlin gegangen waren, dazu benutzt hat, um sich literarische Informationen über die dortige intellektuelle Situation, besonders über Moses Mendelssohn, zu verschaffen, wissen wir bisher nicht. Tychsen war jedoch nachweislich an solchen Informationen über Mendelssohn sehr interessiert.[68] Zugleich hat Tychsen, der nicht zur Medizinischen Fakultät gehörte,

---

64 DAVIES, Martin L.: *Identity or History? Marcus Herz and the End of the Enlightenment*, Detroit 1995, S. 7.
65 In den Untersuchungen von Lewin, Studenten (wie Anm. 49), S. 45, gibt es nur den Hinweis, dass er unter den Immatrikulierten nicht gefunden wurde.
66 ISAAK, Lebenserinnerungen (wie Anm. 52), S. 56.
67 *Veterum rabbinorum placita de bestiis licitis et illicitis* [Bestimmungen der alten Rabbiner über erlaubte und unerlaubte Tiere], Bützow 1764; *Von den Krankheiten des Alters aus Prediger des Salomons Cap. XII bis 7*, [Schwerin 1764]; *Disputatio de Pentateucho Samaritano praes. Tychsen*, [Bützow 1767].
68 Siehe den Brief von Tychsen an Friedländer vom 3. September 1806, Universitätsbibliothek Rostock, Sondersammlungen, Mss. orient 267 f, Bl. 177 v, wo es

einen großen Einfluss auf den Verlauf der medizinischen Promotion von Marcus Moses genommen. Er stellte beim Herzog den Antrag auf Moses' Promotion und sorgte u. a. dafür, dass er selbst als Opponent von Moses auftrat und die Fakultät einen eigens für diesen Zweck entworfenen Promotionseid nutzte, der Moses' Religion berücksichtigte und eine Anrufung *Adonai Elohim Israel* enthielt.[69] Dass Tychsen den Antrag beim Herzog stellte, obwohl er fachlich ganz klar dafür nicht zuständig war, verwundert. Offenbar musste hier eine Zuständigkeit ausschlaggebend gewesen sein, die noch zu prüfen ist.

Nun zum eigentlichen Promotionsakt: Marcus Moses hat am 23. Januar 1766 über die bei den alten Hebräern gebräuchliche Pflege der Neugeborenen disputiert.[70] Dazu hat Tychsen selbst ein Zeugnis hinterlassen, aus dem seine Rolle als Opponent nur allzu deutlich hervortritt. Nur wenige Tage nach der feierlichen Veranstaltung ließ er in den „Gelehrte[n] Beyträgen", einer Beilage der Mecklenburg-Schwerinischen Nachrichten, vom 8. Februar 1766 einen Artikel einrücken, der nicht nur die historisch bedeutsame Situation der ersten Promotion eines Juden in Mecklenburg würdigt, sondern der auch seine eigene Rolle bei diesem akademischen Akt beschreibt und die Außergewöhnlichkeit des Ereignisses durch die Hinzufügung eines „jüdischen Gedichtes", eines Panegyrikus, unterstreicht.[71] Dieser Quelle zufolge hat Tychsen Moses in rabbinischer Sprache in der Kirche zu Bützow opponiert.

Ganz abgesehen davon, dass die Christen Bützows über diesen Vorgang empört waren, hat Tychsen diese besondere, feierliche Situation des Promotionsaktes auch dazu genutzt, um den Kandidaten daran zu erinnern, dass die gesunde Vernunft auf Seiten der Christen sei, und der Hoffnung Ausdruck zu geben, der neue Doktor der Medizin, Moses, werde sich diese Wahrheit bald zu eigen machen und unter seinen Glaubensbrüdern verbreiten.[72] Das war eine wohl überlegte Inszenierung, bestand doch das anwesende Publikum aus den zahlreichen Verwandten

---

heißt: „Mendelssohn war zwar ein tiefdenkender Philosoph aber weder Fisch noch Fleisch", und jüngst MAKSYMIAK, Małgorzata Anna: *Orientalist, „colonizer" oder protestantischer Mendelssohn? Oluf Gerhard Tychsen (1734–1815) und seine Sammlung der jüdischen Privatbriefe.* Vortrag in der Reihe „Kultur im Kloster", Rostock, 22. November 2016 (Eine Publikation wird vorbereitet).

69 LAMMEL/ BUSCH, Haskala (wie Anm. 49), S. 223.
70 MOSES, Marcus: *Dispvtatio philologico-medica de cvra infantvm recens natorvm penes ebraeos olim vsitata occasione dicti Ezechielis c. XVI. 4*, Bützow 1766.
71 LAMMEL / BUSCH, Haskala (wie Anm. 49), S. 211, Anm. 80.
72 T[YCHSEN]: *Ein jüd. Gedicht auf den Herrn Doctor Marcus Moses*, in: Gelehrte Beyträge, 6. St., 8. Febr. 1766, S. 26–28; 7. St., 8. Febr. 1766, S. 29–32; hier S. 28.

der Ehefrau, aus Jüdinnen und Juden Mecklenburgs und auch aus Vertretern der 14 in Bützow ansässigen jüdischen Familien.

Dass Tychsen darauf bestand, bei dieser und allen weiteren Promotionen die feierliche Handlung in der Kirche von Bützow stattfinden zu lassen, hat mit seiner besonderen Auffassung von der Bedeutung dieses Hauses zu tun. In seiner Stellungnahme zur Promotion eines weiteren jüdischen Kandidaten, Justus Zadig de Meza (geb. 1754), schrieb er 1777, die Kirche sei keine Kirche mehr im landläufigen Sinne, sondern ein *Auditorium instructissimum*. Er orientierte sich hierbei an einer pietistischen Auslegung der Bestimmung des Kirchenraumes, die nach Tychsen von dem Juristen Ernst Johann Friedrich Mantzel (1699–1768) stammte, und zögerte bei dieser Stellungnahme nicht, auch die Ansicht des Kandidaten in dieser Frage ins Spiel zu bringen. De Meza soll, so die Wiedergabe durch Tychsen, selbstbewusst in einem vorbereitenden Gespräch gesagt haben, dass er die Bützower Vorgehensweise gutheiße, da *wir uns [Christen] eben dieses bey ihren [den jüdischen] Gelehrten [ebenso] müßten gefallen lassen, wenn sie uns promovieren sollten und könnten*.[73]

Vor dem Hintergrund von Tychsens Werdegang liegt es auf der Hand, dass diese von ihm vorgenommene Selbstbeschreibung und Rollenbestimmung in kaum einen anderen Kontext besser passt, als in den von religiöser Bekehrung, wie Tychsen sie in Halle am von Johann Heinrich Callenberg (1694–1760) gegründeten und geleiteten Institutum Judaicum et Muhammedicum kennen gelernt hatte und wo er sie selbst praktizierte, bevor er nach Bützow kam.[74] In Bützow hatte diese Bekehrung einen sehr komplexen und raffinierten akademischen Rahmen gefunden, wenn man die seit dem Mittelalter geltenden, oben erwähnten Regelungen mit bedenkt. Dass ein solches Vorgehen mit einem breiteren akademischen Konsens rechnen durfte, zeigt die Tatsache, dass der mecklenburgische Herzog Friedrich, den man wegen seiner pietistischen Überzeugungen den „Frommen" nannte, Tychsen aufgrund dieser Missionierungsverdienste – so steht es ausdrücklich auf der Urkunde[75] – zum Magister der Philosophie ernennen ließ. Von Tychsen wurde nicht einmal eine Magisterarbeit erwartet. Diese Missionierungsverdienste reichten für eine Graduierung aus und bereiteten der Philosophischen Fakultät offenbar keine Bedenken.

---

73 Universitätsarchiv Rostock (künftig: UAR), Bestand Bützow, B 06.1.5 Promotion und Eidesleistung eines jüdischen Kandidaten (cand. med. de Meza), Bl. 7 v.
74 BOCHINGER, Christoph: *J. H. Callenbergs Institutum Judaicum et Muhammedicum und seine Ausstrahlung nach Osteuropa*, in: WALLMANN, Johannes; STRÄTER, Udo (Hgg.): Halle und Osteuropa. Zur europäischen Ausstrahlung des hallischen Pietismus, Halle, Tübingen 1998, S. 331–348.
75 UAR, Bestand Bützow 10.3.1, Rektorat Bützow, Promotionen Phil. Fak., Bd 1, 1760–1787 (nicht foliiert).

Fazit

Grundvoraussetzung für die Aufnahme eines Studiums an einer christlichen Hochschule muss ganz offenbar die Existenz einer jüdischen Gemeinde vor Ort gewesen sein. In Rostock wird dies erst 1869 und im Rahmen des Norddeutschen Bundes der Fall sein.[76] Bützow und Berlin boten ebenso wie Halle und Frankfurt/Oder dafür bessere Voraussetzungen. Damit im Zusammenhang förderlich war außerdem die kontinuierliche Existenz jüdischer Kommilitonen und jüdischer Netzwerke vor Ort, was nicht nur für Berlin bestätigt werden kann. Darüber hinaus ließe sich als weiterer Punkt auf den Klientelismus Bezug nehmen, der in Bützow eine große Rolle spielte, wie die in Rostock im Rahmen unseres Projektes gerade in Angriff genommene Auswertung der Briefe jüdischer Medizinstudenten an Tychsen zeigt. Wenn man sich den Bekehrungsversuchen Tychsens entziehen wollte, mussten die Studenten genau wissen, wie weit sie gehen konnten, um die für ihre weitere Karriere notwendige Gunst ihres Gönners nicht zu verlieren. Drittens tut sich mit den Untersuchungen über die Zusammenhänge des Berliner Collegiums, des Berliner Jüdischen Krankenhauses und der Bützower Hochschule für die Betrachtung der jüdischen Geschichte des 18. Jahrhunderts eine ostelbische Bildungslandschaft auf, bei der komplementäre Strukturen bemerkenswert sind. Die nicht nur als Salonière bekannte Rahel Levin (1771–1833) gibt aus dem jüdischen Selbstverständnis heraus dafür einen interessanten Hinweis. Am 6. April 1831 teilt sie in einem Brief an Hermann Fürst von Pückler-Muskau (1785–1871) mit, dass *der Mensch im Paradies leben sollte und nicht zwischen Mecklenburg und Polen.*[77] Sie beschreibt damit einen kulturellen Raum des christlich-jüdischen Zusammenlebens, der auch für Deborah Hertz Ausgangspunkt ihrer Frage nach den Konvertiten war. Gleichzeitig entstanden Grenzregionen, die für den kulturellen Austausch standen. Hinzu kam dass für viele Juden der gewaltige Anfangserfolg der Sabbatianer und später der Frankisten[78] – erinnert sei nur an die Massenkonversion von über 2.000 Frankisten zum Katholizismus im Jahre 1759[79] – wie

---

76 DONATH, Leopold: *Geschichte der Juden in Mecklenburg von den ältesten Zeiten (1266) bis auf die Gegenwart (1874) auch ein Beitrag zur Kulturgeschichte Mecklenburgs. Nach gedruckten und ungedruckten Quellen*, Leipzig 1874, Neudruck Vaduz, Liechtenstein 1993, S. 267–294.
77 Zitiert nach BREYSACH, Barbara: *„Die Persönlichkeit ist uns nur geliehen": zu Briefwechseln Rahel Levin Varnhagens*, Würzburg 1989, S. 3.
78 HERTZ, Juden (wie Anm. 5), S. 50.
79 WODZIŃSKI, Marcin: *Haskalah and Hasidism in the Kingdom of Poland. A History of Conflict*, übersetzt aus dem Polnischen von Sarah COZENS und Agnieszka MIROWSKA, Oxford und Portland, Oregon 2009, S. 11.

auch das zunehmende Loslösen von der jüdischen Religion und Tradition eine Abnabelung vom traditionellen Judentum bedeutete.[80]

Während im polnisch-litauischen Verbund die jüdische Bevölkerung zwischen 1675 und 1764 von 200.000 auf ca. 750.000 Menschen angewachsen war und sich damit mehr als verdreifacht hatte,[81] beförderten die polnischen Teilungen eine jetzt stärker empfundene Anbindung an den Westen und einen Zugewinn an Mobilität und die Möglichkeit, am protestantischen Bildungssystem zu partizipieren, deren westliche Außenposten Frankfurt/Oder, Berlin und Bützow bildeten. Die Stadt Halle, an deren Universität ca. 60 Promotionen jüdischer Mediziner stattgefunden haben, war in dieser Perspektive ein Vorposten, indes als Reformuniversität und versehen mit einer starken jüdischen Gemeinde äußerst wichtig, wenn man in Brandenburg-Preußen bleiben wollte. Die weitere Untersuchung der Bildungsgeschichte des 18. Jahrhunderts unter dem Gesichtspunkt der Zulassung von religiösen Minderheiten zum Studium verspricht – es handelt sich um ein Ziel unserer Rostocker Forschungen in den nächsten Jahren – einen Zugewinn an Einsicht in eine Universitätslandschaft, die nicht nur von ihren hochschulreformatorischen Konzepten und Praktiken aus beurteilt werden darf. Die Frage nach den Adressaten und ihren sozialen Arrangements bei der Realisierung eines Medizinstudiums lenkt die Aufmerksamkeit auf die vorhumboldtsche Vielgestaltigkeit von Bildungseinrichtungen, der ganz offenbar auch Tendenzen der Auflösung bisheriger Strukturen eigen war. Eine sich dabei zeigende Komplementarität der Ausbildungsangebote ermöglichte neben Badern und Barbieren, Wundärzten und promovierten Ärzten sowie Militärchirurgen eben auch jungen jüdischen Studenten zwischen Polen und Mecklenburg ein Studium der Medizin. Dass diese kulturelle Neuerung eines medizinischen Studiums von 133 Juden am Berliner Collegium die unzureichende Zahl ausgebildeter Pensionairchirurgen,[82] für die die Einrichtung gegründet worden war, in den Schatten stellte, könnte möglicherweise der Grund gewesen sein, warum Alexander von Lyncker und Annemarie Fritz ihre Quellenedition einseitig unvollständig abdrucken ließen.

---

80 Vgl. hierzu SHULVASS, Moses A.: *From East to West. The Westward Migration of Jews from Eastern Europe during the Seventeenth and Eighteenth Centuries*, Detroit 1971, S. 25–78. Der Autor sieht in diesen Ereignissen die Gründe für die Migration der Juden aus polnischen Gebieten nach Westen, u. a. auch nach Mecklenburg.
81 WODZIŃSKI, Haskalah (wie Anm. 79), S. 10.
82 Es waren rund 270 Männer ausgebildet worden, von denen aus Altersgründen am Ende des Jahrhunderts ein Drittel nicht mehr aktiv war, während Johann Görcke (1750–1822) 1795 einen Bedarf von 2000 errechnet hatte; Harig, Aspekte (wie Anm. 9), S. 50.

Wirkungsfelder und Berufsverständnis jüdischer Ärzte

Werner Friedrich Kümmel

Ärzte jüdischer Herkunft oder jüdischen Glaubens im 19. Jahrhundert. Die Lebensläufe von Jacob Henle, Benedict Stilling und Leopold Eichelberg im Vergleich

Abstract: Similar to A.F. Marcus, the Jewish physicians Jacob Henle, born in Franconia, and Leopold Eichelberg and Benedikt Stilling, both of Hessian origin, counted for the most prominent physicians of the subsequent generation. Whereas Henle, the most influential of the three, converted to Protestantism in his early youth, Stilling never abandoned his Jewish faith, Eichelberg left the Jewish parish towards the end of his life. Comparing the biographies of these physicians at different levels, one has to recognize a comparably liberal political orientation, even though a subtle stigmatization of the Jewish doctors, also of those who had converted to Christianity, remains feasible for the three biographies studied and may, therefore, not be generalized.

Vergleiche von Lebensläufen können, wenn sie auf einer sorgfältig überlegten Auswahl beruhen, Einblicke vermitteln in typische, über den Einzelfall hinausweisende Formen der Lebensplanung im Verhältnis zu den realen Lebensbedingungen und tatsächlichen Lebensabläufen bei bestimmten Personengruppen, in einzelnen Berufen und Fachgebieten, Gesellschaftsschichten, Kulturwelten usw. Am Anfang solcher Vergleiche müssen Überlegungen stehen über die Voraussetzungen für eine Vergleichbarkeit: Dazu gehört zunächst einmal eine nicht allzu unterschiedliche Quellenlage; entscheidend für tragfähige Vergleiche ist sodann, auf häufige gemeinsame Merkmale zu achten, aber auch weniger häufige Gemeinsamkeiten sollten nicht übergangen werden, sofern es sich nicht um eindeutige Einzelfälle handelt. Das heißt, zum Vergleich sollten neben mehr oder weniger „typischen" Gesamtbildern auch mögliche Kombinationen von eher seltenen, aber doch nicht singulären Einzelzügen dienen. Aus extremen Einzelbeispielen, die völlig „aus dem Rahmen" fallen, lässt sich zwar die Spannweite des jeweils historisch Möglichen, aber keine angemessene Vorstellung von der biographischen Vielfalt im breiten Mittelfeld gewinnen.

Im Folgenden soll der Blick um ein halbes Jahrhundert über die Epoche von Adalbert Friedrich Marcus hinaus erweitert werden, um Lebensentwürfe und Lebensverläufe von Ärzten jüdischer Herkunft oder jüdischen Glaubens bis in die zweite Hälfte des 19. Jahrhunderts kennen zu lernen. Für die drei ausgewählten Beispiele dürften die einleitend genannten Bedingungen erfüllt sein. Henle,

Stilling und Eichelberg gehören alle der gleichen Generation an: Jacob Henle ist 1809 geboren, Benedict Stilling 1810, Leopold Eichelberg 1804. Sie wuchsen alle in kleineren Städten auf, nicht in Residenzen oder größeren Handelsstädten: Henle im fränkischen Fürth, Stilling im hessischen Kirchhain bei Marburg, Eichelberg in der Universitätsstadt Marburg. Dass alle, da sie aus jüdischen Familien stammten, einen Kaufmann als Vater hatten, überrascht nicht: Henles Vater war als Armeelieferant tätig,[1] Stillings Vater wird als Viehhändler, Wollhändler und Schlächter bezeichnet.[2] Henles Mutter war die Tochter eines Rabbi aus dem Städtchen Baiersdorf zwischen Nürnberg und Bamberg,[3] (wo sich seit 1611 der Sitz eines Oberrabbinats befand und 1711 eine Synagoge erbaut worden war), Stillings Mutter war die Tochter eines jüdischen Lehrers aus dem kleinen Ort Gladenbach nahe Marburg,[4] Eichelbergs Mutter war die Tochter eines Kaufmanns aus Hanau.[5]

Gemeinsamkeiten gibt es vor allem auch hinsichtlich der Quellenlage: Alle drei in der Literatur bisher zugänglichen Lebensläufe können sich auf Selbstzeugnisse unterschiedlicher Art stützen. Bei Henle sind es zahlreiche Briefe, die schon Friedrich Merkel der Biographie seines Schwiegervaters von 1891 neben Angaben aus mündlicher Familienüberlieferung zugrunde gelegt hatte, hinzu kommen mehrere Auswahlen von Henle-Briefen, die der Heidelberger Anatom Hermann Hoepke ab 1961 veröffentlichte.[6] Der Verbleib dieses Briefbestandes ist bisher nicht bekannt.

---

1 MERKEL, Friedrich: *Jacob Henle. Ein deutsches Gelehrtenleben*, Braunschweig 1891, S. 3 und S. 9.
2 OTTERMANN, Bernd: *Benedict Stilling (1810–1879). Landgerichtswundarzt zu Cassel*, in: Würzburger Medizinhistorische Mitteilungen 4, 1986, S. 253–287; hier S. 255.
3 MERKEL (wie Anm. 1), S. 1.
4 SCHLICH, Thomas: *Marburger jüdische Medizin- und Chirurgiestudenten 1800–1832, Herkunft – Berufsweg – Stellung in der Gesellschaft*, Marburg 1990 (Academia Marburgensia, Bd. 6), S. 135–152; hier S. 135.
5 SCHLICH, Medizin- und Chirurgiestudenten (wie Anm. 4), S. 90.
6 HOEPKE, Hermann: *Der Streit der Professoren Tiedemann und Henle um den Neubau des Anatomischen Institutes in Heidelberg (1844–1849)*, in: Heidelberger Jahrbücher 5, 1961, S. 114–127; DERS.: *Jacob Henles Briefe aus seiner Berliner Zeit 1832 und 1833*, in: ebd. 7, 1963, S. 137–153; DERS.: *Jakob Henles Briefe aus Berlin 1834–1840*, in: ebd. 8, 1964, S. 57–86; DERS.: *Jakob Henles Briefe aus seiner Heidelberger Studentenzeit (26. April 1830– Januar 1831)*, in: ebd. 11, 1967, S. 40–56; DERS.: *Studentisches Leben aus Jakob Henles Bonner Zeit*, in: ebd. 13, 1969, S. 23–33; DERS.: *Der Bonner Student Jakob Henle in seinem Verhältnis zu Johannes Müller*, in: Sudhoffs Archiv 53, 1969, S. 193–216; DERS. (Hg.): *Der Briefwechsel zwischen Jakob Henle und Karl Pfeufer 1843–1869*, Wiesbaden 1970 (Sudhoffs Archiv, Beih. 11). Andere Henle-Briefwechsel sind für das vorliegende Thema nicht relevant. – Eine gute Gesamtwürdigung Henles

Was Stilling betrifft, so konnte Adolf Kussmaul sich in seiner Gedächtnisrede von 1879 auf eine Autobiographie Stillings samt Tagebuch-Eintragungen stützen, die ihm von der Familie zur Verfügung gestellt worden war.[7] Der Verbleib dieser Quelle, die allerdings nur die ersten 36 Lebensjahre Stillings zum Inhalt hat, ist ebenfalls nicht bekannt. Auch Eichelberg hat Lebenserinnerungen von 270 Seiten Umfang hinterlassen, die ein Nachfahre 1966 dem Staatsarchiv Marburg zur Publikation anbot, doch zeigten damals die Archivare Kurt Dülfer und Eckhart Franz dafür kein Interesse. Walter Grab konnte diese Erinnerungen erstmals in seinem Beitrag über Eichelberg von 1982 auswerten.[8] Eine Kopie des Originals besitzt das Institut für Deutsche Geschichte der Universität Tel Aviv. Für den vorliegenden Beitrag konnte diese Quelle jedoch nicht herangezogen werden.

Einem Einwand sei vorweg begegnet: Da Jacob Henle bereits im Alter von zwölf Jahren getauft wurde, könnte es fraglich erscheinen, ihn überhaupt mit anderen, jüdisch gebliebenen Ärzten zu vergleichen. Es wird sich jedoch zeigen, dass die Taufe und eine vollständige soziokulturelle Integration nicht vor dem Vorwurf des „jüdischen Charakters" schützte.

Jacob Henle

Obwohl Henle in Fürth aufwuchs, wo 1809 über 40 Prozent der Einwohner Juden waren,[9] war sein Weg ins Christentum und die bürgerliche Bildungswelt schon in jungen Jahren von seinen Eltern vorgezeichnet. Die Mutter, Tochter eines Rabbi, schickte den Sohn nicht in die seit Ende des 17. Jahrhunderts in Fürth bestehende

---

zuletzt bei DROSS, Fritz; SALIMI, Kamran (Hgg.): *Jacob Henle. Bürgerliches Leben und „rationelle Medizin". Eine Ausstellung im Klinikum Fürth*, Fürth 2009.

7   KUSSMAUL, Adolf: *Benedict Stilling. Gedächtnisrede*, Straßburg 1879. Vgl. außerdem AUMÜLLER, Gerhard: *Benedict Stillings (1810-1879) Untersuchungen über das Rückenmark - ein Wendepunkt in der neuroanatomischen Forschung*, in: Medizinhistorisches Journal 19, 1984, S. 53-69; OTTERMANN, Stilling (wie Anm. 2) und SCHLICH, Medizin- und Chirurgiestudenten (wie Anm. 4), S. 135-153.

8   GRAB, Walter: *Die revolutionäre Agitation und die Kerkerhaft Leopold Eichelbergs. Ein jüdischer Demokrat aus dem Umkreis Georg Büchners*, in: GRAB, Walter (Hg.): Gegenseitige Einflüsse deutscher und jüdischer Kultur, von der Epoche der Aufklärung bis zur Weimarer Republik, Tel-Aviv 1982, S. 137-173; hier S. 138f. Vgl. außerdem SCHLICH, Medizin- und Chirurgiestudenten (wie Anm. 4), S. 90-104 sowie DERS.: *Religion und Universität: Der Streit um die Berufung jüdischer Professoren an der Universität Marburg im Vormärz*, in: Zeitschrift für Religions- und Geistesgeschichte 45 (1993), S. 236-256; hier S. 242-244.

9   DROSS; KALIMI (Hgg.), Jacob Henle (wie Anm. 6), S. 23.

Talmudschule, sondern ließ ihn von einem nichtjüdischen Lehrer privat unterrichten. Da die Eltern den Kindern eine christliche Erziehung vermitteln wollten, eine höhere Schule in Fürth noch nicht existierte und der Vater außerdem einen für seinen Beruf günstigeren Wohnort suchte, entschlossen sich die Eltern 1815 zur Übersiedlung nach Mainz. Dort ließ die Mutter den Sohn und die ein Jahr jüngere Schwester zunächst weiterhin privat unterrichten.[10] Wie wichtig ihr die Aneignung bürgerlicher Bildung war, zeigt sich daran, dass sie sich von den beiden Kindern *französisch, lateinisch, griechisch vorlesen [ließ], unter dem Vorgeben, daß sie der Klang der unverstandenen Sprachen aufs Angenehmste berühre*.[11] 1821, bevor Jacob mit zwölf Jahren in die Tertia des Mainzer Gymnasiums aufgenommen wurde, traten die Eltern mit den beiden älteren Kindern zur protestantischen Kirche über und ließen sich taufen. Die Kinder sollten dabei selbst entscheiden, ob sie protestantisch oder katholisch werden wollten, und mussten ihre Wahl sogar schriftlich begründen.[12] Es ist naheliegend, dass die beiden Kinder inmitten des katholischen Mainz wohl hauptsächlich der Entscheidung des Vaters folgten, der aus dem protestantisch geprägten Fürth kam.[13]

Der Mainzer Pfarrer Christian Friedrich Nonweiler, der die Taufe vollzogen hatte und Jacob später in Mainz auch noch konfirmierte, obgleich die Familie längst nach Koblenz umgezogen war, muss den jungen Henle sehr beeindruckt haben, denn er behielt noch über Jahre eine starke Neigung zur Theologie. In der Frage der Berufswahl schwankte er lange zwischen Theologie und Medizin, erwog aber auch ein Studium der deutschen Literatur oder der Rechtswissenschaft. Erst kurz vor dem Abgang zur Universität entschied er sich für die Medizin, stark geprägt von dem nur acht Jahre älteren Johannes Müller, den er in Koblenz kennen gelernt hatte. Dessen theoretisch-wissenschaftliche Forschungsrichtung gab für Henle den Ausschlag zugunsten der Medizin.[14]

Von Anfang seines Studiums an, das Henle in Bonn aufnahm, war er fasziniert von der *bis in die kleinsten Theile zu verfolgenden Zweckmäßigkeit* des menschlichen Körpers, die ihn

---

10 MERKEL, Jacob Henle (wie Anm. 1), S. 6f.; S. 10.
11 MERKEL, Jacob Henle (wie Anm. 1), S. 11.
12 MERKEL, Jacob Henle (wie Anm. 1), S. 21.
13 Später, 1853, stellte sich Henle vor, dass er „ein ebenso gläubiger Katholik als Protestant" geworden wäre, „wenn mein Vater, als er die Wahl hatte, dem katholischen Pfarrer den Vorzug gegeben hätte." Henle an Pfeufer, 16.3.1853, HOEPKE, Briefwechsel (1970) (wie Anm. 2), S. 31.
14 MERKEL, Jacob Henle (wie Anm. 1), S. 23–25; S. 35; vgl. auch HOEPKE, Der Bonner Student Jakob Henle (wie Anm. 2).

mit Erstaunen und froher Bewunderung erfüllte. *Es ist nicht der Reiz der Neuheit, nicht eitle Neugierde, die mir die Beschäftigung so angenehm macht, sondern allein der unübersehbare Reichthum der Wissenschaft und die unergründliche Weisheit aller Anordnung des Körpers und der Natur.*

Darüber hinaus begeisterte ihn der Gedanke einer *vergleichenden Anatomie*.[15] In Bonn trat Henle auch in die dortige Burschenschaft ein und schlug drei Mensuren.[16]

Bei der Fortsetzung des Studiums in Heidelberg bemängelte er, dass die Kommilitonen anders als er ausschließlich an guten Grundlagen für die ärztliche Praxis interessiert seien, aber manches lenkte doch auch ihn, wie er schreibt,

zum praktischen Leben hin, und am meisten die Stellung des Arztes, wenn er sich Freunde zu machen und Vertrauen zu erregen weiß. Dagegen zieht mich gar manche Erkenntniß an, die ich nur als Docent weiter verfolgen könnte [...] Aber die Privatdocentenjahre! Die Jahre der Abhängigkeit [...] und dagegen auch die sieben ersten mageren Jahre der Praxis![17]

Doch im Gespräch mit Müller und mit der Rückkehr nach Bonn fiel definitiv die Entscheidung für eine wissenschaftliche Laufbahn: Die *alte Lust an der Anatomie* sei in ihm wieder erwacht, schrieb Henle, außerdem sehe er,

wie mein ganzes Wesen sich täglich mehr zu der Lebensweise des Docenten hinneigt. Ich [...] verliere immer mehr die dem praktischen Arzte so nöthige Politik.[18]

Dieses Wort bedeutete damals so viel wie Umgänglichkeit, Gewandtheit.

1832 wechselte Henle zum Abschluss des Studiums nach Berlin, wohin zu seiner Freude Johannes Müller im folgenden Jahr ebenfalls kam. Bei ihm erhielt er eine Stelle als Prosektor im Anatomischen Institut, blieb aber stets bemüht, genug Zeit für die *wissenschaftliche Privatbeschäftigung* als seinem *eigentlichen Ziel* zu behalten, d. h. nicht zu viel Unterricht übernehmen zu müssen.[19] Doch in Berlin holte ihn seine frühere Mitgliedschaft in der Bonner Burschenschaft ein: Sein Habilitationsgesuch wurde abgelehnt, eine Anfrage aus Dorpat wegen einer Berufung zerschlug sich, im Juli 1835 wurde er sogar in der Hausvoigtei inhaftiert (dem Gefängnis für die der Hofgerichtsbarkeit unterstehenden Personen), allerdings nach wenigen Wochen aufgrund einer Intervention Alexander v. Humboldts wieder

---

15 MERKEL, Jacob Henle (wie Anm. 1), S. 39–41.
16 MERKEL, Jacob Henle (wie Anm. 1), S. 54f. Zu Henles Bonner Zeit vgl. HOEPKE, Der Streit der Professoren (wie Anm. 2).
17 MERKEL, Jacob Henle (wie Anm. 1), S. 76. Zu Henles Heidelberger Zeit vgl. HOEPKE, Jacob Henles Briefe 1967 (wie Anm. 2).
18 MERKEL, Jacob Henle (wie Anm. 1), S. 78f.
19 MERKEL, Jacob Henle (wie Anm. 1), S. 102; S. 107; S. 109. Zu Henles Berliner Jahren vgl. HOEPKE, Jacob Henles Briefe (1963 und 1964) (wie Anm. 2).

freigelassen, doch der Prozess lief weiter, führte zu Henles Entlassung als Prosektor und schließlich Anfang 1837 zu einem strengen Urteilsspruch: sechs Jahre Festungshaft und das Verbot, staatliche Ämter zu bekleiden. Diesmal erreichte Alexander v. Humboldt über den Minister v. Altenstein, dass Henle im März 1837 begnadigt und wieder in sein Amt als Prosektor eingesetzt wurde.[20] Seitdem behielt Henle eine *lang dauernde Aversion gegen Preußen*.[21] Im Sommer 1838 konnte er nun erstmals als Dozent auftreten und war fest entschlossen, sich ganz auf seine wissenschaftlichen Projekte zu konzentrieren.[22]

Durch die Berufung auf eine Professur für Anatomie in Zürich 1840 geriet Henle in die politischen Bewegungen des Vormärz. Er sympathisierte mit den dortigen politischen Flüchtlingen, verkehrte mit Georg Herwegh und dessen Frau, mit August Follen und dem Russen Michail Bakunin.[23] 1844 nach Heidelberg berufen, schloss sich Henle dort den Liberalen an. Nach der Pariser Februarrevolution von 1848 diskutierte er mit den Historikern Dahlmann, Gervinus und Schlosser über die künftige politische Entwicklung in Deutschland. Obwohl zur gleichen Zeit durch ein Beinleiden behindert und durch die Krankheit und den Tod seiner Frau schwer getroffen, ließ er sich durch Studenten vom Bahnhof die neuesten Nachrichten nach Hause bringen und führte in seinem Zimmer eine Liste, auf der er die vertriebenen bzw. geflohenen deutschen Fürsten eintrug. Als Herwegh im April 1848 mit Freischärlern verschiedenster Nationalität, von Paris kommend, den südbadischen Aufständischen zu Hilfe eilen wollte und durch Vermittlung seiner Frau Henle und dessen Freund Karl Pfeufer um Unterstützung bitten ließ, rieten ihm beide dringend ab. Henle reist sogar mit Herweghs Frau nach Straßburg, um diesen von seinem Vorhaben abzubringen, doch ohne Erfolg. Herwegh erlitt eine vollständige Niederlage und floh in die Schweiz. Damit endete abrupt Henles Verbindung mit den beiden Herweghs, die sich auch in einem mehrjährigen Briefwechsel niedergeschlagen hat. Nachträglich bedauerte Henle, dass er in diesem Jahr 1848 bedingt durch seine Erkrankung und den Tod seiner Frau verhindert gewesen sei, für die Frankfurter Nationalversammlung zu kandidieren.[24]

Henle blieb ein Liberaler. Das war einer der Gründe, weshalb er, von der badischen Politik nach 1848 enttäuscht, 1852 einen Ruf nach Göttingen annahm:

---

20 MERKEL, Jacob Henle (wie Anm. 1), S. 112–137.
21 MERKEL, Jacob Henle (wie Anm. 1), S. 129.
22 MERKEL, Jacob Henle (wie Anm. 1), S. 154; S. 157.
23 MERKEL, Jacob Henle (wie Anm. 1), S. 181–183, 188. Zu Henles Zürcher Zeit: GOZZI (wie Anm. 2).
24 MERKEL, Jacob Henle (wie Anm. 1), S. 245–251, vgl. aber auch S. 322.

Ärzte jüdischer Herkunft oder jüdischen Glaubens im 19. Jahrhundert 183

Das von England geprägte Königreich Hannover war ihm sympathischer als die preußische Hauptstadt. *Bürgerliche Freiheit*, schrieb er an Pfeufer,

> ist hier mehr, als in irgend einem deutschen Land. Verbote von Hüten, Büchern, Versammlungen und dergl. wären hier ganz ebenso unmöglich wie in England. Man weiß weder von der religiösen, noch von der politischen Gesinnung seiner Nachbarn.[25] *Dass ich meine Kinder physisch kräftiger und geistig unblasirter hier erhalten kann, als dies in Berlin der Fall gewesen sein würde, halte ich auch für gewiss.*[26]

In den bisher publizierten Briefen berührte Henle nur einmal, und auch da nur indirekt, seine Herkunft aus einer jüdischen Familie, er berichtete auch nie von vorhandener oder von selbst erfahrener Judenfeindschaft, und wenn er auf Juden zu sprechen kam, dann mit negativer Charakterisierung, ja sogar mit traditionellen antijüdischen Stereotypen. So bezeichnete er als Student einmal einen Mitreisenden als *Schacherjuden*,[27] und in seiner Zürcher Zeit äußerte er sich erfreut darüber, dass der Vater mit seiner Geschäftstätigkeit die Familie nicht in eine *vornehme Kategorie* geführt habe; dadurch seien sie nicht *filzige Juden* geworden[28] – womit „kleinlich", „geldgierig" gemeint war. Umso mehr muss es Henle getroffen haben, dass ihm seine jüdische Herkunft einmal offen zum Vorwurf gemacht wurde.[29] Bei einem Streit mit dem Heidelberger Fachkollegen Friedrich Tiedemann 1849 über die Einrichtung des neuen Anatomiegebäudes fühlte sich Henle übergangen und beschwerte sich beim Kurator der Universität: Tiedemann habe versucht,

> *seine wiederholten Invectiven noch durch Beziehung auf meine Abstammung bekannt zu machen; er erklärte die Unverschämtheit für eine jüdische und fügte hinzu, dass die Unverschämtheit der Juden eine allgemein bekannte Sache sei.*[30]

Das Badische Innenministerium sprach daraufhin Tiedemann seine Missbilligung aus und forderte von ihm eine schriftliche Ehrenerklärung gegenüber Henle. Nachdem Tiedemann diese abgegeben hatte, war der Streit beendet. In seinen gedruckt vorliegenden Briefen hat Henle darüber nie gesprochen, aus Enttäuschung verdrängte er den Vorfall.

1858 erhielt Henle einen Ruf nach Berlin, den er ablehnte. In einem Brief erläuterte er dem Freund Pfeufer, dass ihn unter anderem auch der Berliner Großbetrieb abgeschreckt habe:

---

25 MERKEL, Jacob Henle (wie Anm. 1), S. 305.
26 MERKEL, Jacob Henle (wie Anm. 1), S. 322.
27 MERKEL, Jacob Henle (wie Anm. 1), S. 67.
28 MERKEL, Jacob Henle (wie Anm. 1), S. 173.
29 HOEPKE, Der Streit der Professoren (wie Anm. 2).
30 HOEPKE, Der Streit der Professoren (wie Anm. 2), S. 118.

> *Der Berliner Professor übt einen unbestrittenen Einfluss auf die anatomischen Anschauungen des ganzen preußischen Staates aus. Kein von mir entdecktes Löchlein oder Spitzchen wäre den Examinanden unbekannt geblieben. Ich konnte schon in Gedanken vernehmen, wie jährlich hundert Judenkehlen sich beeifern würden, meine technischen Ausdrücke ‚medianwärts, sagittal u. dergl.' zu lispeln und mir zum Ekel zu machen.*[31]

Die zahlreich in die Medizin strömenden jungen Juden – nicht zuletzt aus dem Osten, worauf das „Lispeln" anspielt – weckten bei Henle Unbehagen; er fühlte sich an die eigene Herkunft erinnert, die für ihn ein längst abgeschlossenes Kapitel war, allerdings nicht für andere, wie er hatte erfahren müssen, und er befürchtete wohl eine wachsende Judenfeindschaft in der Zukunft, wenn Juden in größerem Maße als bisher öffentlich in Erscheinung treten würden.

Benedict Stilling

Das kleine Städtchen Kirchhain nahe Marburg, in dem Stilling aufwuchs, gehörte von 1807 bis 1813 zum Königreich Westphalen unter Napoleons Bruder Jérôme, das 1808 den Juden die volle Gleichberechtigung zuerkannte. 1811 lebten dort nur sechs jüdische Familien, eine jüdische Schule gab es erst ab etwa 1835.[32] Der junge Stilling dürfte deshalb die christliche Schule besucht haben, belegt ist aber, dass er von zwei jungen protestantischen Theologen privat unterrichtet wurde, vor allem in den alten Sprachen, bis er mit 14 Jahren in das Marburger Gymnasium eintreten konnte. Anders als bei Henle, der jahrelang bezüglich der Berufswahl unentschieden blieb, war für Stilling die Entscheidung für die Medizin schon im Alter von sechs Jahren durch das unmittelbare Erleben ärztlicher Tätigkeit gefallen, als sein jüngerer Bruder nach einer Handverletzung von dem Marburger Amtsarzt Johann Jakob Gerhard Justi behandelt wurde.[33] Gleich zu Beginn des Medizinstudiums in Marburg 1828 trat Stilling, seiner liberalen politischen Gesinnung folgend, in die Burschenschaft Guestphalia ein, die im Vorjahr auf dem Bamberger Burschentag die Abkehr vom christlichen Prinzip beschlossen hatte, wodurch auch die Aufnahme von Juden möglich geworden war.[34] Stilling wurde aber deswegen – anders als Henle in Preußen – nicht vor Gericht gestellt. Er war auch froh, dass sich die Burschenschaft im dritten Semester auflöste und er, wie er selbst schrieb, wieder *zu geregelter und anhaltender Thätigkeit kommen*

---

31 MERKEL, Jacob Henle (wie Anm. 1), S. 324.
32 ARNSBERG, Paul: *Die jüdischen Gemeinden in Hessen. Anfang, Untergang, Neubeginn.* Bde. 1–2, Frankfurt a. M. 1971; hier Bd. 1, S. 444f.
33 KUSSMAUL, Benedict Stilling (wie Anm. 7), S. 5f.
34 OTTERMANN, Benedict Stilling (wie Anm. 2), S. 259.

und seinem *Drang nach Wissenschaft* folgen konnte.[35] Schon früh richteten sich seine medizinischen Interessen einerseits auf anatomisch-chirurgische Probleme, andererseits auf neuroanatomisch-neurophysiologische Forschungen.

Nach Abschluss des Studiums im Jahre 1832 – wobei seine Dissertation mit der seit zehn Jahren nicht mehr vergebenen Note „summa cum laude" bewertet worden war[36] – arbeitete Stilling einige Monate als Assistent bei dem Kirchhainer Kreisphysikus Wilhelm Rehm, ab März 1833 als Assistenzarzt am Landeskrankenhaus in Marburg. Er wäre auch gern dort geblieben, wurde aber von jüdischen Glaubensgenossen, die für die völlige Gleichstellung der Juden kämpften, und anderen Gönnern für das Amt des Landgerichtswundarztes rechts der Fulda ins Gespräch gebracht. Obwohl auch ein protestantischer, politisch konservativer Oberappellationsgerichtsrat für ihn eingetreten war, wurde er abgelehnt. Bis dahin waren nur ein jüdischer Kreisphysikus und je ein jüdischer Kompanie- und Bataillonsarzt in den kurhessischen Staatsdienst aufgenommen worden. Erst das auf der Grundlage der kurhessischen Verfassung von 1830 beschlossene Judengesetz vom Oktober 1833 gewährte Juden grundsätzlich gleiche Rechte, auch beim Zugang zu staatlichen Ämtern. Nach einer erneuten Nominierung als Landgerichtswundarzt, diesmal für den Bezirk links der Fulda, wurde Stilling im November 1833 in dieses Amt berufen und von zwei Glaubensgenossen zu einer Zusage gedrängt, denn es sei seine *oberste Pflicht, dass er durch Annahme der Staatsstelle in Kassel die Emancipation der Juden zur Wahrheit mache*. Das Medizinalkollegium hatte Stilling nicht an erster Stelle vorgeschlagen, ohne allerdings das Argument seiner jüdischen Religionszugehörigkeit anzuführen. Das Innenministerium hatte bislang für solche Positionen vorgeschlagene jüdische Kandidaten sogar stets abgelehnt. Stillings Ernennung wurde auf jüdischer Seite besonders gewürdigt.[37]

So wichtig für Stilling die wundärztliche Tätigkeit in seinem Bezirk war, die er im März 1834 aufnahm, so war und blieb doch für ihn die wissenschaftliche Forschung sein Hauptziel. Für deren Finanzierung reichte jedoch sein Gehalt nicht aus, so dass er auf Zuwendungen des Vaters angewiesen war. Er beantragte daher die Genehmigung einer privatärztlichen Tätigkeit neben der amtlichen, die ihm entgegen dem Votum des Obermedizinalkollegiums im Sommer 1834 sogar bewilligt wurde, ebenso 1836 ein mehrmonatiger Forschungsaufenthalt, der ihn u. a. nach Paris führte. Seine chirurgische und geburtshilfliche Privatpraxis in der Residenzstadt Kassel entwickelte sich außerordentlich erfolgreich. Selbst der streng konservative

---

35 KUSSMAUL, Benedict Stilling (wie Anm. 7), S. 36, Anm. 4.
36 KUSSMAUL, Benedict Stilling (wie Anm. 7), S. 6.
37 KUSSMAUL, Benedict Stilling (wie Anm. 7), S. 8 (Zitat); SCHLICH, Medizin- und Chirurgiestudenten (wie Anm. 4); OTTERMANN, Benedict Stilling (wie Anm. 2), S. 261f.

Minister und *erklärte Judenfeind* Hans Daniel Hassenpflug, der Stillings Ernennung gegen Widerstände durchgesetzt hatte, begab sich ebenso wie seine Mutter in dessen Behandlung. Hassenpflug wollte ihn sogar zum Obermedizinalrat ernennen, scheiterte damit aber beim Kurfürsten, der dafür den vorherigen Übertritt zum Christentum forderte. Dazu ließ sich Stilling jedoch nicht überreden, weil er seinen Glauben nicht einer Beförderung opfern wollte. Mehrfache Intrigen wegen angeblicher Vernachlässigung seiner Amtspflichten, in Wirklichkeit aber Neid von Kollegen wegen Stillings florierender Privatpraxis führten 1840 schließlich zu seiner Versetzung in die Nähe von Bad Hersfeld, was einer Strafversetzung gleichkam. Daraufhin schied Stilling aus dem Staatsdienst aus, weil er ohne die Praxis in Kassel seine wissenschaftliche Arbeit nicht hätte fortführen können.[38]

Stilling blieb in der Residenzstadt Kassel als ein gesuchter Chirurg und zugleich hochmotivierter, sich selbst finanzierender Forscher auf den Gebieten der Neuroanatomie, Neurophysiologie und Chirurgie, was nur durch eiserne Selbstdisziplin gelang. Eine Habilitation, die damals an der Landesuniversität Marburg – im Unterschied etwa zu Preußen – durchaus möglich gewesen wäre, hat Stilling nie angestrebt, weil er als Jude über die Habilitation hinaus nicht auf eine Professur glaubte hoffen zu können. *Bis in sein spätes Alter*, berichtet Kussmaul,

> *konnte er den Schmerz über die Resignation, die ihm damals auferlegt worden [war], nicht verwinden. Noch als 61jähriger Mann war er bereit, seine Stellung in Kassel, obwohl er damit die grössten äußeren Opfer gebracht hätte, mit einer Professur der Chirurgie zu vertauschen, die damals gerade an einer kleinen Universität Süddeutschlands vacant geworden war, – nur durch Zufall ist dieses Project vereitelt worden.*[39]

Doch gewann Stilling allein durch seine umfangreichen wissenschaftlichen Arbeiten hohes Ansehen in der Fachwelt[40] und kam in Verbindung mit Wissenschaftlern im In- und Ausland. Dennoch blieb er in der akademischen Welt ein Außenseiter, denn ihm fehlte, von Reisen und Tagungen abgesehen, der enge wissenschaftliche Austausch innerhalb einer Universität und Fakultät, ihm fehlte auch der äußere, gleichsam offizielle Rahmen und Hintergrund für die Anerkennung seiner Forschungsleistungen, die sich nur zögernd und verspätet einstellte. Längere Zeit sah sich Stilling vor allem im Ausland gefördert und gefeiert, nicht

---

38 OTTERMANN, Benedict Stilling (wie Anm. 2), S. 263–272; KUSSMAUL, Benedict Stilling (wie Anm. 7), S. 37–39 (das Zitat S. 9).
39 KUSSMAUL, Benedict Stilling (wie Anm. 7), S. 9.
40 Gute Würdigungen bei KUSSMAUL, Benedict Stilling (wie Anm. 7), bei AUMÜLLER, Benedict Stillings (1810–1879) Untersuchungen (wie Anm. 7) sowie bei OTTERMANN, Benedict Stilling (wie Anm. 2).

zuletzt durch Claude Bernard in Frankreich, wo er auch mehrere Auszeichnungen erhielt,[41] bis schließlich 1865 auch die Leopoldina ihn als Mitglied aufnahm. Stilling blieb Jude aus Überzeugung, allerdings ein sehr liberaler. Als eine kleine Gruppe von Juden 1842 den kurzlebigen „Frankfurter Verein der Reformfreunde" gegründet hatte, der radikale Reformen im Judentum forderte, vor allem, dass dem Talmud in dogmatischer wie in praktischer Hinsicht jede Autorität abzusprechen sei, urteilten Stilling und sein Göttinger Freund, der Mathematiker Moritz Abraham Stern – er wurde 1859 als erster Jude in Deutschland ordentlicher Professor –, diese Reformen gingen noch nicht weit genug.[42] Aber intensiver auf diesem Gebiet engagieren mochte sich Stilling nicht, ebenso wenig wie auf politischem Gebiet. Er beschränkte sich auf die Rolle des aufmerksamen Beobachters, der höchstens einmal dem kämpferischen Wortführer der kurhessischen Liberalen seine Sympathie bekundete, indem er ihm *nicht ganz ohne Ironie ein Paar Duellpistolen schenkte.*[43] Die ärztliche und vor allem wissenschaftliche Arbeit ging ihm über alles.

Leopold Eichelberg

Wie Stillings Heimatort Kirchhain gehörte auch die kleine Universitätsstadt Marburg, in der Eichelberg aufwuchs, von 1807 bis 1813 zum Königreich Westphalen unter Napoleons Bruder Jérôme, das 1808 Juden die volle Gleichberechtigung verlieh. 1818 zählte die jüdische Gemeinde dort 13 Familien.[44] Aus welchen Motiven sich Eichelberg der Medizin zuwandte, ist bisher nicht bekannt. Nach dem Besuch des Marburger Gymnasiums konnte er schon als Fünfzehnjähriger 1819 das Medizinstudium beginnen, das er in Marburg und Würzburg absolvierte. Anders als für den jüngeren Stilling kam für ihn ein Beitritt zur burschenschaftlichen Bewegung gar nicht in Betracht, weil, wie erwähnt, erst ab 1827 auch Juden zugelassen wurden. Nach Promotion und Staatsexamen ließ sich Eichelberg 1826 mit Genehmigung des Obermedizinalkollegiums in Marburg als praktischer Arzt nieder. Im gleichen Jahr habilitierte er sich dort auch in der Hoffnung auf eine akademische Karriere, hatte jedoch außer der Dissertation keine weiteren Publikationen vorzuweisen. Er lehrte die propädeutischen Fächer Enzyklopädie, Methodologie und Geschichte der Medizin. 1828 bewarb er sich als jüngster

---

41 KUSSMAUL, Benedict Stilling (wie Anm. 7), S. 32f.; SCHLICH, Medizin- und Chirurgiestudenten (wie Anm. 4), S. 139.
42 OTTERMANN, Benedict Stilling (wie Anm. 2), S. 276.
43 OTTERMANN, Benedict Stilling (wie Anm. 2), S. 280.
44 ARNSBERG, Die jüdischen Gemeinden in Hessen (wie Anm. 32), Bd. 2, S. 50.

Kandidat um eine freigewordene Professur für Pathologie und Anatomie in Marburg, obwohl er auch nach der Habilitation noch keine weiteren wissenschaftlichen Veröffentlichungen vorgelegt hatte.

Auf Vorschlag der Fakultät wurde er neben anderen Bewerbern vom Innenministerium abgelehnt, weil er zu jung und weder durch Publikationen noch durch Erfahrung genügend ausgewiesen sei. Das traf zweifellos zu. Dass er Jude war, wurde von den Gutachtern zwar kritisch vermerkt, es war aber nur für eines der negativen Voten ausschlaggebend. Eichelberg wäre wohl auch als Christ abgelehnt worden. Inwieweit er diese Erfahrung mit seiner Religion verknüpfte und dies fortan seine politische Einstellung prägte, muss offen bleiben, zumal er in seinen Erinnerungen auf das Problem des Judenhasses niemals zu sprechen kommt.[45] Die Ablehnung seiner Bewerbung gab Eichelberg wohl den Anstoß, 1829 noch einen kleinen wissenschaftlichen Beitrag zu veröffentlichen,[46] aber weitere medizinische Publikationen folgten nicht mehr. Die Zeitereignisse lenkten Eichelberg, der nicht wie Stilling Wissenschaftler aus innerer Berufung war, in eine andere Richtung.

Die Pariser Juli-Revolution von 1830 hatte für Eichelberg nach seinen eigenen Worten *eine wahrhaft elektrische Wirkung*.[47] Nach dem polnischen Aufstand im November trat er dem Marburger Polen-Verein bei, der die polnischen Freiheitskämpfer unterstützte, und folgte im Sommer 1831 dem Aufruf der polnischen Aufständischen an freiheitlich gesinnte Ärzte in Europa, sich ihnen und für die Bekämpfung der Cholera zur Verfügung zu stellen. Nach der Rückkehr aus Polen im November 1831 war Eichelberg bis 1835 Mitglied des judenschaftlichen Vorsteheramtes in Marburg und richtete mit den beiden anderen Vorstehern an den Kurfürsten eine Denkschrift mit der Forderung nach völliger Gleichstellung der Juden. Aufmerksam verfolgte er die demokratischen Bestrebungen im deutschen Südwesten, nahm aber am Hambacher Fest im Mai 1832 nicht teil, weil er nach dem russischen Sieg über die Polen einen Erfolg der demokratischen Bewegung in Deutschland skeptisch beurteilte. In Marburg verkehrte er in dem von einem Apotheker geleiteten demokratischen Zirkel, der Kontakte unterhielt mit radikalen Gruppen in Südhessen, Württemberg, Baden und Frankfurt, die einen bewaffneten Aufstand planten. Eichelberg war auch bereit, aktiv mitzuwirken,

---

45 GRAB, Die revolutionäre Agitation (wie Anm. 8), S. 140–142; SCHLICH, Medizin- und Chirurgiestudenten (wie Anm. 4), S. 90–93 und DERS., Religion und Universität (wie Anm. 8), S. 242–244.
46 EICHELBERG, Leopold: Einige Betrachtungen über das Psychische in seinem Verhältnisse zur Arzneikunde, in: Magazin für die philosophische, medicinische und gerichtliche Seelenkunde, hg. von J. B. FRIEDREICH, H. 2, 1829, S. 69–81.
47 GRAB, Die revolutionäre Agitation (wie Anm. 8), S. 142.

Ärzte jüdischer Herkunft oder jüdischen Glaubens im 19. Jahrhundert   189

lehnte es aber ab, vorzeitig loszuschlagen, um einer bevorstehenden Aufdeckung zuvorzukommen. Er war daher am sogenannten „Frankfurter Wachensturm" von Anfang März 1833 nicht beteiligt, der ein völliger Fehlschlag war.[48]

Zusammen mit dem Arzt Friedrich Ferdinand Hess, der später nach Amerika floh, übernahm Eichelberg 1833 die Leitung der Marburger Gruppe des 1832 in Frankfurt gegründeten „Press- und Vaterlandsvereins", der Volksaufklärung betreiben und die Demokraten der beiden hessischen Staaten einander näherbringen wollte. Im Juli 1834 wurde außerdem Verbindung mit der geheimen „Gesellschaft für Menschenrechte" aufgenommen, die der 20jährige Gießener Medizinstudent Georg Büchner gegründet hatte. Er hatte kurz zuvor auch den bekannten Aufruf zu einer Massenerhebung mit dem Titel „Der hessische Landbote" und dem berühmten Schlagwort „Friede den Hütten! Krieg den Palästen!" verfasst. Eichelberg lehnte jedoch Büchners Konzept eines bewaffneten Kampfes der Armen und Besitzlosen gegen die Adelsherrschaft, die Besitzenden und die Staatsbürokratie entschieden ab, weil er sich als bürgerlicher Republikaner verstand und überzeugt war, dass man dem einfachen Volk Begriffe wie Freiheit und Volk *erst beibringen* müsse. Er warnte, Büchners „Landbote" predige eine *vollständige Anarchie* und werde einen Kampf auslösen,

welchen wir ja gerade verhüten wollten, es ist dieses der Kampf der Armut gegen den Reichtum, der schrecklichste der Kämpfe, denen der Mensch anheim fallen kann.[49]

Der Butzbacher Schulrektor Friedrich Ludwig Weidig versuchte zwischen diesen Positionen zu vermitteln und unterstützte Eichelberg teilweise, hatte allerdings auch Vorbehalte gegen ihn und nannte ihn anderen gegenüber *einen fatalen Juden*. Eichelberg lehnte auch den von Weidig überarbeiteten und dann gedruckten Text ab, übernahm jedoch die Organisation des Druckes einer zweiten Auflage in Marburg, in der Hoffnung, dabei den Inhalt doch noch beeinflussen zu können. Tatsächlich enthielt die zweite Auflage einige Änderungen von Eichelberg. Gleichzeitig wurde in Frankfurt an Flugblättern gearbeitet, die unter dem Titel „Bauernconversationslexicon" verbreitet werden sollten. Nach der Verhaftung der bisherigen Autoren beschlossen die Marburger Demokraten, das Projekt fortzuführen. Dafür verfasste Eichelberg den Artikel „Fürst". Hierin hieß es unter anderem:

Ein freies Volk regiert sich selbst und hängt nicht von der Gnade nichtswürdiger Kreaturen ab. Es setzt sich eine vernünftige Ordnung der Dinge, wonach alle sich gleich sind wie Brüder,

---

48 GRAB, Die revolutionäre Agitation (wie Anm. 8), S. 142–146; Schlich, Medizin- und Chirurgiestudenten (wie Anm.4), S. 94.
49 GRAB, Die revolutionäre Agitation (wie Anm. 8), S. 146–148, die Zitate S. 148.

und wo niemand durch Geburt, Tyrannengunst und andern Unsinn sich zu Ungerechtigkeiten und Nichtswürdigkeiten befugt hält.[50]

Durch einen Studenten, der zwei fertige Flugblätter abholen sollte, aber die Polizei informiert hatte, wurden im April 1835 in Eichelbergs Marburger Wohnung die Flugblätter und andere Schriftstücke entdeckt, darunter auch ein Aufsatz Eichelbergs gegen eine Intervention Preußens beim polnischen Aufstand. Er selbst sowie viele andere Beteiligte wurden verhaftet. Die revolutionäre Bewegung in Hessen brach daraufhin zusammen. Eichelberg wurde vor Gericht gestellt und im September 1837 zu neun Jahren Haft verurteilt, in einem zweiten Prozess im August 1839 zu weiteren anderthalb Jahren. Insgesamt war Eichelberg 13 Jahre inhaftiert, dabei über längere Zeit in Isolationshaft, in Dunkelzelle und mit Lese- und Schreibverbot.[51]

Nach seiner Entlassung aus der Haft im März 1848, die mit dem Ausbruch der deutschen Revolution zusammenfiel, stürzte sich Eichelberg sofort wieder in die Politik. Doch war er nun einerseits enttäuscht von den aus seiner Sicht zu zahmen konstitutionellen Monarchisten, andererseits lehnte er die Agitation des Marburger Professors Karl Theodor Bayrhoffer zugunsten des Proletariats als zu radikal ab. Wie früher gegenüber Büchner blieb Eichelberg bei seiner Überzeugung, dass die Unterschichten *am Schnürchen*, also am Leitseil gehalten werden müssten, um eine Anarchie zu verhindern. In Marburg gründete er noch die „Gesellschaft der reinen Republikaner zu Marburg", zog sich aber Ende 1848 aus der aktiven Politik zurück, desillusioniert wegen der mangelnden Organisation und Entschlossenheit der Demokraten. Er forderte und erhielt eine Entschädigung für seine rechtswidrigen Haftbedingungen, nahm die ärztliche Praxis wieder auf und ebenso die Lehrtätigkeit als Privatdozent.[52]

Mit medizinischen Publikationen trat Eichelberg nicht mehr hervor, wie er auch schon seine anfänglichen akademischen Karrierepläne nach der erwähnten kurzen Abhandlung von 1829[53] nicht mehr weiterverfolgt hatte. Sein Begräbnis am 11. März 1879 fand nach jüdischem Ritus statt, allerdings ohne Anwesenheit eines Rabbiners; schon einige Jahre zuvor war er aus der jüdischen Gemeinde ausgetreten, ohne dass die Motive dafür bekannt wären. Taufen ließ er sich jedoch

---

50 GRAB, Die revolutionäre Agitation (wie Anm. 8), S. 149–151, die Zitate S. 149 und S. 151.
51 GRAB, Die revolutionäre Agitation (wie Anm. 8), S. 151–163.
52 GRAB, Die revolutionäre Agitation (wie Anm. 8), S. 163–168.
53 Siehe oben, Anm. 46.

nicht. Eichelberg dürfte wie Stilling ein liberales, reformorientiertes Judentum vertreten haben.⁵⁴

Fazit

Für den Versuch eines Vergleichs der drei Lebensläufe bieten sich vor allem zwei Verfahrensweisen an: (1) ein Vergleich wichtiger Einzelmerkmale innerhalb eines Gesamtbildes und umgekehrt (2) ein Vergleich von ganzen Typusbildern mit mehreren charakteristischen Einzelzügen.

(1) Vergleich der drei Altersgenossen auf Basis zweier Teilbefunde, die alle betreffen.

a) In ihrer *allgemeinen politischen Orientierung* waren alle vorgestellten Protagonisten liberal eingestellt, jedoch in unterschiedlichen Graden und mit unterschiedlichem Engagement in der Öffentlichkeit. Henle und Stilling traten einer Burschenschaft bei, was für Stilling als Juden erst kurz zuvor möglich geworden, Eichelberg zu seiner Studienzeit jedoch noch verwehrt war. Henle in Preußen wurde wegen dieser Mitgliedschaft – anders als Stilling in Kurhessen – sogar vor Gericht gestellt, verurteilt und inhaftiert und nur durch die Fürsprache Alexander v. Humboldts amnestiert. Stilling blieb nach seiner burschenschaftlichen Episode Zeit seines Lebens stiller Beobachter des politischen Geschehens, Henle verkehrte dagegen in den 1840er Jahren in Zürich mit Emigranten und in Heidelberg in politischen Diskussionszirkeln und versuchte 1848, Georg Herwegh von einem militärischen Unternehmen abzuhalten. Hätte eigene Krankheit und der Tod seiner Frau ihn nicht gehindert, wäre er nach eigenem Urteil vielleicht sogar Mitglied in der Frankfurter Nationalversammlung geworden. Eichelberg war dagegen schon ab 1830 politisch sehr aktiv, zuerst in Polen durch die Unterstützung der Aufständischen, dann unter den hessischen Demokraten mit der Folge einer langjährigen Gefängnisstrafe, doch ging er nicht so weit wie etwa Georg Büchner, weil er einen bewaffneten Aufstand der Massen als aussichtslos ablehnte. Nach 1848 hielten sich die drei Mediziner von der aktuellen Politik fern; Eichelberg publizierte nur 1853 noch eine als „Beitrag zur Zeitgeschichte" bezeichnete Stellungnahme zum sogenannten „Jordanschen Criminalprozess", in der er die Rolle des einstigen politischen Verbündeten offenlegte.

---

54 SCHLICH, Medizin- und Chirurgiestudenten (wie Anm. 4), S. 99.

b) Bei allen drei Biographien fällt auf, dass in den Selbstzeugnissen fast gar nicht von allgemeiner *Judenfeindschaft* oder von damit motivierten persönlichen Anfeindungen bzw. Zurücksetzungen die Rede ist. Wenn es sie gab, dann sind sie nur aus anderen Quellen bekannt, wie bei dem Konflikt zwischen Henle und Tiedemann deutlich wurde. Henle verdrängte seine jüdische Herkunft und fühlte sich unangenehm berührt, wenn er daran erinnert wurde oder wenn ihm ein trotz Taufe nicht zu überwindender „jüdischer" Charakterzug vorgehalten wurde. Die beiden anderen, jüdisch gebliebenen Ärzte haben sich nie allgemein zum Judentum, zum jüdischen Glauben oder zu jüdischen Bräuchen geäußert, sich auch nicht wie andere jüdische Ärzte an den – medizinische Aspekte einschließenden – Diskussionen über die schnelle Beerdigung, Beschneidung usw. beteiligt.[55] Beide vertraten ein sehr liberales, reformorientiertes Judentum, waren aber nicht bereit, ihren Glauben für ein berufliches Fortkommen aufzugeben. Eichelberg setzte sich in jungen Jahren beim Kasseler Kurfürsten für die volle Gleichberechtigung der Juden ein, Stilling forderte 1842 wie der „Frankfurter Verein der Reformfreunde" grundlegende Reformen im Judentum, aber weiter ging bei beiden das Engagement nicht. Eichelbergs Begräbnis fand nach jüdischem Ritus, aber ohne einen Rabbiner statt.

(2) Versucht man, die drei gewählten Beispiele als *Typen* zu verstehen, so ergibt sich folgendes Bild:
  a) Der schon im Kindesalter getaufte Henle war also später gegen den Verdacht geschützt, aus Opportunismus zum Christentum übergetreten zu sein. Er hatte als Gymnasiast Neigungen zur Theologie und wurde schließlich durch Johannes Müller für die Medizin gewonnen; er widmete sich der anatomischen Forschung aus einer religiös fundierten Bewunderung für die Ordnung der Organismen. Die jüdische Herkunft behinderte Henle in seiner akademischen Karriere nicht, sie wurde ihm aber bei Gelegenheit zum Vorwurf gemacht, weil auch die Taufe den „jüdischen Charakter" angeblich nicht ändern könne.
  b) Stilling, durch das frühe Erlebnis der helfenden Tätigkeit des Arztes zur Medizin geführt, wurde auf Drängen von Glaubensgenossen als erster Jude Landgerichtswundarzt in Hessen-Kassel, lehnte jedoch die für eine weitere Beförderung oder für eine wissenschaftliche Laufbahn erforderliche

---

55 Vgl. hierzu die eindringliche Analyse von WOLFF, Eberhard: *Medizin und Ärzte im deutschen Judentum der Reformära. Die Architektur einer modernen jüdischen Identität*, Göttingern 2014.

Taufe ab. Durch Intrigen zum Rücktritt gedrängt, zog er sich auf seine erfolgreiche chirurgische Privatpraxis und seine umfangeichen wissenschaftlichen Forschungen zur Neuroanatomie und -physiologie zurück, die für ihn an erster Stelle standen und ihm hohes Ansehen brachten. Auf eine in Marburg damals mögliche Habilitation verzichtete er von Anfang an, weil er eine Professur für sich als Juden nicht für erreichbar hielt.

c) Anders dagegen Eichelberg, der sich in Marburg mit naivem Optimismus habilitierte, weil dies nun an manchen Universitäten möglich war, und sich sogar für eine Professur bewarb, jedoch mangels wissenschaftlicher Publikationen abgelehnt wurde. Im Unterschied zu Henle und Stilling war er auch kein geborener Wissenschaftler, sondern ganz ein Mann der Tat, der ärztlichen Praxis wie des politischen Engagements. Er blieb ebenfalls dem jüdischen Glauben treu, unterstützte die polnischen Aufständischen, kämpfte danach für grundlegende politische Reformen in Hessen, ohne sich jedoch so radikal zu orientieren wie etwa Georg Büchner, zu dessen Kreis er gehörte. Er zahlte dafür den hohen Preis einer langjährigen Gefängnisstrafe und kehrte nach enttäuschten politischen Hoffnungen im Jahre 1848 zur ärztlichen Praxis in Marburg und zur Lehrtätigkeit als Privatdozent zurück.

Die drei verglichenen Biographien charakterisieren die Möglichkeiten und Grenzen von Lebensentwürfen, denen sich Ärzte jüdischen Glaubens (oder christlichen Glaubens mit jüdischer Herkunft) in Deutschland gegenübersahen, die ein halbes Jahrhundert jünger waren als Adalbert Friedrich Marcus. Sie zeigen, dass Juden über die Zulassung zum Medizinstudium mit Promotion hinaus, die Ende des 18. Jahrhunderts an allen deutschen Universitäten erreicht war, im Gefolge der politischen Umbrüche um 1800 in den 1830er Jahren – trotz vielfacher restaurativer Bestrebungen – nicht mehr auf die freie ärztliche Praxis angewiesen blieben, sondern nun auch staatliche Ämter übernehmen und an einem Teil der Universitäten sogar zur Habilitation zugelassen werden konnten. Professorenstellen blieben ihnen jedoch verschlossen, sofern sie nicht zum Christentum übertraten, wozu sie, wenn es um staatliche Positionen ging, nicht selten auch gedrängt wurden.

Die Lebensläufe von Henle, Stilling und Eichelberg können allerdings nicht ohne weiteres als repräsentativ gelten hinsichtlich der allgemeinen politischen Orientierung und der Haltung gegenüber den religiösen Strömungen im Judentum ihrer Zeit. Doch ist die Vermutung erlaubt, dass für beide Bereiche unter jüdischen Ärzten bzw. auch christlichen Ärzten jüdischer Herkunft liberale Positionen unterschiedlichen Grades vorgeherrscht haben dürften. Wie steht es aber mit der Erfahrung, die der schon als Kind getaufte Jacob Henle um die Mitte des

19. Jahrhunderts mit dem Vorwurf des auch den Getauften bleibenden „jüdischen Charakters" machen musste? Auf den ersten Blick mag man darin einen Einzelfall sehen, doch dürfte dieses Stigma im 19. Jahrhundert hinter den Kulissen eine weit größere Rolle gespielt haben, als in den Quellen sichtbar wird. Hier lassen sich Grenzen ahnen, die weiterhin bestehen blieben, ja sich sogar noch verfestigten, als gegen Ende des Jahrhunderts der Makel des „jüdischen Charakters" mit dem Argument der „Rasse" eine pseudowissenschaftliche Begründung erfuhr und so im 20. Jahrhundert seine zerstörerische Wirkung entfalten konnte.

Christoph Leder

Zwischen Wissenschaft und Halacha – Die Berufsgeschäfte von Marcus Herz und Elcan Isaac Wolf

Abstract: The central issue of this contribution is the tension between halachian laws and principles and the rational secular approach which had to tolerated by Jewish physicians during the era of enlightenment. As an example, the director of the Jewish Hospital in Berlin, Marcus Herz, was compared with the professional attitude of Elcan Isaac Wolf, who practiced in Mannheim an in Metz. Herz, an ardent follower of Kant's philosophy, with the exception of the conflict on the early burial, displayed no conflict between halachian law and rationalism. Also, Wolf was able to contribute to the contemporaneous dispute of a healthy life style and to harmonize the arguments of medical necessities with the Jewish religious law, provided, the latter were not injured in the essentials and followed accordingly.

Das Ansinnen, im Rahmen unserer Tagung über Marcus Herz reden zu wollen, erscheint nicht überraschend. Trug er doch den Titel eines Waldeckschen Leibarztes und Hofrats, den ihm der Fürst im Jahre 1785 verliehen hatte. Zudem unternahm er wiederholte Genesungsreisen nach Bad Pyrmont und wohnte zum Beispiel ab 2. Juli 1802 mit seiner Frau Henriette im Krügerschen Hause in der Brunnenstraße 44.[1] Worin liegt jedoch der Sinn, gleichzeitig über Elcan Isaac Wolf sprechen zu wollen, über dessen Verbindung zum Hause Waldeck oder Marcus Herz nur spekuliert werden könnte? Der Sinn liegt darin, einer Frage nachzugehen, deren Auslotung bei beiden Ärzten eine vielleicht noch differenziertere Einschätzung ihres Berufsalltags erlaubt: Wie mögen die beiden ihre literarisch verbürgten Reformbestrebungen in der täglichen Praxis verwirklicht haben? Während Herz mit gutem Gewissen als *jüdischer Gelehrter seiner Zeit par excellence*[2] bezeichnet werden kann, gilt Wolf zu Recht als ein berühmter Gelehrter mit einer

---

1 WILLEKE, Manfred: „*...bei Dir ist die Quelle des Lebens... (Psalm 36). Jüdisches Leben in der Grafschaft und dem Fürstenbad Pyrmont*, Lügde bei Bad Pyrmont 2013, S. 206ff.
2 WOLFF, Eberhard: *Medizin und Ärzte im deutschen Judentum der Reformära. Die Architektur einer modernen jüdischen Identität*, Göttingen 2014, S. 70; zum Rollenmodell des Gelehrten S. 63ff. Monika Richarz bezeichnet ihn zudem als „angesehenste Persönlichkeit unter den jüdischen Akademikern Berlins". RICHARZ, Monika: *Der Eintritt der Juden in die akademischen Berufe. Jüdische Studenten und Akademiker in Deutschland 1678–1848*, Tübingen 1974, S. 50.

*überragenden Kompetenz*³. Herz wird gerne als Gelehrter dargestellt, der sich im Zuge eines revolutionären Entwicklungsprozesses vom Talmudschüler zum wohl bekanntesten jüdischen Arzt im Deutschland des 18. Jahrhunderts entwickelte⁴ und gleichsam einen weltwissenschaftlichen Werdegang einschlug. Wolf brilliert wiederum als Repräsentant des jüdischen Bildungsbürgertums⁵ oder sogar als Wegbereiter des Wunsches nach einer Transformation des jüdischen Körpers⁶. Beide werden dem Reigen jener Reformärzte zugeordnet, welche sich auch für die Haskalah engagierten.⁷ Doch wie vermählten sie in ihrem jeweiligen Praxisalltag⁸ rationalistische Ansprüche der Medizin mit halachischen Rücksichten? Welche Spannungsfelder könnten dadurch entstanden sein? Weshalb beteuerte Wolf die Unverhandelbarkeit der Halacha und forderte lediglich deren vernünftige Verwirklichung im Alltag?⁹ Warum ging er nach Metz in eine Mustergemeinde des Traditionalismus?¹⁰ Weshalb sollte Marcus Herz, den die *Glaubensmeynung* seiner Patienten doch eigentlich nicht zu kümmern brauchte,¹¹ im Lazarettalltag eine strenge Observanz der Speisevorschriften und Zeremonialgesetze umgesetzt

---

3   MEYER, Pierre-André: *Die jüdische Gemeinde von Metz im 18. Jahrhundert. Geschichte und Demographie* (Arye Maimon-Institut für Geschichte der Juden), Trier 2012, S. 123.
4   IBING, Brigitte: *Markus Herz. A biographical study*, in: Koroth 9, No. 1–2, 1985, S. 113–121; hier S. 113; IBING, Brigitte: *Markus Herz. Arzt und Weltweiser im Berlin der Aufklärung. Lebens- und Werkbeschreibung*. Diss. phil. Münster 1984; WOLFF, Reformära (wie Anm. 2), S. 69.
5   EFRON, John M.: *Medicine and the German Jews. A History*, New Haven/ London 2001, S. 74.
6   EFRON, Medicine (wie Anm. 5), S. 77; HÖDL, Klaus: *Die Pathologisierung des jüdischen Körpers*, Wien 1997, S. 189.
7   Z.B. EFRON, Medicine (wie Anm. 5), S. 66.
8   Als entscheidendes Kriterium alltäglicher Zusammenhänge darf das „repetitive Moment" betrachtet werden, das dem menschlichen Denken und Handeln ein unabdingbares Fundament bietet und die ständige Frage nach dem Warum überflüssig macht. BORSCHEID, Peter: *Alltaggeschichte – Modetorheit oder neues Tor zur Vergangenheit?*, in: Sozialgeschichte in Deutschland. Entwicklungen und Perspektiven im internationalen Zusammenhang, hg. v. Wolfgang SCHIEDER und Volker SELLIN, Bd. III: Soziales Verhalten und soziale Aktionsformen der Geschichte, Göttingen 1987, S. 78–100; hier S. 95.
9   WOLF, Elcan Isaac: *Von den Krankheiten der Juden. Seinen Brüdern in Deutschland gewidmet*, Mannheim 1777, S. 24f., S. 45.
10 MEYER, Metz (wie Anm. 3), S. 108ff., S. 122ff.
11 HERZ, Marcus: *[Anhang zu] Ueber den Gebrauch des Wasserfenchelsaamens in der Lungenschwindsucht*, in: Marcus HERZ. Philosophisch-medicinische Aufsätze, hg. v. Martin L. DAVIES, St. Ingbert 1997, S. 59.

haben?[12] In der Hoffnung, diese Fragen zumindest ansatzweise beantworten zu können, wird im Folgenden der jeweilige Berufsalltag der beiden Ärzte skizziert,[13] werden ihre jeweiligen Arbeitsbedingungen konturiert, und es soll je nach Quellenlage ihr mögliches Verhältnis zur Religion ausgelotet und auf etwaige Spannungsfelder in ihrer täglichen Arztpraxis verwiesen werden. Dass dies nur ein Diskursangebot ist, versteht sich von selbst.

1. Zu Marcus Herz

Den Ausgangspunkt der Darstellung der Berufsgeschäfte von Marcus Herz[14] bilden dreiunddreißig Falldarstellungen, die zwischen 1777 und 1797 in Beiträgen zu wissenschaftlichen Journalen oder in eigenständigen Kompendien veröffentlicht wurden.[15] Nahezu alle sind an ein ärztliches oder zumindest in medizinischen Dingen bewandertes Publikum adressiert, werden für gewöhnlich im Zusammenhang mit der Wirkungsbeschreibung eines bestimmten Heilmittels geschildert, verbinden praktische Erfahrungen mit theoretischen Überlegungen und beinhalten Angaben über die jeweiligen Erkrankungsformen, Behandlungsverläufe und Kooperationen mit anderen Ärzten.[16] In manchen Krankengeschichten erhält der Leser wie durch einen *Spalt in einer Bretterwand*[17] einen zusätzlichen Eindruck von den Lebensumständen der Patienten. Somit dokumentieren Herz'

---

12 Z. B. IBING, Markus Herz (wie Anm. 4), S. 116.
13 Robert Jütte hat dankenswerterweise auf die Notwendigkeit einer konzentrierteren Würdigung von Herz als Arzt hingewiesen. JÜTTE, Robert: *Ein duldsamer Patient. Die Leidensgeschichte des Moses Mendelssohn*, in: Neue Zürcher Zeitung vom 13. Dezember 2003 (NZZ Online); JÜTTE, Robert: *Moses Mendelssohn und seine Ärzte*, in: Jüdische Welten. Juden in Deutschland vom 18. Jahrhundert bis in die Gegenwart, hg. v. Marion KAPLAN und Beate MEYER (Hamburger Beiträge zur Geschichte der deutschen Juden, Bd. XXVII), Göttingen 2005, S. 157–176.
14 17. Januar 1747 bis 20. Januar 1803.
15 Z. B. HERZ, Marcus: *Hugo Smiths kurzer Inbegriff der heutigen praktischen Arzneykunst*, in: Allgemeine deutsche Bibliothek 31, 1777, S. 463–464; *D. Marcus Herz medicinische Bemerkungen*, in: Neue Beiträge zur Natur= und Arzenei=Wissenschaft, hg. v. C. G. SELLE, 1. Theil, Berlin 1782; HERZ, Marcus: *Schnelle Heilung einer Gelbsucht. – Eine wichtige semiotische Beobachtung. – Unerwarteter Ausgang einer Krankheit*, in: Journal der praktischen Arzneykunde und Wundarzneykunst 3, 1797, S. 595–605.
16 LEDER, Christoph: *Die Grenzgänge des Marcus Herz. Beruf, Haltung und Identität eines jüdischen Arztes gegen Ende des 18. Jahrhunderts*, Münster/ New York/ München/ Berlin 2007, S. 48ff.
17 DUDEN, Barbara: *Geschichte unter der Haut. Ein Eisenacher Arzt und seine Patientinnen um 1730*, Stuttgart 1987, S. 167, S. 85.

Fallbeschreibungen nicht lediglich den Stand des theoretischen Wissens der zeitgenössischen Medizin, sondern können auch als Vertextungen beruflicher Praktiken gelesen werden. Seine ergänzend herangezogenen philosophisch-ästhetischen wie auch medizinischen Aufsätze, Abhandlungen und Lehrbücher erlauben eine Auslotung seiner Erkenntnis- und Behandlungsprinzipien als vernünftiger Arzt.[18]

1.1 Der Berufsalltag in Berlin

Am 15. August des Jahres 1774 beendete Marcus Herz sein Medizinstudium in Halle und erlangte mit seiner Dissertation „De varia naturae energia in morbis acutis atque cronicis" den Doktortitel.[19] Schon bald begann er mit seiner praktischen Arbeit. Diesen Beginn beschrieb er einst folgendermaßen: So

[…] fing ich endlich in Berlin meine Kunstübung mit jener übergroßen körperlichen Mühe an welche jedem Angänger in einer großen Stadt so nothwendig ist um sich durch den Zutrauensmangel, den Neid und die Gewerkskabale durch zu arbeiten.[20]

Die Niederlassung in Berlin setzte die Erfüllung einiger Auflagen voraus. Wollte ein Arzt in den preußischen Staaten die Arzneiwissenschaft ausüben, so musste er dem Ober-Collegium schriftliche Nachweise seines Universitätsstudiums und

---

18 LEDER, Herz (wie Anm. 16), S. 143ff.
19 Für seine bereits am 26. Februar und 2. März 1774 erfolgte Examination bescheinigte ihm der amtierende Dekan Johann Peter Eberhard (1727–1779) ausgezeichnete Leistungen. Seine Doktorarbeit durfte er öffentlich und ohne die Hilfestellung eines Ordinarius verteidigen. Zum Zeitpunkt der Promotion von Marcus Herz war das bei jüdischen Studenten praktizierte Verfahren gerade etwas abgeändert worden. Die in Halle übliche Verfahrensordnung hatte ja ursprünglich nicht für jüdische Studenten gegolten. KAISER, Wolfram: *Das Studium Judaicum Halense im 18. Jahrhundert*, in: Johann Juncker (1679–1759) und seine Zeit (I), hg. v. Wolfram KAISER und Hans HÜBNER, (Wissenschaftliche Beiträge der Martin-Luther-Universität Halle-Wittenberg 1979/ 29, T 31), S. 61–85; hier S. 75; KAISER, Wolfram; KROSCH, Karl-Heinz: *Die Statuten der Medizinischen Fakultät im 18. Jahrhundert*, in: 250 Jahre Collegium Clinicum Halense 1717–1967 (Beiträge zur Geschichte der Medizinischen Fakultät der Universität Halle. Wissenschaftliche Beiträge der Martin-Luther-Universität Halle-Wittenberg 1967/3, R 2), S. 77–103, S. 88ff.; KAISER, Wolfram; PIECHOCKI, Werner: *Anfänge des Medizinstudiums jüdischer Studenten in Halle*, in: Wissenschaftliche Zeitschrift der Humboldt-Universität zu Berlin, Math.-Nat. R. XIX, 4, 1970, S. 389–393.
20 HERZ, Marcus: *Ein Stück Selbstbiographie und Krankheitsgeschichte. Unvollendet, aus den letzten Wochen seines Lebens, 1802–1803*, in: Carl Robert Lessings Bücher= und Handschriftensammlung, hg. v. Gotthold Lessing, Handschriftensammlung Teil 2: Deutschland, Berlin 1915, S. 101f.

der Promotion vorlegen.[21] Die Approbationsbestimmungen des Medizinaledikts von 1725[22] schrieben zudem vor, nicht nur eine mündliche Prüfung zu absolvieren, sondern auch praktische Fähigkeiten zu demonstrieren. In diesem Interesse mussten die angehenden Ärzte ihre bisherige Ausbildung durch einen Anatomiekurs am Theatrum anatomicum vervollständigen, einen praktischen Fall diagnostizieren, hierfür einen Therapievorschlag ausarbeiten und vor dem Collegium medicum eine Prüfung bestehen. Die approbierten Ärzte durften lediglich innere Krankheiten behandeln.[23] Äußerliche Erkrankungen fielen in das Aufgabengebiet der Wundärzte. Die Heilmittelherstellung war wiederum den Apothekern vorbehalten.[24] Neben den Bestimmungen des Medizinaledikts unterlag seine Tätigkeit auch den Statuten der jüdischen Krankenpflege.

Einen Großteil seiner Patienten behandelte Herz ambulant im Rahmen von Hausbesuchen.[25] Daneben praktizierte er im Krankenhaus der jüdischen Gemeinde.[26] Viele seiner Hausbesuche unternahm er von seiner jeweiligen Wohnung aus und bewegte sich im Laufe seines Arbeitstages zwischen den Stuben seiner Patienten, dem Lazarett und seiner eigenen Wohnung hin und her. Nach Friedrich Nicolai wohnte Herz um 1779 in der Heiliggeiststraße, die nahezu parallel zur Spandauerstraße verlief.[27] Später zog das Ehepaar Herz in die Spandauer Straße ins *Burgersche Haus* um, das noch 1793 als Adresse verzeichnet wurde.[28] In

---

21 FORMEY, Ludwig: *Versuch einer medicinischen Topographie von Berlin*, Berlin 1796, S. 228ff.
22 Das Medizinaledikt von 1725 bildete etwa hundert Jahre hindurch die Grundlage für die Entwicklung der medizinischen Versorgung in Preußen. Erst gegen Ende des Jahrhunderts wurde es leicht modifiziert. FORMEY, Topographie (wie Anm. 21), S. 228ff.
23 Im Jahre 1786 gab es in Berlin insgesamt 40 Ärzte, deren Anzahl bis zum Jahre 1800 auf 59 anwuchs. STÜRZBECHER, Manfred: *Untersuchung über den Einfluß der medizinischen Versorgung auf den Gesundheitszustand der Berliner Bevölkerung im 18. Jahrhundert*. Diss. med. der Freien Universität Berlin, Berlin 1961, S. 5.
24 WINAU, Rolf: *Medizin in Berlin*, Berlin/ New York 1987, S. 68ff.
25 Hausbesuche waren bis in die Mitte des 19. Jahrhunderts an der Tagesordnung. STÜRZBECHER, Untersuchung (wie Anm. 23), S. 5; JÜTTE, Robert: *Gesundheit, Krankheit und medikale Kultur in historischer Perspektive*, in: Religionen und medizinische Ethik, hg. v. Rahul Peter DAS, Ulm 1993, S. 72–90; hier S. 86.
26 Die Gemeinde umfasste zwischen 1770 und 1800 etwa 3500 Mitglieder, also knapp 2 Prozent der städtischen Gesamtbevölkerung.
27 NICOLAI, Friedrich: *Beschreibung der Königlichen Residenzstädte Berlin und Potsdam und aller daselbst befindlichen Merkwürdigkeiten*, Berlin 1779, Bd. 1, S. 8; Bd. 2, S. 1005.
28 NICOLAI, Friedrich: *Wegweiser für Fremde und Einheimische durch die Königl. Residenzstädte Berlin und Potsdam und die umliegende Gegend*, Berlin 1793, S. 209.

der Spandauerstraße, die vom Molkenmarkt zur Neuen Friedrichsstraße verlief[29], lebten viele Juden.[30] Um 1796 wohnten sie in der Neuen Friedrichsstraße 22, die sich in der Nähe der Königstraße befand[31] und sich von der Pommeranzenbrücke bis zur Stralauerstraße erstreckte.[32] Schließlich verzogen sie in die Markgrafenstraße 59. In der Tiergartenstraße 18 verfügten sie über einen Sommerwohnsitz.[33] Karl August Boettiger erinnerte sich einst, dass Herz die *große Stadt beständig zu Fuße* durchlaufen habe, während doch andere Ärzte *bei einer weit weniger ausgebreiteten Praxis beständig in einer Kutsche* herumgerollt seien.[34]

Im Jahre 1782 übernahm Herz die Leitung des Jüdischen Lazaretts, das 1753 in der Oranienburgerstraße errichtet worden war.[35] Das vierstöckige Gebäude mit seiner Fassade von zwanzig Fenstern in der Breite verfügte über fünf Räume für weibliche und sieben Räume für männliche Patienten. Darüber hinaus existierten Räume für die Genesung, für Vorräte und für Gebete. Die restlichen Räumlichkeiten des Hauses standen teilweise leer oder waren vermietet. Insgesamt nahm das Hospital jährlich zwischen 300 und 350 Patienten auf, obgleich es bis zu 400 Patienten unterbringen konnte. Die Patienten kamen aus den unterschiedlichsten

---

29 NICOLAI, Wegweiser (wie Anm. 28), S. 3.
30 SCHMITZ, Rainer (Hg.): *Henriette Herz in Erinnerungen, Briefen und Zeugnissen*, Leipzig/ Weimar 1984, Anm. zu S. 10, S. 460.
31 SCHMITZ (Hg.), Henriette (wie Anm. 30), S. 88.
32 Das Gebäude befand sich ungefähr südöstlich des heutigen Fernsehturms am Alexanderplatz, an der heutigen Rathausstraße. Vgl. NICOLAI, Wegweiser (wie Anm. 28), S. 5. Nach Ulrich Eckhardt und Andreas Nachama befand sich das Ehepaar Herz bereits seit Dezember 1779 in der Neuen Friedrichstraße und unterhielt dort seinen Salon; dieser Annahme widersprechen jedoch die zeitgenössischen Adressverzeichnisse für Berlin. ECKHARDT, Ulrich; NACHAMA, Andreas: *Jüdische Orte in Berlin*, Berlin 1996, S. 32.
33 SCHMITZ (Hg.), Henriette (wie Anm. 30), S. 440.
34 BOETTIGER, Karl August: *Ausschnitt aus dem Tagebuch einer Reise nach Berlin*, in: Henriette Herz in Erinnerungen, Briefen und Zeugnissen, hg. v. Rainer SCHMITZ, 1984, S. 412f.
35 Es wurde in den Jahren 1858 bis 1861 durch ein neues Hospital in der August-Straße ersetzt. LANDSHUTH, L.: *Ein altes Statut der jüdischen Krankenverpflegungsanstalt zu Berlin*, in: Die Gegenwart 1, 1867, S. 267; STÜRZBECHER, Manfred: *Aus der Geschichte des jüdischen Krankenhauses in Berlin*, in: Zur Geschichte der jüdischen Krankenhäuser in Europa. Vorträge auf dem Symposium der Deutschen Gesellschaft für Krankenhausgeschichte am 13. Februar 1970 in Heidelberg, hg. v. der Deutschen Gesellschaft für Krankenhausgeschichte, Düsseldorf 1970, S. 62ff.; JACOBY, Jessica: *Anfänge und Entwicklung der jüdischen Krankenpflege in Berlin*, in: Zerstörte Fortschritte. Das Jüdische Krankenhaus in Berlin, hg. v. Dagmar HARTUNG-VON DOETINCHEM und Rolf WINAU, Berlin 1989, S. 28–74.

Gesellschaftsschichten, sowohl aus Berlin als auch von außerhalb.[36] Zur Aufnahme musste sich jeder Kranke beim zuständigen Arzt melden und erhielt von diesem einen vom Vorsteher der Krankenbesuchergesellschaft unterzeichneten Schein, zumal der Chewra Bikur Cholim die Aufsicht über die ganze Anstalt oblag. Anschließend wurden die Erkrankten in einer Sänfte oder in einem Wagen ins Lazarett gebracht. Das Personal umfasste neben dem Arzt einen *Wund-Arzt, zwey Wärter* und *eine Wärterinn*. Die Krankenbesuche der Ärzte fanden täglich statt. Wenn *viele gefährliche Kranke* versorgt werden mussten, wurden zusätzlich *besondere Wächter* angemietet. Die ärztliche Aufsicht oblag anfangs Benjamin de Lemos und dem *Stadt-Chirurgus Lahrmann*. Seit 1790 verrichtete der *Stadt-Chirurgus Wache* die wundärztlichen Tätigkeiten. Die Pflege galt als außergewöhnlich gut. Die Diät der Genesenden umfasste Kraftbrühen, Gemüse, Kalbfleisch, Geflügel, Wein, Kaffee und Schokolade. Auch die Hygiene des Hauses galt als vorbildlich. Nach Krünitz betrug die Mortalität lediglich 2,4%, während in der Charité 14,4% und im Hospital der Französischen Gemeinde sogar 25,4% der Patienten verstarben.[37] Die von den Ärzten verschriebenen Rezepte wurden in verschiedenen Berliner Apotheken eingelöst. Bei den Betriebskosten scheint es nur wenige finanzielle Restriktionen gegeben zu haben.[38] Bevorzugt durch die Aufnahme auswärtiger Patienten entstanden jedoch hohe finanzielle Belastungen. Während die bürgerlichen Gemeinden in solchen Situationen zu einer Abschiebung der fremden Kranken neigten[39], ließ die religiöse Pflicht zur Krankenbehandlung ein derartiges Verfahren nicht zu. Die Gemeinde wandte sich deshalb an die Obrigkeit und bat sie, den nicht in Berlin ansässigen Juden eine Sondersteuer zum Unterhalt des Krankenhauses abfordern zu dürfen.[40] Nachdem Herz die Leitung des Lazaretts übernommen hatte, avancierte es zu einer angesehenen Lehr- und

---

36 So lesen wir bei Johann Georg Krünitz: „Es werden Kranke aller Art darin aufgenommen, einheimische, ansäßige, Dienstbothen, Studierende, desgleichen Fremde, aus Polen, Preußen, aus dem Reiche etc., die entweder hier krank werden, oder um geheilt zu werden, hierher geschickt werden." KRÜNITZ, Johann Georg: *Oeconomische Encyclopädie oder Allgemeines System der Staats-, Stadt und Landwirtschaft in alphabetischer Ordnung*, 47. Theil, Brünn 1791, S. 535f.
37 Nach einem überlieferten Krankenbucheintrag verstarben von den zwischen Juli 1792 und Juli 1795 behandelten 1116 Patienten lediglich 27.
38 Die jährlichen Ausgaben betrugen etwa 4000 Taler. KRÜNITZ, Encyclopädie (wie Anm. 36), S. 535f.; FORMEY, Topographie (wie Anm. 21), S. 278ff.; JACOBY, Anfänge (wie Anm. 35), S. 28–74.
39 STÜRZBECHER, Manfred: *Beiträge zur Berliner Medizingeschichte*, Berlin 1966, S. 107.
40 Diesem Ansinnen wurde am 13. Juli 1790 stattgegeben. *Zur Geschichte der Krankenpflege in der jüdischen Gemeinde zu Berlin*, Berlin 1887, S. 7.

Forschungsstätte. Er vertiefte dort das zeitgenössische medizinische Wissen und etablierte eine vorakademische Praxisschulung für angehende Medizinstudenten, die sogar durch das Obercollegium medicum beglaubigt wurde. Durch diese Anerkennung durfte sich Herz als erster offiziell anerkannter jüdischer Akademielehrer für Medizin in Deutschland betrachten. Er orientierte sich grundsätzlich an den von Juncker und Hoffmann entwickelten medizinischen Methoden, die ihm während seines Studiums in Halle von Goldhagen vermittelt worden waren.[41]

Unter seinen Patientinnen und Patienten befanden sich Kinder, Jugendliche, Erwachsene und ältere Menschen. Sie kamen aus allen gesellschaftlichen Schichten, gingen den unterschiedlichsten Beschäftigungen nach und verfügten über die unterschiedlichsten ökonomischen Ressourcen. Das Personenspektrum erstreckte sich von mittellosen Juden bis hin zu Angehörigen adliger Familien. Bei den meisten lässt sich eine Zugehörigkeit zur jüdischen Gemeinde vermuten.[42] Dennoch hat Herz auch prominente Nichtjuden wie zum Beispiel Karl Phillip Moritz[43] und Friedrich Schleiermacher[44] behandelt. Ein weiterer prominenter Patient war Moses Mendelssohn.[45] Die meisten Kranken bleiben jedoch unbenannt. Wenn seine Beschreibungen kaum Aussagen über die Religionszugehörigkeit seiner Patienten beherbergen, so könnte dies auf seine Überzeugung zurückgeführt werden, dass die *Wirkungen der physischen Natur* bei *jedem Menschen ohne Unterschied seiner Glaubensmeynung* zu beobachten seien.[46] An manchen Tagen konnte er die

---

41 STÜRZBECHER, Jüdisches Krankenhaus (wie Anm. 35), S. 67. Ein Vergleich des jüdischen Krankenhauses mit ähnlichen, während der Aufklärung eingerichteten Institutionen bietet sich an bei: STOLLBERG; Gunnar; TAMM, Ingo: *Die Binnendifferenzierung in deutschen Krankenhäusern bis zum Ersten Weltkrieg* (Medizin, Gesellschaft und Geschichte. Jahrbuch des Instituts für Geschichte der Medizin der Robert Bosch Stiftung, hg. v. Robert Jütte, Beiheft 17), Stuttgart 2001, S. 125–326.
42 WINAU, Medizin (wie Anm. 24), S. 75.
43 HERZ, Marcus: *Etwas Psychologisch-Medizinisches. Moritz Krankengeschichte*, in: Journal der practischen Arzneykunde und Wundarzneykunst, Bd. 5, 2. Stück, 1798, S. 259–339; zudem in HERZ, Philosophisch-medizinische Aufsätze (wie Anm. 11), S. 60–84.
44 *Brief von Schleiermacher an seine Schwester Charlotte vom 25st. Juli 1798*, in: Henriette Herz in Erinnerungen, Briefen und Zeugnissen, hg. v. Rainer SCHMITZ, Leipzig/ Weimar, 1984, S. 266ff.; *Brief von Schleiermacher an seine Schwester Charlotte vom 12t. Februar 1801*, in: ebd., S. 330.
45 *Moses Mendelssohn an die Freunde Lessings. Ein Anhang zu Herrn Jacobi Briefwechsel über die Lehre des Spinoza*, Berlin 1786, S. XIVf.; JÜTTE, Patient (wie Anm. 13), S. 3f.; JÜTTE, Mendelssohn (wie Anm. 13), S. 157–176.
46 HERZ, Lungenschwindsucht (wie Anm. 11), S. 59.

Patientenfülle kaum bewältigen, wobei dies auch andere Berliner Ärzte erlebten.[47] Der größte Teil aller Behandlungen fand in Berlin statt.[48] Eine Kur begann er in Bad Freyenwalde und setzte sie in Berlin fort[49], eine andere wurde in Berlin begonnen und von Freyenwalde aus als Fernbehandlung vollendet.[50] Zwei Fallbeispiele reichen in seine Hallenser Studienzeit zurück.[51]

Herz behandelte all jene Erkrankungen, welche in der medizinischen Nomenklatur des achtzehnten Jahrhunderts als innere Erkrankungen angesehen wurden. Hierzu gehörten beispielsweise Brechanfälle, Wurmkrankheiten, Hustenanfälle, Nervenübel, Verstopfungen, Fieberanfälle, asthmatische Zufälle, Veitstanz, Koliken, Auszehrung, Schwindsucht, Lungengeschwüre und Harnflüsse.[52] Dass diese Krankheitsdiagnosen nur in den seltensten Fällen mit der Terminologie unserer Zeit in Einklang gebracht werden können, zeigen die Rezeptionsbücher der Charité.[53]

Bei vielen Behandlungen waren Eltern, Verwandte, Freunde, Bekannte und Nachbarn zugegen. Sie beeinflussten die Behandlungsverläufe in unterschiedlichem Maße. Ihre Beteiligungsmöglichkeiten erstreckten sich vom passiven Zusehen bis zur aktiven Mitbehandlung. Oft versuchten sie sich als begleitende Ratgeber des Arztes, formulierten manchmal eigene Diagnosen und verwarfen hin und wieder die Empfehlungen des Arztes. Nicht selten hatten die Familienangehörigen den Erstkontakt zum Arzt aufgenommen.

Einige Patienten waren vor der Behandlung bereits von anderen Ärzten, Wundärzten oder Feldscherern versorgt worden. Manche konsultierten während der

---

47 Etwa zu Beginn der achtziger Jahre musste Herz acht Wochen hindurch jeden Tag 30 Kranke in ihren Stuben und noch einmal ebenso viele im Lazarett besuchen. HERZ, Marcus: *Psychologische Beschreibung seiner eignen Krankheit vom Herrn D. Marcus Herz an Herrn Doktor J. in Königsberg*, in: Gnoti Sauton oder Magazin zur Erfahrungsseelenkunde als ein Lesebuch für Gelehrte und Ungelehrte, hg. v. Karl Philipp MORITZ, 1. Band, Berlin 1783 [Nachdruck Nördlingen 1986], S. 121–142; hier S. 123f.
48 Für die Jahre nach der Trauung am 1. Dezember 1779 ist überliefert, dass er „seiner großen ärztlichen Praxis halber sich nicht wohl von Berlin entfernen" konnte. SCHMITZ (Hg.), Henriette (wie Anm. 30), S. 40.
49 HERZ, Lungenschwindsucht (wie Anm. 11), S. 33ff.
50 HERZ, Lungenschwindsucht (wie Anm. 11), S. 38ff.
51 HERZ, Marcus: *Briefe an Aerzte. Erste Sammlung*, Mietau 1777, S. 77ff.; S. 193f.
52 Z. B. STOLBERG, Michael: *Homo patiens. Krankheits- und Körpererfahrung in der Frühen Neuzeit*, Köln/ Weimar/ Wien 2003, S. 121ff.
53 STÜRZBECHER, Untersuchung (wie Anm. 23), S. 1. Nach Robert Jütte darf die medizingeschichtliche Phase der retrospektiven Diagnostik als *weitgehend überwunden* betrachtet werden. JÜTTE, Patient (wie Anm. 13), S. 3f.; JÜTTE, Mendelssohn (wie Anm. 13), S. 157–176.

Behandlung durch Herz weitere Ärzte. Doch Herz praktizierte auch seinerseits wiederholt in Behandlungsallianzen mit anderen Heilkundigen. Hierzu gehörten Ärzte wie sein Schwiegervater Benjamin de Lemos[54] und Marcus Elieser Bloch[55] oder Wundärzte[56] wie Johann Christian Anton Theden und Johann Philipp Hagen. Bei den Kooperationen scheint es wiederholt Koordinationsschwierigkeiten gegeben zu haben. In manchen Texten ist von Wärtern und Gehilfen die Rede, bei denen es sich um im Krankenhaus angestellte Wärter, privat gemietete Pflegepersonen oder um Mitglieder der Gesellschaft der Krankenbesucher gehandelt haben dürfte.

Herz verschrieb nicht selten die besten und kostspieligsten Heilmittel der damaligen Zeit, wobei berücksichtigt werden sollte, dass Arzneien im Verhältnis zu den allgemeinen Löhnen grundsätzlich sehr teuer waren.[57] Die von ihm ausgestellten Rezepte wurden in verschiedenen Berliner Apotheken eingelöst, die den Juden zugänglich waren. Im Jahre 1779 gab es 18 deutsche und drei französische[58] und 1796 neben der Hofapotheke 19 deutsche und drei französische Apotheken[59]. Hinter der Formulierung *bald in dieser, bald in jener Officin* könnten sich theoretisch alle zwischen 1481 und 1810 privilegierten Apotheken verbergen, die in der zweiten Hälfte des achtzehnten Jahrhunderts noch oder bereits existierten.[60] Der Zutritt zur Hof-Apotheke war den Juden jedoch verboten.[61] Den Orientierungsrahmen für die Verfertigung der von den Ärzten verschriebenen Rezepte bildete das in Berlin gebräuchliche Arznei- und Apothekerbuch. Die offiziell gültige Pharmakopoea Borussica[62] entsprach freilich nicht immer dem aktuellen Kenntnisstand der Pharmazie und der Medizin. So scheint zum Beispiel das 1781 veröffentlichte Dispensatorium *noch eine grosse Anzahl unwirksamer Mittel, und einen Wust von veralteten und untauglichen Compositionen*[63] enthalten zu haben.

---

54 Jacoby, Anfänge (wie Anm. 35), S. 32f.; Schmitz (Hg.), Henriette (wie Anm. 30), S. 14f.
55 Nicolai, Beschreibung (wie Anm. 27), S. 1002.
56 Die Niederlassungsbestimmungen für die Wundärzte waren größtenteils im Medizinaledikt von 1725 geregelt. Die Bader wurden durch ein Patent vom 10. Juli 1779 mit den Wundärzten vereint und erlangten dadurch die gleichen Rechte. Formey, Topographie (wie Anm. 21), S. 231ff.; Winau, Medizin (wie Anm. 24), S. 69.
57 Stürzbecher, Untersuchung (wie Anm. 23), S. 16.
58 Nicolai, Beschreibung (wie Anm. 27), S. 356.
59 Formey, Topographie (wie Anm. 21), S. 237.
60 Reinhard, Friedhelm: *Apotheken in Berlin. Von den Anfängen bis zur Niederlassungsfreiheit*, Eschborn 1998, S. 12ff.
61 Stürzbecher, Manfred: *Die Apotheke in Berlin im Laufe der Jahrhunderte*, hg. v. der Apothekerkammer Berlin, Frankfurt/Eschborn 1987, S. 19ff.
62 Stürzbecher, Apotheke (wie Anm. 61), S. 33.
63 Formey, Topographie (wie Anm. 21), S. 236.

Herz nutzte botanische, mineralische und „animalische" Heilmittel. Nach der Art der Anwendung wurden innerliche und äußerliche, nach der Art der Wirkung generische und spezifische Heilmittel unterschieden.[64] Nach Herz bevorzuge jeder nach vernünftigen Maßstäben verfahrende und damit zum *Adel der Kunst* gehörende Arzt generische Mittel und verabscheue den Gebrauch spezifischer Mittel. Er räumte jedoch ein, dass auch der *wahre Arzt* immer wieder Specifika anwenden müsse, *da bey vielen wirksamen Mitteln ihre rationelle Erkenntniß sehr mangelhaft ist*.[65] Zudem wurden Hausmittel und Kunstmittel unterschieden. Die für gewöhnlich günstigeren Hausmittel dienten in der Regel zur Selbstbehandlung, wenn eine teure Behandlung durch einen Arzt vermieden werden sollte.[66] Wenngleich auch die wohlhabenden und adligen Berliner wiederholt auf Hausmittel zurückgriffen, scheinen sie *ausgesuchtere Zubereitungen* bevorzugt zu haben.[67] Herz ließ auch immer wieder Klistire verabreichen und Aderlässe vornehmen. In aussichtslos erscheinenden Fällen probierte er sogar zweifelhafte Methoden wie beispielsweise den von Franz Anton Mesmer entwickelten Magnetismus aus. Wenn sich alle von ihm angewandten Heilmittel als wirkungslos erwiesen hatten, überließ er die Heilung der Natur. Bevorzugt seine weiblichen Patientinnen griffen wiederholt zur Selbstmedikation. Bei Frauen und Mädchen scheint die Bereitschaft zur Einnahme der von ihm verordneten Heilmittel höher gewesen zu sein als bei Männern und Jungen. Einige Erkrankte verweigerten die Einnahme der verordneten Arzneimittel jedoch gänzlich.

Jenseits seiner Berufsgeschäfte führte Marcus Herz gemeinsam mit seiner Frau Henriette ein geselliges Leben.[68] Sie gehörten jener wohlhabenden jüdischen Oberschicht an, die Funktionen im wirtschaftlichen, gesellschaftlichen und humanitären Bereich wahrzunehmen versuchte[69] und deren Lebensführung in

---

64 HERZ, Marcus: *Auseinandersetzung einiger Begriffe aus der Materia medika*, in: Neue Beiträge zur Natur= und Arzenei=Wissenschaft, hg. v. C. G. SELLE, Erster Theil, Berlin 1783, S. 194ff.
65 HERZ, Materia medika (wie Am. 64), S. 198.
66 Viele mittellose Kranke gebrauchten zum Beispiel Petersilienwasser zur Beförderung des Urins, Knoblauch zur Abtreibung von Würmern, Pfefferkörner zur Behandlung von Blähungen oder gepfefferten Branntwein zur Aufhebung eines Fiebers. HERZ, Materia medika (wie Anm. 64), S. 191f.
67 Die zur Aufrechterhaltung der *herrschaftlichen Gesundheit* verordneten Kunstmittel galten somit auch als *Herrschaftsmittel*. HERZ, Materia medika (wie Am. 64), S. 190.
68 Man denke z. B. an den 1779 begründeten Doppelsalon. SCHMITZ (Hg.), Henriette (wie Anm. 30), S. 29f.
69 JERSCH-WENZEL, Stefi: *Juden und 'Franzosen' in der Wirtschaft des Raumes Berlin/Brandenburg zur Zeit des Merkantilismus*, Berlin 1978, S. 243f.

mancherlei Hinsicht jener der Adligen glich – wenngleich sie nach wie vor einer rigorosen Sondergesetzgebung unterworfen war. Zudem hielt Herz regelmäßig Privatvorlesungen. 1787 ernannte ihn König Friedrich Wilhelm II. zum königlich preußischen Professor der Philosophie.

1.2 Die Erkenntnis- und Behandlungsprinzipien

Die Krankheitslehre von Marcus Herz zielte auf die vollständige Erfassung aller Erkrankungszusammenhänge.[70] Jede Krankheit könne von verschiedenen Seiten betrachtet werden, als Erscheinung, als Ursache körperlicher Veränderungen oder als Folge einer anderen widernatürlichen Veränderung im Körper. Wenn sie auf diese Weisen nicht augenscheinlich werde, müsse sie durch *eigene charakteristische Zeichen* erkannt werden und falle dadurch in den Zuständigkeitsbereich der *Semiotik*. Ihre Kenntnis unterscheide den Arzt vom Empiriker und das Genie vom Handwerker.[71] Herz unterschied grundsätzlich zwischen *hitzigen* und *chronischen* Erkrankungen.[72] Im Rahmen des in vier Stadien einzuteilenden hitzigen Krankheitsverlaufes bereite die Natur einen Krankheitsstoff zu, den sie dann entweder aus dem Körper entferne oder aber in einen gutartigen Stoff verwandle.[73] Die langwierigen chronischen Krankheiten könnten hingegen nicht in deutliche Perioden mit einer regelmäßigen Zu- und Abnahme unterteilt werden; sie bestünden beispielsweise in Funktionsverletzungen, Schmerzen oder widernatürlichen Ausleerungen.[74] Im Falle einer hitzigen Krankheit dürfe die Natur als *vorzüglichste Ursache der ganzen Heilung* angesehen werden[75], so dass die Arzneikunst lediglich die Aufgabe habe, den für die Heilungstätigkeit der Natur erforderlichen *vollkommenen Grad* zu erhalten.[76] Diese Heilungsregel gelte nicht bei chronischen Krankheiten, die als eigentliche Gegenstände der Heilkunsttätigkeit zu betrachten seien.

Herz hob wiederholt hervor, dass alle Krankheiten große Unterschiede aufweisen würden. Durch diese große Mannigfaltigkeit müsse der Arzt für jede einzelne Krankheit individuelle Behandlungsregeln entwickeln und hierbei die Erfahrung

---

70 HERZ, Marcus: *Grundriß aller medicinischen Wissenschaften*, Berlin 1782, Pathologie, S. 218f., §§ 4–7.
71 HERZ, Grundriß (wie Anm. 70), §§ 20–22, S. 224ff.
72 HERZ, Grundriß (wie Anm. 70), § 12, S. 383.
73 HERZ, Grundriß (wie Anm. 70), § 15, S. 384. Die Vorstellung von beweglichen Krankheitsstoffen und der Eigenbeweglichkeit von Erkrankungen und Schmerzen teilten auch Laien. Vgl. STOLBERG, Homo patiens (wie Anm. 52), S. 43ff.
74 HERZ, Grundriß (wie Anm. 70), § 18, S. 386f.
75 HERZ, Grundriß (wie Anm. 70), § 20, S. 387.
76 HERZ, Grundriß (wie Anm. 70), § 21, S. 388f.

zu Rate ziehen.[77] In diesem Interesse komme bevorzugt der Diagnostik eine hohe Bedeutung zu.[78] Die Integration der Mannigfaltigkeit gestatte dem Arzt keine einseitigen Erklärungs- und Behandlungsansätze. Vor dem Hintergrund der von den Hallenser Frühaufklärern[79] und Ernst Platner[80] eingeleiteten anthropologischen Wende postulierte er außerdem eine enge Verknüpfung zwischen Körper und Seele. Wenn seelische Erkrankungen mit körperlichen Mitteln behandelt werden könnten, müsste man auch körperliche Erkrankungen mit seelischen Mitteln heilen können. Dies zeige sich besonders bei Nervenkrankheiten.[81] Bei der Beurteilung des leibseelischen Zusammenspiels könne kein Arzt auf die Kenntnisfülle der Philosophie und

---

77 HERZ, Grundriß (wie Anm. 70), § 28, S. 393. Im Lichte dieser Auffassung begegnet uns Herz als Verfechter eines relativen Gesundheitsbegriffes. JÜTTE, Mendelssohn (wie Anm. 13), S. 171; JÜTTE, Patient (wie Anm. 13).

78 Z. B. *D. Marcus Herz an den D. Dohmeyer, Leibarzt des Prinzen August von England, über die Brutalimpfung und deren Vergleichung mit der humanen*, in: Journal der practischen Arzneykunde und Wundarzneykunst, Bd. 12, 1. Stück, 1801, S. 11ff.

79 Die Bemühungen, die Medizin mit der Philosophie zu vereinigen, waren als Gegenreaktionen auf die von René Descartes geprägte Substanzentrennung von Körper und Seele und die daraus hervorgegangene Konzeption einer „mechanischen" Medizin ausgelöst worden und hatten sich fortan im erkenntnistheoretischen Gravitationsfeld von Pietismus, Stahlianismus und Wolffianismus entfaltet. STAHL, Georg Ernst: *Theoria medica vera. Physiologiam et Pathologiam, tanquam doctrinae medicae partes vere contemplativas, e naturae et artis veris fundamentis, intaminata ratione, et inconcussa experientia sistens*, Halle 1708; MOCEK, Reinhard: *Zum Mechanismus-Vitalismus-Paradigma der Stahl-Ära*, in: Georg Ernst Stahl (1659–1734). Hallesches Symposium 1984, hg. v. Wolfram KAISER und Arina VÖLKER (Wissenschaftliche Beiträge der Martin-Luther-Universität Halle-Wittenberg 66, E 73), Halle 1985, S. 31ff.; GEYER-KORDESCH, Johanna: *Die „Theoria medica vera" und Georg Ernst Stahls Verhältnis zur Aufklärung*, in: Georg Ernst Stahl (1659–1734). Hallesches Symposium 1984, hg. v. Wolfram KAISER und Arina VÖLKER (Wissenschaftliche Beiträge der Martin-Luther-Universität Halle-Wittenberg 66, E 73), Halle 1985, S. 92ff.; GEYER-KORDESCH, Johanna: *Psychomedizin – die Entwicklung von Medizin und Naturanschauung in der Frühaufklärung*, in: „Vernünftige Ärzte". Hallesche Psychomediziner und die Anfänge der Anthropologie in der deutschsprachigen Frühaufklärung, hg. v. Carsten ZELLE, Tübingen 2001, S. 27ff.

80 PLATNER, Ernst: *Anthropologie für Aerzte und Weltweise*, Erster Theil, Leipzig 1772; HERZ, Marcus: *[Rezension zu:] D. Ernst Platners, der Arzeneykunst Professors in Leipzig, Anthropologie für Aerzte und Weltweise*, Erster Theil, Leipzig 1772, in: Allgemeine deutsche Bibliothek, Bd. 20, 1. Stück, 1773, S. 25–51; zudem in: HERZ, Philosophisch-medizinische Aufsätze (wie Anm. 11), S. 7–23.

81 HERZ, Marcus: *Versuch über den Schwindel*, Berlin 1786 [2. Auflage 1791]; HERZ, Krankheit (wie Anm. 47), S. 121ff.

die Erfahrungsseelenlehre[82] verzichten. Er verwies mehrfach auf die psychopathologischen und physiologischen Begrenzungen des menschlichen Verstandes und auf das Unbewusste als Standort der Verbindung von Geist und Körper.

Herz sah in der Medizin weder ein einfaches Handwerk noch eine reine Wissenschaft. Sie galt ihm als eine *Kunst*, die man nicht durch bloße Nachahmung, sondern nur durch eigenes *Genie* erlernen könne. So empfahl er für die Arzneikunst die Einführung ästhetischer Maßstäbe. Wie jeder gestaltende und darbietende Künstler müsse auch der Arzneikünstler danach streben, seine Kunstwerke zu vervollkommnen und ihnen einen guten *Geschmack* zu verleihen. Dieses Ziel erfordere drei Fähigkeiten. Erstens müsse der Künstler mit Hilfe seiner Einbildungskraft konkret denken können, zweitens müsse er seine Einbildungskraft der Vernunft unterwerfen und drittens solle er seine mannigfaltigen Fähigkeiten und Neigungen mit Hilfe eines wohltemperierten Haltungsgefühls in Einklang bringen. Die Haltung helfe dabei, die Mannigfaltigkeit des Kunstwerkes der sittlichen Vollkommenheit anzunähern.[83] Die Empfehlung einer innigen Verbindung von Ästhetik und Medizin war sehr stark von dem Hallenser Philosophen Alexander Gottlieb Baumgarten beeinflusst.[84] Als „Arztphilosoph" bewegte sich Herz bekanntlich in der Denktradition der *vernünftigen Ärzte*.[85]

Die Einsicht in die Mannigfaltigkeit der Krankheitsumstände leitete Herz nicht nur beim Diagnostizieren, sondern auch beim Therapieren. Er betrachtete jeden Heilprozess als einen Gemeinschaftserfolg der verordneten Heilmittel und der diätetischen Verhaltensempfehlungen. Freilich müssten auch andere Nebenumstände wie das Wetter oder die Luftbeschaffenheit berücksichtigt werden.[86] Vor dem Hintergrund seiner Definition der Medizin als *Dienerin des einzelnen Menschen*

---

82 Sowohl Mendelssohn als auch Herz bereicherten das von Karl Philipp Moritz herausgegebene Magazin *Gnoti Sauton oder Magazin zur Erfahrungsseelenkunde* mit einigen Aufsätzen.

83 HERZ, Marcus: *Versuch über den Geschmack und die Ursachen seiner Verschiedenheit*, Leipzig und Mietau 1776, S. 37ff.

84 BAUMGARTEN, Alexander Gottlieb: *Philosophische Brieffe von Aletheophilus*, Frankfurth und Leipzig 1741, 2. Schreiben, S. 5ff.; BAUMGARTEN, Alexander Gottlieb: *Theoretische Ästhetik. Die grundlegenden Abschnitte aus der „Aesthetica" (1750/58)*. Lateinisch/Deutsch, übers. u. hg. v. Hans Rudolf Schweizer, Hamburg 1983, §§ 1–3; POPPE, Bernhard: *Alexander Gottlieb Baumgarten. Seine Bedeutung und Stellung in der Leibniz-Wolffischen Philosophie und seine Beziehungen zu Kant. Nebst Veröffentlichung einer bisher unbekannten Handschrift der Ästhetik Baumgartens*, Borna-Leipzig 1907, S. 73.

85 ZELLE, Carsten: *Sinnlichkeit und Therapie. Zur Gleichursprünglichkeit von Ästhetik und Anthropologie um 1750*, in: „Vernünftige Ärzte" (wie Anm. 79), S. 5–24.

86 HERZ, Lungenschwindsucht (wie Anm. 11), S. 44ff.

warnte Herz seine Berufskollegen vor einer allzu ungeduldigen Anwendung neuer Pharmazeutika und empfahl eine geduldige Anwendung bewährter Mittel.[87] Bevorzugt im Zusammenhang mit der neu entwickelten Kuhpockenimpfung formulierte er eine Norm zur Überprüfung medizinethischer Bedenken bei neuen Behandlungsmethoden und forderte die Einhaltung folgender Regeln: Wenn ein neues Mittel wirkungslos bleibe, dürfe der Arzt durch dessen Anwendung keine Zeit verlieren und solle dann lieber bereits bewährte Heilmittel anwenden.[88] Zudem möge man ein unbewährtes Mittel erst dann ausprobieren, wenn es einem bereits bewährten sowohl äußerlich als auch innerlich ähnlich sei und sein Gebrauch vorteilhaft erscheine.[89] Und wenn sich ein Mittel bei einer bestimmten Krankheit als heilsam erwiesen habe, solle man es auch bei ähnlichen Krankheiten nutzen.[90]

Im Lichte seiner diagnostischen und therapeutischen Kunst-Prinzipien verwarf Herz jedwede *Kunstverderbnis* durch unvernünftig erscheinende Heilmethoden und distanzierte sich von allen Zufallserfolgen der Laienmedizin.[91] Seine häufigen Abneigungsbekundungen gegen *Empiriker* und *Afterärzte*[92] lassen sich jedoch relativieren. So schilderte er einst die erfolgreiche Behandlung eines mit Flechten behafteten Patienten mithilfe eines von dem *Berlinischen Kuhdoktor Kunath* hergestellten Seifenwassers.[93] Selbiges beschaffte er dann für einen Freund seines Königsberger Lehrers Immanuel Kant.[94]

---

87 HERZ, Brutalimpfung (wie Anm. 78), S. 97ff.
88 Würdigung des *Zeitfaktors* der Wirksamkeit. Vgl. LEDER, Herz (wie Anm. 16), S. 183ff.
89 Prüfung der *Analogie der Mittel*. Vgl. LEDER, Herz (wie Anm. 16), S. 185ff.
90 Würdigung der *Analogie der Krankheiten*. Vgl. HERZ, Brutalimpfung (wie Anm. 78), S. 18ff.; S. 26ff. Er bezeichnete diese Norm auch als *peirasmologische Norm* (vgl. gr. Peiros).
91 HERZ, Marcus: *Die Wallfahrt zum Monddoktor in Berlin*, in: Berlinische Monatsschrift, Bd. 1, 4. Stück, April 1784, S. 368–385; zudem in: Marcus HERZ, Philosophisch-medizinische Aufsätze (wie Anm. 11), S. 24–32; *Der Monddoktor in Berlin [Bericht des Doktor Pyl]*, in: Berlinische Monatsschrift 1, 1783, S. 353–367; hier S. 359ff.
92 Das vorangestellte Substantiv „After" oder „Affter" war durchaus üblich zur Abqualifizierung der mit ihm verbundenen Nomina. Das Universal-Lexikon verzeichnet beispielsweise Einträge wie „Affter-Mehl" (schlechteste Mehlsorte) oder „Affter-Sprache" (üble Nachrede). Vgl. ZEDLER, Johann Heinrich (Bearb.): Grosses vollständiges Universal-Lexicon aller Wissenschaften und Künste, Bd. 1, 1732, Sp. 721–726. Für „After" in der heutigen Bedeutung war im 18. Jahrhundert der Begriff „Anus" gebräuchlich.
93 HERZ, Marcus: *Briefe an Aerzte*, Zweite Sammlung, 1784.
94 *Brief von Immanuel Kant an Marcus Herz, vor dem 25. November 1785*, in: Kant´s gesammelte Schriften, hg. v. der Königlich Preußischen Akademie der Wissenschaften, Band X, Zweite Abteilung: Briefwechsel, Erster Band, Berlin 1900, S. 401; *Brief von Marcus Herz an Immanuel Kant vom 25. November 1785*, in: Kant´s gesammelte

1.3 Spannungsfelder zwischen Medizin und Religionsgesetz

Wie konnte Herz in seinem Praxisalltag rationalistische Ansprüche der Medizin mit halachischen Rücksichten in Einklang bringen? Wie verband er professionelle und religiöse Interessen? Wie stand der weltwissenschaftlich gebildete Arzt überhaupt zur Religion? Allein schon seine intellektuelle und emotionale Verbundenheit mit Immanuel Kant evoziert die Vermutung, dass er Religiöses gar nicht anders als kritisch betrachten konnte[95] und das Judentum recht ablehnend betrachtet haben könnte. Kant hatte ja das Judentum vor dem Hintergrund seiner religionsphilosophischen Unterscheidung zwischen dem reinen Religionsglauben und dem Kirchenglauben einer vernichtenden Kritik unterworfen,[96] für eine substantielle Reform oder sogar Aufhebung des jüdischen Glaubens plädiert,[97] eine öffentliche Konversion der Juden zur *Religion Jesu* eingefordert[98] und die Juden auch als soziale Gruppe abgewertet.[99] Die Überlegung, Herz könne sich in seinem Praxisalltag an den Religionsgesetzen orientiert haben, erscheint vor diesem Hintergrund eher abwegig. Und als er in dem berühmten Beerdigungsstreit jedwede Religion fortan der Vernunft

---

Schriften, ebd., S. 402ff.; *Brief von Immanuel Kant an Marcus Herz, vom 2. Dezember 1785*, in: Kant´s gesammelte Schriften, ebd., S. 404f.

95 KANT, Immanuel: *Kritik der reinen Vernunft*. Erste Auflage, Riga 1781, S. XI.; KANT, Immanuel: *De mundi sensibilis atque intelligibilis forma et principiis*, Königsberg 1770; zudem PIMPINELLA, Pietro: *Prefazione*, in: Indici e concordanze degli scritti latini di Immanuel Kant, hg. v. Pietro PIMPINELLA u. Antonio LAMARRA, Bd. 1: De mundi sensibilis atque intelligibilis forma et principiis, Rom 1988; CONRAD, Elfriede; DELFOSSE, Heinrich P.; NEHREN, Birgit: *[Einleitung zu] Betrachtungen aus der spekulativen Weltweisheit*, Hamburg 1990, S. XXXff.

96 KANT, Immanuel: *Die Religion innerhalb der Grenzen der bloßen Vernunft* (1793), in: Kants Werke. Akademie-Textausgabe, hg. v. R. MALTER, Bd. VI, Berlin 1968, S. 176ff.

97 NACHAMA, Andreas; SIEVERNICH, Gereon (Hgg.): *Jüdische Lebenswelten*, Berlin 1991, S. 486ff.; S. 519; S. 712.

98 KANT, Immanuel: *Der Streit der Fakultäten* (1798), in: Kants Werke (wie Anm. 96), Bd. VII, S. 52.

99 KANT, Immanuel: *Anthropologie in pragmatischer Hinsicht* (1798), in: Kants Werke (wie Anm. 96), Bd. VII, S. 205f.; ASCHER, Saul: *Eisenmenger der Zweite* (1794), in: Ascher gegen Jahn: Ein Freiheitskrieg, hg. v. Peter HACKS, Berlin/ Weimar 1991, S. 5–80; HENTGES, Gudrun: Schattenseiten der Aufklärung. Die Darstellung von Juden und „Wilden" in philosophischen Schriften des 18. und 19. Jahrhunderts, Schwalbach/Ts. 1999, S. 90ff.; S. 98ff.

unterwarf und einflussreichen rabbinischen Gelehrten widersprach, schien der Reformer sich vollends von der Religion seiner Väter abzuwenden.[100] Eine nähere Durchsicht seiner Schriften vermittelt jedoch ein differenzierteres Bild. So zählte er die Religion einst zu den bedeutendsten Einflussfaktoren bei der Heranbildung des Geschmacks und verwies auf die psychologische Wirksamkeit religiöser Bilder.[101] Sechs Jahre später warnte er wiederum davor, dass eine *überspannte Einbildung* im Zusammenhang mit *göttlichen Dingen* gefährlich werden könne.[102] Als besonders bilderreich, menschlich und duldsam galt ihm die Religion der Griechen.[103] Einen unerklärlichen Zusammenhang zwischen körperlichen und seelischen Vorgängen beschrieb er einst als *eine vom Schöpfer willkührlich veranstaltete [...] Verwandtschaftsbeziehung*.[104] An anderer Stelle bekräftigte er die Forderung eines anderen medizinischen Schriftstellers, dass jeder Arzt seine Handlungen vor Gott verantworten müsse und diesem stets Rechenschaft schulde.[105] Die Medizin galt ihm grundsätzlich als *göttliche Kunst*.[106] Und im Zusammenhang mit einer Betrachtung der *Ordnung* oder *Unordnung* der Symptome seiner eigenen Erkrankung betonte er, dass es unsinnig und gotteslästerlich sei, die von Gott geschaffene Natur *an sich* als unordentlich einzustufen. In der göttlichen Schöpfung, die der sterbliche Mensch niemals ganz begreifen könne, gebe es eine weise Verkettung des Guten mit dem Übel und einen trefflichen Zusammenhang der Dinge. Seine Genesung schrieb er dann auch der göttlichen Vorsehung zu.[107]

Die wenigen sekundärliterarischen Aussagen zur Religiosität von Marcus Herz sind sehr widersprüchlich. Michael A. Meyer ging 1967 beispielsweise davon aus, dass Herz dem traditionellen Judentum entfremdet gewesen sei und sich lieber der Medizin, den Naturwissenschaften und der Kantschen

---

100 WOLFF, Reformära (wie Anm. 2), S. 70. Zum Rollenmodell des Gelehrten vgl. S. 94f.; S. 166ff. Zum Rollenmodell des Reformers vgl. S. 75ff.
101 HERZ, Geschmack (wie Anm. 83), S. 81ff.
102 HERZ, Grundriß (wie Anm. 70), § 187, S. 518.
103 HERZ, Geschmack (wie Anm. 83), S. 148ff.
104 HERZ, Schwindel (wie Anm. 81), S. 211.
105 HERZ, Briefe (wie Anm. 51), S. 195f.
106 HERZ, Grundriß (wie Anm. 70), § 33, S. 13. Zur Bezeichnung Gottes benutzte er übrigens den Mendelssohnschen Begriff „Der Ewige", mit dem der Philosoph ein göttliches und schöpferisches Mitsein aller umschreiben wollte. BÖCKLER, Annette: *Moses Mendelssohn und die erste jüdische Toraübersetzung ins Hochdeutsche*, in: Die Tora nach der Übersetzung von Moses Mendelssohn mit den Prophetenlesungen, hg. v. Annette BÖCKLER, Darmstadt 2002, S. 13–32; hier S. 17ff.
107 HERZ, Krankheit (wie Anm. 47), S. 134ff.; S. 141f.

Philosophie gewidmet habe.[108] Brigitte Ibing betonte hingegen, dass er im Lazarettalltag für eine strenge Einhaltung der jüdischen Speisevorschriften und der Zeremonialgesetze gesorgt habe und jedwedes Bestreben, diese Traditionen aufzulösen, vom Lazarett ferngehalten habe.[109] Regina Scheer stellte fest, dass ihm die Synagoge in der Heidereitergasse vertraut gewesen sein müsse und er *sein Leben lang* sowohl dem jüdischem Glauben als auch der jüdischen Tradition *verhaftet* gewesen sei.[110] Außerdem habe er Zeit seines Lebens den *weisen Rath* von Moses Mendelssohn beherzigt:

> *Schicket Euch in die Sitten und in die Verfassung des Landes, in welches Ihr versetzt seid; aber haltet auch standhaft bei der Religion Eurer Väter. Traget beider Lasten, so gut Ihr könnet!*[111]

In der Tat hat sich Herz nie vom Judentum abgekehrt und setzte sich stattdessen nachhaltig für eine bürgerliche Verbesserung der Juden ein. Bereits als Student sprach er sich nachdrücklich gegen alle demütigenden Darstellungen von Juden aus.[112] 1782 übersetzte er im Auftrag Mendelssohns Manasse ben Israels Werk „Vindiciae Judaeorum" ins Deutsche[113] und beteiligte sich dadurch am Emanzipationsdiskurs. Darüber hinaus musste er so manche offene Verbalattacke in öffentlichen Publikationsorganen ertragen.[114] Überdies musste er 1792 hinnehmen, dass die

---

108 MEYER, Michael A.: *Von Moses Mendelssohn zu Leopold Zunz. Jüdische Identität in Deutschland 1749–1824*, München 1994, S. 66.

109 IBING, Markus Herz (wie Anm. 4), S. 116: "It is noteworthy that Markus Herz – in the meantime a well-known representative of the Berlin Enlightenment – followed a religiously conservative direction in his hospital. He arranged for the strict observance of Jewish dietary and ceremonial laws and kept those tendencies which aimed towards the dissolution of these traditions at a distance."

110 SCHEER, Regina: *Ahawah. Das vergessene Haus. Spurensuche in der Berliner Auguststraße*, Berlin und Weimar 1992, S. 45.

111 MENDELSSOHN, Moses: *Jerusalem oder Über religiöse Macht und Judentum*, in: Moses Mendelssohn´s Gesammelte Schriften, hg. v. G. B. Mendelssohn, Leipzig 1863 (Nachdruck Hildesheim 1972), Bd. 3, S. 355.

112 HERZ, Marcus: *Freimütiges Kaffeegespräch zweier jüdischer Zuschauerinnen über den Juden Pinkus*, Berlin 1771; STEPHANIE, Gottlieb: *Die abgedankten Offiziers*, Berlin 1771.

113 MANASSE BEN ISRAEL: *Vindiciae Judaeorum [dt. Rettung der Juden]*, Amsterdam 1656.

114 So warf ihm beispielsweise ein Rezensent in der *Allgemeinen Deutschen Bibliothek* vor, dass er sein „Judenlazareth" nicht reiner halten würde, und beschimpfte ihn als „Judenmauschel". Vgl. Allgemeinde deutsche Bibliothek, Bd. 13., St. 1, S. 170; HERZ, Lungenschwindsucht (wie Anm. 11), S. 58f.

preußische Regierung sein Aufnahmegesuch in die Akademie der Wissenschaften ablehnte, weil er eben nicht nur als Gelehrter, sondern auch als Vertreter der jüdischen Nation aufgenommen werden wollte.[115]

Michael Nevins sah in der Identität von Marcus Herz gewisse Brüche und meinte, dass er zwar im Lazarett für eine strenge Einhaltung der jüdischen Speisevorschriften und religionsgesetzlichen Bestimmungen gesorgt, in seinem Privatleben aber keine religiöse Observanz an den Tag gelegt habe.[116] Im Hause seines Schwiegervaters befand sich jedenfalls ein *Beth Hamidrasch*.[117] Letzterer habe laut Henriette stets streng nach den Gesetzen und Gebräuchen des Judentums gelebt.[118] Auch Marcus Elieser Bloch, der ebenfalls dem Kreis um Moses Mendelssohn angehörte und ein Arztkollege von Herz war, galt als gläubiger Jude.[119] Zumindest die hohen Feiertage wie das Laubhüttenfest scheinen im Hause Herz gefeiert worden zu sein.[120] Vielleicht fanden dort auch Privatgottesdienste statt.[121]

---

115 *Brief von Marcus Herz an Friedrich Wilhelm II.* bei BOUREL, Dominique: *Die verweigerte Aufnahme des Markus Herz in die Berliner Akademie der Wissenschaften*, in: Bulletin des Leo Baeck Instituts 67, 1984, S. 9.

116 NEVINS, Michael: *The Jewish Doctor. A Narrative History*, Northvale/ New Jersey, 1996, S. 67ff.

117 Hierbei handelte es sich um ein Lehrhaus. JACOBY, Anfänge (wie Anm. 35), S. 32f.

118 SCHMITZ (Hg.), Henriette (wie Anm. 30), S. 14f.; WOLFF, Reformära (wie Anm. 2), S. 70.

119 Er verfasste religiöse Texte in hebräischer Sprache, bedauerte aber auch, dass sich seine jüdischen Glaubensbrüder bisher nicht mit den Naturwissenschaften befasst hätten. LINDE, B.: *Anfang des Lernens*, Berlin 1788 [Vorwort von M. E. Bloch]; WOLFF, Reformära (wie Anm. 2), S. 66f.; S. 71.

120 Einmal war sogar Prinzessin Anna Amalia, die Schwester Friedrichs des Großen, zugegen; vgl. HERTZ, Deborah: *Die jüdischen Salons im alten Berlin*, Berlin/ Wien 2002, S. 164.

121 Ob Herz regelmäßig an den Gottesdiensten in der Synagoge teilgenommen hat, wird freilich unbeantwortet bleiben müssen. Um 1774 fanden bereits mehr als 22 Privatgottesdienste statt. MEISL, Josef: *Die Jüdische Gemeinde Berlin im 18. Jahrhundert – ihre Organisation und Aufgaben*, in: Protokollbuch der Jüdischen Gemeinde Berlin (1723–1854), hg. und eingel. v. Josef MEISL, Jerusalem 1963, S. XIII-LXXXII; hier S. LV.

Auch im Zusammenhang mit dem berühmten „Täglichen Gebet eines Arztes"[122], dessen Autorschaft entweder auf Marcus Herz[123] oder auf Maimonides[124] zurückgeführt wurde – wobei viele diese Frage unbeantwortet ließen[125] –, entstand immer wieder die Frage nach der Religiosität von Herz. Leibowitz sah in der Gebetssprache viele für das achtzehnte Jahrhundert charakteristische Redewendungen, betrachtete das Gebet als Beitrag zur Medizinethik und schlussfolgerte:

> Marcus Herz war ein beherzter Jude, den die Geschichte seines Volkes mit Stolz erfüllte; er verlieh seinem Literaturstück diese farbenfrohe Form und verwies in der Überschrift auf eine

---

122 *Tägliches Gebet eines Arztes bevor er seine Kranke besucht. Aus der Hebräischen Handschrift eines berühmten jüdischen Arztes in Egypten aus dem zwölften Jahrhundert*, in: Deutsches Museum, Erster Band, Januar bis Junius, Leipzig 1783, S. 43–45. LEDER, Herz (wie Anm. 16), S. 238ff.

123 *Ha-Meassef*, hg. v. Isaak EUCHEL, 6 (1790), S. 242–244; SCHWAB, Moishe: *Répertoire des articles relatifs à l'histoire et à la littérature juives parus dans les périodiques de 1783 à 1898*, Paris 1899, S. 167; SCHWAB, Moishe: *La prière d'un médecin juif*, in: Univers israélite 58, 1903, S. 818–819; DEUTSCH, Gotthard: *Maimonides prayer*, in: The American Israelite, March 19, 1908, S. 5; SEELIGMANN, S.: *Morgengebed van den arts naar Maimonides*, in: Vrijdagavond 5 (1), 1928, S. 404–406; HERTZ, Joseph H.: *Letter to Sir William Osler*, in: Canadian Jewish Chronicle 22: 7, April 12, 1935.

124 GOLDEN, W.W.: *Maimonides prayer for physicians*, in: Transactions of the Medical Society of West Virginia 33, 1900, S. 414–415; KRONER, H.: *Arzt und Patient in der Medizin des Maimonides*, in: Ost und West. Illustrierte Monatsschrift für modernes Judentum 12, 1912, S. 745–750; BOGEN, Emil: *The daily prayer of a physician*, in: Journal of the American Medical Association 92, 1929, S. 2128; MÜNZ, I.: *Maimonides The Rambam. The story of his life and genius*. Translated from German, Introduction by H. T. Schnittkind. Boston 1935, S. 191; KAGAN, S. R.: *Maimonides' prayer*, in: Annals of Medical History 10, 1938, S. 429–432.

125 PHILIPPSON, Ludwig: *Tägliches Gebet eines Arztes vor dem Besuch seiner Kranken (Aus der hebräischen Handschrift eines berühmten jüdischen Arztes aus dem zwölften Jahrhundert)*, in: Allgemeine Zeitung des Judentums 27 (4), 1863, S. 49–50; PHILIPPSON, Ludwig: *Weltbewegende Fragen in Politik und Religion aus den letzten dreissig Jahren. Zweiter Theil: Religion*, Leipzig 1869, S. 159–160; PAGEL, Julius: *Das Gebet des Arztes*, in: Allgemeine Zeitung des Judentums 56 (25), 1892, S. 294–295; DISTEL, Theodor: *Gebet eines jüdischen Arztes im 12. Jahrhundert*, in: Deutsche medizinische Wochenschrift, 28 (32), 1902, S. 580; *Gebet eines jüdischen Arztes im 12. Jahrhundert*, in: Correspondenz-Blatt für Schweizer Aerzte 32 (19), 1902, S. 611–613; ROSNER, Fred: *The Physician's Prayer attributed to Moses Maimonides*, in: Bulletin of the History of Medicine, Vol. XLI, Baltimore 1967, S. 440–454.

wahrscheinliche Autorschaft des Maimonides, obgleich er sich nicht auf eine Handschrift stützte – die nicht existierte – sondern ein Werk der 'belles-lettres' verfasste.[126] Auch Süssman Muntner betrachtete Marcus Herz als Autor und verwies darauf, dass die erste Fassung an ein bereits im siebzehnten Jahrhundert entstandenes Gebet von Jacob Zahalon erinnere.[127] Immanuel Jakobovits[128] verglich es mit anderen bewegenden Gebeten des Judentums[129] und verwies auf das fromme Vertrauen des betenden Arztes. Letzterer wisse, dass letztendlich der Ewige alle Krankheiten heile. Jeder Arzt sei ein Vertreter Gottes und habe bei der Behandlung menschlicher Leiden eine hohe ethische und moralische Verantwortung.[130] Diese Auffassung harmoniert mit jener von Herz, der doch überzeugt war, dass jeder Arzt seine Handlungen vor Gott verantworten müsse und diesem stets Rechenschaft schulde.[131] Diese Überzeugung stand mit den Grundsätzen der an der Halacha orientierten Heilkunde im Einklang. In der jüdischen Tradition wird grundsätzlich davon ausgegangen, dass der Arzt von der Tora zum Heilen ermächtigt werde und dem Ewigen gegenüber Rechenschaft schuldig sei. Im talmudisch-rabbinischen Recht sind die Ärzte verpflichtet, allen Kranken Hilfeleistungen anzubieten, und gelten im Falle einer Verweigerung solcher Hilfen als Mörder. Lediglich heilkundige Ärzte dürfen praktizieren und dies auch nur mit obrigkeitlicher Genehmigung. Wer unerlaubt praktiziert, ist im Falle einer Schädigung des von ihm behandelten Kranken juristisch verantwortlich und schadensersatzpflichtig, wer mit einer obrigkeitlichen Erlaubnis praktiziert, ist zumindest moralisch für jeden

---

126 LEIBOWITZ, J.O.: *In einem persönlichen Gespräch mit Fred Rosner*, in: ROSNER, The Physician's Prayer (wie Anm. 125), S. 449 [Übersetzung aus dem Englischen durch Christoph Leder]; LEIBOWITZ, J.O.: *The physician's prayer ascribed to Maimonides*, in: Dapim Refuiim 13, 1954, S. 77–81.

127 MUNTNER, Süssman: *In einem persönlichen Gespräch mit Fred Rosner*, in: ROSNER, Fred: The Physician's Prayer (wie Anm. 125), S. 449f.; zudem SAVITZ, H.: *Jacob Zahalon and his Book 'The Treasure of Life'*, in: New England Journal of Medicine 213, 1935, S. 167–176; SIMON, Isidore: La prière des médecins. *'Tephilat Harofim' de Jacob Zahalon, médecin et rabbin en Italie (1630–1693)*, in: Revue d'histoire de la médecine hébraique 8, 1955, S. 38–51; FRIEDENWALD, H.: *The Jews and Medicine*, Baltimore 1944, Vol. I, S. 28–30; S. 268–279.

128 JAKOBOVITS, Immanuel: *Jewish Medical Ethics*, New York 1959, S. 15–18.

129 ROSNER, Fred; MUNTNER, Süssman: *The oath of Asaph*, in: Annals of Internal Medicine 63, 1965, S. 317–320; FRIEDENWALD, The Jews and Medicine (wie Anm. 127), S. 27: S. 268–279; 295–321.

130 JAKOBOVIT, *Jewish Medical Ethics* (wie Anm. 128), S. 15–18.

131 HERZ, Briefe (wie Anm. 51), S. 195f.

angerichteten Schaden verantwortlich.[132] Und wenn ein Arzt einen Kranken während einer genehmigten Behandlung schädigt, so ist er zwar keinem weltlichen Gericht, wohl aber Gott gegenüber verantwortlich.[133] Was übrigens *Rabbi Moses Maymonides* (1135–1204) betrifft, so hat sich Herz diesem *außerordentlichen Genie*[134] durchaus verbunden gefühlt. Niemand könne ihm auf den Gebieten der Arzneiwissenschaft und jeder anderen Wissenschaft *das Bürgerrecht absprechen.*[135] Sowohl in den Lebensläufen als auch in den Denkprinzipien der beiden Ärzte existieren einige Ähnlichkeiten. So erkannten beide die hohe Bedeutung der Bildung, erstrebten eine Vermählung religionsgesetzlicher Verbindlichkeiten mit rationalistischen Maßstäben und verwiesen auf die für andere Wissenschaften so bedeutsame Kenntnisfülle der Philosophie.[136]

Herz besaß umfangreiche talmudische und halachische Kenntnisse. Der von ihm bedauerte *Mangel jeder untalmudischen Kenntniß* während seiner Jugend[137] verweist im Umkehrschluss auf eine nachhaltige talmudische Unterweisung. Immerhin entstammte er dem Hause eines Toraschreibers und hatte vor seinem Eintritt in die Welt der weltlichen Gelehrsamkeit als Bachur eine Jeschiwah besucht.[138] In seinem orthodoxiekritischen Beitrag zum Beerdigungsfristenstreit[139] stellte er nicht nur seine religionsgesetzliche Bildung, sondern auch seine exegetische Differenzierungsgabe unter Beweis.[140] Im Lichte dieses traditionellen Wissens scheint es ihm

---

132 BERNFELD, Simon: *[Einleitung zu] Recht und Rechtspflege*, in: Die Lehren des Judentums nach den Quellen, neu hg. und eingel. von Walter HOMOLKA, Walter JACOB und Tovia Ben CHORIN, München 1999, Bd. II, S. 32–42; hier S. 41.
133 KARO, Josef: Schulchan aruch Jore dea Abschnitt 236 § 1; *Recht und Rechtspflege: Die sachlichen Rechtssätze*, in: Die Lehren des Judentums nach den Quellen (wie Anm. 132), S. 70–94, hier S. 89f.
134 HERZ, Grundriß (wie Anm. 70), § 29, S. 11.
135 HERZ, Marcus: *Über die frühe Beerdigung der Juden. An die Herausgeber des hebräischen Sammlers. Zweyte verbesserte und vermehrte Auflage*, Berlin 1788; GEIGER, Ludwig: *Kleine Beiträge zur Geschichte der Juden in Berlin*, in: Zeitschrift für die Geschichte der Juden in Deutschland, hg. v. Ludwig GEIGER, Braunschweig 1889–90, S. 29–65; hier S. 55ff.
136 LEDER, Herz (wie Anm. 16), S. 243ff.
137 HERZ, Selbstbiographie (wie Anm. 20), S. 101.
138 NICOLAI, Friedrich: *Fortsetzung der Berlinischen Nachlese: 4. Talmudisten*, in: Neue Berlinische Monatsschrift, Bd. 1, Berlin 1809, S. 352–362; hier S. 359.
139 Diesen präziseren Begriff prägte Gabriele Zürn. ZÜRN, Gabriele: *Die Altonaer Jüdische Gemeinde (1611–1873): Ritus und soziale Institutionen des Todes im Wandel*, Hamburg 2001.
140 HERZ, Marcus: *Über die frühe Beerdigung der Juden*, Berlin 1787, S. 4.

zumindest im Berufsalltag nicht schwergefallen zu sein, ständige Spannungsfelder zwischen den medizinischen Anforderungen und den religionsgesetzlichen Auflagen zu vermeiden. Eine lange Zeit beherzigte er den Vorsatz, bestimmte jüdische Gebräuche zumindest nicht öffentlich zu kritisieren, und teilte hierbei womöglich die Einstellung Mendelssohns.[141] Letzterer beeinflusste vielleicht auch seine Haltung zur Religion. Mendelssohn sah ja in der Religion seiner Väter die wahre Vernunftreligion des aufgeklärten Zeitalters, die den Gebrauch der Vernunft im Grunde nicht begrenze, so dass auch kein Streit zwischen weltlicher Vernunft und religiöser Unvernunft ausgetragen werden müsse.[142]

1787 kam Herz einer Aufforderung nach, sich am Beerdigungsfristenstreit zu beteiligen.[143] Er bestritt die Möglichkeit, den Tod eines Menschen bereits nach vier Stunden feststellen zu können,[144] sprach sich eindeutig gegen die herkömmliche Bestattungspraxis der jüdischen Gemeinden aus und widersprach damit einflussreichen religiösen Autoritäten.[145] Wenngleich er sich hierbei vorrangig auf medizinische Argumente stützte, fahndete er auch nach religiösen Bezügen und zeigte

---

141 HERZ, Beerdigung (wie Anm. 140), S. 3. Obgleich viele von Mendelssohns Aussagen und Forderungen öffentlich diskutiert und politisch verwertet wurden, bekundete er selbst, dass er sich niemals in die „Händel der wirksamen Welt" einzumischen gewagt habe. Dennoch gab es Ausnahmen. So konnte er zum Beispiel die 1777 beschlossene Vertreibung der Dresdner Juden verhindern, indem er für den jüdischen Gemeindevorstand beim sächsischen Staatsminister intervenierte. ETTINGER, Shmuel: *Vom 17. Jahrhundert bis zur Gegenwart. Die Neuzeit*, in: Geschichte des jüdischen Volkes, hg. v. Haim Hillel BEN-SASSON, München 1980, S. 71ff.

142 In seinen Augen barg das Judentum keine Geheimnisse, die man nicht begreifen könne. Er verdeutlichte, dass das biblische Gesetz letztendlich keine Glaubensinhalte voraussetze und auch keine Lehrmeinungen oder Heilswahrheiten offenbare. SCHALLÜCK, Paul: *Moses Mendelssohn und die deutsche Aufklärung*, in: Portraits zur deutsch-jüdischen Geistesgeschichte, hg. v. Thilo KOCH, Köln 1997, S. 38f.

143 HERZ, Beerdigung (wie Anm. 140).

144 Aus nicht eindeutig nachvollziehbaren Gründen orientierte man sich an einer Vier-Stunden-Regel. Wenn der vermeintlich Verstorbene vier Stunden lang keinen Puls zeigte, mit gebrochenen Augen dalag und nicht mehr atmete, so hielt man ihn für tot. Die Abwesenheit des Atems erschien dann gewiss, wenn sich eine vor den Mund gehaltene Lichtflamme oder eine vor die Nase gehaltene Flaumfeder nicht mehr bewegte. Die Befürworter dieser Atemprobe beriefen sich gerne auf das erste Buch Moses, in dem das Sterben mit dem Atem in Verbindung gebracht wird. Vgl. *Gen 7, 17–22 [Noach]*, in: Die Tora (wie Anm. 106), S. 42f.

145 Vor allem der Prager Rabbiner Ezechiel und der ehemalige Rabbi Jacob Emden in Altona ernteten seine Kritik. Ausführlich WOLFF, Reformära (wie Anm. 2), S. 166ff.

dadurch, dass er der jüdischen Religion durchaus verhaftet war.[146] Bevorzugt im Talmud finde sich keine einzige Stelle, aus der sich eine Vier-Stunden-Regelung herleiten ließe. Somit forderte er die Mitglieder der Gesellschaft der Krankenbesucher auf, die traditionelle Art der Todesfeststellung zu reformieren. Ob sich dadurch jenseits aller literarischen Aktivitäten ein Konfliktherd in der täglichen Zusammenarbeit entzündete, lässt sich leider nicht hinreichend belegen. In jedem Falle wurden viele Juden noch lange am Tage ihres Ablebens bestattet. Ein weiteres Spannungsfeld mag sich dadurch ergeben haben, dass die Maskilim in der Zeitschrift *HaMe´assef*[147] wiederholt die traditionelle Erziehung attackierten und im Zusammenhang mit Fragen der Gesundheit, der Hygiene und der Körperpflege auch gerne Marcus Herz zitierten.[148] Dadurch wurde er zumindest indirekt in den Bildungsreformstreit einbezogen. Ob er jedoch in der Manier der jüngeren Maskilim eine allgemeine weltliche Erziehung forderte und die talmudische Bildung völlig verwarf, lässt sich nicht sicher sagen.[149] John Efron[150] stellte Herz ja einst in eine Reihe mit Moishe Marcuze[151] und Elcan Isaac Wolf. Dieser Arzttypus des *maskilic physician* verdiene seine Bezeichnung aus mindestens vier Gründen. Erstens habe er bestimmte Aspekte des Judentums kritisiert und in einigen Bereichen eine Reformierung des Alltagslebens befürwortet. Zweitens habe er sich durch den Besitz wissenschaftlicher Kenntnisse in der Lage gesehen, innerhalb der jüdischen Gemeinschaft eine Führungsposition zu beanspruchen, und sei dadurch in

---

146 WOLFF, Reformära (wie Anm. 2), S. 181f.; S. 195. Ob er von der Verbindlichkeit halachischer Argumente überzeugt war oder diese nur aus taktischen Gründen heranzog, lässt sich leider nicht zureichend beantworten. GOTZMANN, Andreas: *Jüdisches Recht im kulturellen Prozess: Die Wahrnehmung der Halacha im Deutschland des 19. Jahrhunderts* (Schriftenreihe wissenschaftlicher Abhandlungen des Leo-Baeck-Instituts, Bd. 55), Tübingen 1997, S. 115f.; KROCHMALNIK, Daniel: *Scheintod und Emanzipation. Der Beerdigungsstreit in seinem historischen Kontext*, in: Trumah. Zeitschrift der Hochschule für jüdische Studien 6, Heidelberg 1997, S. 107–149; hier S. 142f.

147 hebr. הַמְאַסֵּף [HaMe´assef]: Der Sammler, das Sammelwerk.

148 ELIAV, Mordechai: *Jüdische Erziehung in Deutschland im Zeitalter der Aufklärung und der Emanzipation* [Erstausgabe Jerusalem 1960], Münster/ New York/ München/ Berlin 2001, S. 69.

149 Während viele jüngere Maskilim eine allgemeine weltliche Erziehung forderten, haben sich viele ältere Aufklärer eher gemäßigt gezeigt und sich mit der Forderung nach einer zusätzlichen weltlichen Bildung begnügt. ELIAV, Erziehung (wie Anm. 148), S. 208.

150 EFRON, Medicine (wie Anm. 5), S. 64ff.

151 *Seferot Jiddisch Bpolin* [חנא שמרוק: ספרות יידיש בפולין,ירושלים תשמ"א] [dt. Jiddische Bücher in Polen], Jerusalem 1981.

Konkurrenz zu den Rabbinern getreten. Drittens habe er die sozialen Wirklichkeiten der jüdischen Gesellschaft im Lichte aufgeklärter Kategorien beurteilt. Und viertens habe er sein medizinisches Wissen in den Dienst der Haskalah gestellt.[152] Auf den *schriftstellerisch tätigen Gelehrten* mag all dies zutreffen. Zweifellos hat er im Beerdigungsfristenstreit klare Veränderungen gefordert und trat in Konkurrenz zu führenden rabbinischen Autoritäten seiner Zeit. Zweifelsohne beurteilte er die Welt nach den Maßstäben eines aufgeklärten Arztphilosophen und wurde gerne von den Maskilim zitiert. Als *praktischer Arzt* erkannte er jedoch auch den medizinischen und hygienischen Nutzen vieler halachischer Regeln und konnte dank seiner talmudischen Bildung einen gekonnten Spagat zwischen Wissenschaft und Religionsgesetz vollziehen. Zudem harmonierte seine berufsethische Haltung mit traditionellen Auffassungen.

2. Zu Elcan Isaac Wolf

Während es reichhaltige Zeugnisse von und über Marcus Herz gibt, existieren nur spärliche Zeugnisse von und über Elcan Isaac Wolf. Neben einigen archivalischen Hinweisen und seiner Dissertation muss vor allem seine 1777 veröffentlichte Schrift „Von den Krankheiten der Juden" als Hauptquelle herangezogen werden.[153] Sie enthält einige Passagen, die punktuelle Einblicke in seinen Berufsalltag erlauben. Wenngleich er sie expressis verbis *seinen Brüdern in Deutschland* gewidmet hatte, hoffte er außerdem, dass sein kleines Werk auch *nothleidenden kranken Christen* nützlich sein möge. Die Verwendung der deutschen Sprache erweiterte den Leserkreis.[154] Überdies gehörte sein Verleger Christian Friedrich Schwan (1733–1815) zu den angesehensten Kulturträgern Mannheims, in dessen Haus Dichter wie Goethe, Herder, Lenz, Lessing, Schiller, Schubart oder Wieland verkehrten.[155]

---

152 EFRON, Medicine (wie Anm. 5), S. 66.
153 WOLF, Krankheiten (wie Anm. 9); FRIEDENWALD, *The Jews and Medicine* (wie Anm. 127), Vol. 2, S. 524f.; KISTNER, Adolf: *Die Pflege der Naturwissenschaften in Mannheim zur Zeit Carl Theodors*, Mannheim 1930, S. 195.
154 Dies empfahl sich ohnehin, da die jüdische Gemeinde bereits seit 1749 alle Handelsbücher, Handelsurkunden, Eheverträge und auch andere Dokumente auf Deutsch verfassen sollte.
155 1778 avancierte er beispielsweise zum Hofkammerrat. Über seine Beziehung zu Wolf sind leider keine Details überliefert. Vgl. HERMANN, E.: *Schwan, Christian Friedrich*, in: Allgemeine Deutsche Biographie, Bd. 33, Leipzig 1891, S. 176f.

2.1 Die Berufsgeschäfte in Mannheim

Elcan Isaac Wolf[156] beschloss im Jahre 1763 sein Medizinstudium in Gießen mit der Inauguraldissertation „De vermibus intestinorum".[157] In den Folgejahren praktizierte er in Mannheim sowohl in der jüdischen Gemeinde als auch im städtischen Dienst und erstrebte mehrfach die Aufnahme als Schutzjude.[158] Neben seiner praktischen Tätigkeit beschäftigte sich Wolf mit der Entdeckung des Stoffwechsels und den physiologischen Prozessen der Ernährung.[159]

Die ärztliche Tätigkeit von Elcan Isaac Wolf fiel in die Regierungszeit von Kurfürst Karl Theodor (1724–1799), der im Vergleich zu seinen Vorgängern eine recht restriktive Judenpolitik betrieb.[160] So erneuerte er beispielsweise am 27. Juli 1744 gegen eine hohe Entschädigung die Konzession für die Gemeinde, begrenzte ihre Wohnmöglichkeiten jedoch auf den Umkreis von Synagoge, Spital und Friedhof.[161] Trotz nachhaltiger Niederlassungsschwierigkeiten wuchs die

---

156 Nach Monika Richarz stammte er aus Eltville. RICHARZ, Eintritt (wie Anm. 2), S. 65. In Eltville haben seit dem Mittelalter stets nur wenige Familien gelebt, die in der Frühen Neuzeit mit den Juden der Nachbarorte eine Kultusgemeinde bildeten. Vgl. GERMANIA JUDAICA, hg. v. Zvi AVNERI, Bd. II/1, Tübingen 1968, S. 207–208; Bd. III/1, Tübingen 1987, S. 298–300; ARNSBERG, Paul: *Die jüdischen Gemeinden in Hessen. Anfang – Untergang – Neubeginn*, Frankfurt am Main 1971, Bd. 1, S. 157f.; ARNSBERG, Paul: *Die jüdischen Gemeinden in Hessen. Bilder – Dokumente*, Darmstadt 1973, S. 48.

157 WOLF, Elcan Isaac: *Dissertatio Medica De Vermibus Intestinorum* (Über Darmwürmer), Gissae: Officina Brauniana, 1763.

158 Dieses bereits seit 1761 nachgewiesene Unterfangen blieb wohl stets erfolglos. WATZINGER, Karl Otto: Geschichte der Juden in Mannheim 1650–1945 mit 52 Biographien, Stuttgart/ Berlin/ Köln 1984, S. 22ff.

159 Dieses Interesse keimte bereits in seiner Studienzeit. Von besonderem Interesse waren die Lehrgebäude von Hermann Boerhaave und Albrecht von Haller. EFRON, Medicine (wie Anm. 5), S. 67ff.; S. 72.

160 Am 1. September 1660 räumte Kurfürst Karl Ludwig (1618–1680) mit seiner Konzession den deutschen Juden die Gewerbefreiheit, die freie Religionsausübung und das Recht auf einen innerstädtischen Friedhof ein – wenngleich nur eine Duldung auf Zeit ausgesprochen wurde. Auch nach der 1685 erfolgten Thronbesteigung Philipp Wilhelms (1615–1690) aus der katholischen Linie der Neuburger lebten die Juden relativ beschützt. Am 12. Oktober 1691 ermächtigte Kurfürst Johann Wilhelm (1658–1716) die Rabbiner zu zivilrechtlichen Handlungen und verzichtete fortan auf die Kennzeichnung der Juden. WATZINGER, Mannheim (wie Anm. 158), S. 13ff.

161 Die Umsetzung dieser Verordnung erwies sich freilich als schwierig, da viele ihre bereits in früheren Jahren in anderen Stadtteilen errichteten Häuser nicht aufgaben. WATZINGER, Mannheim (wie Anm. 158), S. 21f.

Anzahl der Familien, die 1717 auf 200 begrenzt worden war, im Laufe der Jahre an. So lebten 1761 225 jüdische Familien und 1771 265 Familien in Mannheim.[162] Da Mannheim 1720 Residenzstadt geworden war und eine wirtschaftliche Blüte erlebte, stieg auch die Gesamtzahl der Stadtbevölkerung von etwa 5190 im Jahre 1719 auf 21340 im Jahre 1771 an.[163] Karl Theodor betrieb in seiner Residenz eine aufwendige Hofhaltung. Davon profitierten zahlreiche Gewerbe und Handelszweige, in denen auch jüdische Händler tätig sein durften.[164] Unter den seit 1761 nachgewiesenen 225 Familienvorständen befanden sich 18 Hoffaktoren.[165] Während letztere vermutlich einen gewissen Wohlstand genießen konnten, lebte die Mehrheit der jüdischen Familien in Armut und Unsicherheit.[166] So lesen wir bei Wolf:

> *Wie oft blutet mir das Herz, wenn ich ganze bevölkerte Haushaltungen im Elende herum irren sehe [...] Nicht viel glücklicher sind zum Theil die Judenhaushaltungen, welche wirklich in Städten und Flecken unter dem Schutze einer gnädigsten Landesherrschaft wohnen.*[167]

Vielleicht teilte er das Los der Armut, da er ja bekennt, selbst ein *armer Israelit* zu sein, *der eben sowohl, als seine übrigen Mitbrüder unter dem harten Joche des Elends seufzet.*[168] Als der kurfürstliche Hof 1778 nach München verzog, wurden die wirtschaftlichen wie auch die sozialen Verhältnisse der jüdischen Gemeinde noch angespannter.[169]

Zu den Hauptherausforderungen der Mannheimer Ärzte gehörten die desolaten Hygieneverhältnisse. Dies galt für alle Ärzte, so dass die diesbezüglichen Ausführungen in den *Krankheiten der Juden* keinesfalls als spezifisch jüdisch

---

162 1784 sank die Anzahl dann wieder auf 247 Familien.
163 Wenngleich also die Anzahl der Juden von 548 auf 1159 anwuchs, sank ihr Anteil an der gesamten Stadtbevölkerung von 10,6% auf 5,4%. WATZINGER, Mannheim (wie Anm. 158), S. 23.
164 Sie handelten beispielsweise mit Getreide, Wein, Stoffen und Metall. ROSENTHAL, Berthold: *Juden als Städtische Lieferanten in Alt-Mannheim*, in: Israelitisches Gemeindeblatt, hg. v. Max GRÜNEWALD, Jg. 11, Mannheim 1933, S. 6–8.
165 WASSMUTH, Britta: *Im Spannungsfeld zwischen Hof, Stadt und Judengemeinde. Soziale Beziehungen und Mentalitätswandel der Hofjuden in der kurpfälzischen Residenzstadt Mannheim am Ausgang des Ancien Régime*, Ludwigshafen am Rhein 2005, S. 33ff.; S. 75ff.
166 Und wenn zweifellos auch ein Großteil der Christen sozioökonomische Überlebenskämpfe ausfocht, so mussten sie wenigstens nicht jederzeit mit ihrer plötzlichen Ausweisung rechnen.
167 WOLF, Krankheiten (wie Anm. 9), S. 11.
168 WOLF, Krankheiten (wie Anm. 9), S. 5.
169 Dies galt freilich für die ganze Stadt. WATZINGER, Mannheim (wie Anm. 158), S. 24.

verstanden werden dürfen.[170] Die Stadt befand sich an einer vertieften Stelle in einer morastigen Gegend und wurde wiederholt überschwemmt. Aus vielen Brunnen konnte nur verschmutztes Wasser gewonnen werden. Der Hof ließ sein Trinkwasser deshalb aus Heidelberg herbeischaffen. Zu den jährlich wiederkehrenden Erkrankungen gehörte das *Faulfieber*. Im Sommer wüteten die Ruhr und der Typhus. Zwischen 1680 und 1798 wurden insgesamt 9 Projekte konzipiert, die das Wasserproblem beheben sollten – für gewöhnlich ohne Erfolg. So konstatierten Herbert Gawliczek, Walter E. Senk und Hansotto Hatzig:

> *[…] bis an die Schwelle des Zwanzigsten Jahrhunderts bedeutet Arztsein in Mannheim auch den ständigen Kampf gegen die amtlicherseits nur zu oft tolerierten unhygienischen Verhältnisse in der hochwassergefährdeten Stadt am Zusammenfluß von Neckar und Rhein.*[171]

Und über die Wasserproblematik der jüdischen Gemeinde lesen wir bei Elcan Isaac Wolf:

> *Wie sehr wäre es aber in diesem Betracht für meine Mitbrüder, und alle übrigen Mitbürger der herrlichen Stadt Mannheim zu wünschen, daß die Wunderruthe des großen Moses den todten Brunnen auf dem Markte berührte, und helle Kristallfluten reinen Springwassers hervorwälzte. Da wir aber nicht in den glücklichen Zeiten der Wunderwerke leben; so ermahne ich diejenigen, welche mit den Gänsen trinken müssen, freundschaftlich, jene Brunnen in den Häusern zu meiden, welche in der Nachbarschaft der Unrathsbehälter, und Gewölben der Nothdurft stehen. Man wähle zum Trinken und Kochen jene Brunnen, welche auf offener Straße von allem unreinen Zuflusse entfernt erbauet sind.*[172]

Das medizinische Versorgungssystem hatte sich in den 1730er Jahren etabliert.[173] 1766 wurde die Stadt in 6 Bezirke mit jeweils einem Arzt und mehreren Wundärzten eingeteilt, wobei die arme Bevölkerung kostenfrei behandelt werden sollte. Das Netz der verfügbaren Spitäler umfasste unter anderem das Borromäusspital[174], das Hospiz der Karmeliter[175] und das Garnisonslazarett[176]. Zudem gab es mehrere

---

170 GAWLICZEK, O. Herbert; SENK, Walter E.; HATZIG, Hansotto: *Chronik der Ärzte Mannheims. 350 Jahre Medizin in der Stadt der Quadrate*, Mannheim 1978, S. 52f.
171 GAWLICZEK et al., Chronik (wie Anm. 170), S. 27.
172 WOLF, Krankheiten (wie Anm. 9), S. 75.
173 Im Jahre 1730 wurde die 1710 in Düsseldorf erlassene Medizinalordnung von Jülich und Berg auf die Kurpfalz ausgedehnt. Im Jahre 1741 trat dann das Medizinaledikt in Kraft.
174 Gegründet 1730.
175 Gegründet 1735/36.
176 Gegründet 1739.

Apotheken.[177] Alle Barbiere und Chirurgen waren in einer Zunft vereint.[178] Das bereits 1730 begründete Consilium medicum beriet die Regierung bei allen medizinischen Fragen. Ob Wolf die 1780 erfolgte Gründung der *Gesellschaft praktischer Aerzte, Wundärzte, Apotheker und Geburtshelfer zu Mannheim* noch registrierte, wissen wir nicht, zumal er ja in jenem Jahr nach Metz übersiedelte.[179]

Das Krankenversorgungssystem der jüdischen Gemeinde wurzelte im 17. Jahrhundert[180] und wurde im Zeitalter Karl Theodors durch die vermehrte Anstellung jüdischer Ärzte nachhaltig ausgeweitet. Zu den nachgewiesenen Ärzten jener Jahre gehörte beispielsweise Dr. Abraham Heymann junior, der seine Berufsgeschäfte um 1730 begonnen hatte und sich unter anderem am jüdischen Krankenhaus für die Einrichtung von Isolierzimmern einsetzte.[181] Im Jahre 1752 nahm dann der aus Worms stammende Dr. Nathan David Canstatt seine ärztliche Tätigkeit auf und wurde in den Schutz der Stadt aufgenommen.[182] Andere Ärzte, mit denen Wolf Behandlungsallianzen gehabt haben könnte, waren Jesaias Juda[183], Cossmann Ullmann[184] und Salomon Emanuel Wallich[185]. In jedem Falle praktizierten um

---

177 Um 1724 bereits sieben.
178 GAWLICZEK et al., Chronik (wie Anm. 170), S. 27ff.; S. 52ff.; S. 64ff.
179 1781 erhielt der später so prominent gewordene Franz Anton Mai eine kurfürstliche Genehmigung, eine Krankenwärterschule einrichten zu dürfen. Zu dieser waren auch Juden zugelassen, was ihm sehr verübelt wurde – so dass das Consilium medicum von „Pfuscherschule" sprach. Mai leitete ein neues Zeitalter der Gesundheitsversorgung in Mannheim ein, das Wolf so nicht mehr miterlebte.
180 1674 wurde die Beerdigungsbruderschaft begründet. In jenem Jahr nahm Dr. Jacob Hayum (gest. 1682) seine ärztliche Tätigkeit auf und behandelte unter anderem den Kurfürsten Karl Ludwig bei dessen letzter Erkrankung. 1705 begann Dr. Abraham Hayum sen. (gest. 1721) seinen ärztlichen Dienst. Für das Jahr 1711 kann ein jüdisches Hospital nachgewiesen werden. ROSENTHAL, Berthold: *Zwei jüdische Ärzte*, in: Monatsschrift für Geschichte und Wissenschaft des Judentums 77, 1933, S. 447ff.
181 Bis 1775.
182 Er hatte ab 1747 in Heidelberg studiert und dortselbst 1750 promoviert. Wenngleich er die für die Approbation vorausgesetzte und 1752 abgelegte Prüfung vor dem Consilium medicum nicht bestanden hatte, durfte er dennoch praktizieren und bestand die Prüfung dann endlich im Jahre 1766. 1777 geriet er in einen Streit mit Elcan Isaac Wolf über dessen Hauptwerk. Er verstarb 1790.
183 Gest. 1770.
184 Gest. 1771.
185 Gest. 1782.

1779 drei *Judenärzte* gemeinsam. Vier Jahre zuvor war der männliche Krankenunterstützungsverein gegründet worden.[186]

Wolf hinterließ in seinem Hauptwerk einige Bemerkungen, die uns trotz aller Ironie die Umrisse seiner berufsethischen Prinzipien andeuten. So sei er keineswegs geschickt genug, durch die Harnschau eine Schwangerschaft zu erkennen,[187] Kranken zum doppelten Preis ein Arkanum aufzuschwatzen und mit wichtigtuerischen Gebärden eine übernatürliche Gelehrsamkeit vorzugaukeln. Zudem werde er keinem ohne Not einen Aderlass empfehlen oder bei den Konsultationen lateinisch reden. Stattdessen wolle er stets die Wissenschaft ehren und sich als dienstbarer Arzt bewähren.[188] Vier Jahre später beklagte er, dass *die Kurpfuscherei und die Quacksalberei oft an die Stelle des wahren Talents getreten sind.*[189] Seine wiederholten Warnungen vor unprofessionellen Heilern entsprachen nicht nur seinem Professionsverständnis als akademischer Arzt, sondern harmonierten auch mit der talmudisch-rabbinischen Auflage, dass ausschließlich heilkundige Ärzte praktizieren dürfen und dies auch nur mit obrigkeitlicher Genehmigung.[190]

2.2 Die Berufsgeschäfte in Metz

Im Jahre 1780 verließ Wolf Mannheim und ließ sich in Metz nieder.[191] Er wurde von der jüdischen Gemeinde als Arzt angestellt und versah von 1781 bis 1789 das Hospitalarztamt. Dies war eine ungewöhnlich lange Zeitspanne, da es in der Regel bereits nach einem Jahr an einen anderen Arzt weitergegeben wurde. 1781

---

186 ROSENTHAL, Berthold: *Heimatgeschichte der badischen Juden seit ihrem geschichtlichen Auftreten bis zur Gegenwart*, Bühl/Baden 1927 (Neudruck Magstadt bei Stuttgart 1981), S. 103f.; S. 117; LÖWENSTEIN, Leopold: *Geschichte der Juden in der Kurpfalz* (Beiträge zur Geschichte der Juden in Deutschland), Frankfurt am Main 1895, S. 108ff.; GAWLICZEK et al., Chronik (wie Anm. 170), S. 68ff.; WATZINGER, Mannheim (wie Anm. 158), S. 13ff.; S. 21ff.
187 Zu den (Un)Möglichkeiten der Uroskopie vgl. z. B. STOLBERG, Michael: *Die Harnschau. Eine Kultur- und Alltagsgeschichte*, Köln/ Weimar/ Wien 2009.
188 WOLF, Krankheiten (wie Anm. 9), S. 7ff.
189 MEYER, Metz (wie Anm. 3), S. 124.
190 BERNFELD, Rechtspflege (wie Anm. 132), S. 41.
191 Dadurch keimte die Idee, sein Hauptwerk auch im Lichte der Lebensbedingungen der französischen Juden auszudeuten. EFRON, Medicine (wie Anm. 5), S. 66ff.; EFRON, John M.: *Images of the Jewish Body: Three Medical Views from the Jewish Enlightenment*, in: Bulletin of the History of Medicine 69, 1995, S. 349–366; LEDER, Herz (wie Anm. 16), S. 226ff.

beantragte er dann beim Generalleutnant von Metz das Residenzrecht. In jener Zeit behandelte er sowohl Juden als auch Christen.[192]

Doch weshalb hat Wolf die von ihm so gerühmte Kurpfalz[193] verlassen? Hatte er nach seinen vergeblichen Aufnahmegesuchen die Hoffnung, einst Schutzjude werden zu können, vollends aufgegeben? Erwarteten ihn in Metz bessere Arbeitsbedingungen? Mangels eindeutiger Selbstzeugnisse werden sich diese Fragen nie zureichend beantworten lassen. Es könnte jedoch sein, dass die Metzer Gemeinde den nicht unbekannten Arzt als Wegbereiter wirksamerer Maßnahmen gegen die hygienebedingten Erkrankungsgefahren engagierte. In jedem Falle waren die Lebensbedingungen in Metz ähnlich ungünstig wie in Mannheim. Das jüdische Viertel St. Ferroy lag tiefer als die Stadt nahe der Mosel. Dadurch wurde es ebenfalls immer wieder überschwemmt. Die bewohnbare Fläche war in der Regel übervölkert.[194] Aufgrund der geringen Durchschnittsflächen mussten die Häuser um weitere Stockwerke erhöht werden. Die äußerst engen Wohnverhältnisse begünstigten zahlreiche Infektionsgefahren und Epidemien.[195] In den Monaten August, September und Oktober stieg die Kindersterblichkeit an, da die Keimübertragung in den vorhergehenden Sommermonaten beschleunigt wurde und insbesondere Magen-Darm-Erkrankungen hervorrief. Viele Säuglinge starben zudem durch die bei Durchfallerkrankungen einsetzende Dehydrierung und die ärztlichen Anweisungen, keine Flüssigkeit zuzuführen. Erwachsene verstarben vor allem im März, April und Mai, da der kontinentalklimatische Temperaturanstieg die Mikrobenvermehrung beschleunigte und Atemwegserkrankungen, Fieber, Erkältungen und Rheuma begünstigte. Vor allem in den von Getreidekrisen, Teuerungen und Epidemien geprägten Jahren stieg die Mortalität weiter an.[196] Auch in der Zeit des Wirkens von Wolf wurde Metz von folgenreichen Epidemien heimgesucht.

---

192 MEYER, Metz (wie Anm. 3), S. 122ff. Im Jahre 1781 veröffentlichte übrigens Le Jau seine Bemerkungen über die Krankheiten der Juden, die jenen von Wolf teilweise ähneln, wenngleich sich nicht nachweisen lässt, ob er Wolf bzw. dessen Schrift kannte. Hierzu MITCHEL, Harvey; KOTTEK, Samuel S.: *An Eighteenth-Century Medical View of the Diseases of the Jews in Northeastern France: Medical Anthropology and the Politics of Jewish Emancipation*, in: Bulletin of the History of Medicine 67, Summer 1993, S. 248–281; hier S. 260ff.; Koroth 9, 1991, S. 866–868.
193 WOLF, Krankheiten (wie Anm. 9), S. 6.
194 Zieht man von der Gesamtfläche von 28000 m² die Flächen des Straßennetzes, der Gärten, der Höfe und der Schuppen ab, so verblieb eine bewohnbare Fläche von etwa 19600 m². Mittlere Grundfläche ca. 75m² pro Haus. MEYER, Metz (wie Anm. 3), S. 92ff.;Tabelle S. 98.
195 Dies galt für das gesamte Stadtgebiet von Metz.
196 MEYER, Metz (wie Anm. 3), Tabelle S. 249.

So brachen beispielsweise nach dem harten Winter von 1783/84 und dem darauffolgenden Moselhochwasser Ruhr, Typhus und Influenza aus. Auch nach dem hitzebedingten Ernteverlust von 1788 kam es zu Erkrankungswellen. Darüber hinaus befand sich im jüdischen Viertel kein einziger Brunnen mit sauberem Trinkwasser aus den Quellen des Umlandes; die Bewohner mussten stattdessen einen öffentlichen Brunnen in der Rue de l'Arsenal nutzen, dessen Wasser äußerst bedenklich war.[197] Angesichts dieser besorgniserregenden Lebensbedingungen und der verdichteten Erkrankungsgefahren mag ein angesehener Arzt wie Wolf ein beeindruckender Hoffnungsträger gewesen sein.

Auch in Metz kümmerten sich bevorzugt mildtätige Bruderschaften[198] um die Pflege der Erkrankten. Zudem gab es ein Hospital für Kranke[199] wie auch eine Herberge für Durchreisende[200]. Darüber hinaus praktizierten innerhalb der Gemeinde einige vom Rat eingestellte Ärzte. Seit etwa 1750 waren vier bis fünf Ärzte gleichzeitig tätig, von denen ein jeder durchschnittlich etwa 500 Personen betreute. Nach dem Anstellungsreglement von 1779 wurden in der Regel Sechs-Jahres-Verträge abgeschlossen, wobei die Vergütung in den ersten vier Jahren ein Jahresgehalt von 400 Livres, Fahrtkostenvergütungen, Miete, Geld für den Kauf von Instrumenten und 120 Livres für die Versorgung der Armen umfasste. Ähnlich dürfte auch Wolf bezahlt worden sein. Auch die Behandlungsgebühren waren klar geregelt: Während die Mittellosen im Krankheitsfalle keine Behandlungskosten zu tragen hatten, mussten die zahlungsfähigen Kranken für den ersten Arztbesuch 20 Sous und für den zweiten 10 Sous entrichten. Wie viele der Rabbiner stammten auch viele der Mediziner aus dem Ausland.[201] Die Niederlassung war an eine Genehmigung des Generalleutnants der Polizei gebunden, da seit 1718 Männer im Prinzip nicht mehr zuziehen durften. So mancher Heilkundige verband seine Anstellung mit der Heirat einer Tochter eines in Metz etablierten Arztes. Die fachliche Kompetenz der Heilkundigen scheint sehr unterschiedlich gewesen zu sein, so dass beispielsweise Elcan Isaac Wolf als *Gelehrter* gerühmt und

---

197 MEYER, Metz (wie Anm. 3), S. 104ff.; ANCHEL, Robert: *Les Juifs de France (vor allem La vie économique des Juifs de Metz aux XVIIe et XVIIIe siècles)*, Dijon 1946, S. 153–212; TENNETAR, Michel du: *Avis aux Messins sur leur santé ou Mémoire sur l'état habituel de l'atmosphère à Metz, & ses effects sur les habitans de cette ville*, Nancy 1778, S. 26f.
198 Chewrot.
199 Hopital des malades.
200 Hopital des passants bzw. hopital des pauvres.
201 Von den zwischen 1739 und 1789 nachgewiesenen zehn jüdischen Ärzten kamen lediglich drei aus der Metzer Arztfamilie Lambert/ Willstadt.

Hirz Willstadt als *Kurpfuscher* verunglimpft wurde. Nach dem Ärzte-Reglement von 1776 durften die jüdischen Ärzte auch Christen behandeln.[202] Neben den akademischen Medizinern gab es zahlreiche heilkundige Frauen, welche sowohl Wöchnerinnen als auch Stillende versorgten, Kranke pflegten, Heilmittel verteilten und die jüdische „Volksmedizin" bewahrten.[203] Die Geburtshilfe dürfte eine Domäne der weiblichen Bruderschaften gewesen sein.[204]

2.3 Spannungsfelder zwischen Wissenschaft und Religionsgesetz

In seiner Schrift „Von den Krankheiten der Juden" kritisierte Wolf einige Ernährungsgewohnheiten und Erziehungsgebräuche der Juden im kurpfälzischen Mannheim. Er betrachtete diese nicht nur als Verstöße gegen die medizinische Vernunft, sondern auch als Verstöße gegen die Halacha.[205] Sie erwüchsen aus einer unvernünftigen Auslegung der religionsgesetzlichen Vorschriften. Einige Unsitten seien jedoch auch bei Christen zu beobachten. Er eröffnete den Reigen seiner Kritikpunkte mit einem Hinweis auf die *äußerste Armut* der Juden, die bei der Auslotung der allgemeinen Krankheitsursachen den ersten Platz einnehme.[206] Der mit ihr einhergehende Mangel an gesunder Nahrung, guter Kleidung und angemessenem Wohnraum könne gefährliche Krankheiten hervorrufen.[207] Wenngleich sich die Armut nur durch höhere Mächte beseitigen lasse, könnten die bedenklichen Gewohnheiten durch eine vernünftige Umsetzung der heiligen Gesetze korrigiert werden.[208] Diese Korrektur könne gelingen, *ohne unsere Geseze im geringsten zu verletzen*.[209]

Bereits im Mutterleib werde so manches Kind vielen Erkrankungsgefahren ausgesetzt.[210] Viele schwangere Jüdinnen wie auch Christinnen würden *ihren thierischen Trieben zu allerhand schädlichen und ungewohnten Speisen* folgen.[211]

---

202 Was in Notfällen bereits seit 1740 möglich war.
203 Vgl. z.B. BOUVAT-MARTIN, Jean-Claude: Tables du Memorbuch de Metz (1720–1849), Paris 2001.
204 MEYER, Metz (wie Anm. 3), S. 90; S. 122ff.; S. 419ff.
205 Im Sinne einer Nichteinhaltung oder inadäquaten Umsetzung der Religionsgesetze.
206 WOLF, Krankheiten (wie Anm. 9), S. 10.
207 WOLF, Krankheiten (wie Anm. 9), S. 11f.
208 WOLF, Krankheiten (wie Anm. 9), S. 14; S. 40f.
209 WOLF, Krankheiten (wie Anm. 9), S. 25.
210 WOLF, Krankheiten (wie Anm. 9), S. 14ff.
211 Die jüdischen Frauen würden zudem zu viel herumsitzen und aufgrund des Ackerbau- und Handwerkverbotes zu wenig körperlich arbeiten. Händlerinnen nahm er hiervon aus. WOLF, Krankheiten (wie Anm. 9), S. 15ff.

Die schlechte Nahrung verunreinige das Blut, mache die Muttermilch schlecht und bewirke *böse Brüste* wie auch Verhärtungen in den Milchdrüsen.[212] Nach der Geburt gebe so manche Mutter ihrem Säugling statt der Brust einen *Schlutzer* aus Lumpen, Zucker, Brot oder Biskuit; dadurch bestehe die Gefahr einer Auflösung des natürlichen Schleimes im Magen, und die Kinder könnten sauerriechende Durchfälle, Ruhr oder Gicht bekommen. Ebenso schädlich sei der aus Mehl, Milch oder Butter zubereitete Kinderbrei, da die Galle des Säuglings noch nicht die nötige Schärfe habe und die schleimige Nahrung nicht *gehörig zertheilen und auflösen* könne.[213] Vor allem die Verarmten würden viel zu viele Hülsenfrüchte, Zwiebeln, Knoblauch, Mehlspeisen und scharfen Käse verzehren.[214] Diese verfehlte Ernährung verunreinige das Blut mit *scharfen Theilen* und könne allerhand Hautausschläge und Kachexien[215] bewirken. Auch das scharfe Gewürz in den Zuckerbäckereien sei schädlich, zumal es *die Nervenhaut der Gedärme* anfresse.[216] Darüber hinaus schädige der üppige Tee- und Kaffeegenuss die Gesundheit und rufe Hämorrhoiden hervor.[217] Überdies gebe es aufgrund der harten Alltagsgeschäfte kaum Ruhe und Erquickung.[218] Zu allem Überfluss würden sowohl jüdische als auch christliche Frauen allzu oft von vorurteilsvollen Quacksalberinnen beraten.[219] Wolf musste allzu oft die Folgen solcher Diätfehler behandeln und *diese gesundheitraubenden Süsigkeiten durch bittere Laxirtränkchen, durch Molken und Klistiren aus dem Körper waschen.*[220]

Er betrachtete all diese gesundheitsgefährdenden Ernährungsgewohnheiten als Speiseordnungsfehler, betonte die Klarheit der religionsgesetzlichen Regelungen[221] und unterstrich deren gesundheitsförderliche Bedeutung. Medizinisch sinnvoll erschienen ihm beispielsweise das Verbot des Schweinefleisches und aller aus Schwein hergestellten Nahrungsmittel, das Verbot der *schändenden Berauschung*, das Verbot der *ausschweifenden und unmäßigen Beischläfe*, die Regelungen

---

212 WOLF, Krankheiten (wie Anm. 9), S. 15f.; S. 19.
213 WOLF, Krankheiten (wie Anm. 9), S. 22ff.; S. 26f.
214 WOLF, Krankheiten (wie Anm. 9), 45.
215 Letztere waren für ihn der Hauptanlass für seine Veröffentlichung; WOLF, Krankheiten (wie Anm. 9), S. 46; S. 50.
216 WOLF, Krankheiten (wie Anm. 9), S. 46f.
217 WOLF, Krankheiten (wie Anm. 9), S. 50.
218 WOLF, Krankheiten (wie Anm. 9), S. 45.
219 WOLF, Krankheiten (wie Anm. 9), S. 51.
220 WOLF, Krankheiten (wie Anm. 9), S. 47f.
221 WOLF, Krankheiten (wie Anm. 9), S. 41: „[…] ohngeachtet unsere heiligen Gesetze vielen einschleichenden Unordnungen gesteuert haben." Vgl. auch S. 45.

für die Fasttage und die Reinheitsgebote.[222] Ergänzend erinnerte er an die Wüstenreisen der Israeliten mit lediglich gesundem Manna und frischem Quellwasser und sinnierte, dass Moses gewiss ein Verbot der Zuckerschleckereien verhängt hätte.[223] Bedauerlicherweise bedrohe die alltägliche Lebenswirklichkeit der Juden die Einhaltung einiger Gebote. Vor allem verarmte Frauen müssten monatlich in eiskaltem Wasser baden und könnten durch den plötzlichen Temperaturwechsel von Koliken, Schlag- und Steckflüssen heimgesucht werden.[224] Auch die Aussicht, durch die Einhaltung der sittlich so vorteilhaften Religionsgesetze ein hohes Alter zu erlangen, werde durch die bedenklichen Lebensbedingungen geschmälert.[225] Viele seien im Alter von Armut und Elend bedroht.[226] Und wie auch zahlreiche *gebeugte Bauernweiber* würden manche viel älter aussehen als sie es in Wirklichkeit seien.[227] Zu den gewöhnlichen Gesundheitsgefahren des Alters gehörten für Wolf die Glieder- und Steinschmerzen, die Schlaflosigkeit, die Melancholie, die Blindheit oder auch die frühe Blödsinnigkeit.[228]

Auch einige Erziehungsweisen ernteten seine Kritik. So beklagte er den Mangel an frischer und reiner Luft, dem bevorzugt kleinere Kinder in den engen, stickigen und übervölkerten Wohnräumen hilflos ausgeliefert seien. Wenn die Eltern dann noch aufgrund quacksalberischer Ratschläge[229] das Lüften vermieden, sei so manche Erkrankung vorhersehbar.[230] Für genauso beklagenswert hielt er die allzu warmen Federbetten wie auch die allzu dicken Hauben. Er befürchtete, dass durch die Kopfbedeckung die in den Säften verborgene Schärfe zum Kopf hingeleitet werde und Ausschläge oder Augenkrankheiten verursachen könne. Obgleich er das halachische Gebot, dass Kinder im Interesse der *Einpfropfung der Schamhaftigkeit* von Anfang an nicht ohne Not nackt sein sollten, durchaus als nützlich akzeptierte,[231] erschien ihm das Ausmaß an warmer Bekleidung keineswegs notwendig. In diesem Zusammenhang betonte er auch die unendliche Nützlichkeit der gesetzmäßigen Beschneidung für die Fortpflanzung; wenn sie

---

222 WOLF, Krankheiten (wie Anm. 9), S. 44f.
223 WOLF, Krankheiten (wie Anm. 9), S. 49.
224 WOLF, Krankheiten (wie Anm. 9), S. 51.
225 WOLF, Krankheiten (wie Anm. 9), S. 55.
226 WOLF, Krankheiten (wie Anm. 9), S. 56.
227 WOLF, Krankheiten (wie Anm. 9), S. 54.
228 WOLF, Krankheiten (wie Anm. 9), S. 56f.
229 WOLF, Krankheiten (wie Anm. 9), S. 51f.
230 WOLF, Krankheiten (wie Anm. 9), S. 23.
231 WOLF, Krankheiten (wie Anm. 9), S. 24.

auch schmerzhaft sei, so rufe sie keine Erkrankungen hervor. Außerdem lobte er den Vorzug des jüdischen Stillgebotes gegenüber den christlichen Gebräuchen:

> Unsere Kinder sind jedoch weit glücklicher, als jene der Christen, welche öfters die Schlachtopfer liederlicher Säugerinnen werden müssen, weil die Mütter zum Theil zu gemächlich sind, ihren Kindern die nährende Brüste zu reichen; da hingegen unsere Weiber der Grosmutter Sara, welche ihren Sohn Isaak selbst durch ihre Brüste nährete, in Betreff dieser natürlichen Pflicht auf das genaueste nachfolgen, und nur im äusersten Nothfalle dieselben nicht selbst schenken.[232]

Auch bei seinen therapeutischen und diätetischen Empfehlungen verband er die Medizin mit der Halacha. So sollten schwangere Frauen die heilige Pflicht zur Selbsterhaltung respektieren, übermäßiges Essen wie auch Trinken unterlassen und mit maßvollen Leibesbewegungen ihre Verdauungskräfte verbessern.[233] Beim Umgang mit Säuglingen dürften die halachischen Hygienegebote nicht vernachlässigt werden. Freilich könne das Gebot, den Kopf des Kindes zu bedecken, beachtet werden – sofern denn die Kopfbedeckung aus einfachem *Leinwande* bestehe.[234] Die *Säugerin* möge zudem Kaffee, süßen Brei wie auch saure, fette und gesalzene Speisen vermeiden[235] und sich stattdessen mit ungewürztem Gemüse, gekochtem oder gebratenem Fleisch, weich gesottenen Eiern, wohl ausgebackenem Brot und Bier ernähren. Ergänzend empfahl er, die Kinder mehrmals am Tage zu baden, sie von allen Wickelschnüren und Kinderfesseln zu befreien, ihre Schlafzimmer mindestens dreimal täglich zu lüften, ihre Ausscheidungen sofort zu beseitigen und mit ihnen Leibesübungen an der frischen Luft wie auch viele Kinderspiele durchzuführen.[236] Auch die Erwachsenen sollten fortan alle fetten oder gewürzten Speisen, Mehl, Zucker, Mandeln, Erbsen, Linsen, Bohnen oder Käse vermeiden[237], stattdessen gesottenes oder gebratenes Rind- oder Kalbfleisch wie auch Kartoffeln bevorzugen und lieber Wasser statt saures Bier trinken.[238] In hygienischer Hinsicht möge man seinen Leib sowohl morgens als auch abends mit fließendem Wasser waschen, alle Brunnen in der Nähe von Unrat meiden und ausschließlich von unreinen Zuflüssen entferntes Wasser nutzen. Zudem solle bevorzugt im Arbeitsalltag darauf geachtet werden, Pausen einzuhalten und nicht hastig ohne *das so nöthige*

---

232 Wolf, Krankheiten (wie Anm. 9), S. 21.
233 Wolf, Krankheiten (wie Anm. 9), S. 60; S. 62f.
234 Wolf, Krankheiten (wie Anm. 9), S. 68f.
235 Letztere könnten „grüne Durchfälle" und Gicht hervorrufen.
236 Wolf, Krankheiten (wie Anm. 9), S. 67ff.
237 Gefahr von Ausschlägen.
238 Noch besser sei ein zehnjähriger koscherer Wein, den sich aber viele aufgrund der Armut nicht leisten könnten.

Kauen zu speisen.²³⁹ Im *grauen Alter* gehe es darum, den erschöpften Nervensaft durch leicht verdauliche Speisen und geistige Getränke zu ersetzen.²⁴⁰ Ergänzend ermahnte er ein jedes Kind, dem Beispiel des Tobias zu folgen, seine Eltern zu ehren und sie im Alter bei allen Gebrechen zu unterstützen.²⁴¹

Bei den meisten Themenkreisen konnte Wolf sowohl medizinisch als auch halachisch argumentieren. Dadurch lavierte er sich strategisch geschickt durch die Gefahr von unversöhnlichen Extrempositionen hindurch. Problematischer wurde diese Vorgehensweise lediglich bei seiner Kritik der Lehr- und Lerngepflogenheiten. Hier konnte er sich nur auf medizinische Argumente stützen. Er bezeichnete das Studium der Tora und des Talmuds als eine allzu frühzeitige *Anstrengung des Gedächtnisses* und traf damit ins Mark der traditionellen Bildungskultur. Das ständige Sitzen und Lernen verursache eine Körperschwächung, eine fehlerhafte Verdauung, dicke Bäuche, beständige Säure, häufige *Uebligkeiten*, einen unruhigen Schlaf wie auch *die Kette der Hypochondrie*. Er verwies auf das noch nicht abgeschlossene Wachstum des Körpers: viele Gefäße und Säfte seien noch nicht voll entwickelt, aus Knorpeln müssten Knochen werden, die Bänder müssten befestigt und die Gefäße erweitert werden. All dies erfordere lebhafte Bewegungen des Herzens und eine gute Verdauung. Durch die anhaltende Kopfarbeit werde der Nervensaft erschöpft, der doch das erste Werkzeug aller körperlichen Verrichtungen sei. Eingedenk der Tragweite seiner Kritik milderte er sie jedoch an anderer Stelle wieder ab und unterstrich die Nützlichkeit der frühzeitigen sittlichen Erziehung: immerhin helfe sie bei der Erziehung zur Gottesfurcht, halte die Jünglinge von lustvollen Ausschweifungen ab, bilde die Vernunft und vermittle den Umgang mit Lehrsätzen.²⁴² Dennoch erschien ihm die strenge Erziehung im Cheder als wenig vorteilhaft.

Wolf kritisierte kein einziges Gebot oder Verbot an sich, sondern lediglich dessen seines Erachtens fälschliche Auslegung. Er wollte keineswegs die tradierten Kaschrutvorschriften beseitigen, sondern empfahl eher deren Ausweitung. Seine Kritik galt nicht dem seines Erachtens sehr vernünftigen Judentum, sondern dezidiert den unvernünftigen Gebräuchen im Alltag der Mannheimer Juden.²⁴³

---

239 Bevorzugt die Mazot zu Pessach sollten lange gekaut werden. WOLF, Krankheiten (wie Anm. 9), S. 73ff.
240 Hierzu gehören für Wolf gute Fleischbrühen mit Gartengewürzen und Eigelb, junge Hühner mit Reis oder auch *ein gutes Glas Rheinwein*.
241 WOLF, Krankheiten (wie Anm. 9), S. 79.
242 WOLF, Krankheiten (wie Anm. 9), S. 30f.; S. 33ff.
243 WOLF, Krankheiten (wie Anm. 9), S. 47ff.

Und da er so manches Defizit auch bei den Mannheimer Christen erkannte,[244] fällt es schwer, seine Ausführungen als gezielten Beitrag zur Haskalah zu betrachten. Viele seiner Bemerkungen wirken wie ein klares Bekenntnis zur Unverhandelbarkeit der Halacha und verweisen auf deren Vorzüge gegenüber christlichen oder weltlichen Gebräuchen.[245] Man müsse nur die durch falsche Ausdeutung entstandenen *Fehler unserer Erziehung* korrigieren und die *Lebensordnung nach den vielfältig vorgeschriebenen Masregeln einrichten*, so werde man der Gesundheit als dem edelsten *Geschenk des großen Schöpfers* wieder gerecht. Wenngleich er als Arzt dadurch keine Vorteile haben werde, bleibe ihm doch das *Vergnügen, als ein aufrichtiger Israelit gedacht, gerathen, und gehandelt* zu haben.[246]

Wenn Wolf die Erkrankungen der Juden in Mannheim auf deren Armut und eine gewisse Fehldeutung wie auch Falschauslegung der Religionsgesetze zurückführte – wie mag er wohl die Krankheitsnöte der Metzer Juden betrachtet haben? Konnte er auch dort jenen äußerst geschickten Schachzug vollziehen, bei der Begründung seiner Verhaltensempfehlungen medizinisch-wissenschaftliche und halachische Argumente miteinander zu verbinden. In jedem Falle trat er in Metz in eine Mustergemeinde des Traditionalismus ein, die sich durch eine strenge Einhaltung der Nahrungsvorschriften, liturgischen Gebräuche, religiösen Feste und täglichen Gebete auszeichnete. Sie verwaltete sich selbst, besaß spezifische Privilegien, durfte eigene Gesetze formulieren und verfügte über ein eigenes Tribunal zur Streitschlichtung. An ihrer Spitze befand sich neben den Großrabbinern[247] eine Vermögens- und Wissensoligarchie der Syndici bzw. Parnassim.[248] Die Treue zur Halacha spiegelte sich auf vielfältige Weise wider.[249] Die große Mehrheit der Gemeinde wie auch das Rabbinat standen der deutschen Haskalah wie auch der

---

244 WOLF, Krankheiten (wie Anm. 9), S. 17: Schädliche Ernährungsgewohnheiten während der Schwangerschaft; S. 51f.: Ungünstige Beratung durch Quacksalberinnen; S. 54f.: „Stigmata" des frühen/ verfrühten Alterns.

245 WOLF, Krankheiten (wie Anm. 9), S. 20: Nützlichkeit der Beschneidung; S. 21: Vorzug des Selbst-Säugens; S. 12: Löblichkeit der Reinigungsvorschriften; S. 44f.: Gesundheitsförderliche Wirkung der heiligen Gesetze.

246 WOLF, Krankheiten (wie Anm. 9), S. 94f.

247 Als Großrabbiner amtierten von 1750–1765 Samuel Hellmann, der zuvor in Mannheim gewirkt hatte, und von 1766–1785 Arié Loew (resp.Lion Asser´), der zuvor Beisitzer in Frankfurt gewesen war. Von 1785 bis 1789 blieb die Stelle vakant, zumal der nach 20 Monaten aus Berlin berufene Tsvi Hirsch die Stelle nicht übernahm.

248 MEYER, Metz (wie Anm. 3), S. 108ff.; S. 114ff.

249 So waren beispielsweise die zwischen 1767 und 1789 in der Druckerei von Moyse May und dessen Schwiegersohn Goudchaux Spire gedruckten Werke fast alle religiösen Inhalts. Zudem konvertierten im Laufe des 17. und 18. Jahrhunderts nur wenige

französischen Aufklärung fern.²⁵⁰ Auch scheinen nur einige Notabeln, Gelehrte oder Händler über ausreichende Französisch-Kenntnisse verfügt zu haben. In den 1770er und 1780er Jahren, in denen Wolf in Metz praktizierte, kam es jedoch zu immer stärkeren Spannungsfeldern zwischen Traditionalismus und medizinischen Fortschritten. Zeitgleich bahnte sich eine gründliche Verschlechterung der Lebensbedingungen der Juden an. Sie mussten hohe Steuern entrichten. Der Handel unterlag rigiden Restriktionen.²⁵¹ Die Kosten für die Notleidenden stiegen ständig an. Die Französische Revolution ruinierte dann schließlich auch viele bessergestellte Familien.²⁵²

Wenn überhaupt, so scheint Wolf ein äußerst gemäßigter *maskilic physician*²⁵³ gewesen zu sein, der in orthodoxen Kreisen keine nennenswerten Konflikte gehabt haben dürfte. Er beurteilte die sozialen Wirklichkeiten der jüdischen Gesellschaft als gelehrter Arzt mit ausgeprägten physiologischen Interessen und zeigte gleichzeitig starke halachische Bindungen. So konnte er auf geschickte Weise rationalistische mit religionsgesetzlichen Argumenten verknüpfen. Zudem argumentierte er aus der Perspektive eines alltagserfahrenen Praktikers, der im Grunde wichtigere medizinische Herausforderungen zu bewältigen hatte, als sich um die Folgen der bedenklichen Ernährungsgewohnheiten und Erziehungsgepflogenheiten kümmern zu müssen. Er wollte weder das jüdische Gesetz untergraben noch das Judentum nennenswert reformieren. Seine Forderung einer nachhaltigeren Einhaltung der Religionsgesetze dürfte kaum den Zorn eines Rabbiners erregt haben; lediglich seine Kritik des verfrühten Studiums könnte ein gewisses Unbehagen bewirkt haben. Auch die These, er könne aufgrund seiner wissenschaftlichen Kenntnisse einen Führungsanspruch innerhalb der jüdischen Gemeinden

---

Juden zum Christentum – zwischen 1650 und 1750 lediglich 15 und zwischen 1737 und 1790 nur 36 (von denen nur drei aus Metz stammten).

250   Mendelssohn hatte jedoch mit Moyse Ensheim und Isaie Berr Bing zwei Schüler in Metz. Und die Familien Silny und Trenel subskribierten die ab 1784 veröffentlichte Zeitschrift *HaMe'assef*.

251   Die Restriktionen und die Praxis konnten freilich divergieren. So führte beispielsweise die Auflage, keine Verkaufsbuden betreiben und nur zu Hause verkaufen zu dürfen, zu einer Praxis des Abpassens auf der Straße.

252   MEYER, Metz (wie Anm. 3), S. 109ff.; S. 114f.; S. 137ff.; S. 148ff.; GRÉGOIRE, Henri: *Essai sur la régénération physique, morale et politique des Juifs*, Metz 1789 (Nachdruck in: La Révolution française et l'émancipation des Juifs, Paris: EDHIS, 1968, Bd. III); BING, Isaie Berr: *Lettre du Sr I.B.B. Juif de Metz, à l'auteur anonyme d'un écrit intitulé: le cri du citoyen contre les Juifs*, Metz 1787 (Nachdruck in: La Révolution française et l'émancipation des Juifs, Paris: EDHIS, 1968, Bd. VIII).

253   EFRON, Medicine (wie Anm. 5), S. 66.

verfolgt haben, wirkt vor dem Hintergrund seines Status als Angestellter und Toleranzjude eher unwahrscheinlich. Ich danke Eberhard Wolff noch einmal sehr für den verschmitzten Hinweis, dass dieser *aufrichtige Israelit* wahrscheinlich nicht zu unserer Tagung am 23./24. April gekommen wäre, da sie sich ja über das Pessach-Wochenende erstreckte.

Eberhard Wolff

Jüdisch geblieben – aber im säkularen Rahmen. Nicht konvertierte jüdische Ärzte der Zeit um 1800 am Beispiel von Marcus Herz

Abstract: The study is centered around the issue of religious confession of Jewish physicians, who refrained from conversion to Christian faith. As an example, the life and activities of Marcus Herz are analyzed, showing that he was practicing religious rites in his personal surrounding. Nevertheless, in situations where medical demands required decisions confronting religious principles, for instance in the question of early burial of dead Jews, he argued in favor of medically-based decisions. In general, he tried to reconcile Jewish religious principles with the spirit of enlightenment.

Mit Adalbert Friedrich Marcus steht ein Arzt der Sattelzeit um 1800 im Mittelpunkt dieses Tagungsbands, der zwar aus einer jüdischen Hoffaktorenfamilie stammte, der aber 1781, sechs Jahre nach seinem Examen und fünf Jahre nach seinem Wechsel in ein katholisches Umfeld, zum Katholizismus konvertierte. Es war das gleiche Jahr, in dem er zum Hofrat und Leibarzt des Bamberger Fürstbischofs aufstieg und seine Karriere steil bergauf ging. In der Folge spielte seine jüdische Herkunft und sein ehemaliges jüdisches Religionsbekenntnis offenbar keine besondere Rolle mehr in seinem Leben.[1] Aber auch sein Katholizismus dürfte von der Bedeutung her sehr hinter seine medizinischen und sozialen Karrierewünsche zurückgetreten sein. Wie sehr die berufliche Karriere als Arzt auch im Zeitalter relativer Emanzipation dagegen durch den Verbleib im Judentum behindert war, dafür gibt der Beitrag von Werner F. Kümmel in diesem Band mit seinen Berufsbiographien jüdischer Ärzte plastische Beispiele.

Vor diesem Hintergrund stehen jüdisch geborene Ärzte dieser Zeit, die *nicht* zum Christentum konvertierten, in einem ganz besonderen Licht. Trotz aller Emanzipationshoffnungen muss ihnen klar gewesen sein, dass ihre jüdische Konfessionszugehörigkeit sich als mehr oder weniger hinderlich für eine Arztkarriere

---

1   Für Details siehe die entsprechenden Beiträge dieses Bandes sowie AUMÜLLER, Gerhard; SCHINDLER, Christoph: *A. F. Marcus und J. L. Schönlein. 100 Jahre Bamberger Medizingeschichte*, Regensburg 2016; HÄBERLEIN, Mark; SCHMOLZ-HÄBERLEIN, Michaela: *Adalbert Friedrich Marcus (1753–1816). Ein Bamberger Arzt zwischen aufgeklärten Reformen und romantischer Medizin*, Würzburg 2016.

darstellen dürfte. Wer trotzdem dem Religionsbekenntnis nach jüdisch blieb, musste eine engere Verbindung zum Judentum haben als seine konvertierten Kollegen. Und da das komplexe kulturelle Muster „Religion" sehr eng mit Phänomenen langer Dauer verbunden ist, könnte angenommen werden, dass diese Ärzte ein besonders enges Verhältnis zu jüdischen religiösen Traditionen hatten, umgangssprachlich formuliert „frömmer" waren.

Meine These in diesem Beitrag zielt jedoch in die entgegengesetzte Richtung. Jüdisch gebliebene Ärzte dieser Zeit setzten sich zwar intensiv mit ihrer Religion auseinander, doch sie taten alles andere, als ein traditionelles Religionsverständnis zu verteidigen. Sie stellten es im Gegenteil grundsätzlich infrage und versuchten es neu zu „erfinden".[2] Dies zeigt sich vor allem in den Bereichen, in denen ein traditionelles Religionsverständnis mit damaligen medizinischen Vorstellungen in einen Konflikt geriet, wie hier am Beispiel des „Beerdigungsfristenstreites" erläutert werden soll. In diesem neuen Verständnis hatte das Judesein einerseits einen viel enger definierten und andererseits einen funktionalisierteren Ort in ihrem Leben und in ihrer Gesellschaft. Und damit gingen diese Ärzte in einem gewissen Umfang einen ähnlichen Weg wie den ihrer konvertierten Kollegen, Adalbert Friedrich Marcus eingeschlossen.

Marcus Herz als Beispiel

Ich habe dieses neue Verständnis von Judentum an anderer Stelle ausführlich untersucht.[3] Hier möchte ich den Wandel lediglich anhand eines in dieser Hinsicht eher extremen Beispiels erläutern. Es handelt sich um Marcus Herz, den bekanntesten jüdischen Arzt im Deutschland des späten 18. Jahrhunderts. Es geht dabei um seine Rolle als Jude und sein Verständnis von Judentum mehrheitlich im Umfeld seines Berufes.[4]

---

2 WOLFF, Eberhard: *Medizin und Ärzte im deutschen Judentum der Reformära. Die Architektur einer modernen jüdischen Identität*, Göttingen 2014. Dort auch weiterführende Literatur.
3 Ebd.
4 Im Folgenden siehe allgemein WOLFF, Medizin (wie Anm. 2). Ich behandle im Folgenden nicht den Philosophen und nur teilweise den Akademiker Marcus Herz. Herz' jüngere Biographen Martin L. Davies und Christoph Maria Leder haben eher solche breiteren Ansätze gewählt. Vgl. DAVIES, Martin L.: *Identity or History? Marcus Herz and the End of Enlightenment*, Detroit 1995; LEDER, Christoph Maria: *Die Grenzgänge des Marcus Herz. Beruf, Haltung und Identität eines jüdischen Arztes gegen Ende des 18. Jahrhunderts*, Münster [u. a.] 2007.

Zunächst einige Eckdaten seiner Biographie. Herz kam 1747 in einem ärmlichen Berliner Thoraschreiber-Haushalt zur Welt. Er ging zu einer kaufmännischen Ausbildung nach Königsberg, begann dort jedoch 1766 ein Studium der Medizin und Philosophie und entwickelte ein enges Verhältnis zu dem dortigen damaligen Privatdozenten Immanuel Kant sowie sein bleibendes Interesse an der Philosophie und fast mehr noch an philosophischen Aspekten der Medizin.

Dreißigjährig baute Marcus Herz seine ärztliche Praxis in Berlin auf und begann außerdem mit öffentlichen philosophischen Vorlesungen und naturwissenschaftlichen Experimenten in seinem Hause, um seine Vorstellungen von Aufklärung zu verbreiten. 1777 wurde die dreizehnjährige Arzttochter Henriette de Lemos mit ihm verlobt und 1779, gerade fünfzehnjährig, mit ihm verheiratet.[5] Beide sollten später den bekannten Berliner Doppelsalon betreiben.

Herz übernahm 1782 von seinem Schwiegervater die ärztliche Leitung des Berliner Jüdischen Krankenhauses, engagierte sich in der Debatte um die „bürgerliche Verbesserung" der Juden,[6] veröffentlichte regelmäßig medizinisch-philosophische Monographien,[7] machte aber auch eine lebensbedrohliche Erkrankung durch.

1787 wurde Herz als erster deutscher Jude zum Professor für Philosophie ernannt, allerdings nicht von einer medizinisch-universitären Lehreinrichtung, sondern vom preußischen König. Im gleichen Jahr veröffentlichte er erstmals seine Kritik an der frühen Beerdigung Verstorbener nach dem jüdischen Ritus. 1792 scheiterte seine Aufnahme in die Preußische Akademie der Wissenschaften an seiner jüdischen Konfession. Marcus Herz starb bereits 56jährig im Jahre 1803, ohne konvertiert zu sein.

Marcus Herz repräsentiert den ärztlichen Teil der Berliner jüdischen Aufklärung (der „Haskalah") auf eine zentrale Weise. Unter den aufgeklärten jüdischen Ärzten Berlins in der zweiten Hälfte des 18. Jahrhunderts – und sie waren

---

5   Vgl. zu Henriette Herz in Kürze LUND, Hannah Lotte; SCHNEIDER, Ulrike; WELS, Ulrike (Hgg.): *Die Kommunikations-, Wissens- und Handlungsräume der Henriette Herz (1764–1847)*, Göttingen 2017. Darin auch WOLFF, Eberhard: *Am Rande der jüdischen ‚Selbstverleugnung'? Marcus Herz als jüdischer Arzt zwischen religiöser Befreiung und kulturellem Verlust.*

6   Der preußische Beamte Christian Konrad Wilhelm Dohm hatte 1781 in einer entsprechenden Schrift vorgeschlagen, die Emanzipation der Juden – anders als etwa in England oder Frankreich – von ihrer kulturellen Assimilation abhängig zu machen. Dies löste heftige Debatten aus.

7   Z. B. HERZ, Marcus: *Versuch über den Geschmack und die Ursachen seiner Verschiedenheit*, Leipzig 1776. DERS.: *Grundriss aller medicinischen Wissenschaften*, Berlin 1782. DERS.: *Versuch über den Schwindel*, Berlin 1786.

praktisch alle in bestimmter Weise der Haskalah verpflichtet – nimmt er eine interessante Übergangsstellung zwischen dem Rollenmodell des ‚Gelehrten' und dem des ‚Reformers' ein.[8] Er entspricht gleichzeitig noch dem älteren Rollenmodell des weltlichen, nicht mehr religiös geprägten Gelehrten – ähnlich etwa dem Arzt und Fischforscher Marcus Elieser Bloch. Bei diesen stand seit den 1740er Jahren die außerjüdische medizinische oder naturwissenschaftliche Bildung im Zentrum. Das Rollenmodell des weltlichen Gelehrten unter den ärztlichen ‚Maskilim' (den Vertretern der Haskalah) wurde ab den 1770er Jahren Schritt für Schritt von dem des engagiert und öffentlich auftretenden Reformers des Judentums abgelöst. Die Jüngeren in der Gelehrten-Generation, etwa Leon Elias Hirschel in seinen späteren und Marcus Herz in seinen jüngeren aktiven Jahren, begannen um 1770, ihr gewandeltes Verständnis von Judentum (s.u.) auch in Schriften, die an ein breites allgemeines Publikum gerichtet waren, vorsichtig anzudeuten und von der Möglichkeit eines besseren rechtlichen Status der Juden in der Gesellschaft zu sprechen. 1770 dankte Marcus Herz seinem damaligen geistigen Vorbild Kant noch privatim dafür, dass dieser ihn aus dem *viehischen Leben* am *Wagen der Vorurtheile* befreit habe, an den so viele seiner Mitbrüder gefesselt seien.[9] Im Folgejahr veröffentlichte er eine erste Schrift gegen antijüdische Vorurteile.[10] Herz war damals in seinen frühen 20ern und stand am Anfang seiner Laufbahn.

Zehn Jahr später, 1781, erschien dann der erste Teil von Christian Wilhelm Dohms „Über die bürgerliche Verbesserung der Juden". Marcus Herz war hier am Rande bereits an der Debatte beteiligt. Er übersetzte die apologetische Schrift „Rettung der Juden" des Amsterdamer Rabbiners Manasseh Ben Israel (1604–1657) ins Deutsche. Moses Mendelssohn versah sie mit einem eigenen Vorwort und veröffentlichte beides.[11] Dies war eine direkte Antwort auf Dohm, aber auch die erste Veröffentlichung, in der Mendelssohn einem deutschsprachigen Publikum seine neuen Auffassungen des Judentums darlegte.

---

8 Detaillierter in WOLFF, Medizin (wie Anm. 2).
9 Marcus Herz an Immanuel Kant am 19. März 1770. KANT, Immanuel: *Kants Briefwechsel*. Bd. 1 (1747–1788), Berlin, Leipzig 1922 (Kants gesammelte Schriften, Bd. 10), S. 99f.
10 HERZ, Marcus: *Freymüthiges Kaffeegespräch zwoer jüdischer Zuschauerinnen über den Juden Pinkus, oder über den Geschmack eines gewissen Parterrs*, Berlin 1771.
11 Zu Herz' Übersetzung siehe IBING, Brigitte: *Marcus Herz. Arzt und Weltweiser im Berlin der Aufklärung. Lebens- und Werkbeschreibung*, Diss. Münster 1984, S. 66; KAISER, Wolfram; VÖLKER, Arina: *Judaica medica des 18. und des frühen 19. Jahrhunderts in den Beständen des Halleschen Universitätsarchivs*, Halle (Saale) 1979, S. 36.

Gegen Ende der 1780er Jahre flammte das schwelende Thema der ‚Reform' unter den Berliner jüdischen Ärzten dann richtig auf. Den Wendepunkt stellte Marcus Herz' radikale publizistische Kritik an der religiösen Tradition der frühen Beerdigung unter den Juden von 1787 bzw. 1788 dar, die weniger öffentlich andernorts bereits bemerkbar wurde. Dies war einer der Konflikte zwischen religiösen Vorgaben und zeitgenössischen medizinischen Ansichten. Solche Konflikte gab es im Christentum auch, etwa den Kampf aufgeklärter Ärzte gegen die als gesundheitsschädlich angesehene winterliche Taufe von Neugeborenen in der ausgekühlten Kirche.

Vernunft vor Tradition

Es würde zu weit gehen, den von Herz zwar nicht begonnenen, aber als breite Debatte angestoßenen Streit um die frühe Beerdigung unter den Juden hier auch nur skizzenhaft darzustellen. Dazu wurde bereits ausführlich publiziert.[12] Dem jüdischen Religionsgesetz – genauer: seiner zeitgenössischen Auslegung – gemäß mussten verstorbene Juden in der Regel noch an ihrem Sterbetag beerdigt werden. Bis ins letzte Drittel des 18. Jahrhunderts galt die frühe Beerdigung nicht allein als unhinterfragtes jüdisches Religionsgesetz (die so genannte „Halacha"), sie war auch ein wie selbstverständlich tradierter jüdischer Brauch. Diese Praktik kollidierte im späten 18. Jahrhundert dann mit einer in weiten Teilen des Bürgertums verbreiteten und aufklärerisch begründeten Debatte um die Scheintod-Furcht: der Angst, bereits vor dem tatsächlichen Todeseintritt und damit lebendig begraben zu werden.

1788 gab Marcus Herz eine deutsche und erweiterte Auflage seiner Schrift „Über die frühe Beerdigung der Juden. An die Herausgeber des hebräischen Sammlers" heraus.[13] Im Jahr zuvor hatte er den Text in der Haskalah-Zeitschrift „Ha Meassef" (Der Sammler)[14] veröffentlicht. Dies löste eine heftige öffentliche Debatte und mittelfristig weitere erbitterte Reformstreitigkeiten in jüdischen Gemeinden um den richtigen Bestattungszeitpunkt aus.

Trotz aller Streitereien zeigt eine genaue Analyse dieser Debatte, dass die beteiligten jüdischen Ärzte im Kern nach einer einvernehmlichen Lösung suchten. Die Autoren entwickelten vielfältige Ideen einer religionsverträglichen Verweltlichung des Begräbniswesens (etwa mit dem Lösungsvorschlag einer vor der Beerdigung verlangten Todesbestätigung durch einen Arzt oder Chirurgen) und Ansätze eines

---

12 Siehe den Literaturüberblick in WOLFF, Medizin (wie Anm. 2), S. 167.
13 HERZ, Marcus: *Über die frühe Beerdigung der Juden. An die Herausgeber des hebräischen Sammlers*, 2. Aufl. Berlin 1788.
14 Ha-Meassef (Der Sammler). Erschienen in Königsberg und Berlin 1783–1811.

kulturellen Verständnisses des Judentums, etwa einem Verständnis für eine frühe Beerdigung als eine die jüdische Gesellschaft stabilisierende Kultur und Tradition.[15] Vor diesem Hintergrund der innerjüdischen Lösungsvorschläge wird die Kompromisslosigkeit der Argumentation von Marcus Herz deutlich. Herz' Abhandlung war nämlich keine Auseinandersetzung, sondern ein Pamphlet, wie im Folgenden illustriert wird.

Neu im Rahmen der Debatte war in der Schrift von Herz zunächst die absolute Reformforderung an die Juden und der polemische Ton, mit dem Herz offen gegen das traditionelle jüdische Beisetzungsritual anschrieb. Radikal ist Herz in seinem aggressiv-emotionalen Stil. Mit Rückgriff auf die aufklärerischen Scheintod-Schriften malt er das befürchtete Wiedererwachen im Grabe dramatisierend aus:

Den Tod des Verbrechers öffentlich auf dem Richtplatz leiden ist Kleinigkeit, ist Labsal gegen das Erwachen und Ersticken im Grabe! [...] Die tödtliche Beängstigung, die erstickende Zusammenschnürung der Brust; das Strömen des Blutes nach dem Kopfe; das convulsivische Zittern des ganzen Körpers, die vergebliche Anstrengung der Muskeln, um die drückende Last abzuwälzen; der Geruch der benachbarten Leichen! Lässt sich etwas Schauderhafteres denken?[16]

Eine seiner Schauererzählungen von lebendig Begrabenen zieht sich weiter hinten im Text gleich über mehrere Seiten hin. Ein Auszug:

[...] seine Brust hebt sich röchelnd, sein Gesicht glüht; das Blut entstürzt ihm durch alle Öffnungen; die Angst überwältigt ihn; er reißt sich die Haare aus, zerfetzt seinen Leib; er wälzt sich in Blut und Unrath.[17]

Provokant ist Herz auch durch die Art, wie er sich gegen das traditionelle, talmudisch orientierte Judentum stellt. Jüdische Religionslehrer würden die frühe Beerdigung mit

Starrsinn und Eigendünkel [...] durch die spitzfündigsten Sophistereyen unterstützen, und sich dabei *aus Liebe zu einem verjährten Vorurtheil auf missverstandene Stellen im Talmud und deren erdrechselte Erklärungen* berufen.[18]

Dies wurde durchaus als gezielte Kriegserklärung wahrgenommen. Der Hamburger jüdische Arztkollege Hirsch Wolf – seinerseits ein aufklärerisch engagierter jüdischer Arzt – wundert sich bereits auf der ersten Seite seiner Replik auf Herzens Pamphlet, dass der *große Gelehrte* Marcus Herz *so sehr unsere Nation herunter*

---

15 WOLFF, Medizin (wie Anm. 2).
16 HERZ, Beerdigung (wie Anm. 10), S. 28–30.
17 HERZ, Beerdigung (wie Anm. 10), S. 30–33; hier S. 33.
18 HERZ, Beerdigung (wie Anm. 10), S. 41 u. S. 15.

setze, wie er die ganze Nation für Dummköpfe und Unwissende erklärt [...].[19] Und er schließt seine Replik:

O Du unsterblicher Mendels-Sohn! Was würdest Du sagen, wenn Du sähest, dass Deine Nation, für welche Du Dich fast aufgeopfert hast, so sehr heruntergesetzt würde! Was würdest Du sagen, wenn Du sähest, wie Männer, die du mit der größten Achtung begegnet hast (sic!), so sehr besudelt würden.[20]

Insbesondere sieht Wolf es als eine Beleidigung der Rabbiner an, wenn Herz die frühe Beerdigung eine *armselige Vätersitte* nennt.[21]

Radikal ist Herzens Argumentation aber auch im Inhaltlichen: Er proklamiert mit seiner Schrift ein nicht graduell, sondern ein grundsätzlich neues Verständnis des Judentums, genauer: Auf dreierlei Art fordert er ein bedingungslos verändertes Verständnis der jüdischen Religiosität.

Erstens Herz löst die Diskussion um die frühe Beerdigung viel weiter als andere ihrer Kritiker aus dem halachischen Kontext heraus.[22] Die beiden Anfangskapitel seiner 60seitigen Schrift greifen medizinische Themen auf, nämlich die Todesfeststellung und die medizinische Kompetenz der hiermit betrauten Juden. Erst im dritten Kapitel sucht Herz nach möglichen *religiösen, moralischen oder politischen Gründen*, die frühe Beerdigung zu praktizieren, die er allerdings nicht finden kann.[23] Im letzten Teil plädiert Herz abschließend für eine Beerdigung drei Tage nach der Todesfeststellung.[24] Zuvor sei der Scheintod möglich und die Gefahr des Lebendig-Begraben-Werdens gegeben.[25] Für Herz dürfte die allgemeine Einschätzung von Daniel Krochmalnik besonders zutreffen, dass sich Maskilim des halachischen Diskurses teils nur noch bedienten, um ihre traditionellen Gegner zu bekämpfen.[26]

---

19 WOLFF, H. (sic!): *Zweytes Schreiben über die Zeichen des Todes*, Altona 1788, S. 3.
20 WOLFF, Zweytes Schreiben, S. 16.
21 WOLFF, Zweytes Schreiben, S. 16.
22 GOTZMANN, Andreas: *Jüdisches Recht im kulturellen Prozess. Die Wahrnehmung der Halacha im Deutschland des 19. Jahrhunderts*, Tübingen 1997, S. 115.
23 HERZ, Beerdigung (wie Anm. 10), S. 22ff.
24 Herz geht dabei von den üblichen Prämissen der Medizin seiner Zeit aus. Der Übergang vom Leben in den Tod verlaufe graduell. Trotz Abwesenheit der Bewegungs- und Empfindungszeichen könne die innere Lebenskraft eines Menschen noch unverletzt sein. Erst die Verwesung sei ein eindeutiger Beweis für den Tod eines Menschen. Vgl. HERZ, Beerdigung (wie Anm. 10), S. 17.
25 HERZ, Beerdigung (wie Anm. 10), S. 7–12.
26 Vgl. KROCHMALNIK, Daniel: *Scheintod und Emanzipation. Der Beerdigungsstreit in seinem historischen Kontext*, in: Trumah. Zeitschrift der Hochschule für jüdische Studien Heidelberg 6, 1997, S. 107–149; hier S. 142. Zum strategischen Einsatz religiöser Argumente siehe weitergehend WOLFF, Medizin (wie Anm. 2), S. 181f.

Zweitens kehrt Herz die Hierarchie zwischen Weltlichem und Religiösem um. Medizinische Argumente legitimieren sich für Herz aus sich selbst. Sie müssen für ihn nicht mehr, wie bei anderen Autoren, darunter auch Moses Mendelssohn, durch religiöse Argumente, sprich: halachisch, abgesichert werden. Zum anderen haben medizinische Argumente eine höhere Bedeutung als religiöse Überlegungen. In dem offensichtlichen Konfliktfall zwischen zeitgenössischen medizinischen Anschauungen und religiöser Praxis, wie er sich im Beerdigungsfristenstreit spiegelt, gibt es für Herz keine andere Lösung, als der medizinischen Position zu folgen. So ist für ihn auch die überlieferte jüdische und biblisch-talmudisch legitimierte Todesfeststellung mittels der Atemprobe (etwa einer vor die Nase gehaltenen Flaumfeder oder Kerze) völlig unzureichend, da es ja auch Menschen mit verstopften Nasenlöchern oder zu wenig Kraft zum Atmen gebe, wie er schreibt.[27]

Für Herz muss die Religion vor den weltlichen Erfordernissen zurückweichen. Wenn die Halacha mit ihnen nicht in Einklang gebracht werden konnte, stellte er sie in Frage. Was dem gesunden Menschenverstand und der Medizin widerspreche, könne einfach nicht als *Grundpfeiler der ganzen Religion* angesehen werden.[28] Wo ein solcher Widerspruch auftritt, musste Herz entweder den Zuständigkeitsbereich der Religion eingrenzen oder die Religion jeweils so verstehen, dass sie nicht mehr im Widerspruch zu weltlichen Erfordernissen stand. Das Erstere stellt Herz mit der für ihn zentralen Passage fest:

> *Die Frage ist nicht, ob wir einen Todten früh begraben sollen; sondern ob der jenige, den wir früh begraben, auch wirklich todt ist.*[29]

Die Todesdefinition ist demnach eine Angelegenheit, die einzig und allein in medizinische Hände gehöre. Bis zur unbezweifelbaren Todesfeststellung habe die Religion keinen Anspruch auf ihre Totengebräuche, denn: Der *zweifelhaft Todte* könne nicht als halachisch Toter angesehen werden und bedeute deshalb weder eine rituelle Verunreinigung noch eine Geringschätzung Gottes.

> *Er ist unser Bruder, der vielleicht wieder auflebt, und den wir durch zu zeitiges Begraben vielleicht vorsätzlich ermorden!*[30]

Drittens muss für Herz die jüdische Religion mit den zeitgenössischen weltlichen Anforderungen kompatibel sein – bzw. gemacht werden:

---

27 HERZ, Beerdigung (wie Anm. 10), S. 19, S. 21 u. S. 37.
28 HERZ, Beerdigung (wie Anm. 10), S. 41, ähnlich S. 15.
29 HERZ, Beerdigung (wie Anm. 10), S. 39, auch Krochmalnik, Scheintod (Anm. 21), S. 141.
30 HERZ, Beerdigung (wie Anm. 10), S. 26.

> *Man wird mich nie bereden zu glauben, dass jene göttlichen Lehrer der Religion, welche die Liebe des Nächsten als das heiligste und wichtigste Gesetz einschärfen, welche überall auf die Erhaltung eines Menschenlebens so großen Werth setzen, den erwähnten Zweifel so entscheiden werden: dass wir uns lieber der Gefahr aussetzen sollen, einen vorsätzlichen Mord zu begehen, als der Gefahr, einen wirklich Todten über Nacht unbegraben zu lassen.*[31]

Herz verlegt damit sozusagen das Gravitationszentrum der jüdischen Religiosität von der traditionellen Interpretation der Halacha auf aufklärerisch proklamierte Werte. Explizit distanziert er sich von der Tradition als überkommenem religiösen Wert:

> *Wozu denn immer die übergroße Anhänglichkeit an alte Sitte, die mit unserer Glückseligkeit nicht in der mindesten Verbindung steht.*[32]

Alle drei Argumentationsformen sind für die medizinisch relevanten Teile der Haskalah durchaus typisch. Das Besondere an Herz ist, dass seine Argumentation einem reinen Konfrontationskurs entspricht und keine der vermittelnden Elemente besitzt, wie sie seine Kollegen in der Debatte verwenden. Zumindest seine argumentative Strategie verfolgt den radikalen Bruch nicht nur mit dem talmudischen Judentum, sondern grundsätzlich mit jedem Judentum, das sich unmittelbar aus der eigenen Tradition legitimiert.

Eine neue Sichtweise auf das Judentum

Wo lässt sich Herz angesichts dessen in der ärztlichen Haskalah verorten? War Marcus Herz ein „Aussteiger" aus dem Judentum? Ersetzten die freitäglichen[33] Abendgesellschaften ‚chez Herz' den Beginn des Schabbat in einem grundsätzlichen Sinn? War er mit seiner unversöhnlichen Kritik der Tradition auf dem Weg seiner Frau, den sie vierzehn Jahre nach seinem Tod und nach dem Tod ihrer jüdischen Mutter zu Ende führte, auf dem Weg aus dem Judentum heraus, hin zu Konversion und Taufe? Obwohl wenig über Herzens persönliche religiöse Bindungen bekannt ist, bezweifele ich dies – im Einklang mit anderen Herz-Biographen. Es gibt hierfür einige Indizien. Herz folgte bei seiner Heirat einer Fünfzehnjährigen einem sehr traditionellen jüdischen Weg. Das Jüdische Krankenhaus führte er anscheinend streng nach jüdischen Gesetzen.[34] Auf dem

---

31 HERZ, Beerdigung (wie Anm. 10), S. 26.
32 HERZ, Beerdigung (wie Anm. 10), S. 53.
33 Vgl. LUND, Hanna Lotte: *Der Berliner „Jüdische Salon" um 1800. Emanzipation in der Debatte*, Berlin 2012, S. 174, S. 176.
34 Vgl. IBING, Herz (wie Anm. 8), S. 16.

Höhepunkt seiner lebensbedrohlichen Krankheit Anfang der 1780er Jahre wurde er in Erwartung seines Todes *mit allen Sterbe-Ceremonien seiner Glaubensgenossen* versehen.[35] Und schließlich nahm er auch die offensichtlichen akademischen Karrierenachteile des Verbleibs in der jüdischen Konfession in Kauf. Herz dürfte sich also bewusst gegen eine Konversion entschieden haben.

John Efron fasst diese Spannung zwischen radikaler Reform und offenbar bewusstem Judebleiben in die Worte:

Herz became a worldly, cultivated man, increasingly detached from his observant Jewish roots [...]. Yet Herz's abandonment of ritual was accompanied by neither a departure from the Jewish community nor a neglect of pressing issues of Jewish concern.[36]

Und er schließt daraus, Herz sei eben *the quintessential modern, secular Jew*.

Herz, so meine Schlussfolgerung, versuchte dieses moderne Judentum nicht durch einen *Um*bau, eine schrittweise und vorsichtige Uminterpretation zu erreichen. Es ging Herz offensichtlich um einen *Neu*bau des Jüdischseins, eine grundsätzliche Neuinterpretation des Jüdischen nach einem grundsätzlichen Bruch mit einem Religionsverständnis, das sich aus der Tradition speist.

Auf der *konzeptuellen* Ebene vertrat er die für die frühe Moderne typische Vorstellung einer Religion, deren Aufgabe es ist, den zeitgenössischen Werten im Umfeld der Aufklärung zuzuarbeiten, namentlich der Vernunft, dem gesunden Menschenverstand, der Philanthropie (über eine generalisierte Aufgabe des Lebenserhalts[37]), der Nächstenliebe und Bruderliebe[38] sowie der Sittlichkeit[39]. Die genannten Stichworte sind aus verschiedensten beiläufigen Bemerkungen zusammengetragen, denn Herz hat dieses Religionsverständnis eher gelebt als abstrakt ausformuliert.

Auf der *praktischen* Ebene vertrat er eine radikal konfessionalisierte, d. h. auf bestimmte Lebensbereiche eingeschränkte Religion. Religion wurde dabei aus vielen Lebensbereichen ausgegrenzt. Das markanteste Beispiel: In der Medizin hat Religiöses für ihn nichts zu suchen.

---

35 *Biographie des Herrn Marcus Herz*, in: Sulamith, 3. Bd. II, 2. Heft, 1811, S. 77–97; hier S. 86.
36 EFRON John M.: *Medicine and the German Jews. A History*, New Haven 2001, S. 94.
37 An anderer Stelle bezieht er sich auf das „Pikkuach Nefesch". Bezeichnend auch das Zitat: „O der (sic!) Seligkeitswächter, die in der Erhaltung eines Menschenlebens so wenig Seligkeit finden." HERZ, Beerdigung (wie Anm. 10), S. 27.
38 HERZ, Beerdigung (wie Anm. 10), S. 22, nennt das Judentum „die Religion, die auf Bruderliebe und Leben das größte Gewicht legt".
39 Die frühe Beerdigung ist für ihn ein „unsittliches" Verfahren. HERZ, Beerdigung (wie Anm. 10), S. 23.

Dies machte Herz nicht nur im Fall der frühen Beerdigung deutlich, sondern auch 1801, als er, zwei Jahre vor seinem frühen Tod, gegen die damals frisch eingeführte Pockenschutzimpfung mit Kuhpockenmaterie agitierte.[40] Es wurde in der Geschichtsschreibung zwar verschiedentlich angenommen, dass diese Ablehnung etwas mit Herzens Judentum zu tun gehabt habe. Wolfram Kaiser und Arina Völker etwa meinten, Herzens Impfkritik sei auf dessen *jüdische Grundhaltung* zurückführen, darin einen Eingriff in das göttliche Walten zu sehen.[41] Diese Behauptung ist aber nicht durch Quellen belegt, und somit wohl Spekulation. Eine gegenteilige Einschätzung, die sich in den hier geführten Argumentationsgang einpasst, lässt sich dagegen plausibilisieren. In seiner einschlägigen Schrift nahm Herz keinerlei Bezug auf jüdisch-religiöse Argumente. Nach Ruderman kritisierte Herz die Kuhpockenimpfung ausschließlich als philosophisch und sittlich unangemessen. Ruderman führt – in Anlehnung an Davies – Herzens Impfablehnung auf sein metaphysisches, der bloßen Empirie widersprechendes idealistisches Wissenschaftsverständnis zurück, das die Einimpfung tierischer Materie in den menschlichen Körper verbiete: *Herz' opposition to vaccination had nothing to do with his feelings about the Jewish community and rabbinic authority.*[42] Münch und Lammel verweisen dagegen auf die andere, allerdings ebenso wenig religiöse Kritik der Pockenschutzimpfung durch Herz als empirisch nicht ausreichend nachgewiesenem Versuch.[43]

Eine religiöse Begründung der Impfablehnung hätte dem gesamten sonstigen Argumentationsgang von Herz widersprochen. Alle Quellen deuten auf Herzens dezidierte Vorstellung einer größtmöglichen Trennung von Medizin und Religion

---

40 HERZ, Marcus: *D. Marcus Herz an den D. Dohmeyer, Leibarzt des Prinzen August von England, über die Brutalimpfung und deren Vergleichung mit der humanen*. Zweiter, verbesserter Abdruck, Berlin 1801. Ursprünglich: HERZ, Marcus: *D. Marcus Herz an den D. Dohmeyer, Leibarzt des Prinzen August von England, über die Brutalimpfung und deren Vergleichung mit der humanen*, in: Journal der practischen Arzneykunde und Wundarzneykunst 12, 1801, S. 1–109.
41 KAISER/ VÖLKER, Judaica (wie Anm. 8), S. 36.
42 RUDERMAN, David B.: *Some Responses to Smallpox Prevention in the Late Eighteenth and Early Nineteenth Centuries. A New Perspective on the Modernization of European Jewry*, in: Aleph. Historical Studies in Science and Judaism 2, 2002, S. 111–144, Zitat S. 143. Ähnlich auch: RUDERMAN, David B.: *A Best-Selling Hebrew Book of the Modern Era. The Book of the Covenant of Pinhas Hurwitz and its Remarkable Legacy*, Seattle 2014, S. 54–56.
43 MÜNCH, Ragnhild; LAMMEL, Hans-Uwe: *Versuch und Experiment bei Marcus Herz*, in: Medizingeschichte und Gesellschaftskritik. Festschrift für Gerhard Baader, hg. von Michael HUBENSTORF, Husum 1997, S. 101–122.

und im Konfliktfall eine Unterordnung religiöser Praxis unter medizinische und damit weltliche Erwägungen hin.

Der Hauptort einer konfessionalisierten Religion ist auch für Herz das Private bzw. ein begrenzter Bereich des Privatlebens. Und selbst hier geht es nicht mehr um praktische Verhaltensregeln, sondern um die jeweilige geistige Haltung (,Sittlichkeit').

Marcus Herz hat dies bereits zeitgenössisch ganz explizit und öffentlich festgehalten und zwar in der Beschreibung[44] seiner eigenen, lebensbedrohlichen Krankheit im Spätjahr 1782. Als Herz damals den *baldigen Todt fühlte*, bestellte er ausdrücklich die *Aeltesten der Gesellschaft der Krankenbesucher* an sein Krankenbett, um ihn (jüdisch-rituell) auf den Tod vorzubereiten.[45] Dies ist insofern von großer Bedeutung, als Herz hier deutlich zeigte, wie er im Angesicht des Todes (aber auch erst dann) grundsätzlich einen traditionellen, jüdisch-rituellen Umgang wünschte. Gleichzeitig aber muss er sich in der Beschreibung von den selbst gerufenen Krankenbesuchern wieder distanzieren, und zwar mit der ironischen Klammerbemerkung, dass diese Gesellschaft *ihre Einrichtung und Gesetze vom Throne der Menschheit unmittelbar empfangen zu haben scheint*[46]. Schließlich sorgte er dafür beziehungsweise rechtfertigte sich, dass deren Vorgehen nicht im Widerspruch, sondern im Einklang mit seinen aufklärerischen Vorstellungen stand. Er betont in der Schrift, dass die Gesellschaft ihre Aufgaben innerhalb von fünf Minuten und *auf die sanfteste und menschenfreundlichste Weise* erfüllt habe. Zudem bat er sie, dass sie *in meinem letzten Augenblicke nicht so viel Weinens und Schreyens an meinem Bette, wie dies gewöhnlich beim Sterbenden geschieht, machen lassen möchten*.[47] Die Schädlichkeit des lauten Klagens war eine gängige aufklärerisch-medizinische Einwendung gegen jüdische Sterbepraktiken.

Das von Herz im Bereich der Medizin so vehement bekämpfte jüdische Ritual hat demnach anderswo einen festen Ort in seinem Leben und in seiner Vorstellungswelt. Dieser Ort ist jedoch sehr eng begrenzt. Es ist reduziert auf eine sehr genau definierte Situation, auf einen biografischen Kern, eine Extremsituation.

---

44 HERZ, Marcus: *Psychologische Beschreibung seiner eigenen Krankheit von Herrn D. Markus Herz an Herrn D. J[oël] in Königsberg*, in: Magazin zur Erfahrungsseelenkunde 1, 1783, 2. St., S. 44–73. Auch in: MORITZ, Karl Philipp: Die Schriften in dreißig Bänden. Bd. 1, hgg. von Petra NETTELBACK und Uwe NETTELBACK, Nördlingen 1986.
45 Die Krankenbesucher „diktirten" ihm danach „einige der gewöhnlichsten Beichtformeln". HERZ, Beschreibung (wie Anm. 44), S. 68.
46 HERZ, Beschreibung (wie Anm. 44).
47 HERZ, Beschreibung (wie Anm. 44).

Jenseits dieses Kerns wird das traditionell Rituelle vertrieben, vor allem aus dem weltlichen medizinischen Lebensbereich.

Wie weit Herz mit der Radikalität seines Tuns bereits eine Form jüdischer Selbstverleugnung betrieb, habe ich an anderer Stelle erörtert.[48]

Und damit komme ich auf den Anfang meines Beitrags zurück. Die Frage, ob jüdische Ärzte im Laufe ihres Berufslebens im Judentum verblieben, wie Marcus Herz, oder ob sie zum Christentum konvertierten, wie Adalbert Friedrich Marcus, war erstens zwar aus formell konfessioneller Perspektive entscheidend. Sie hatte zweitens auch zweifellos einen großen Einfluss auf die Karriereaussichten dieser Ärzte. Drittens aber, und das ist eine der Schlussfolgerungen dieses Beitrags, war die Entscheidung nicht so bedeutend, was das Grundverständnis dieser Vertreter der Spätaufklärung von Religion und speziell dem Verhältnis des Religiösen zum weltlichen Leben betrifft. Wie Mark Häberlein in der Einleitung des Rundtisch-Gesprächs am Ende der Marcus-Tagung in Bad Arolsen hervorhob, hat auch der nunmehr katholische Adalbert Friedrich Marcus die religiösen Gehalte seiner medizinalpolitischen Vorstellungen über das katholische Krankenhaus *in einen neuen säkularen Kontext gestellt*.[49] Und damit gingen viele vom aufklärerischen Gedankengut geprägte Ärzte dieser Zeit, auch die christlich Geborenen, von ähnlichen Vorstellungen aus. Sogar eine extreme Person wie der spätere bayerische Repräsentant des „medizinischen Katholizismus", Johann Nepomuk von Ringseis (1785–1880), mag davon nicht ganz ausgeschlossen gewesen sein.[50]

---

48 WOLFF, Am Rande (wie Anm. 5).
49 Siehe die Transkription des Rundtisch-Gesprächs in diesem Band.
50 D'ORAZIO, Ugo: *Medicina e religione nell'opera di Johann Nepomuk Ringseis*, in: Medicina nei Secoli 11, 1999, S. 135–165. Ich danke dem Autor für verschiedene diesbezügliche Hinweise.

Adalbert Friedrich Marcus – strukturelle Einbindungen und Verflechtungen

J. Friedrich Battenberg

Die Bedeutung jüdischer Hoffaktoren für die Wirtschaft spätabsolutistischer Höfe

Abstract: With the Marcus family, court Jews at the residential town of Arolsen in the small principality of Waldeck, as an example, the significance of the so-called Jewish court agents ("Hoffaktoren") is described as one essential economic backbone of minor German territories in the 17th and 18th centuries. Being experienced in financial transactions and having far-reaching international connections, the court Jews were able to provide their principalities with the essential financial support and special precious goods. On the other hand their state as a court Jew secured them professional, competitional and financial advantages, but without any social integration into the nobility structures of the court.

Einführung

Mit einem Reskript vom April des Jahres 1799 erklärte Kurfürst Maximilian Joseph von Bayern für den Bereich seines Kurfürstentums, dass *sämtliche unter unsriger höchster Regierung ertheilte[n] Hoffactoren-Patente für erloschen angesehen werden sollen*.[1] Damit wurden mit einem Federstrich die Institution des Hofjudentums gleichsam zu den Akten gelegt und alle bisherigen Vertragsverhältnisse in diesem Bereich abgewickelt. In anderen Territorien des Heiligen Römischen Reiches dauerte es etwas länger. Am Kaiserhof in Wien wurden sogar noch fast zum Ende 1806 Hofjudenprivilegien verliehen, unter anderem an einige Mitglieder der Familie Rothschild aus Frankfurt am Main.

Doch auch wenn es noch im 19. Jahrhundert titulierte Hoffaktoren in deutschen Territorien gab: Die Institution selbst hatte sich spätestens mit dem Zusammenbruch des Reiches überlebt, weil sie funktionslos geworden war. Sie hatte eben ihren legitimen Referenzrahmen am traditionellen Fürstenhof des merkantilistischen Territorialstaates[2] und musste mit dessen Wegfall entweder eine neue, auf den Staat bezogene Positionsbestimmung erhalten und damit

---

1 Stadtarchiv München, Polizeidirektion Nr. 515, Reskript von 1799 April 17.
2 RIES, Rotraud: *Hofjuden – Funktionsträger des absolutistischen Territorialstaates und Teil der jüdischen Gesellschaft. Eine einführende Positionsbestimmung*, in: RIES, Rotraud; BATTENBERG, J. Friedrich (Hgg.): Hofjuden – Ökonomie und Interkulturalität. Die jüdische Wirtschaftselite im 18. Jahrhundert (Hamburger Beiträge zur Geschichte der deutschen Juden, 25), Hamburg 2002, S. 11–39; bes. S. 15–18; S. 27.

einen Funktionswandel vollziehen, oder aber anderen, zeitgemäßeren Ämtern und Funktionen Platz machen. Letzteres ist im 19. Jahrhundert geschehen: Die Bankiers dieser Zeit, auch wenn deren Aufgaben von einem ehemaligen Hoffaktor wahrgenommen werden konnten, und auch wenn sie als Hofbankiers für einen Fürsten des Deutschen Bundes tätig waren, hatten mit den Hofjuden älterer Prägung nichts mehr zu tun. Der von dem Reichskanzler Otto Bismarck und dem Kaiserhof in Berlin in Anspruch genommene Hofbankier Gerson Bleichröder verkörpert den Prototyp des neuen Finanzmanagers, der sich nicht länger fürstlicher Macht unterordnen musste, sondern seine Dienste als unabhängiger Geschäftsmann anbieten konnte.[3]

Eineinhalb Jahrhunderte hatte im Heiligen Römischen Reich Deutscher Nation die Institution des Hofjudentums eine noch immer unterschätzte Rolle gespielt. Es gab kaum einen Reichsfürsten oder Reichsgrafen, der nicht einen Hoffaktor oder wenigstens einen jüdischen Hoflieferanten in seiner Residenz oder in dem von ihm beherrschten Gebiet für sich verpflichtet hatte. Dabei gab es große Rangunterschiede unter den Hoffaktoren. Der gräflich-erbachische Hofjude Hesekiel Baruch etwa war nicht mehr als ein erfolgreicher Viehhändler,[4] während sein Zeitgenosse Samson Wertheimer in Wien mit dem Titel eines kaiserlichen Oberhoffaktors sich als unentbehrlicher Geldgeber Kaiser Karls VI. etablieren konnte.[5] Die fürstlich-waldeckischen Hofjuden wie Marcus Jude, der Vater des Adalbert Friedrich Marcus, und sein Bruder Jakob Marcus zählten eher zur erstgenannten Gruppe mit regional begrenzten Netzwerken.[6] Allesamt jedoch waren sie Teil eines untereinander vernetzten, mehrstufigen Finanzsystems. Als nämlich nach falschen Anschuldigungen 1697 der kaiserliche Hoffaktor Samuel

---

3   Zu Gerson Bleichröder siehe: STERN, Fritz: *Gold und Eisen. Bismarck und sein Bankier Bleichröder*, Frankfurt am Main/Berlin 1978. Dass Bleichröder, um Erfolg zu haben, bisweilen „Servilität und Liebedienerei" und auch Demütigungen erdulden musste, hatte weniger damit zu tun, dass er etwa eine hofjudengleiche Stellung gehabt hatte, sondern hatte seine Ursache in dem mit der beginnenden Industrialisierung im Reich aufkommenden „modernen" Antisemitismus, siehe: STERN, ebd., S. 565 f.
4   BATTENBERG, J. Friedrich: *Das Schutz- und Hofjudensystem der Grafschaft Erbach. Gedanken zur Geschichte der Juden im Odenwald, besonders im 17. und 18. Jahrhundert*, in: Archiv für hessische Geschichte Bd. 53, 1995, S. 101–14; hier: S. 112 ff.
5   KAUFMANN, David: *Samson Wertheimer, der Oberhoffactor und Landesrabbiner (1658–1724) und seine Kinder*, Wien 1888.
6   Zu diesen beiden Hofjuden siehe: HÄBERLEIN, Mark; SCHMÖLZ-HÄBERLEIN, Michaela: *Adalbert Friedrich Marcus (1753–1816). Ein Bamberger Arzt zwischen aufgeklärten Reformen und romantischer Medizin* (Stadt und Region in der Vormoderne, Bd. 5), Würzburg 2016, S. 27 ff.; S. 32 ff.

Oppenheimer verhaftet wurde, brach das gesamte Kreditsystem der Juden des Heiligen Römischen Reichs zusammen, weil die Wechsel nicht mehr eingelöst werden konnten.[7] Die Krise konnte zwar bald überwunden werden, doch macht sie deutlich, wie wichtig die Rolle von Hoffaktoren für das Funktionieren eines reichsweiten Finanzsystems war.

Rechtlich wurde dieses System in der Spätzeit des Alten Reiches mehr und mehr stabilisiert. Der Reichshofrat stellte in kaiserlichem Auftrag seit dem beginnenden 18. Jahrhundert eine große Anzahl von Privilegien als Hofjudenpatente aus, die immer gleichförmiger formuliert wurden.[8] Am Ende entstand so etwas wie ein allgemeines Hofjudenrecht, das reichsweite Geltung hatte.

Die Erforschung der Geschichte der Hofjuden hat in den letzten zwei Jahrzehnten einen großen Aufschwung erlebt. Ein von mir in den Jahren 1994 bis 1999 geleitetes Forschungsprojekt der Deutschen Forschungsgemeinschaft, in dem es um den Prozess der Akkulturation der jüdischen Wirtschaftselite der Frühen Neuzeit ging, hat auf der Grundlage älterer Forschungsarbeiten[9] sowie vor allem von neu erschlossenen Archivquellen ein völlig neues Bild des Hofjudentums im Alten Reich gewinnen können. Eine 1991 in Eisenstadt[10] und mehr noch eine

---

7   GRUNWALD, Max: *Samuel Oppenheimer und sein Kreis*, Wien/Leipzig 1913, S. 121 ff.
8   Dazu BATTENBERG, J. Friedrich: *Die Privilegierung von Juden und der Judenschaft im Bereich des Heiligen Römischen Reiches deutscher Nation*, in: DÖLEMEYER, Barbara; MOHNHAUPT, Heinz (Hgg.): Das Privileg im Europäischen Vergleich, Bd. 1 (Studien zur europäischen Rechtsgeschichte, Bd. 93), Frankfurt am Main 1997, S. 139–190; hier: S. 179 ff.
9   SCHNEE, Heinrich: *Die Hoffinanz und der moderne Staat. Geschichte und System der Hoffaktoren an deutschen Fürstenhöfen im Zeitalter des Absolutismus. Nach archivalischen Quellen*, Bde. 1–6, Berlin 1953–1967; STERN, Selma: *Jud Süss. Ein Beitrag zur deutschen und zur jüdischen Geschichte*, Berlin 1929, Neuausgabe München 1973; DIES.: *Der Hofjude im Zeitalter des Absolutismus* (Schriftenreihe wissenschaftlicher Abhandlungen des Leo Baeck Instituts, Bd. 64), Tübingen 2001; GRUNWALD, Samuel Oppenheimer und sein Kreis (wie Anm. 7); KAUFMANN, Samson Wertheimer (wie Anm. 5); BERGHOEFFER, Christian Wilhelm: *Meyer Amschel Rothschild, der Gründer des Rothschildschen Bankhauses, Frankfurt am Main 1922*; SCHEDLITZ, Bernd: *Leffmann Behrens. Untersuchungen zum Hofjudentum im Zeitalter des Absolutismus* (Quellen und Darstellungen zur Geschichte Niedersachsens, Bd. 97), Hildesheim 1984; SAVILLE, Pierre: *Le Juif de Cour. Histoire du Résident royal Berend Lehman (1661–1730)*, Paris 1970; GERBER, Barbara: *Jud Süß. Ein Beitrag zur historischen Antisemitismus- und Rezeptionsforschung* (Hamburger Beiträge zur Geschichte der deutschen Juden, Bd. 16), Hamburg 1990.
10 SCHUBERT, Kurt (Hg.): *Die österreichischen Hofjuden und ihre Zeit* (Studia Judaica Austriaca 12), Eisenstadt 1991.

1997 in New York gezeigte Ausstellung[11] haben einer internationalen interessierten Öffentlichkeit die Dimensionen des frühmodernen Hofjudentums vor Augen führen können. Die Ergebnisse des angesprochenen Forschungsprojekts wurden in einem Sammelband veröffentlicht, und zwar unter dem programmatischen Titel „Hofjuden – Ökonomie und Interkulturalität. Die jüdische Wirtschaftselite im 18. Jahrhundert".[12] Die Anzahl der seither entstandenen einschlägigen Veröffentlichungen geht inzwischen in die Hunderte.[13]

Wirtschaftliche Bedeutung der Hofjuden

Wenn ich mich im Folgenden mit der wirtschaftlichen Bedeutung des Hofjudentums befasse, so ist zunächst festzustellen, dass die Hoffaktoren des späten 18. Jahrhunderts kaum noch einen persönlichen Bezug zu einem adeligen Hof hatten. Strenggenommen waren es keine Hofjuden mehr, sondern nach dem Sprachgebrauch der Zeit allenfalls noch Handelsjuden oder bestenfalls Hoflieferanten, wenn ein Hof als Vertragspartner vorhanden war. Man muss weiter feststellen, dass der Titel vielfach nur noch die Funktion hatte, dem eigenen Handelsbetrieb eine höhere Legitimation zu verschaffen und als willkommene Werbemöglichkeit zu wirken.

Als sich der Frankfurter Bankier und hessen-hanauische Hofjude Mayer Amschel Rothschild im Jahre 1800 für sich und seine Söhne von Kaiser Franz II. ein Hofjudenpatent ausstellen ließ,[14] hatte er nicht im Entferntesten daran gedacht, sich in die Dienste und an den Hof des Kaisers nach Wien zu begeben, im Gegenteil: Die Ernennung verstand er als eine kreditfördernde Maßnahme, mit der er einen Wettbewerbsvorteil gegenüber untitulierten Kaufleuten erhoffte. Weiterhin galt der Titel eines Hoffaktors etwas, zumal, wenn er vom Kaiser persönlich

---

11 MANN, Vivian B.; Richard I. COHEN (Hgg.): *From Court Jews to the Rothschildes: Art, Patronage, and Power 1600–1800*, München/New York 1996.

12 RIES, Rotraud; BATTENBERG, J. Friedrich (Hgg.): *Hofjuden – Ökonomie und Interkulturalität. Die jüdische Wirtschaftselite im 18. Jahrhundert* (Hamburger Beiträge zur Geschichte der deutschen Juden 25), Hamburg 2002.

13 Einen ersten bibliographischen Überblick dazu bietet: BATTENBERG, J. Friedrich: *Die Juden in Deutschland vom 16. bis zum Ende des 18. Jahrhunderts* (Enzyklopädie deutscher Geschichte 60), München 2001.

14 Patente vom 29. Januar, 7. März und 4. Mai 1800 bei: CONTE CORTI, Egon Caesar: *Der Aufstieg des Hauses Rothschild 1770–1830*, Leipzig 1929, S. 40 f.; ELON, Amos: *Der erste Rothschild. Biographie eines Frankfurter Juden*, Reinbek bei Hamburg 1998, S. 124 f.; SCHNEE, Heinrich, Die Hoffinanz und der moderne Staat (wie Anm. 9), Bd. 4: *Hoffaktoren an süddeutschen Fürstenhöfen nebst Studien zur Geschichte des Hoffaktorentums in Deutschland*, Berlin 1963, S. 336.

verliehen worden war. Fast war dies eine Art Adelsbrief – zumindest derart, dass damit der Begünstigte als Mitglied einer Wirtschaftselite aus der Masse der Judenschaft herausgehoben wurde und eine Sonderstellung im Verkehr mit dem fürstlichen Dienstherrn erhielt.

Dies alles wird noch dadurch unterstrichen, dass das für Mayer Amschel Rothschild ausgestellte Patent – wie fast alle in der kaiserlichen Hofkanzlei ausgefertigten Hofjudenpatente der Zeit ab 1750[15] – den Gebrauch eines Gewehrs, eines Degens und einer Pistole für alle seine Reisen und Verrichtungen erlaubte.[16] Hier wurde zumindest der Anschein einer Affinität zum höfischen Zeremoniell erweckt. Es wurde die Zugehörigkeit zur Gesellschaft des Kaiserhofs und damit zugleich die Partizipation an der kaiserlichen Autorität behauptet – ohne dass eine reale Eingliederung in die Hofgesellschaft damit verbunden und auch gar nicht gewollt war.[17] Die legitimierende Wirkung und die Steigerung des Ansehens gegenüber möglichen Geschäftspartnern waren aber unübersehbar. Und gerade deshalb veranlassten die Rothschilds die kaiserliche Kanzlei auch, die ihnen verliehenen Patente den Fürsten zu Mainz, Mannheim, Dresden, Bamberg, Würzburg, Darmstadt und Salzburg sowie den Reichsstädten Nürnberg, Ravensburg und Schwäbisch Gmünd offiziell mitzuteilen, da dort ihre wichtigsten Vertragspartner ihren Geschäftssitz hatten.[18]

Wie wichtig vielen Hoffaktoren die Nähe zum Wiener Kaiserhof war, lässt sich anhand vieler überlieferter Zeugnisse nachweisen. Eine symbolische Verbindung zeigt sich z. B. anhand eines von Samson Wertheimer um 1700 für die Halberstädter Synagoge gestifteten Chanukka-Leuchters:[19] Dessen Mittelpunkt bildete eine Darstellung des kaiserlichen Doppeladlers, neben dem die Bestandteile des Leuchters fast zurücktreten.

Was aber in der Endphase des römisch-deutschen Imperiums nur noch eine Titulatur ohne konkreten Inhalt gewesen sein mag, hatte im späten 17. und im früheren 18. Jahrhundert noch konkrete Substanz. Eine große Anzahl von

---

15 BATTENBERG; J. Friedrich: „…*gleich anderen dero Diener einen Degen zu tragen….*" *Reflexionen zum sozialen Rang der Hofjudenschaft in vormoderner Zeit*, in: Aschkenas 13, 2003, S. 93–106; hier S. 99 f.
16 Hierzu BERGHOEFFER, Meyer Amschel Rothschild (wie Anm. 9), S. 156; CONTE CORTI, Der Aufstieg (wie Anm. 14), S. 40; ELON, Der erste Rothschild (wie Anm. 14), S. 124 f.
17 BATTENBERG, Reflexionen zum sozialen Rang (wie Anm. 15), S. 105 f.
18 SCHNEE, Hoffinanz, Bd. 4 (wie Anm. 14), S. 336.
19 Foto in "*Michael Berolzheimer Collection*" (AR 4136) in Leo Baeck Institute New York, E IV 6.

Handelsjuden bediente sich damals des obrigkeitlich verliehenen Hoffaktorentitels weniger zur Erlangung von Wettbewerbsvorteilen für den eigenen Geschäftsbetrieb, als vielmehr, um existentielle Sicherheit und Stabilität zu erreichen. Nur deswegen waren sie auch bereit, dem jeweiligen Dienstherrn Zugeständnisse zu machen und finanzielle Verpflichtungen einzugehen.

Die beteiligten Fürsten auf der anderen Seite waren ihrerseits bestrebt, mit der Bestallung von Hofjuden kapitalkräftige Partner für sich dauerhaft zu verpflichten. Ihnen wollten sie in allen Fragen des Landeshaushalts vertrauen können; sie wollten auf sie als Berater zurückgreifen, wenn es um Probleme der Zoll- und Steuererhebung ging, oder wenn die Finanzierung öffentlicher Bauvorhaben anstand. Mit der Übertragung von Monopolrechten – etwa auf Salz- und Tabakeinnahmen[20] – konnten zwar gewisse Hoheitsrechte zur Steuereintreibung verbunden sein, doch wurde damit keine zusätzliche Verbindung zum jeweiligen fürstlichen Hof hergestellt.

Repräsentativ für derartige Vertragsverhältnisse ist ein 1732 von Landgraf Ernst Ludwig von Hessen-Darmstadt ausgefertigtes Hofjudenpatent für den Schutzjuden David Nathan Deutz zu Wetzlar,[21] das deshalb im Folgenden wörtlich zitiert werden soll. Es heißt hier unter anderem:

Nachdem von Gottes Gnaden wir, Ernst Ludwig, Landgraf zu Hessen, [den] David Nathan Deitz zu Wetzlar auf [sein] unterthänigstes Nachsuchen und eingezogener Erkundigung [...] die Gnade gethan und ihn zu unßerm Hofjuden dergestalt gnädigst ernennt und bestellt haben, dass er zu gedachtem Wetzlar, aber auch, wenn er in unßern fürstlichen Landen sich häußlich niederzulassen willens wäre, mit seiner Familie und sämbtlicher Haabseeligkeit unßern specialen gnädigsten Schutz jederzeit genießen [soll]; und unßern übrigen bereits gnädigst bestellten Hofjuden in allen Stücken praestitis praestandis[22] gleich gehalten, auch hiernächst ihme die Lieferung derjenigen Specerey-Waaren zu unßerer fürstlichen Hofstadt,

---

20 Dafür steht das von Landgraf Ernst Ludwig von Hessen seinem Hoffaktor Löw Isaak zur Kanne 1718 eingeräumte Tabakmonopol: BATTENBERG, J. Friedrich: *Judenverordnungen in Hessen-Darmstadt. Das Judenrecht eines Reichsfürstentums bis zum Ende des Alten Reiches. Eine Dokumentation*, Wiesbaden 1987 (Schriften der Kommission für die Geschichte der Juden in Hessen 8I), S. 143, Nr. 106 Anm.

21 Bestallungsbrief von 1732 Mai 9, bei: BATTENBERG, J. Friedrich (Bearb.): *Quellen zur Geschichte der Juden im Hessischen Staatsarchiv Darmstadt 1651–1806, mit Nachträgen 1312–1650*, Wiesbaden 2008 (Quellen zur Geschichte der Juden in hessischen Archiven 4), S. 66, Nr. 257.

22 *Praestitis praestandis* im Sinne von „nach Ableistung des zu Leistenden", s. LENZ, Rudolf, BREDEHORN, Uwe, WINIARCZYK, Marek (Bearbb.): *Abkürzungen aus Personalschriften des XVI. bis XVIII. Jahrhunderts*, 3. Aufl., Stuttgart 2002 (Marburger Personalschriften-Forschungen, Bd. 35), S. 164.

welche nicht bereits an andere Livranten vergeben sind, zugestanden werden solle; alß ist sich von denen Unßerigen hiernach unterthänigst zu achten und er, David Nathan Deitz, vor unßern Hofjuden von männiglichen zu erkennen.

Was konkret wird hier gesagt? – Zunächst, dass David Deutz[23] an seinem bisherigen Wohnsitz, der Reichsstadt Wetzlar, wohnen bleiben darf, und zwar außerhalb der Grenzen der Landgrafschaft Hessen-Darmstadt. Zwar bestanden ältere landgräfliche Vogteirechte über diese Stadt an der Lahn fort,[24] doch wirklichen Einfluss auf sie hatte der Landgraf nicht mehr. Er konnte deshalb nur hoffen, dass David Deutz irgendwann seinen Wohnsitz in die Landgrafschaft verlegte; ein Recht dazu wurde ihm ausdrücklich angeboten. Im Übrigen wurde er nur ganz allgemein zusammen mit seiner Familie und seinem Vermögen in den landgräflichen Schutz aufgenommen. Das Recht zur Belieferung des Hofes – gemeint ist die Residenz in Darmstadt – wurde ihm nur soweit zugestanden, als andere Hofjuden und Hoflieferanten davon in ihren Rechten nicht betroffen waren. Sehr viel wichtiger aber war die Bestimmung, dass David mit allen anderen Hofjuden der Landgrafschaft gleichgestellt werden sollte, und zwar – wie es im Patent hieß – *praestitis praestandis*, also nach Ableistung der ihnen auferlegten Pflichten. Damit sind die Steuerpflichten gemeint, die alle hessischen Schutzjuden in gleicher Weise zu entrichten hatten. Erst deren Erfüllung ermöglichte David die Aufnahme in die privilegierte Gruppe der landgräflichen Hofjuden.

Das Hofjudenpatent von 1732 beinhaltete damit eine Art Übereinkunft zwischen zwei Geschäftspartnern in beiderseitigem Interesse: Der Landesfürst – es war der für seine barocke Bauleidenschaft und Verschwendungssucht berüchtigte Landgraf Ernst Ludwig[25], der sogar den württembergischen Oberhoffaktor Josef Süß Oppenheimer zur Münzprägung und Goldmacherei für sich verpflichtete[26] – war

---

23 Zu ihm: SCHNEE, Heinrich: Die Hoffinanz und der moderne Staat (wie Anm. 9) Bd. 3: *Die Institution des Hoffaktorentums in den geistlichen Staaten Norddeutschlands, an kleineren norddeutschen Fürstenhöfen und im System des absoluten Fürstenstaates*, Berlin 1955, S. 128 f.

24 SCHOENWERK, August: *Geschichte von Stadt und Kreis Wetzlar*, 2. Aufl., bearb. von Herbert FLENDER, Wetzlar 1975, S. 256–258.

25 WOLF, Jürgen Rainer: *Glanz und Schatten des Barock*, in: BATTENBERG, Friedrich; WOLF, Jürgen Rainer; FRANZ, Eckhart G.; DEPPERT, Fritz: Darmstadts Geschichte. Fürstenresidenz und Bürgerstadt im Wandel der Jahrhunderte, Darmstadt 1984, S. 206–249; DERS. (Bearb.): *Louis Remy de la Fosse* (Darmstadt in der Zeit des Barock und Rokoko. Katalog zur Ausstellung auf der Mathildenhöhe Darmstadt, Bd. 2), Darmstadt 1980.

26 WOLF, Jürgen Reiner: *Joseph Süß Oppenheimer („Jud Süß") und die Darmstädter Goldmünze. Ein Beitrag zur hessen-darmstädtischen Finanzpolitik unter Landgraf Ernst*

an einer ebenso dauernden wie exklusiven Verpflichtung Davids interessiert, um auf ihn jederzeit zur Absicherung der benötigten Hoflieferungen zurückgreifen zu können. Dieser trat damit ergänzend neben andere, im Umkreis des Darmstädter Hofes tätige Hofjuden, wie die Gebrüder Moses und Beer Löw Isaak zur Kann aus Frankfurt, die 1717 zu Hof- und Kammeragenten des Darmstädter Landgrafen bestallt worden waren,[27] und den Mainzer Schutzjuden Nathan Hayum Homburg, der ein Jahr später zum Salzfaktor der Landgrafschaft aufstieg.[28] Zu ihnen gesellten sich weitere hessen-darmstädtische Hoflieferanten, unter ihnen Benedikt David und Meyer Kassel, die ebenfalls in Diensten Ernst Ludwigs standen.[29] Inwieweit sie zusammenarbeiteten, geschäftlich oder familiär vernetzt waren oder zumindest intern eine soziale Rangordnung untereinander einhielten, wie ihre Titel nahe legen könnten, ist noch wenig bekannt.

David Deutz selbst dürfte eher an seiner geschäftlichen Unabhängigkeit interessiert gewesen sein, ebenso aber an einer Option zum Abschluss von Lieferverträgen und vor allem zur Erhöhung seines Renommées unter seinen übrigen Geschäftspartnern. Von einem Versuch der Eingliederung in die Hofgesellschaft konnte keine Rede sein; dies lag vermutlich völlig außerhalb seines Gesichtskreises. Der von ihm wie vielen anderen jüdischen Handelsleuten dieser Zeit erstrebte Aufstieg vom bloßen Hoflieferanten zum Hoffaktor und schließlich zum Oberhofagenten sollte das geschäftliche Ansehen erhöhen, die Chancen exklusiver Lieferverträge mit dem Fürsten erweitern, aber gewiss keine größere Integration in den Hofstaat herbeiführen. Selbst das vom Kaiser und vielen Landesfürsten an sie verliehene Recht zur Tragung zeremonieller Waffen änderte daran nichts, da die Hofgesellschaft exklusiv auf den Adel und die hohe christliche Dienerschaft beschränkt blieb.

Ludwig, in: HEINEMANN, Christiane (Red.), Neunhundert Jahre Geschichte der Juden in Hessen. Beiträge zum politischen, wirtschaftlichen und kulturellen Leben, Wiesbaden 1983 (Schriften der Kommission für die Geschichte der Juden in Hessen 6), S. 215–261.

27 Hessisches Staatsarchiv Darmstadt [im Folgenden HStAD], Best. E 1 M Nr. 11/4 (1); BATTENBERG, Quellen (wie Anm. 21), S. 64, Nr. 248.

28 Patent vom 20. Mai 1718, HStAD, Best., R 1 A Nr. 8/99; BATTENBERG, Quellen (wie Anm. 20), S. 64 Nr. 249.

29 WOLF, Jürgen Rainer: *Zwischen Hof und Stadt. Die Juden in der landgräflichen Residenzstadt des 18. Jahrhunderts*, in: FRANZ, Eckhart G. (Hg.): Juden als Darmstädter Bürger, Darmstadt 1984, S. 50–79; hier: S. 52–61.

Schon dieses Beispiel zeigt, dass zumindest in dieser Zeit der Hof als Mittelpunkt des fürstlichen Zeremoniells[30] mitnichten im Blickpunkt der Hofjuden stand. Kam es hingegen zu einer Integration in das höfische Sozialgefüge, so wuchs das Gefahrenpotential, wie das Beispiel des als „Jud Süß" bekannt gewordenen Josef Süß Oppenheimer zeigt.[31] Nicht die äußeren, luxuriösen Formen seines Lebensstils machten seine Sonderstellung unter den übrigen Hofjuden der Zeit aus; es war vor allem sein Habitus als Höfling[32] und seine als inadäquat beäugten Versuche der Nachahmung einer hofspezifischen und von auf ihn nicht zugeschnittenen Kriterien geprägten Rangordnung, die ihn von anderen Hofjuden unterschieden.[33] Das bedeutete letztlich eine Missachtung der traditionellen Rollenverteilung zwischen Christen und Juden, auf die jeder hierarchisch aufgebaute vormoderne Fürstenhof sich stützte.[34] In dem aus dem Hofadel bestehenden zeremoniellen Hof[35] hatten Juden im Normalfall keinen Platz; sofern sie ausnahmsweise einen Zugang fanden, waren sie für die höfische Etikette marginale Figuren, die stets auf das Misstrauen der in der adeligen Rangordnung verorteten christlichen Höflinge stießen.

Hinzu kommt, dass die Juden und damit in gleicher Weise die Hofjuden nach dem Rechtsverständnis der Zeit nicht an der Ehre der Adelsgesellschaft teil hatten. Schon der im römischen Recht geschulte Humanist Johannes Reuchlin hatte unter Berufung auf das Corpus Juris Justinians 1510 den Rechtsgrundsatz aufgestellt, dass Juden *kainer Eren werdt* seien.[36] Versteht man nun unter der Ehre eine Identitätszuschreibung auf der Basis gesellschaftlicher oder auch rechtlich verdichteter

---

30 VON KRUEDENER Jürgen Freiherr: *Die Rolle des Hofes im Absolutismus* (Forschungen zur Sozial- und Wirtschaftsgeschichte, Bd. 29), Stuttgart 1973, S. 60–65.
31 GERBER, Jud Süß (wie Anm. 9), S. 128–137.
32 EMBERGER, Gudrun, RIES, Rotraud: *Der Fall Joseph Süß Oppenheimer: Zum historischen Kern und den Wurzeln seiner Medialisirung*, in: Alexandra PRZYREMBEL; Jörg SCHÖNERT (Hgg.): ‚Jud Süß'. Hofjude, literarische Figur, antisemitisches Zerrbild, Frankfurt am Main/New York 2006, S. 29–5; hier: S. 47.
33 GERBER, Jud Süß (wie Anm. 9), S. 134.
34 GERBER, Jud Süß (wie Anm. 9), S. 136.
35 Zu dessen Struktur siehe: BAUER, Volker: *Die höfische Gesellschaft in Deutschland von der Mitte des 17. bis zum Ausgang des 18. Jahrhunderts. Versuch einer Typologie*, Tübingen 1993 (Frühe Neuzeit, Bd. 12), S. 62.
36 BATTENBERG, J. Friedrich: *Rechtliche Aspekte der vormodernen aschkenasischen Judenschaft in christlicher Umwelt. Zu einem Paradigmenwechsel im ‚Judenrecht' im frühen 16. Jahrhundert*, in: Eveline BRUGGER; Birgit WIEDL (Hgg.): Ein Thema – zwei Perspektiven. Juden und Christen in Mittelalter und Frühneuzeit, Innsbruck/ Wien/ Bozen 2007, S. 9–33; hier: S. 20.

Normen,[37] ließ die der vormodernen Ordnung entsprechende gesellschaftliche Zuschreibung für die Juden ein Eindringen in die höfische Gesellschaft nicht zu. Auch hier erweist sich wieder, dass der Fürstenhof als ein *Spiegelbild der politisch-sozialen Zustände seiner Zeit und der Verhältnisse seines Landes*[38] eine Exklusivität besaß, die auch einer adelsgleichen Elite von Hofjuden den Zugang versperren musste. Der Verteilung der höfischen Rollen auf Mitglieder des Adels sowie auf die Funktionseliten der fürstlichen Dienerschaft wie auch der Geistlichkeit kam für die vormoderne Gesellschaft die Funktion eines kulturellen Codes zu, der Grundlage für die Kommunikation in einer adelsdominierten Welt war,[39] zugleich aber alle Juden als Angehörige einer außerhalb der christlichen Weltordnung stehenden „Sekte" an den Rand drängte. Diese mindere Rechtsstellung änderte sich auch nicht dadurch, dass Juden an den obersten Reichsgerichten wie christliche Untertanen Klage erheben durften. Entgegen einer in der Forschungsliteratur vertretenen Meinung[40] wurde dadurch ihre Ehrlosigkeit keineswegs aufgehoben.

Entgegen der noch weiterhin vorherrschenden und im Wesentlichen von Heinrich Schnee begründeten Forschungsmeinung[41] wird hier daher die These

---

37 WELLMANN, Hans: *Der historische Begriff der ‚Ehre' – sprachwissenschaftlich untersucht*, in: BACKMANN, Sibylle; KÜNAST, Hans-Jörg; ULLMANN, Sabine; TLUSTY, B. Ann (Hgg.): Ehrkonzepte in der frühen Neuzeit. Identitäten und Abgrenzungen, Berlin 1998, S. 27–39; hier: S. 38.
38 KRABS, Otto: *Wir, von Gottes Gnaden. Glanz und Elend der höfischen Welt*, München 1996, S. 156 f.
39 BAUERNFEIND, Reinhard: *Sozio-Logik. Der kulturelle Code als Bedeutungssystem*, Frankfurt am Main u.a. 1997, S. 11.
40 GRIEMERT, André: *Jüdische Klagen gegen Reichsadelige. Prozesse am Reichshofrat in den Herrschaftsjahren Rudolfs II. und Franz' I. Stephan* (Bibliothek altes Reich, Bd. 16), Berlin u.a. 2015, S. 370 f.
41 Dieser Meinung folgt noch der Wirtschaftshistoriker Gömmel, der davon spricht, dass der Hoffaktor „häufig einen festen Platz am Hof einnahm, er also fester Bestandteil der Hofämter und des Hofpersonals wurde": GÖMMEL, Rainer: *Hofjuden und Wirtschaft im Merkantilismus*, in: RIES; BATTENBERG, Hofjuden (wie Anm. 12), S. 59–65; hier: S. 63, unter Berufung auf Rainer Müller: MÜLLER, Rainer A.: *Der Fürstenhof in der Frühen Neuzeit*, München 1995 (Enzyklopädie deutscher Geschichte, 33), S. 19–24; zu den Hoffaktoren dort besonders S. 23–26. Dieser wiederum berief sich auf Heinrich Schnee, ohne ein konkretes Zitat anzugeben. Überprüft wurden die Aussagen Schnees zu beamtengleichem Status und höfischer Präsenz der Hofjuden nicht im Einzelnen. Sie haben ihre Ursache jedoch noch im antisemitischen Gedankengut, das aus den Hofjuden Usurpatoren machen wollte, denen eine ihnen nicht zustehende Rolle am Fürstenhof zugekommen sei. Vgl. das antisemitische Werk von DEEG, Peter: *Hofjuden*, Nürnberg 1938; dort z. B. S. 13 f.

Die Bedeutung jüdischer Hoffaktoren für die Wirtschaft 261

vertreten, dass die in den zeremoniellen Fürstenhof der Vormoderne eingebundenen Hofjuden die Ausnahme darstellten. Die Hofjuden des 18. Jahrhunderts bedienten sich des Legitimationspotentials, das ihnen von Seiten ihrer kaiserlichen oder fürstlichen Auftraggeber gewährt wurde; eine allzu große Nähe zum jeweiligen Hof oder gar eine dauerhafte Bindung an diesen lag jedenfalls nicht in ihrem Interesse, solange damit nicht eine Erweiterung des geschäftlichen Volumens verbunden war. Allerdings bildeten sie, wie das Beispiel des David Nathan Deutz zeigt, mit anderen Hofjuden des gleichen Dienstherrn eine Interessengruppe, die bei der Gewährung von Darlehen und bei der Vermittlung von Anleihen zum gemeinsamen und solidarischen Handeln in der Lage war. Dies galt selbstverständlich auch für die Hoffaktoren und Hoflieferanten der Familie Marcus, auch wenn aufgrund der räumlichen Nähe des Waldecker Fürstenhofes sicher eine gewisse Residenzaffinität bestanden hatte.

Im Umkreis des Kasseler Hofes Landgraf Wilhelms IX. gab es um 1800 allein 21 Hofjuden, die sich hierarchisch gestaffelter Titel bedienten und so in einer Binnen-Rangordnung zu verorten waren; sie hatten jedoch zur Hierarchie des höfischen Adels und der Dienerschaft des Landgrafen keinen Bezug,[42] – auch nicht am unteren Ende der höfischen Hierarchie.[43] Neben dem erwähnten Handelsjuden Mayer Amschel Rothschild verfügte mindestens einer aus dieser Gruppe, nämlich Löb Weyl aus Bockenheim bei Frankfurt, über ein kaiserliches Hoffaktor-Diplom.[44] Dieses brachte ihm zwar kein Wohnrecht im Bereich der kaiserlichen Residenz ein, wohl aber eine zusätzliche Legitimation, die der Gruppe der landgräflichen Hofjuden zugutekommen musste.[45]

---

42 BACKHAUS, Fritz: „...da dergleichen Geschäfte eigentlich durch große Konkurrenz gewinnen." Meyer Amschel Rothschild in Kassel, Kassel 1994, S. 34. Die 21 Hofjuden waren allerdings nicht alle gleichzeitig im Umkreis des Kasseler Hofes tätig.

43 Anders MÜLLER, Der Fürstenhof (wie Anm. 41), S. 24 f.

44 Entwurf des Diploms vom 29. März 1795, dessen Original im Juni des gleichen Jahres übersandt wurde, im Haus-, Hof- und Staatsarchiv Wien, Reichshofrat: Agententitel 2, Bl. 257–257v und 270–270v. Erleichtert wurde die Ausfertigung durch die Vorlage eines Leumundszeugnisses der Bankiers Gebr. Bethmann und anderer zu Frankfurt am Main, ebd. Bl. 266–268 (Supplik und Attest von 1795 Februar 18).

45 Das Hofjudendiplom Löb Weyls entspricht ganz dem Formular der üblichen Patente der kaiserlichen Kanzlei, in denen außer dem Recht zur Mitführung von Gewehren, Degen und Pistolen vor allem Leibzoll- und Mautbefreiungen für alle Geschäftsreisen verfügt wurden. Löb Weyl begegnet in der Liste der hessen-kasselischen Hofjuden nicht: SCHNEE, Heinrich: Die Hoffinanz und der moderne Staat (wie Anm. 9, Bd. 2: *Die Institution des Hoffaktorentums in Hannover und Braunschweig, Sachsen und Anhalt, Mecklenburg, Hessen-Kassel und Hanau*, Berlin 1954, S. 363–365. Es scheint so,

Unabdingbar für Hofjuden war darüber hinaus stets die enge Verbindung zu einer jüdischen Gemeinde, und nicht selten hing die Substanz des Hoffaktorentitels davon ab, dass eine Leitungsfunktion innerhalb der Gemeinde übernommen wurde.[46] Die Rückbindung in einem Vorsteheramt wie auch das als Sozialkapital nutzbare wohltätige Handeln und Mäzenatentum im Interesse von Gemeinde und Synagoge[47] waren entscheidend für Machtpositionen, die im politischen Handeln gegenüber Fürstenhof und Beamtenschaft eingesetzt werden konnten. Nicht zuletzt diese enge Gemeindebindung, die nicht immer ohne Konflikte aufrechterhalten wurde, für die Gemeinden aber unverzichtbar war, wenn sie nicht die Fürsprecherschaft des Hofjuden beim Fürsten[48] verlieren wollten, brachte von selbst eine Distanz zum Hofbetrieb, auch wenn der Zugang zum Hof gewährleistet werden musste.

Aktionspotenziale der Hofjuden im Zeitalter des Kameralismus

Es bleibt die zentrale Frage, wie kam es, dass das Hoffaktorentum im 17. und 18. Jahrhundert eine so dominierende Erscheinung des deutschen Fürstenstaats geworden war, so dass sogar für die erste Hälfte dieser Zeit von einem Zeitalter des Hofjudentums gesprochen werden konnte, in dem der jüdische Einfluss auf des frühneuzeitliche Europa seinen Höhepunkt erreicht habe.[49] Was veranlasste den Kaiser, die Fürsten und Grafen des Reiches und selbst kleinere Potentaten dazu, sich Hofjuden vertraglich zu verpflichten und nicht selten sich in deren finanzielle Abhängigkeit zu begeben? In seiner wegweisenden Monographie „European

---

dass er eher von Frankfurt aus eine regionale geschäftliche Wirksamkeit entfaltet hatte, die den Hof in Kassel erst gar nicht erreichte. Bekannt ist ein 1810 geführter Prozess des Frankfurter Kaufmanns Johann Friedrich Mattern gegen die Witwe des Löb Weyl, in dem es um angeblich unrechtmäßig erhobene Zinsen ging: Hessisches Staatsarchiv Marburg, Best. 260 Hanau Nr. 678.

46 STERN, Der Hofjude im Zeitalter des Absolutismus (wie Anm. 9), S. 191–208.
47 COHEN, Richard I.; MANN, Vivian B.: *Melding Worlds: Court Jews and the Arts of the Baroque*, in: DIESS., From Court Jews to the Rothschilds (wie Anm. 11), S. 97–123; ein Fallbeispiel bei: RASPE, Lucia: *Individueller Ruhm und kollektiver Nutzen – Berend Lehmann als Mäzen*, in: RIES; BATTENBERG, Hofjuden (wie Anm. 2), S. 191–208.
48 Zu dieser Funktion der Hofjuden (*Schtadlanut*) siehe STERN, Der Hofjude (wie Anm. 9), S. 162–190.
49 "The age of the 'Court Jew' (1650–1713) marked the zenith of Jewish influence in early modern Europe," so ISRAEL, Jonathan I.: *European Jewry in the Age of Mercantilism 1550–1750*, Oxford 1985, S. 123.

Jewry in the Age of Mercantilism"[50] hat Jonathan Israels nachgewiesen, dass es vor allem ökonomische und gesellschaftliche Gründe waren, die eine solche Situation haben entstehen lassen.

Das nach der verfassungsrechtlichen Fixierung der Landesherrschaften im Rahmen der neu formulierten Lehre von der *Superioritas territorialis*, der Landeshoheit, seit Beginn des 17. Jahrhunderts[51] immer stärker ins Blickfeld der Landesfürsten geratene merkantilistische Denken hatte zum Ziel, die ökonomischen Machtmittel des Staates zu festigen, zu konzentrieren und weiter auszubauen, um auf ihrer Grundlage eine positive Handelsbilanz zu erwirtschaften. Hatte vielerorts schon die kriegsbedingte Konzentration des wirtschaftlichen Potentials zu einer administrativen Rationalisierung des Gemeinwesens geführt,[52] so brachten die leidvollen Erfahrungen mit dem Wiederaufbau der durch den Dreißigjährigen Krieg zerstörten Infrastrukturen neue Herausforderungen.[53] Der durch Bevölkerungsmangel einsetzende allgemeine Verfall der Nahrungspreise, besonders agrarischer Produkte,[54] kam zunächst nur dem städtischen Bürgertum zugute, während der immer noch mächtige Landadel einen weiteren Verfall der Grundrenten und damit eine Schmälerung des Lebensstandards gewärtigen musste. Auch wenn die größeren Territorialherren den Preisverfall durch die Besteuerung ihrer Städte und natürlich auch der etwa darin siedelnden Juden auszugleichen bestrebt waren, so mussten sie doch angesichts der schwindenden Erträgnisse ihrer Domänen auf Dauer darauf bedacht sein, die Wirtschaftskraft ihres Landes aus eigener Kraft durch protektionistische Eingriffe und Steuerungen sowie durch eine effektivere Kapitalbeschaffung zu stärken.[55]

---

50 ISRAEL, European Jewry (wie Anm. 49), insb. S. 123–146.
51 WILLOWEIT, Dietmar: *Rechtsgrundlagen der Territorialgewalt Landesobrigkeit, Herrschaftsrechte und Territorium in der Rechtswissenschaft der Neuzeit*, Köln/Wien 1975, S. 121 ff.
52 PRESS, Volker: *Kriege und Krisen. Deutschland 1600–1715* (Neue Deutsche Geschichte, Bd. 5), München 1991, S. 206; GÖMMEL, Rainer: *Die Entwicklung der Wirtschaft im Zeitalter des Merkantilismus 1620–1800* (Enzyklopädie deutscher Geschichte, Bd. 46), München 1998, S. 8 f.
53 ENGLUND, Peter: *Die Verwüstung Deutschlands. Eine Geschichte des Dreißigjährigen Krieges*, Stuttgart 1998, S. 590 ff.
54 ABEL, Wilhelm: *Massenarmut und Hungerkrisen im vorindustriellen Europa. Versuch einer Synopsis*. Hamburg/Berlin 1974, S. 157ff.; GÖMMEL, Die Entwicklung der Wirtschaft (wie Anm. 52), S. 10 f.
55 PRESS, Volker: *Der Merkantilismus und die Städte*, in: DERS. (Hg.): Städtewesen und Merkantilismus in Mitteleuropa (Städteforschung, Reihe A: Darstellungen, Bd. 14), Köln/Wien 1983, S. 1–14; hier: S. 5; BAUMGART, Peter: *Joseph Süss Oppenheimer. Das*

Die theoretischen Grundlagen hierzu lieferten die kameralistischen Entwürfe, die seit Veit Ludwig v. Seckendorffs 1656 erschienenem Traktat „Teutscher Fürstensta[a]t" allgemeine Verbreitung fanden.[56] Eingefordert wurden nun diejenigen Prinzipien, die – wie es in der genannten Schrift hieß – von einer jeden landesfürstlichen Regierung *zu Erhaltung und Behauptung des Gemeinen Nutzens und Wohlwesens [...] gebrauchet* werden sollten.[57] Als vordringlichste Aufgabe erschien den deutschen Fürsten – außer der „Peuplierung" brach liegender Landstriche und wirtschaftlich veröderter Städte als einem allgemeinen „Zaubermittel" der Zeit[58] – die schnelle Beschaffung von Geldmitteln zur Finanzierung von Kriegsleistungen und zur Realisierung aufwändiger Repräsentationsvorhaben, was sie durch Ankurbelung des Handels- und Gewerbewesens zu erreichen hofften. Dies war gemeint, als 1664 der Große Kurfürst gegenüber einer Beschwerde der hinterpommerischen Regierung über den Handel der Juden entgegnete, *dass es zu des Landes Besten und Aufnehmen gereiche, wann darinnen viel Handel und Wandel getrieben wird*.[59]

Die den Merkantilismus theoretisch begründenden Kameralisten stellten einen Zusammenhang her zwischen der Vermehrung der gewerblichen Aktivitäten und dem dem Fürstenhof zugute kommenden Finanzüberschuss, der der administrativen Regulierung bedurfte.[60] Über die fiskalische Nutzung des wachsenden Handelsvolumens setzten die Obrigkeiten dieser Zeit jenen monetären Zentralisierungsprozess in Gang, dessen machtpolitische Möglichkeiten ihnen langfristig einen ständig wachsenden Anteil des bäuerlichen Mehrprodukts sicherten und damit auch ihre grundherrliche Sonderstellung begründeten.[61] Gelang es also dem Landesherrn, den Handel in seinem Lande auszuweiten und den Geldumlauf zu erhöhen, so konnte er durch Steigerung seiner Abschöpfungschancen

---

Dilemma des Hofjuden im absoluten Fürstenstaat, in: MÜLLER, Karlheinz; WITTSTADT, Klaus (Hgg.): Geschichte und Kultur des Judentums. Eine Vorlesungsreihe an der Julius-Maximilians-Universität Würzburg (Zur Geschichte des Bistums und Hochstifts Würzburg, hg. von Klaus Wittstadt, Bd. 38), Würzburg 1988, S. 91–110; hier S. 94.

56 Hierzu: HENNING, Friedrich Wilhelm: *Deutsche Wirtschafts- und Sozialgeschichte im Mittelalter und in der frühen Neuzeit* (DERS., Handbuch der Wirtschafts- und Sozialgeschichte Deutschlands, Bd. 1), Paderborn/München/Wien/Zürich 1991, S. 767 ff.
57 VIERHAUS, Rudolf: *Staaten und Stände. Vom Westfälischen bis zum Hubertusburger Frieden 1648 bis 1764* (Propyläen Geschichte Deutschlands, Bd. 5), Berlin 1984, S. 99f.
58 VIERHAUS, Staaten und Stände (wie Anm. 57), S. 31.
59 STERN, Selma: *Der preußische Staat und die Juden, Bd. 1: Die Zeit des Großen Kurfürsten und Friedrichs I*. Tübingen 1962, Teil 2, S. 143.
60 GÖMMEL, Die Entwicklung der Wirtschaft (wie Anm. 52), S. 42.
61 VON KRUEDENER, Die Rolle des Hofes (wie Anm. 32), S. 44ff.

politische Macht an seinem Hof konzentrieren. Der fürstliche Hof und die in ihn eingebundene Administration wurden zu einem attraktiven Mittelpunkt, in dem unter Zurückdrängung der bislang noch wirtschaftlich dominierenden Städte soziale und ökonomische Chancen mehr und mehr monopolisiert wurden.[62]

Insgesamt ging es wesentlich um eine Sicherung der Nahrungsmittelversorgung, um eine Förderung der Finanz- und Steuerpolitik, eine Erweiterung der Ressourcen und schließlich um eine zur Umsetzung all dieser Zielvorgaben unabdingbare Rationalisierung der Verwaltungspraxis.[63] Seit den sechziger Jahren des 17. Jahrhunderts ersetzte nach einer These Heinz Schillings[64] in den Fürstenstaaten die *neue Kategorie der Quantität, der Größe an Einwohnerzahl und Quadratmeilen* die bisher dominierenden Strukturprinzipien der Kaisernähe und Konfession. Nach dem 1673 entstandenen „Politischen Discurs" des bedeutenden Kameralisten Johann Joachim Becher, der als Berater der habsburgischen und wittelsbachischen Fürstenhöfe fungierte, war eine *volckreiche, nahrhaffte Gemeind* anzustreben.

Je volckreicher also eine Stadt ist, so erläutert er, je mächtiger ist sie auch. Derohalben leichtlich zu erachten, daß die vornehmste Staatsregel oder Maxíma einer Stadt oder Lands sein soll volkreiche Nahrung.[65]

Die *comsumtio interna*, die Inlandsnachfrage sollte erhöht werden, um die Steuerkraft der Bevölkerung zu verbessern, die allein den fürstlichen Handlungsspielraum erweiterte.[66]

Soweit zu den theoretischen Vorgaben des merkantilistischen Fürstenstaats.[67] Das ganze System krankte jedoch daran, dass es keine oder nur in Ansätzen loyale und dem allgemeinen Staatswohl verpflichtete Beamtenschaft gab. Selbst für den Fall, dass durch das vorhandene Gewerbe wie eine zahlreiche Untertanenschaft

---

62 PRESS, Merkantilismus (wie Anm. 55), S. 3f.
63 SCHILLING, Heinz: *Höfe und Allianzen. Deutschland 1648–1763* (Reihe „Das Reich und die Deutschen", Bd. 5), Berlin 1989, S. 136f.
64 SCHILLING, Höfe und Allianzen (wie Anm. 63), S. 194.
65 BECHER, Johann Joachim: *Politischer Discurs von den eigentlichen Ursachen des Auf- und Abnehmens der Städte, Länder und Republiken*, 3. Aufl. Frankfurt am Main 1688 (Nachdruck 1972), S. 2; SELLIN, Volker: *Die Finanzpolitik Karl Ludwigs von der Pfalz. Staatswirtschaft im Wiederaufbau nach dem Dreißigjährigen Krieg*, Stuttgart 1978, S. 97f.
66 GÖMMEL, Die Entwicklung der Wirtschaft (wie Anm. 52), S. 44.
67 Zu allem: BATTENBERG, J. Friedrich: *Die jüdische Wirtschaftselite der Hoffaktoren und Residenten im Zeitalter des Merkantilismus – ein europaweites System?*, in: Aschkenas, Bd. 9, 1999, S. 31–66.

ausreichend Steuerkraft zur Finanzierung von Staatsaufgaben vorhanden war, war es nur sehr schwer möglich, diese zu aktivieren. Also mussten der Kaiser ebenso wie die Landesfürsten zur Finanzierung ihrer Vorhaben in hohem Maße Kredite in Anspruch nehmen, für die als Sicherheit die zu erwartenden Staatseinnahmen zur Verfügung gestellt werden konnten. Da es im 17. und 18. Jahrhundert noch kaum zahlungsfähige Bankhäuser gab, Juden andererseits gezwungenermaßen auf den Geldleihverkehr verwiesen waren, um dort ihr Auskommen zu finden, lag es nahe, die notwendigen Kapitalgeschäfte bei ihnen zu tätigen. Auf Juden griffen Obrigkeiten nicht deswegen zurück, weil diese etwa für kapitalistische Finanzgeschäfte besonders geeignet waren, wie noch Werner Sombart glaubte.[68] Es war ihre besondere Situation als Minderheit in einer christlichen Umwelt, die Solidarität und weitest mögliche Vernetzung untereinander zu einer existentiellen Grundvoraussetzung machten.

Nicht zufällig wurde der Distanzen überwindende Wechsel von ihnen als wichtigstes Zahlungsmittel eingesetzt.[69] Johann Jakob Schudt, der bekanntlich nicht unbedingt als Freund der Juden gelten kann, hob in seinen „Jüdischen Merkwürdigkeiten" diese Tatsache besonders hervor, indem er den Frankfurter Juden schreibt:

> Ich führe an, wie man euch die erste Einführung der in Handel und Wandel so unvergleichlich nützlichen Wechselbriefe zu dancken habe.[70]

Auch Landgraf Ernst Ludwig, der bei einem kurpfälzischen Juden ein Darlehen aufnehmen wollte, ging dazu ein Wechselgeschäft ein, das ihm durch den Hoffaktor Baruch Weyl vermittelt wurde.[71] Aus den Lebenserinnerungen der Glikl von Hameln ist bekannt, dass durch die Vernetzung der Geschäftsbeziehungen innerhalb der vermögenden Judenschaft ganze Finanzmärkte zusammenbrechen konnten, falls Wechselverbindlichkeiten nicht rechtzeitig eingelöst wurden; sie

---

68 SOMBART, Werner: *Die Juden und des Wirtschaftsleben*, München/Leipzig 1928, S. IX; S. 49–59 und passim.
69 Ein jüdischer Wechselbrief von 1714 in Faksimile bei: AMEND-TRAUT, Anja: *Wechselverbindlichkeiten vor dem Reichskammergericht. Praktiziertes Zivilrecht in der Frühen Neuzeit* (Quellen und Forschungen zur höchsten Gerichtsbarkeit im Alten Reich, 54), Köln/Weimar/Wien 2009, S. 105; dort S. 105–114 Ausführungen zur Entwicklung des Wechselbriefs in der Frühen Neuzeit.
70 SCHUDT, Johann Jacob: *Jüdischer Merckwürdigkeiten Erster Teil*, Frankfurt am Main 1718, Vorrede, o. S.; zitiert nach: LAUER, Gerhard: *Die Rückseite der Haskala. Geschichte einer kleinen Aufklärung*, Göttingen 2008, S. 59.
71 Schreiben vom 8. Januar 1731, HStAD, Best. D 4 Nr. 348/3; BATTENBERG, Quellen (wie Anm. 21), S. 551, Nr. 2126.

bezog sich dabei auf die zuvor erwähnte Verhaftung des kaiserlichen Hoffaktors Samuel Oppenheimer aufgrund falscher Anschuldigungen.[72]

Die damit vorhandene Chance für geschäftlich erfolgreiche und vermögende Juden, durch schnelle Beschaffung größerer Geldsummen Prestigeprojekte des Kaisers und der Landesfürsten zu finanzieren und damit zu deren Ansehen im Wettbewerb zu konkurrierenden Adeligen – zum *Lustre* des fürstlichen Hauses[73] – beizutragen, hat spätestens seit dem Ende des Dreißigjährigen Friedens ein familiär und geschäftlich vernetztes Hofjudensystem entstehen lassen. Zugleich konnten die Mitglieder dieses Systems, die in ihren Hofjudenpatenten unterschiedliche Titel und Privilegien erhielten, ein weitgespanntes, nahezu europaweites Kommunikationsnetz aufbauen, das sie in die Lage versetzte, auch diplomatische Dienste und politische Vermittlungen zwischen den Fürstenhäusern zu übernehmen[74] und nicht zuletzt auch die Interessen der jüdischen Gemeinden bei Kaiser und Fürsten wirkungsvoll wahrzunehmen.[75] Die Bemühungen vieler Hofjuden am Ende des 18. Jahrhunderts, die Aufhebung des diskriminierenden Judenleibzolls

---

72 FEILCHENFELD; Alfred (Hg.): *Denkwürdigkeiten der Glückel von Hameln*, Königstein 1980, S. 246-249; die einschlägigen Urkunden finden sich bei: KAUFMANN, David: *Der angebliche Mordanschlag auf Wertheimer, eine Episode aus der Geschichte Österreichs und Brandenburgs*, in: DERS., Samson Wertheimer (wie Anm. 5), S. 6-63.

73 So in der Korrespondenz zwischen Bischof Josef von Augsburg und seinem Darmstädter Vetter, dem Landgrafen Ludwig VIII., die damit auch konfessionelle Gräben überwandten: BATTENBERG; J. Friedrich: *Eine persönliche Grenzüberschreitung: Bischof Josef von Augsburg als Landgraf von Hessen*, in: WÜST, Wolfgang; KREUZER, Georg; PETRY, David (Hgg.): Grenzüberschreitungen. Die Außenbeziehungen Schwabens in Mittelalter und Neuzeit (Zeitschrift des Historischen Vereins für Schwaben, 100), Augsburg 2008, S. 193-213, S. 194 f. und passim.

74 Zum ‚hofjüdischen Kommunikationsmodell' siehe: RIES, Rotraud: *Hofjuden als Vorreiter? Bedingungen und Kommunikationen, Gewinn und Verlust auf dem Weg in die Moderne*, in: HERZIG, Arno; HORCH, Hans-Otto; Jütte, Robert (Hgg.): Judentum und Aufklärung. Jüdisches Selbstverständnis in der bürgerlichen Öffentlichkeit, Göttingen 2002, S. 30-65; hier besonders S. 42 ff.

75 Ein besonders bedeutendes Beispiel betrifft die Vertreibung der Juden aus Prag und Böhmen durch Kaiserin Maria Theresia, die auf Intervention der Hofjuden wieder rückgängig gemacht wurde, siehe: LIEBEN, S[alomon] H[ugo] (Hg.): *Briefe von 1744-1748 über die Austreibung der Juden aus Prag*, in: Zeitschrift für die Geschichte der Juden in der Czechoslovakischen Republik, hg. von Samuel STEINHERZ, Bd. 4, 1932, S. 353-479.

zu erreichen, stehen für diese von ihnen seit eh und je wahrgenommene Rolle der Fürsprecherschaft.[76]

Zusammenfassung

Insgesamt ist festzuhalten: Das Hofjudentum in seiner Ausprägung des 17. und 18. Jahrhunderts war eine historische Übergangserscheinung, die so nur im mitteleuropäischen Fürstenstaat, nicht aber im zentralistischen Beamtenstaat West- und Nordwesteuropas auftreten konnte. Es war Teil einer vernetzten und großräumig agierenden, wenngleich nicht immer geschlossen und solidarisch handelnden Wirtschaftselite. Hofjuden dieser Zeit waren beides, nämlich ökonomische Zwischenglieder für merkantilistische Staatsziele in Mitteleuropa auf der einen Seite, kraft ihrer vernetzten und weiträumig angelegten Geschäftsbeziehungen aber zugleich Werkzeuge, wenn nicht sogar Hintergrund-Akteure europaweiter fürstlicher Diplomatie. Ihre Reputation bei Kaiser und Fürsten, zugleich aber auch die Reserve, mit der man ihnen begegnete, beruhte auf der ihnen unterstellten ökonomischen Kompetenz und Potenz.

Mit den Frankfurter Rothschilds kam dieses System zu höchster Vollendung, um mit ihnen aber zugleich in ein neues System umzuschlagen. Im Brandenburg-Preußen Friedrichs des Großen scheint aufgrund der Erfahrungen des Siebenjährigen Krieges in der zweiten Hälfte des 18. Jahrhunderts ein neuer Typ einer jüdischen Elite[77] entstanden zu sein, der die Wurzeln des Hofjudentums bald abstreifte und sich vorwiegend im unternehmerischen Bereich der Manufakturen und des Münzgeschäfts etablierte, der deshalb auch für persönlich-diplomatische Dienste des Landesfürsten nicht mehr unbedingt zur Verfügung stand. Diese sogenannten ‚Entrepreneurs' waren daher in der Regel nicht mehr Inhaber von Hofjudenpatenten.[78] Doch auch die neuen, unabhängig von höfischen Interessen agierenden jüdischen Bankhäuser, die sich nun aber den nichtjüdischen

---

76 Auf einen Fall von 1783, eine Intervention des hessen-darmstädtischen Kabinettsfaktors Simon von Geldern beim bayerischen Hof, soll hier aber hingewiesen werden, s. BATTENBERG, Die jüdische Wirtschaftselite (wie Anm. 57), S. 65 f.
77 So nach LOWENSTEIN, Steven M.: *The Berlin Jewish Community. Enlightenment, Family, and Crisis 1770–1830*, Oxford 1994, S. 26: "there can be little question, that the war created a new type of Jewish elite".
78 Sie blieben aber Mitglieder einer jüdischen Solidargemeinschaft, MEIER, Brigitte: *Jüdische Seidenunternehmer und die soziale Ordnung zur Zeit Friedrichs II. Moses Mendelssohn und Isaak Bernhard – Interaktion und Kommunikation als Basis einer erfolgreichen Unternehmensentwicklung* (Veröffentlichungen des Brandenburgischen Landeshauptarchivs, 52), Berlin 2007, S. 156.

Konkurrenten stellen mussten, wie in der Anfangszeit vor allem den Bethmanns in Frankfurt am Main,[79] und nur noch nach marktstrategischen Gesichtspunkten agierten, waren nicht mehr einem landesfürstlichen Hof verpflichtet. Persönlichkeiten wie Baron James de Rothschild, der Sohn Mayer Amschels[80] oder Gerson Bleichröder[81] waren keine Hofjuden mehr, sondern Bankiers und Wirtschaftsmagnaten, die unter gänzlich neuen Bedingungen europäische Politik machten. Die eigentliche Grundlage des Hofjudentums, nämlich die persönliche Verbindung zum landesfürstlichen Hof – auch wenn dieser von Anfang an keineswegs Lebensmittelpunkt der Hoffaktoren war – war entfallen, so dass nur noch eine gleichsam objektivierte und weiter professionalisierte geschäftliche Beziehung mit wechselnden Partnern, darunter auch dem Staat, übrig blieb.

---

79 Siehe etwa JURK, Michael: *Die anderen Rothschilds: Frankfurter Privatbankiers im 18. und 19. Jahrhundert*, in: HEUBERGER, Georg (Hg.): Die Rothschilds. Beiträge zur Geschichte einer europäischen Familie, Sigmaringen 1994, S. 37–50.
80 Zu ihm etwa: CONTE CORTI, Egon Caesar: Das Haus Rothschild in der Zeit seiner Blüte, 1830–1871, Leipzig 1928, S. 179 ff., 227 ff.; ERB, Rainer: *Die ‚Damaskus-Affäre' 1840 und die Bedeutung des Hauses Rothschild für die Mobilisierung der öffentlichen Meinung*, in: HEUBERGER, Die Rothschilds (wie Anm. 79), S. 101–115.
81 STERN, Gold und Eisen (wie Anm. 3).

Michaela Schmölz-Häberlein

Ärzte, Kaufleute und Verleger – Die Netzwerke der Familie Marcus[1]

Abstract: Based on the concept of networking, the contribution explains the activities of A. F. Marcus with respect to his complicated and far-reaching familial background and his transactions beyond religious and geographic borders. A number of newly detected facts enables new insights into his behavior and activities both as a manager in social medicine, as a highly engaged citizen of his residential town Bamberg and as an entrepreneur. The strategies become obvious which he used to become the influential physician that he was, showing also the ups and downs of his life as well of his character.

Einleitung

Im Jahre 1794 schrieb der in Arolsen als Israel Marcus geborene und in Bamberg praktizierende Arzt Adalbert Friedrich Marcus (1753–1816) an den Weimarer Verleger Friedrich Justin Bertuch (1747–1822),[2] der vor allem durch sein seit 1786 erscheinendes „Journal des Luxus und der Moden"[3] bekannt ist, neben

---

1 Vorbemerkung zur Schreibweise: Die aus Arolsen stammenden Marcus veränderten mehrfach die Schreibweise ihres Nachnamens. Philip und Jakob Mark schrieben sich bis Mitte der 1770er Jahre vorwiegend „Marcus", danach zunächst „Marc" und nach 1783, als sie sich in Amerika niederließen, „Mark". Andere Familienmitglieder behielten die Schreibweisen „Marc" oder, wie Adalbert Friedrich, „Marcus" bei. Der Konsistenz halber wird hier für die Brüder Philip und Jakob durchgehend die Schreibung „Mark" verwendet, für ihre Brüder Samuel und Nathan aber die von diesen bevorzugte Schreibweise „Marc", während Adalbert Friedrich und Abraham als „Marcus" fungieren.
2 Vgl. zu seiner Biographie und seinen vielfältigen Aktivitäten KAISER, Gerhard R.; SEIFERT, Siegfried (Hgg.): *Friedrich Justin Bertuch (1747–1822) – Verleger, Schriftsteller und Unternehmer im klassischen Weimar*, Tübingen 2000, S. 229–244; STEINER, Walter; KÜHN-STILLMARK, Uta (Hgg.): *Friedrich Justin Bertuch. Ein Leben im klassischen Weimar zwischen Kultur und Kommerz*, Köln/Weimar/Wien 2001; MIDDELL, Katharina: *„Die Bertuchs müssen doch in dieser Welt überall Glück haben". Der Verleger Friedrich Justin Bertuch und sein Landes-Industrie-Comptoir um 1800*, Leipzig 2002.
3 Diese erste Monatszeitschrift für Mode und Kleidung behandelte darüber hinaus auch Themen der Kunst, Literatur, Musik, Architektur usw. Vgl. hierzu ausführlich den Sammelband von BORCHERT, Angela; DRESSEL Ralf (Hgg.): *Das Journal des Luxus und der Moden: Kultur um 1800* (Ereignis Weimar-Jena. Kultur um 1800. Ästhetische Forschungen, Bd. 8), Heidelberg 2004.

geschäftlichen Belangen auch über seine Familie. Er teilte Bertuch mit: *Mein hiesiger Americanische[r] Bruder ist eben auch in Kissingen*,[4] dem an der fränkischen Saale liegenden Kurort in der bayerischen Rhön, in dem Bertuch die Salinen pachten wollte. Marcus fungierte in dieser Sache als Vermittler zwischen dem Weimarer Verleger und dem Fürstbischof der Hochstifte Würzburg und Bamberg, Franz Ludwig von Erthal[5] (reg. 1779–1795) als Lehensherrn. Dem Leser der Korrespondenz zwischen Marcus und Bertuch stellt sich die Frage, was es mit dem *hiesige[n] Americanische[n] Bruder* des Bamberger Arztes, mit dem anscheinend auch Bertuch bekannt war, auf sich hatte. Gab es neben dem *hiesigen* auch weitere amerikanische Brüder, die der Weimarer Verleger kannte?

Mit dem Verleger Friedrich Justin Bertuch, dem Arzt Adalbert Friedrich Marcus und dem Kaufmann und Konsul Philip Mark (1739–1801) – denn um ihn handelte es sich bei Marcus' *hiesige[m] Americanische[n] Bruder* – lassen sich wichtige Eckpfeiler des verwandtschaftlichen und geschäftlichen Beziehungsnetzes ausmachen, auf das sich die Familie Marcus stützte. Konzeptionell soll hierbei zur Bestimmung des Verhältnisses von Individuum und sozialer Umgebung auf das sozial-anthropologische Konzept des Netzwerks zurückgegriffen werden. Die Netzwerkanalyse sieht Akteure als interdependente Individuen an, deren Beziehungen untereinander ihre individuellen Handlungs- und Verhaltensweisen beeinflussen, wobei die Verbindungen zwischen den Akteuren dem Transfer von – materiellen wie immateriellen – Ressourcen dienen.[6] Von der Forschung wurden bislang die Mitglieder des Netzwerks der Familie Marcus nur als Individuen in den Blick genommen, die familiären, gesellschaftlichen und wirtschaftlichen Beziehungen allerdings noch kaum betrachtet.[7]

---

4   Goethe und Schiller Archiv Weimar (im Folgenden GSA) 06/1216, A.F. Marcus an Friedrich Justin Bertuch, Bamberg, 12. Mai 1794.
5   Zu ihm vgl. jüngst WEIß, Dieter J.: *Das exempte Bistum Bamberg*, Bd. 4: *Die Bamberger Bischöfe von 1693 bis 1802* (Germania Sacra, Dritte Folge 12), Berlin 2016, S. 305–370.
6   WASSERMAN, Stanley; FAUST, Katherine (Hgg.): Social Network Analysis: Methods and Applications (Structural Analysis in the Social Sciences), Cambridge u.a. 1994, S. 4.
7   Die erste ausführliche und hagiographisch geschönte Biographie zu Adalbert Friedrich Marcus stammte von seinen Neffen. SPEYER, Friedrich; MARC, Karl Moritz: *Dr. A. F. Marcus nach seinem Leben und Wirken geschildert. Nebst Krankheits-Geschichte, Leichenöffnung, neun Beilagen und dem vollkommen ähnlichen Bildnisse des Verstorbenen*, Bamberg 1817. Rund 70 Jahre später erschien eine weitere Biographie zu diesem Thema: ROTH, Friedrich: *Dr. Adalbert Friedrich Marcus, der erste dirigierende Arzt in Bamberg, Darstellung seines Lebens und Wirkens*, Bamberg 1889. In den 1970er Jahren war sein Leben Gegenstand einer medizinhistorischen

Anlässlich des 200. Todestages des Mediziners Adalbert Friedrich Marcus sollen im Folgenden seine familiären und geschäftlichen Beziehungen rekonstruiert werden. Mit seiner Geburtsstadt Arolsen und seinem beruflichen Wirkungsort, der fürstbischöflichen Residenzstadt Bamberg, sollen vor allem die beiden Städte, die Marcus' Lebensweg maßgeblich prägten, für die Rekonstruktion der familiären Netzwerke in den Blick genommen werden. Angesichts des weiten Wirkungsradius' von Familienmitgliedern werden darüber hinaus auch bedeutende Stationen wie New York berücksichtigt.

Die Familie Marcus in Arolsen

Um die Mitte der 1720er Jahr ließ sich Marcus Juda (um 1690–1783/84) als jüdischer Hoflieferant des Fürstentums Waldeck in der Residenzstadt Arolsen nieder. Er bewohnte dort zunächst gemeinsam mit seinem Bruder Emanuel (gest. vor 1766) ein Haus an der zentralen, auf das Schloss zuführenden Straße. 1746

Dissertation: GRÜNBECK, Wolfgang: *Der Bamberger Arzt Dr. Adalbert Friedrich Markus*, Diss. med., Universität Erlangen-Nürnberg 1971. Erst anlässlich seines 200. Todestags erschienen zwei neue Biographien mit unterschiedlichem Ansatz. Gerhard Aumüller zeichnete sein Leben im Rahmen der kleinen bayrischen Ärztebiographien nach: AUMÜLLER, Gerhard: *Adalbert Friedrich Marcus (1753–1816)*, in: DERS.; SCHINDLER, Christoph: Adalbert Friedrich Marcus – Johann Lucas Schönlein. 100 Jahre Bamberger Medizingeschichte (Kleine bayerische Biographien), Regensburg 2016, S. 11–113. Vgl. auch AUMÜLLER, Gerd: *Adalbert Friedrich Marcus. Der waldeckische Reformer des fränkischen Medizinalwesens und seine Familie* (Waldeckische Historische Hefte 11), Arolsen 2016. Umfassend HÄBERLEIN, Mark; SCHMÖLZ-HÄBERLEIN, Michaela: *Adalbert Friedrich Marcus (1753–1816). Ein Bamberger Arzt zwischen aufgeklärten Reformen und romantischer Medizin* (Stadt und Region in der Vormoderne 5), Würzburg 2016. Der Rekonstruktion der Bibliothek des Arztes widmet sich eine weitere Monographie: SCHMÖLZ-HÄBERLEIN, Michaela; HÄBERLEIN, Mark: *Die medizinische Bibliothek des Bamberger Arztes Adalbert Friedrich Marcus (1753–1816) – privater Buchbesitz und ärztliches Wissen um 1800* (Bamberger Historische Studien, Bd. 15), Bamberg 2016. Mit einem genealogischen Ansatz hat sich in den 1930er Jahren Alfred Heidsieck beschäftigt: HEIDSIECK, Alfred: *Stammtafeln der Familie Marc aus Arolsen*, Bückeburg 1945. Mit Philip Marc und Bertuch hat sich bereits beschäftigt: STARNES, Thomas C.: *Bertuch, Philip Mark und der große Nordamerika-Plan*, in: KAISER; SEIFERT, Friedrich Justin Bertuch (wie Anm. 5), S. 229–244. Der transatlantische Aspekt der Familienbeziehungen wird behandelt in: HÄBERLEIN, Mark; SCHMÖLZ-HÄBERLEIN, Michaela: *Revolutionäre Aussichten – die transatlantischen Aktivitäten der Gebrüder Marc*, in: Jahrbuch für Überseegeschichte 15 (2015), S. 29–89.

zog Marcus Juda mit seiner wachsenden Familie in ein eigenes, dem Anwesen seines Bruders benachbartes Haus. Geschäftlich ist er seit etwa 1740 in den waldeckischen Quellen als Lieferant von Ausstattungsstücken für Offiziere und Mitglieder der fürstlichen Leibgarde fassbar; seit Mitte der 1750er Jahre ist er als Lieferant von Silberwaren an den Arolser Hof und einige Jahre später auch als Kreditgeber des Fürstentums belegt. Um die Mitte der 1760er Jahre begegnen uns Marcus Judas erwachsene Söhne als Geschäftsleute in den Quellen: Abraham Marcus (um 1730–1775) lieh 1767 dem Hof 1.000 Gulden, und Philip Mark begann um dieselbe Zeit, den Hof gemeinsam mit seinem Vater mit einem breiten Sortiment an Stoffen zu beliefern. Gegen Ende des Jahrzehnts trat Philip gemeinsam mit seinem Bruder Jakob (1745–1821) als waldeckischer Hoflieferant in Erscheinung.[8]

Den Schritt vom regionalen Hof- und Armeelieferungsgeschäft zum internationalen Finanzgeschäft ermöglichte der Familie die Tatsache, dass Waldeck wie das größere Nachbarterritorium Hessen-Kassel zu den *mercenary states* gehörte, die ihre Finanzen durch die Vermietung von Truppenverbänden – sogenannten Subsidienregimentern – an europäische Mächte aufbesserten.[9] Zu Beginn des Jahres 1765 schloss Fürstin Christiane, die damals für ihren Sohn Friedrich Karl August die Vormundschaftsregierung führte, einen Vertrag mit einem weiteren Sohn Marcus Judas, Samuel Marc (1735–1795), der ihm den Transfer der Wechsel für das waldeckische Subsidienregiment für drei Jahre übertrug. Samuel Marc sicherte unter Verpfändung seines gesamten Vermögens die pünktliche Auszahlung der Wechselgelder zum Ende jedes Monats in Frankfurt am Main zu. Außerdem sollte er diese Wechsel jeweils für zwei Monate vorfinanzieren. Diese Vorschüsse beliefen sich auf jeweils 3.600 holländische Gulden bzw. 2.260

---

8 Vgl. ausführlich mit Einzelnachweisen: HÄBERLEIN; SCHMÖLZ-HÄBERLEIN, Adalbert Friedrich Marcus (wie Anm. 7), S. 35–49. Ein Stammbaum der Familie ist abgebildet bei AUMÜLLER, A. F. Marcus (wie Anm. 7), S. 180f.; weitere familiengeschichtliche Informationen bei AUMÜLLER, Adalbert Friedrich Marcus (wie Anm. 7), S. 26–33. Vgl. hierzu auch den Beitrag von Gerhard Aumüller in diesem Band.
9 Vgl. allgemein zu diesem Phänomen ATWOOD, Rodney: *The Hessians: Mercenaries from Hessen-Kassel in the American Revolution*, Cambridge 1980; INGRAO, Charles W.: *The Hessian Mercenary State: Ideas, Institutions, and Reform under Frederick II, 1760–1785*, Cambridge 1987; GRÄF, Holger Th.; HEDWIG, Andreas; WENZ-HAUBFLEISCH, Annegret (Hgg.): *Die „Hessians" im amerikanischen Unabhängigkeitskrieg (1776–1783). Neue Quellen, neue Medien, neue Forschungen* (Veröffentlichungen der Historischen Kommission für Hessen 80), Marburg 2014.

Reichstaler.¹⁰ Als Bürgen für Samuel Marc traten sein Vater Marcus Juda und sein älterer Bruder Abraham Marcus auf.¹¹

Im Vorfeld des Vertragsabschlusses hatte Samuel Marc der Waldecker Regierung mitgeteilt, dass er *nach Amsterdam gehen, und sich mit jemand associieren werde,* falls seine Vorschläge akzeptiert würden.¹² In den folgenden Jahren kümmerte er sich um den Transfer holländischer Wechsel nach Frankfurt und belieferte den Hof von Amsterdam aus mit Waren.¹³

Samuel Marc war das erste Mitglied der Familie, das sich für längere Zeit in einer westeuropäischen Hafenstadt niederließ, wo er sich mit seinem niederländischen Schwager auch im Diamantenhandel engagierte und diesen später in Le Havre weiterführte.¹⁴ Während des amerikanischen Unabhängigkeitskriegs (1775–1783) brachen seine Geschäfte jedoch ein, und Samuel ging zurück in seine Heimatstadt, wo er ein Handelsgeschäft eröffnete. Im Jahre 1789 korrespondierte Samuel Marc ebenfalls mit dem Weimarer Verleger Friedrich Justin Bertuch und tätigte mit ihm Geschäfte.¹⁵

Während für Samuel Marc der amerikanische Unabhängigkeitskrieg zu geschäftlichen Einbußen führte, bedeutete er für zwei seiner Brüder eine große Chance, denn am 20. April 1776 schloss das Fürstentum Waldeck zur militärischen Unterstützung Großbritanniens gegen die aufständischen Amerikaner einen Subsidienvertrag. Waldeck sollte 670 Mann Infanterie und 14 Mann Artillerie zur Verfügung stellen. Die Mannschaftsverluste mussten jährlich durch neue Rekruten ergänzt werden. Waldeck erhielt dafür aus Großbritannien 25.050 Taler im Jahr als Subsidien. Insgesamt stellte das Fürstentum während des Unabhängigkeitskrieges 1.225 Soldaten für den amerikanischen Kriegseinsatz,¹⁶ die aus allen

---

10 Hessisches Staatsarchiv Marburg (im Folgenden HStAM), Bestand 125, Nr. 3821, Wechselforderungen des Samuel Marcus in Arolsen wegen der übertragenen Auszahlung der holländischen Regimentsgelder, 1764–1767, Kontrakt mit Samuel Marcus wegen Erhebens und Bezahlens derer holländischer Wechsel, Arolsen, 28.1.1765.
11 HStAM, Best. 125, Nr. 3821, Bürgschaft von Marcus Juda und Abraham Marcus für Samuel Marcus, Arolsen und Mengeringhausen, 4.2.1765.
12 HStAM, Best. 125, Nr. 3821, Stellungnahme des Rentkammerrats, Arolsen, 23.1.1765.
13 HStAM, Best. 125, Nr. 3821, Warenlieferungen an die Hofhaltung, November bis Dezember 1765, Arolsen, 8./9.4.1766.
14 Jewish Marriage in Amsterdam 1589–1811, Notar Dominik Geniets (1768) 13630/148, (1771) 13687/1971, und (1773) 13706/876, URL: http://www.dutchjewry.org/genealogy/cohen_amers/114.htm (abgerufen am 18.8.2015).
15 GSA 06/1214, Nr. 9, Samuel Marc an Friedrich Justin Bertuch, Frankfurt, 7.12.1789.
16 Vgl. hierzu VON EELKING, Max: *Die deutschen Hülfstruppen im nordamerikanischen Befreiungskriege 1776–1783*, 2 Bde., Hannover 1863, Bd. 1, S. 16, 225; MENK, Gerhard:

Teilen des Reiches kamen. Im Mai 1776 wurde Philip Mark zum Kommissär des Dritten Waldeckischen Regiments in Nordamerika ernannt und begleitete die Truppen als Quartiermeister, Kassier und Dolmetscher nach New York.[17] Persönliche Beziehungen zu Offizieren und Kaufleuten während dieser Zeit sind in seinem Stammbuch (*Album Amicorum*) nachzuverfolgen.[18]

Sein Bruder Jakob, der im Februar 1776 zum Hoffaktor ernannt worden war,[19] kümmerte sich von Arolsen aus um die Organisation des Nachschubs an die waldeckischen Truppen in Amerika. Er arbeitete dabei eng mit dem Geheimsekretär des Fürstentums, Georg August Frensdorf (1740–1819) zusammen, der von seinem Landesherrn das exklusive Privileg erhalten hatte, *Wein, Brandwein und andere Waaren, mit Zuziehung des Hoffactor Marcus, nach America, solange Unser Regiment dort seyn wird*, zu handeln.[20] Im Frühjahr 1778 übersandte Jakob Mark in insgesamt 38 Kisten neben den üblichen Kleidungs- und Monturstücken auch einige Güter für das geistliche Wohl der Soldaten: 17.000 Oblaten für die Feier des Abendmahls, zwölf Katechismen, zwölf ABC-Bücher und sechs Exemplare einer *Heils-Ordnung*. Drei Kisten wurden explizit als Marks Eigentum ausgewiesen.[21]

Die einschlägigen Akten im Hessischen Staatsarchiv Marburg dokumentieren seine diesbezüglichen Aktivitäten sehr anschaulich.[22] Ab 1778 arbeiteten die Brüder Mark auch mit der mit ihnen verwandten und ebenfalls in Arolsen ansässigen Familie Stieglitz zusammen[23] und belieferten mit ihnen gemeinsam die Truppen in Nordamerika.[24] Jakob Mark spielte zudem eine zentrale Rolle

---

Grafschaft und Fürstentum Waldeck im Zeitalter des fürstlichen Absolutismus – Grundlagen und Folgen kleinstaatlicher Politik, in: KÜMMEL, Birgit u.a. (Hgg.): Indessen will es glänzen. Arolsen, eine barocke Residenzstadt, Korbach 1992, S. 14–24; hier S. 21. Von den 1.225 Soldaten starben 725 während des Krieges.

17 HÄBERLEIN; SCHMÖLZ-HÄBERLEIN, Marcus (wie Anm. 7), S. 42f.
18 Das Stammbuch befindet sich heute in der Bibliothek des Geschichtsvereins Arolsen e.V. unter der Signatur Fd Mar. H, 5.
19 SCHNEE, Heinrich: *Die Hoffinanz und der moderne Staat*, 6 Bde., o. O. 1953–1959, Bd. 3, S. 88.
20 HStAM, Best. 118a, Nr. 979/I, Bl. 7, 25. April 1777; vgl. BURGOYNE, Bruce E.: *Waldeck Soldiers of the American Revolutionary War*, Bowie, MD 1991, S. 33.
21 HStAM, Best. 118a, Nr. 979/I, Bl. 29–46.
22 HÄBERLEIN; SCHMÖLZ-HÄBERLEIN, Revolutionäre Aussichten (wie Anm. 7), S. 37–60.
23 Vgl. NICOLAI, Helmut: *Arolsen – Lebensbild einer deutschen Residenzstadt*, Glücksburg 1954, S. 331–341; STIEGLITZ, Olga: *Die Stieglitz aus Arolsen: Texte, Bilder, Dokumente* (Museumshefte Waldeck-Frankenberg 22), Bad Arolsen 2003.
24 HÄBERLEIN; SCHMÖLZ-HÄBERLEIN, Revolutionäre Aussichten (wie Anm. 7), S. 48f.; S. 59.

Ärzte, Kaufleute und Verleger – Die Netzwerke der Familie Marcus   277

bei der Übermittlung von Nachrichten der Waldecker Soldaten in ihre Heimat, indem er Briefe und Soldzahlungen an die Familien transferierte.[25] Als die waldeckischen Truppen in Pensacola in Florida in spanische Kriegsgefangenschaft gerieten, liefen die Verhandlungen über ihre Freilassung ebenfalls über die beiden Brüder. Philip agierte dabei vor Ort in New York und Florida, während Jakob als Verbindungsmann zwischen der Neuen und der Alten Welt fungierte.[26]

Daneben wurde Jakob Mark in London für seinen Fürsten Friedrich Karl August tätig. Er erledigte diverse Besorgungen wie den Einkauf von Mahagonitischen, Kupferstichen und eines Fernglases, die Reparatur einer Uhr, die offenbar ein Geschenk des Kronprinzen George August Frederick an den Fürsten von Waldeck gewesen war, und die Anfertigung von Sätteln für einen General. Außerdem sollte er sich nach dem Verbleib eines Gemäldes des vom Fürsten geförderten Maler Johann Friedrich August Tischbein erkundigen, welches über Brüssel an den Londoner Maler Benjamin West geschickt worden war. Die Zustellung des Gemäldes hätte über das in Brüssel und Ostende ansässige Handelshaus Romberg erfolgen sollen; es war aber nicht angekommen, und Jakob Mark berichtete in seinen Briefen nach Arolsen mehrfach über seine erfolglose Fahndung nach dem Bild.[27]

Während also Jakob Mark in London geschickt die Interessen Waldecks wahrnahm und sein Bruder Philip in Amerika sich für die Freilassung der waldeckischen Truppen einsetzte, war Letzterer seinem Fürsten auch auf andere Weise zu Diensten. Im März 1782 übersandte Philip Mark ein *Kästchen mit allerhand Pretiosen* für die verwitwete Fürstin Christiane von Waldeck, welches er *selbst eingepackt* habe. Dieses enthalte unter anderem *einen gantzen Anzug eines Indianischen Chiefs, nebst einer Liste von meiner Hand, wie diese Stücke genannt werden; es ist gewiß nichts gemeines, und für kein Geld zu haben*. Diese exotischen Raritäten seien nach dem Tod des britischen Indianeragenten Colonel John Stuart[28] in seine Hände gelangt; Stuarts Neffe, *ein lockerer Bruder*, habe sie ihm im Austausch gegen ein kurzläufiges Gewehr – einen deutschen Karabiner – überlassen.[29] Mark

---

25 Waldeckisches Intelligenzblatt, *Nachrichten aus dem fürstlichen Regiment aus America*, 20.1.1778, S. 21f.
26 HÄBERLEIN; SCHMÖLZ-HÄBERLEIN; Revolutionäre Aussichten (wie Anm. 7), S. 37–60.
27 HÄBERLEIN; SCHMÖLZ-HÄBERLEIN, Revolutionäre Aussichten (wie Anm. 7), S. 55f.
28 Vgl. zu Stuart (1718–1779) ALDEN, John Richard: *John Stuart and the Southern Colonial Frontier. A Study of Indian Relations, War, Trade, and Land Problems in the Southern Wilderness, 1764–1775*, Ann Arbor 1944; WELLENREUTHER, Hermann: *Ausbildung und Neubildung. Die Geschichte Nordamerikas vom Ausgang des 17. Jahrhunderts bis zum Ausbruch der Amerikanischen Revolution 1775*, Hamburg 2001, S. 367f.
29 HStAM, Best. 118a, Nr. 995, fol. 33r-34v, Philip Mark an Frensdorf, New York 16.3.1782.

befriedigte damit zweifellos die Neugierde und Sammelleidenschaft des Landesherrn, denn außereuropäische Objekte waren im Zeitalter des Barock und der Aufklärung an Fürstenhöfen ausgesprochen begehrt. Diese exotischen Gegenstände fanden Eingang in die dortigen Kunstkammern oder wurden im Rahmen höfischer Feste präsentiert.[30] Durch die Vermittlung ethnologischer Artefakte von einem britischen Indianeragenten in Nordamerika an einen kleinen deutschen Fürstenhof konnte ein Agent wie Philip Mark sein eigenes Prestige und seine Reputation erhöhen und zugleich seinem Fürstenhaus dienen.

Amerikanische und transatlantische Perspektiven in New York

Seine Tätigkeit als waldeckischer Kommissär in Nordamerika zeigte Philip Mark auch neue Optionen für seine berufliche Zukunft auf, denn das Leben von Angehörigen der jüdischen Minderheit war dort deutlich weniger Restriktionen unterworfen als im zeitgenössischen Europa. Im späten 18. Jahrhundert waren viele amerikanische Juden optimistisch, dass ihre vollständige staatsbürgerliche Gleichberechtigung nur noch eine Frage der Zeit sei.[31] Der Staat New York erließ bereits im April 1777 eine Verfassung, die Juden hinsichtlich ihrer politischen und religiösen Rechte mit den mehrheitlich protestantischen Einwohnern gleichstellte.[32] In ihrer Lebensführung und ihrem Habitus unterschieden sich die jüdischen Einwohner nordamerikanischer Städte – im Gegensatz zu Europa – kaum von ihren christlichen Nachbarn. Nach dem Krieg beschlossen daher die beiden Brüder Mark, sich in New York niederzulassen, wo sie zu dem einen Prozent Juden unter den damals rund 33.000 Einwohnern zählten.[33] Auch jüdische Bekannte aus ihrer alten Heimat wie Alexander Zunz aus Hessen-Kassel

---

30 Vgl. COLLET, Dominik: *Die Welt in der Stube. Begegnungen mit Außereuropa in Kunstkammern der Frühen Neuzeit* (Veröffentlichungen des Max-Planck-Instituts für Geschichte 232), Göttingen 2007.
31 Vgl. SARNA, Jonathan D.: *The Impact of the American Revolution on the Jews*, in: GUROCK, Jeffrey S. (Hg.): American Jewish History: The Colonial and Early National Period 1654–1840, London 2014, S. 149–160; STIEFEL, Barry L.: *Jewish Sanctuary in the Atlantic World: A Social and Architectural History* (The Carolina Lowcountry and the Atlantic World), Columbia, SC 2014, S. 154f.
32 CORRSIN, Stephen D. u.a. (Hgg.): *Jews in America. From New Amsterdam to the Yiddish Stage*, London 2012, S. 94; S. 119f.; REISS, Oscar: *The Jews in Colonial America*, Jefferson/NC u.a. 2000, S. 25.
33 ROCK, Howard B.: *Haven of Liberty. New York Jews in the New World, 1654–1865* (City of Promises. A History of the Jews of New York 1), New York/London 2012, S. 93.

waren vor Ort.³⁴ 1786 gehörten die Brüder Mark ebenso wie Zunz zu den damals 15 jüdischen Kaufleuten in New York.³⁵ Philip blieb bis zu seiner Konversion zum anglo-presbyterianischen Glauben im Jahre 1792 Mitglied der ältesten jüdischen Gemeinde Nordamerikas,³⁶ während sein Bruder Jakob vor 1796 zum lutherischen Glauben konvertierte.³⁷

In diesem liberalen, von optimistischen Zukunftserwartungen geprägten Klima gründete Philip Mark nach seiner Verabschiedung aus waldeckischen Diensten am 24. August 1783 gemeinsam mit seinem Bruder Jakob ein Handelshaus. Im ersten US-amerikanischen Zensus von 1790 sind Philip Mark, der im Jahr zuvor die amerikanische Staatsbürgerschaft angenommen hatte,³⁸ und sein Bruder als Bewohner des East Ward in Lower Manhattan aufgeführt.³⁹ Ihre transatlantischen Aktivitäten lassen sich sowohl in nordamerikanischen Zeitungen als auch in ihrer Korrespondenz mit deutschen Unternehmern verfolgen.⁴⁰ Sie führten ein breites

---

34 Der aus Paderborn stammende jüdische Kaufmann Alexander Zunz hatte von 1773 bis 1775 am Collegium Carolinum in Kassel studiert, wo auch der junge Israel Marcus seinen ersten Ausbildungsabschnitt auf dem Weg zum Mediziner absolviert hat. (Zu Zunz vgl. den Beitrag von Eberhard Mey, zu Israel Marcus' Ausbildung den von Gerhard Aumüller in diesem Band.) Anschließend war er als Truppenversorger mit den hessischen Truppen nach Amerika gekommen, wo er 1783 sein Amt als Interimsvorsteher der jüdischen Gemeinde in New York niederlegte. 1780 gründete er einen Importhandel mit Musikalien und Kurzwaren aus Deutschland und London. Er musste 1783 Insolvenz anmelden, erholte sich aber bald wieder und gehörte zu den Gründungsvätern der New York Stock Exchange 1793. ROCK, Haven of Liberty (wie Anm. 33), S. 80f.; S. 87; S. 95. MARKENS, Isaac: *The Hebrews in America. A series of historical and biographical sketches*, New York 1888, S. 11. Man kann davon ausgehen, dass die Familien sich gut gekannt haben.
35 New York Diary for 1786, New York 1905, S. 56f.; S. 59; S. 62; S. 65; S. 68; S. 72; vgl. ROSENBLOOM, Joseph R.: *A Biographical Dictionary of Early American Jews: Colonial Times Through 1800*, Lexington, KY 1960, S. 106; BAUMANN, Mark K.: *Jewish American Chronology: Chronologies of the American Mosaic*, Santa Barbara u.a. 2011, S. 20.
36 STIEFEL: Jewish Sanctuary (wie Anm. 31), S. 169.
37 HÄBERLEIN; SCHMÖLZ-HÄBERLEIN, Revolutionäre Aussichten (wie Anm. 7), S. 62; S. 77.
38 *Laws of the State of New York* [...], Bd. 2, Albany 1792, S. 279; HEIDSIECK, Stammtafeln (wie Anm. 7), S. 257.
39 WEIHERMANN, Albrecht (Hg.): *Galerie historischer Gemählde der merkwürdigsten Personen welche im 19. Jahrhundert gestorben sind*, Bd. 1, Augsburg 1806, S. 58-61; hier S. 58; BURGOYNE, Waldeck Soldiers (wie Anm. 20), S. 85f.
40 Einen ersten, allerdings reichlich fehlerhaften Versuch, die Geschichte dieses Handelshauses nachzuzeichnen, publizierte SCOVILLE, Joseph Albert: *The Old Merchants of New York City*, by Walter BARRETT, clerk [pseud.], New York 1870, S. 87-89.

Sortiment an Stoffen und Kurzwaren sowie Spielsachen und Violinsaiten[41] und setzten damit die bereits in der Kolonialzeit etablierte Handelstradition zwischen dem europäischen Kontinent und der Neuen Welt fort.[42]

Seit dem Ende des Unabhängigkeitskrieges im Jahre 1783 sondierte der Weimarer Verleger Friedrich Justin Bertuch Möglichkeiten, Handelsbeziehungen mit der jungen amerikanischen Republik aufzunehmen.[43] In seiner Funktion als herzoglicher Schatullverwalter erhielt er Unterstützung aus der Privatschatulle seines Landesherrn Carl August für dieses Unternehmen, der sich davon die Förderung der Wirtschaft des Herzogtums Sachsen-Weimar erhoffte.[44] Da er mit seinem Geschäftskontakt nach Philadelphia, der Hamburger Großhandlung Voght und Sieveking, unzufrieden war,[45] knüpfte Bertuch über Samuel Marc in Arolsen Kontakt zu dessen Brüdern Philipp und Jakob in New York. In einem Brief Philip und Jakob Marks an Bertuch vom 3. Dezember 1785 erklärten diese, dass sie von ihrem Bruder Samuel ein Verzeichnis der Waren erhalten hätten, die Bertuch ihm geschickt habe. Obwohl über die weitere Entwicklung dieser Geschäfte nichts bekannt ist, blieben die Brüder Mark und Bertuch auch in den folgenden Jahren

---

41 [New York] Independent Journal, 23. November 1785, S. 1. Eine identische Anzeige erschien in derselben Zeitung am 4. Februar 1786.

42 Vgl. hierzu den Beitrag von CONWAY, Stephan: *Continental European Involvement in the Eighteenth-Century British Empire*, in: REITEMEIER, Arnd (Hg.): Kommunikation und Kulturtransfer im Zeitalter der Personalunion zwischen Großbritannien und Hannover, „to prove that Hanover and England are not entirely synonymous", Göttingen 2014, S. 123–142.

43 STARNES: Bertuch, Philip Mark und der große Nordamerika-Plan (wie Anm. 7), S. 232. Flik charakterisiert Bertuch als „General-Import-Export-Handelsvermittler" des Herzogtums. FLIK, Reiner: *Statt Hofpoet Kulturunternehmer. Der Werdegang Friedrich Justin Bertuchs (1747–1822) und sein Beitrag zur Weimarer Klassik*, in: VENTZKE, Markus (Hg.): Hofkultur und aufklärerische Reformen in Thüringen: Die Bedeutung des Hofes im späten 18. Jahrhundert, Köln u.a. 2002, S. 197–222; hier S. 215.

44 DEULING, Christian: *Friedrich Justin Bertuch und der Handel mit Nordamerika*, in: KAISER; SEIFERT (Hgg.), Friedrich Justin Bertuch (1747–1822) (wie Anm. 2), S. 195–228; hier S. 195; S. 207.

45 Zu dem bekannten Hamburger Handelshaus Voght & Sieveking vgl. SIEVEKING, Heinrich: Das Handlungshaus Voght und Sieveking. In: Zeitschrift des Vereins für Hamburgische Geschichte 17 (1912), S. 54–128. Speziell zu seinen Aktivitäten im Handel mit Nordamerika: DEULING, Bertuch und der Handel (wie Anm. 44), S. 206; S. 208–210; MUSTAFA, Sam A.: *Merchants and Migrations: Germans and Americans in Connection, 1776–1835*, Aldershot u.a. 2001, S. 106–108 und passim.

in Kontakt. Im Juli 1786 schrieb Samuel Marc aus Arolsen an Bertuch, dass sein Bruder aus New York erwartet werde.[46]

Philip Mark plante, langfristig – vor allem aus gesundheitlichen Gründen – wieder nach Europa zurückzukehren. Als sich diese Pläne konkretisierten, informierten er und Jakob Mark 1793 ihre Geschäftspartner und Kunden, dass sie ihre Zusammenarbeit einvernehmlich beendet hätten. Schuldner und Gläubiger der Firma sollten sich an Jakob Mark wenden, der eine neue Partnerschaft mit seinem Neffen John Speyer eingegangen sei, die unter dem Namen „Jakob Mark & Co." firmiere.[47] Philip Mark gründete indessen mit seinem Neffen Joseph Sterlitz (ursprünglich Stieglitz) die Firma „Philip Mark & Sterlitz" und traf Vorbereitungen für seine Rückkehr nach Europa. Beide Neffen entstammten jüdischen Kaufmannsfamilien in Arolsen. Ein Jahr zuvor hatte er seine wesentlich jüngere Nichte Fanny (1770–1841), Tochter seines in Arolsen verstorbenen Bruders Abraham, in London geheiratet, und beide Ehepartner waren zur anglo-presbyterianischen Kirche übergetreten.[48]

Philip Mark und seine Brüder in Bamberg

Als Philip Mark sich entschloss, sich in der Residenzstadt des katholischen Hochstifts Bamberg niederzulassen und dort als amerikanischer Konsul die Interessen der Vereinigten Staaten im fränkischen Reichskreis zu vertreten,[49] war seine Standortwahl eher ungewöhnlich. Die Stadt Bamberg, die damals ca. 18.000 Einwohner zählte,[50] gehörte weder zu den überregional bedeutenden

---

46 GSA 06/1214, Nr. 6, Samuel Marc an Bertuch, Arolsen, 13. Juni 1786; STARNES, Bertuch, (wie Anm. 7), S. 231. Samuel Marc schrieb: "Je suis actuelemment trés novice dans le affaires d´Amerique. Il y a enveron 4 ans que n'y avoir le monde interêt."
47 [New York] Daily Advertiser, 20. April 1793, S. 3.
48 Vgl. HEIDSIECK, Stammtafeln (wie Anm. 7), Tafel 31 und S. 217. Eine Abschrift der Heiratsurkunde befindet sich in der Bibliothek des Waldeckischen Geschichtsvereins Arolsen, Nachlass Philip Mark.
49 The New York Magazine or Literary Repository 5 (1794), S. 384; Nordamerikanischer Staatskalender 1796, S. 21; HEIDSIECK: Stammtafeln (wie Anm. 7), S. 257f.; STARNES: Bertuch (wie Anm.7), S. 232f.
50 Die unter anderem von Marcus in die Welt gesetzte und von der Literatur häufig reproduzierte Zahl von 20.000 bis 21.000 Einwohnern (vgl. MARKUS, Adalbert Friedrich: *Von den Vortheilen der Krankenhäuser für den Staat*, Bamberg und Würzburg 1790, S. 111) muss deutlich revidiert werden. Vgl. die umfassende Bevölkerungsrekonstruktion von SCHENKER, Andreas: *Die Bevölkerungsentwicklung in Bamberg 1758–1804. Quellen, Verfahren und Daten*, in: Bericht des Historischen Vereins Bamberg 151 (2015), S. 185–210.

Handelsplätzen,[51] noch war für einen Protestanten wie Philip Mark die öffentliche Praktizierung seines Glaubens erlaubt. Einem zeitgenössischen Nachruf zufolge wählte er

> Bamberg zu seinem Wohnorte, da er hier Anverwandte fand und diese Stadt fast mitten in Deutschland nahe bei Nürnberg, Fürth und Böhmen und nicht sehr ferne von Frankfurt, Leipzig und Sachsen überhaupt liegt, woher er seine mehresten Produkte bezog.[52]

Der Hauptgrund für seinen Umzug nach Bamberg war wohl sein Bruder Adalbert Friedrich Marcus, der dort seit 1778 sehr erfolgreich als Arzt praktizierte und von dem er sich unter anderem medizinische Betreuung erhoffte. Die Erwartungen, die er in die medizinischen Fähigkeiten seines renommierten Bruders setzte, erfüllten sich allerdings nicht, wie Philip Mark 1794 in einem Brief an Bertuch deutlich machte:

> Marcus ist eine Canaille, läßt mich in meinem Elend fort wandern, und schert sich um nichts.[53]

Um Leibarzt des Fürstbischofs Franz Ludwig von Erthal werden zu können, war Israel Marcus 1781 vom jüdischen zum katholischen Glauben übergetreten und hatte den christlichen Taufnamen Adalbert Friedrich erhalten. Gemeinsam mit Erthal hatte Marcus in den folgenden Jahren eine Reihe von Reformen im Armen-, Bildungs- und Gesundheitswesen initiiert. Außerdem spielte er eine wichtige Rolle im geselligen und kulturellen Leben der Stadt Bamberg; so hatte er 1791 mit anderen angesehenen Bürgern einen „Club" gegründet, der als erste gesellige Vereinigung des Bamberger Bürgertums gilt und an dem auch Philip Mark und ein weiter Bruder namens Friedrich (ursprünglich Nathan, gest. 1801) beteiligt waren.[54] Letzterer hatte sich 1789 in Bamberg niedergelassen; er trug den Titel eines russischen Kommerzienrats und konvertierte ebenfalls zum katholischen Glauben.[55] Im nahe gelegenen Erlangen lebte zu diesem Zeitpunkt auch Samuel Marc; Friedrich Marc übernahm 1789 die Begleichung einer Schuld Samuels in

---

51 Vgl. die Beiträge in HÄBERLEIN, Mark; SCHMÖLZ-HÄBERLEIN, Michaela (Hgg.): Handel, Händler und Märkte in Bamberg 1300–1800. Akteure, Strukturen und Entwicklungen in einer vormodernen Residenzstadt (Stadt und Region in der Vormoderne 3 / Veröffentlichungen des Stadtarchivs Bamberg 21), Bamberg 2015.
52 WEIHERMANN, Philipp Mark (wie Anm. 39), S. 59.
53 GSA 06/1219, Nr. 9, Philip Mark an Bertuch, Bamberg, 11.12.1794.
54 Vgl. zu Marcus jetzt ausführlich HÄBERLEIN; SCHMÖLZ-HÄBERLEIN, Adalbert Friedrich Marcus (wie Anm. 7).
55 HÄBERLEIN; SCHMÖLZ-HÄBERLEIN, Adalbert Friedrich Marcus (wie Anm. 7), S. 47; S. 66.

Höhe von 57 Gulden bei dem Weimarer Verleger Bertuch.[56] Bertuch und Samuel Marc hatten zumindest 1785/86 gemeinsam Weinhandel betrieben.[57]

Zu Philip Marks Vertrauten und Geschäftspartnern in Franken zählte auch der ehemalige Weimarer Hofrat und Kammerpräsident Johann August Alexander von Kalb (1747–1814), der auf dem unweit von Bamberg gelegenen Gut Trabelsdorf residierte.[58] Auch zwischen Kalb und Bertuch bestanden enge Kontakte; die beiden tauschten sich häufig brieflich über die Brüder Marcus aus und wickelten ihre Geschäfte u.a. über diese ab. Die engen Beziehungen zwischen den Brüdern Marc(us), Bertuch und Baron von Kalb wurden durch gegenseitige Besuche und einen regen Gedankenaustausch gefestigt.[59] Philip Mark, Bertuch und Baron von Kalb engagierten sich zudem in spekulativen Landgeschäften in den Vereinigten Staaten von Amerika. Gleichzeitig investierte Philip Mark in seiner neuen Heimat Franken in Manufakturprojekte. Er ließ vor allem gerahmte Spiegel in Fürth und Forchheim produzieren und exportierte diese in die USA.[60]

Ein neues Geschäftsfeld schien sich zudem mit der Mitteilung zu eröffnen, dass Lieferungen amerikanischer Pelze in Hamburg angekommen seien, für die Abnehmer gesucht würden.[61] Kalb leitete Marks diesbezüglichen Brief im Mai 1795 an Bertuch weiter und ersuchte diesen, seine Kontakte zu Leipziger Pelzhändlern

---

56 HÄBERLEIN; SCHMÖLZ-HÄBERLEIN, Revolutionäre Aussichten (wie Anm. 7), S. 36.
57 GSA 06/1214, Nr. 1, Samuel Marc an Bertuch, Arolsen, 1. September 1785; Nr. 2, Arolsen, 18. September 1785.
58 Vgl. zu ihm KLARMANN, Johann Ludwig: *Geschichte der Familie von Kalb auf Kalbsrieth, mit besonderer Rücksicht auf Charlotte von Kalb und ihre nächsten Angehörigen*, Erlangen 1902.
59 GSA 06/935, Nr. 200, Kalb an Bertuch, Bamberg, 1. November 1794.
60 WEIHERMANN, Philipp Mark (wie Anm. 39), S. 60. Der fürstbischöflich-bambergische Beamte und Publizist Franz Adolf Schneidawind schrieb 1797 in seiner Beschreibung des Außenhandels des Hochstifts Bamberg, dass die Spiegel nach Amerika, Russland und die Türkei versandt werden. SCHNEIDAWIND, Franz Adolf: *Versuch einer statistischen Beschreibung des kaiserlichen Hochstifts Bamberg*, Bd. 1, Bamberg 1797, S. 154. Zur Forchheimer Spiegelmanufaktur vgl. auch REUTER, Ortulf: *Die Manufaktur im fränkischen Raum. Eine Untersuchung großbetrieblicher Anfänge in den Fürstentümern Ansbach und Bayreuth als Beitrag zur Gewerbegeschichte des 18. und beginnenden 19. Jahrhunderts*, Stuttgart 1961, S. 79.
61 Levi Sheftall, Bruder des im Amerikanischen Unabhängigkeitskrieg bekannten Mordechai Sheftall aus Savannah, und Jakob Mark waren auf amerikanischer Seite im Pelzhandel aktiv. MARCUS, Jakob R.: *United States Jewry, 1776–1985*, 3 Bde., Detroit 1989–1993; hier Bd. 1, S. 152.

spielen zu lassen.[62] Im selben Monat berichtete Kalb nach Weimar, dass Marks Neffe und Teilhaber (John) Speyer[63] seinem kränklichen Onkel bei dessen amerikanischen Geschäften zur Hand gehe.[64]

In der Folgezeit gelang es dem jungen Speyer – der, wie bereits erwähnt, ebenfalls aus Arolsen stammte – offensichtlich, einen im selben Brief als Familienfreund bezeichneten Adligen – den Geheimrat und Kammerpräsidenten von Waldeck, Friedrich Albert (Albrecht) von Wechmar (1746–1813) – für sein Spekulationsprojekt zu begeistern, denn im Januar 1796 schrieb Philip Mark an Bertuch, dass Wechmar Aktien auf 150.000 Morgen amerikanisches Land ausgeben wolle und Investoren suche. Wechmar und Bertuch kannten sich bereits aus der Zeit der Gründung des Weimarer Industrie-Comptoirs; sie organisierten gemeinsam Bücherlotterien, waren Logenbrüder und standen dadurch in einem Vertrauensverhältnis.[65] Auch der Gesandte im fränkischen Reichskreis, Graf von Rotenhan, engagierte sich in diesem Spekulationsgeschäft.[66]

Im Jahre 1801 verstarb Philip Mark in Bamberg.[67] Die Firma „Philip Mark & Sterlitz" wurde noch einige Jahre von Marks Witwe Fanny, die in der fränkischen Bischofsstadt wohnhaft blieb, und dem in New York lebenden Partner Joseph Sterlitz weitergeführt, im Dezember 1806 aber liquidiert. Philip Marks Witwe Fanny war für die Begleichung der Schulden der Firma in Europa verantwortlich; sie sollte die entsprechenden Gelder an Johann Gerhard Graepel in Hamburg übermitteln, der als Agent der Firma fungiert hatte. Über die Abtragung der Schulden hinaus sollte ihr ein Guthaben von 2.000 Dollar verbleiben.[68] Graepel heiratete später die Tochter von Philip und Fanny Mark, Julia – sehr zum Ärger

---

62 GSA 06/936, zu Nr. 251, Philip Mark an Kalb, Bamberg, 7. Mai 1795, sowie handschriftliche Notiz von Kalb auf dem Brief von Mark.
63 Wahrscheinlich der 1771 geborene John Speyer, der 1789 in New York die amerikanische Staatsbürgerschaft erhielt und weiter oben bereits als Geschäftspartner von Philip Marks Bruder Jakob begegnete. HÄBERLEIN; SCHMÖLZ-HÄBERLEIN, Revolutionäre Aussichten (wie Anm. 7).
64 GSA 06/936, Nr. 258, Kalb an Bertuch, Trabelsdorf, 27. Mai 1795.
65 Vgl. MIDDELL: Bertuch (wie Anm. 2), S. 80.
66 GSA 06/1219, Nr. 16, Philip Mark an Bertuch, Bamberg, 26. Januar 1796.
67 Fränkische Provinzial-Blätter 1 (1801), Nr. 20/21, 29. Mai 1801.
68 Vgl. dazu die Urkunden im Nachlass Philip Mark in der Bibliothek des Waldeckischen Geschichtsvereins Arolsen, abgedruckt in HEIDSIECK: Stammtafeln (wie Anm. 7), S. 259–272. Zur Rolle der Firma Graepel im Amerikahandel im späten 18. Jahrhunderts vgl. DEULING: Bertuch und der Handel (wie Anm. 44), S. 205f.

ihres Klavierlehrers, des Komponisten und Dichters E.T.A. Hoffmann, der sich unglücklich in seine Schülerin verliebt hatte.[69]

Zur beruflichen Stellung und den Netzwerken von Adalbert Friedrich Marcus

Philip Mark und sein Bruder Nathan alias Friedrich verstarben 1801 kurz nacheinander in Bamberg. Ihr Ableben sowie das Ende des Hochstifts Bamberg waren gravierende Einschnitte im Leben des Bamberger Arztes Adalbert Friedrich Marcus, denn damit brach ein Teil seines persönlichen Netzwerkes weg. Mit dem Tod des Fürstbischofs Franz Ludwig von Erthal im Jahre 1795 war zudem sein wichtigster Förderer gestorben. Ungeachtet dieser Zäsuren verstand es Adalbert Friedrich Marcus immer wieder, neue Kontakte zu knüpfen und einflussreiche Freunde und Patrone zu gewinnen. Die Entwicklung seines Beziehungsnetzwerks wird im Folgenden skizziert.

Gemeinsam hatten Franz Ludwig von Erthal und er den Bau des Allgemeinen Krankenhauses vorangetrieben, das aufgrund seiner modernen Infrastruktur (fließendes Wasser, Ventilation) nach seiner Einweihung im November 1789 überregionale Beachtung fand und damals zu den modernsten Krankenhäusern in Europa gehörte. Etwa zeitgleich wurden Versicherungen für Handwerksgesellen und Dienstboten eingeführt, die diesen im Krankheitsfall die kostenlose Behandlung im Krankenhaus ermöglichten. Marcus war als erster medizinischer Direktor des Krankenhauses maßgeblich für den reibungslosen Betrieb verantwortlich. In seiner Schrift „Von den Vortheilen der Krankenhäuser für den Staat" (1790) fasste er die wichtigsten Errungenschaften dieser neuen Institution zusammen. Das Krankenhaus durchbrach seiner Meinung nach den Teufelskreis aus Armut und Krankheit und gab armen Menschen eine Chance, zu gesunden und ihre Arbeitskraft wiederherzustellen. Außerdem diente das Krankenhaus als Ausbildungsstätte für angehende Mediziner, Chirurgen und Krankenwärterinnen. Das Lernen am Krankenbett sollte das im Medizinstudium erworbene theoretische Wissen der jungen Ärzte verbessern und im Sinne einer Erfahrungswissenschaft durch tägliche Übung vertiefen. Kurz nach der Eröffnung des Krankenhauses wurde Marcus von seinem Mentor v. Erthal zusätzlich mit der Organisation und Beaufsichtigung der gesamten medizinischen Versorgung im Hochstift Bamberg betraut.[70]

---

69 KREMER, Detlef (Hg.): *E.T.A. Hoffmann. Leben – Werk – Wirkung*, 2. Aufl. Berlin/New York 2010, S. 22; S. 28.
70 HÄBERLEIN; SCHMÖLZ-HÄBERLEIN, Adalbert Friedrich Marcus (wie Anm. 7), S. 177.

Als zentrales Problem des Krankenhauses sollte sich indessen die Abhängigkeit von den persönlichen Finanzmitteln des Bischofs herausstellen. Als Franz Ludwig von Erthal im Februar 1795 nach langer Krankheit verschied, entzog der neue Fürstbischof Christoph Franz von Buseck dem Hospital die finanzielle Unterstützung, und dessen Leiter verlor seine Vertrauensstellung beim Landesherrn. Drei Aspekte waren in dieser Situation für den Fortbestand der Institution verantwortlich. Erstens vermachten zahlreiche Adelige, Kleriker und Bürger dem Krankenhaus in ihren Testamenten größere Summen, die als Stiftungskapital angelegt wurden. Zweitens arbeitete das Verwaltungsgremium, das Erthal eingesetzt hatte (die sogenannte Krankenhauskommission), als unabhängige Körperschaft erfolgreich weiter. Drittens experimentierte Marcus mit neuen medizinischen Theorien und Ansätzen, die er im Bamberger Krankenhaus erprobte und über deren Ergebnisse er Studien veröffentlichte. Einige seiner Publikationen erschienen bei Bertuch in Weimar, dessen Bekanntschaft er über seine Brüder gemacht hatte. Dies gilt etwa für seine „Kurze Beschreibung des allgemeinen Krankenhauses zu Bamberg", die europaweit rezipiert wurde, und seine „Prüfung des Brownschen Systems der Heilkunde durch Erfahrungen am Krankenbette", deren vier Teile zwischen 1797 und 1799 erschienen. Auch die in Marcus' Haus in der Langen Gasse gedruckte, von dem französischen Emigranten Gérard Gley[71] seit 1795 herausgegebene erste unabhängige Bamberger Zeitung wurde zeitweise über Bertuch vertrieben. Der Weimarer Verleger war auch bei der Rekrutierung eines Korrespondenten in Sachsen behilflich.

In einer Hinsicht hatte sich Friedrich Justin Bertuch allerdings von seiner Bekanntschaft mit Adalbert Friedrich Marcus deutlich mehr versprochen. Mit dem Bamberger Leibarzt und Krankenhausdirektor verfolgte der Weimarer Unternehmer nämlich ein eigenes Projekt.[72] Seit 1793 waren Bertuch und Marcus im Gespräch über die Salinen in Kissingen im Hochstift Würzburg, die Bertuch pachten und über zehn Jahre ausbeuten wollte. Im Sommer 1794 begleitete Marcus den Fürstbischof v. Erthal wie schon in den Jahren zuvor erneut nach Kissingen,

---

71 Der Kleriker Gérard Gley (1761–1830) stammte aus dem Elsass und floh 1791 aus Frankreich. 1793 kam er als Hofmeister derer von Harff nach Bamberg, wo er bis 1806 blieb. Vgl. zu ihm ausführlich das Kapitel „Eine Emigrantenkarriere: Der Abbé Gérard Gley" in: WINCKLER, Matthias: *Die Emigranten der französischen Revolution in Hochstift und Diözese Bamberg* (Bamberger Historische Studien 5 / Veröffentlichungen des Stadtarchivs Bamberg 13), Bamberg 2010, S. 120–131. Zu seinem Zeitungsprojekt ab 1795 vgl. auch HÄBERLEIN; SCHMÖLZ-HÄBERLEIN, Adalbert Friedrich Marcus (wie Anm. 7), S. 174–180.
72 BÖTTIGER, Karl Wilhelm (Hg.): *Literarische Zustände und Zeitgenossen in Schilderungen aus Karl Aug. Böttigers handschriftlichem Nachlasse*, Bd. 1, Leipzig 1838, S. 282.

wo sie – wie bereits im Vorjahr – mit Bertuch zusammentrafen.[73] In dieses Vorhaben war auch der bereits erwähnte ehemalige Weimarer Kammerpräsident Johann August Alexander von Kalb involviert.[74] Zum Zeitpunkt des Todes von v. Erthals im Februar 1795 waren die Verhandlungen jedoch noch nicht abgeschlossen. Im Zuge der Unterhandlungen hatten Bertuch und Kalb Marcus zahlreiche Geschenke zukommen lassen, um dessen Engagement beim Fürstbischof in Sachen der Salinen zu forcieren. Ihre Douceurs waren jedoch eine Fehlinvestition, denn v. Erthal verstarb, bevor der Vertrag unterschriftsreif war, und unter seinem Nachfolger verlief das Projekt im Sande.[75] Da die Fürstbistümer Bamberg und Würzburg seit 1795 nicht mehr in Personalunion regiert wurden, hatte Marcus auch keinen Einfluss mehr auf die Entwicklungen im Fürstbistum Würzburg.

Neben seinen familiären und geschäftlichen Netzwerken, die u.a. über seine Brüder zustande kamen, hatte Marcus selbstverständlich Kontakte zu zahlreichen Medizinern. Bereits während seines Studiums in Göttingen (1772–1775) profitierte er von der Bibliothek seines Nachbarn, des im Alter von nur 34 Jahren verstorbenen Arolser Mediziners, Hofrats und Leibarztes Johann Friedrich Herlitz (1738–1772), die sein Vater nach dessen Tod für ihn erwarb.[76] In Göttingen lernte er zudem zahlreiche christliche Kommilitonen kennen, zu denen er auch nach seinem Studium mehr oder weniger engen Kontakt hielt. Auch mit einigen seiner Lehrer, besonders seinem Doktorvater Ernst Gottfried Baldinger (1738–1804),[77] der zu den Pionieren des klinischen Unterrichts in Deutschland gehört, blieb Marcus über seine Studienzeit hinaus in Verbindung.[78] Ein weiterer Göttinger Lehrer, der Arzt und Botaniker Johan Andreas Murray, besuchte Marcus 1790

---

73 BÖTTIGER, Literarische Zustände (wie Anm. 72), S. 281f.
74 STEINER; KÜHN-STILLMARK, Bertuch (wie Anm. 2), S. 135f.; FLIK, Bertuch (wie Anm. 43), S. 221f.
75 HÄBERLEIN; SCHMÖLZ-HÄBERLEIN, Adalbert Friedrich Marcus (wie Anm. 7), S. 144–149.
76 HStAM, Urk. 85, 3480, Die waldeckische Kammer verspricht Marcus Juda 300 Taler mit fünf Prozent aus der Meierei Hetz zu verzinsen, Arolsen, 1.1.1773. Die Kammer nennt ihn hier den „vormahligen Hoffliveranten"; Übertrag des Schuldbriefs auf die Herlitzschen Erben, Arolsen, 10.6.1773. Zur Rekonstruktion von Marcus' Bibliothek und den eventuell von Herlitz stammenden Werken vgl. SCHMÖLZ-HÄBERLEIN; HÄBERLEIN, Die Bibliothek (wie Anm. 7).
77 Vgl. GERABEK, Werner u.a. (Hgg.): *Enzyklopädie Medizingeschichte*, 3 Bde., Berlin/New York 2007, Bd. 1, S. 134.
78 HÄBERLEIN; SCHMÖLZ-HÄBERLEIN, Adalbert Friedrich Marcus (wie Anm. 7), S. 52f.; vgl. BROMAN, Thomas H.: *The Transformation of German Academic Medicine, 1750–1820*, Cambridge 1996, S. 30f.; S. 64f.; METZ-BECKER, Marita: *Ernst Gottfried Baldinger*

in Bamberg.[79] Zu mindestens zwei Kommilitonen, dem bekannten Göttinger Anatomen Johann Friedrich Blumenbach und Johann Christoph Ackermann, der später an der Universität Altdorf lehrte, unterhielt er offenbar ebenfalls Beziehungen. Kontakte zur Würzburger Ärztefamilie Siebold bestanden zwar seit Marcus' Aufenthalt am Juliusspital 1777/78, doch scheinen diese angesichts der Konkurrenz zwischen der Würzburger und der Bamberger Medizin nicht sehr intensiv gewesen zu sein.[80]

Mit dem aus Lichtenfels stammenden Andreas Röschlaub (1768–1835) rekrutierte das Bamberger Krankenhaus 1799 hingegen einen der originellsten, aber auch umstrittensten Ärzte seiner Zeit als Stellvertreter von Adalbert Friedrich Marcus. Röschlaub hatte 1787 ein Medizinstudium in Bamberg aufgenommen und soll seit der Eröffnung im Jahre 1789 täglich das Krankenhaus sowie regelmäßig Marcus' klinische Vorlesungen besucht haben. Noch als Student hatte er 1793 von seinem von der Universität Pavia zurückgekehrten Studienfreund, Ignaz Döllinger, eine Kopie von John Browns Werk „Elementa medicinae" erhalten, das ihn förmlich elektrisierte und das er ins Deutsche übersetzte. 1796 veröffentlichte Röschlaub seine ersten Zeitschriftenaufsätze und wurde im selben Jahr zum außerordentlichen Professor für Pathologie und Klinik an der Universität Bamberg ernannt. Zwei Jahre später erhielt er eine ordentliche Professur für diese Fächer.[81]

Während Röschlaub an Marcus' „Prüfung des Brownschen Systems" mitarbeitete, baute er die Ideen des schottischen Arztes zugleich systematisch aus. Mit seinem in den Jahren 1798 bis 1800 publizierten und bereits kurz darauf neu aufgelegten dreibändigen Werk „Untersuchungen über Pathogenie oder Einleitung in die Heilkunde" avancierte er zu einem der meistdiskutierten Mediziner seiner Zeit. Das seit 1799 von Röschlaub herausgegebene „Magazin der Vervollkommnung der theoretischen und practischen Heilkunde", das bis 1809 in Frankfurt

---

(1738–1804). Arzt – Gelehrter – Volksaufklärer, in: Volkskunde und Historische Anthropologie 9 (2004), S. 81–94.
79 HÄBERLEIN; SCHMÖLZ-HÄBERLEIN, Adalbert Friedrich Marcus (wie Anm. 7), S. 154.
80 HÄBERLEIN; SCHMÖLZ-HÄBERLEIN, Adalbert Friedrich Marcus (wie Anm. 7), S. 63; S. 151–154; S. 159; S. 165; S. 259.
81 TSOUYOPOULOS, Nelly: *Andreas Röschlaub und die romantische Medizin. Die philosophischen Grundlagen der modernen Medizin*, Stuttgart 1982, S. 54–56; SPÖRLEIN, Bernhard: *Die ältere Universität Bamberg (1648–1803). Studien zur Institutionen- und Sozialgeschichte*, 2 Bde., Berlin 2004; hier Bd. 2, S. 1292–1295; SEGEBRECHT, Wulf (Hg.): *Romantische Liebe und romantischer Tod. Über den Bamberger Aufenthalt von Caroline Schlegel, Auguste Böhmer, August Wilhelm Schlegel und Friedrich Wilhelm Schelling im Jahre 1800*, 3. Aufl. Bamberg 2008, S. 119–121; BRAUNER, Katharina: *Bamberg als Zentrum der romantischen Medizin*, Diss. med. Universität Würzburg 2006, S. 15; S. 83f.

am Main publiziert wurde, entwickelte sich zum führenden Organ der Anhänger des Brownianismus in Deutschland.[82]

In kritischer Auseinandersetzung mit dem Brownschen System hob Röschlaub zunächst Browns Trennung zwischen allgemeinen und lokalen Krankheiten auf und erläuterte den Begriff der Erregbarkeit näher. Dafür kombinierte er das Brownsche System mit der Theorie des „Bildungstriebs" des Göttinger Physiologen Johann Friedrich Blumenbach und der Naturphilosophie Friedrich Wilhelm Joseph Schellings zu einer eigenständigen Erregungstheorie. Die medizinische Therapie war dementsprechend auf die Regulierung der Abwehrmechanismen des Körpers abzustellen. Anstatt lediglich Symptome zu erfassen, sollte der Arzt das komplexe Ursachengeflecht einer Krankheit und alle schädlichen Einflüsse der Umwelt auf den Organismus des Patienten identifizieren.[83]

Der Philosoph Schelling und die Mediziner Marcus und Röschlaub arbeiteten zeitweilig eng zusammen. Im Frühjahr 1799 verfassten Schelling und Röschlaub Repliken auf eine Sammelrezension des Hannoveraner Arztes Johann Israel Stieglitz (1767–1840), die sich vom Brownschen System distanzierte.[84] Der ebenfalls in Arolsen geborene Stieglitz war ein Cousin von Marcus und hatte wie dieser in Göttingen studiert.[85] Im Jahre 1800 hielt sich der Jenaer Philosoph – mit einer kurzen

---

82 TSOUYOPOULOS, Nelly: *The Influence of John Brown's Ideas in Germany*, in: BYNUM, W. F.; PORTER Roy (Hgg.), Brunonianism in Britain and Europe (Medical History, Supplement 8), London 1988, S. 63–74; hier S. 63f.; SPÖRLEIN, Die ältere Universität (wie Anm. 81), Bd. 2, S. 794f.; WIESING, Urban: *Kunst oder Wissenschaft. Konzeptionen der Medizin in der deutschen Romantik*, Stuttgart/Bad-Cannstatt 1995, S. 158f.
83 TSOUYOPOULOS, Röschlaub (wie Anm. 81), S. 120–128; S. 134–148 (Zitat S. 121); vgl. DIES.: *Doctors contra clysters and feudalism: The consequences of the Romantic revolution*, in: CUNNINGHAM, Andrew; JARDINE, Nicolas (Hgg.): Romanticism and the Sciences, Cambridge u.a. 1990, S. 101–118; hier S. 107; DIES., The Influence of John Brown (wie Anm. 82), S. 67f.; DIES.: *Schellings Konzeption der Medizin als Wissenschaft und die „Wissenschaftlichkeit" der modernen Medizin*, in: HASLER, Ludwig (Hg.): Schelling. Seine Bedeutung für eine Philosophie der Natur und der Geschichte, Stuttgart/Bad-Cannstatt 1981, S. 107–116; hier S. 111–115; BROMAN, Transformation (wie Anm. 78), S. 150–152; BRAUNER, Bamberg als Zentrum (wie Anm. 81), S. 84f.
84 SEGEBRECHT (Hg.), Romantische Liebe (wie Anm. 81), S. 124.
85 Stieglitz stammte wie Marcus aus Arolsen; die beiden Familien waren mehrfach miteinander verschwägert; HEIDSIECK, Stammtafeln (wie Anm. 7). Er gehörte jedoch zu den entschiedenen Gegnern des Brownianismus. In seiner Abhandlung über Scharlach zitiert Stieglitz Marcus wiederholt: STIEGLITZ, Johann: *Versuch einer Prüfung und Verbesserung der jetzt gewöhnlichen Behandlungsart des Scharlachfiebers*, Hannover 1807, S. 13; S. 77f. Vgl. jüngst AUMÜLLER, Adalbert Friedrich Marcus (wie Anm. 7), S. 194–205.

Unterbrechung – mehrere Monate in Bamberg auf, wo er sich intensiv mit Browns und Röschlaubs Theorien befasste und Privatvorlesungen über seine Naturphilosophie hielt. Unter Röschlaubs Einfluss übernahm Schelling, der den Brownianismus zunächst als zu mechanistisch abgelehnt hatte, zentrale Prinzipien von Röschlaubs Erregungstheorie und integrierte sie in seine Naturphilosophie.[86]

Das Ansehen von Marcus als Arzt in Kombination mit der Originalität der Ideen Röschlaubs und Schellings verschafften dem Brownschen System und seiner praktischen Umsetzung im Bamberger Krankenhaus große öffentliche Aufmerksamkeit.[87] In den zweieinhalb Jahren, in denen Röschlaub und Marcus zusammenarbeiteten, erreichte der Ruhm des Krankenhauses, das bereits seit Mitte der 1790er Jahre in eine Reihe von Reisebeschreibungen Eingang gefunden hatte,[88] seinen Höhepunkt. Thomas Broman kommt zu dem Schluss, Bamberg sei in der kurzen Zeitspanne zwischen 1798 und 1803 „the center of the German medical world" gewesen.[89] Marcus' frühe Biographen registrierten einen regen Zustrom auswärtiger Mediziner:

---

86 SPEYER; MARC, Dr. A. F. Marcus (wie Anm. 7), S. 45f.; ROTH, Dr. Adalbert Friedrich Marcus (wie Anm. 7), S. 35f.; PLITT, Johann Leopold: *Aus Schellings Leben. In Briefen*, 3 Bde., Leipzig 1869/70; hier Bd. 1, S. 250; ROTH, Friedrich: *Dr. Adalbert Friedrich Marcus, der erste dirigierende Arzt in Bamberg, Darstellung seines Lebens und Wirkens*, Bamberg 1889, S. 35f.; NEUBAUER, John: *Dr. John Brown (1735–1788) and Early German Romanticism*, in: Journal of the History of Ideas 28 (1967), S. 367–382; hier S. 372f.; S. 375–378; RISSE, Guenther B.: *John Brown (1735–1788)*, in: ENGELHARDT, Dietrich von; HARTMANN, Fritz (Hgg.): Klassiker der Medizin, Bd. 2: Von Philippe Pinel bis Viktor von Weizsäcker, München 1991, S. 24–36; hier S. 34f.; GRÜNBECK, Der Bamberger Arzt (wie Anm. 7), S. 45; TSOUYOPOULOS, Röschlaub (wie Anm. 81), S. 162–166; GERABEK, Werner E.: *Friedrich Wilhelm Joseph Schelling und die Medizin der Romantik. Studien zu Schellings Würzburger Periode*, Frankfurt am Main 1995, S. 23; BROMAN, Transformation (wie Anm. 78), S. 149; SEGEBRECHT (Hg.), Romantische Liebe (wie Anm. 81), S. 122–126; S. 213–218; BRAUNER, Bamberg als Zentrum (wie Anm. 81), S. 58–64.
87 SPEYER; MARC, Marcus (wie Anm. 7), S. 45f.; TSOUYOPOULOS, The Influence of John Brown's Ideas in Germany (wie Anm. 82), S. 63–74; hier S. 65; S. 68.
88 Vgl. die Beispiele bei SCHEMMEL, Bernhard: *Das Bamberger Allgemeine Krankenhaus von 1789*, in: BAUMGÄRTEL-FLEISCHMANN, Renate (Hg.): Franz Ludwig von Erthal. Fürstbischof von Bamberg und Würzburg 1779–1795 (Veröffentlichungen des Diözesanmuseums Bamberg 7), Bamberg 1995, S. 155–169; hier S. 80f.
89 BROMAN, Transformation (wie Anm. 78), S. 149.

> Man zählte oft über hundert junge Aerzte aus allen Theilen von Europa (wir erinnern uns sogar der Anwesenheit zweier Amerikaner), welche mit dem größten Interesse die Vorlesungen Röschlaubs, und dem klinischen Unterrichte unseres Freundes beiwohnten.[90]

Die in Leipzig erscheinende „Zeitung für die elegante Welt" berichtete im Februar 1802 über eine regelrechte Invasion junger Mediziner, die das Erscheinungsbild der fränkischen Residenzstadt zunehmend prägen würden:

> Seitdem aber das von Franz Ludwig dem Unsterblichen gestiftete allgemeine Krankenhaus und der Ruf eines Markus, Röschlaub usw. eine beträchtliche Anzahl fremder Arznei Wissenschaft Beflissenen Hieher gezogen hat, haben diese unter dem Namen der Mediziner eine eigene Klasse gebildet [...] haben dieselben einen eignen Stand gebildet, der sogar in Verbindung mit seinen Lehrern eine Zeitlang den Ton des geselligen Lebens überhaupt anzugeben schien.[91]

Seit 1801/02 wandte sich Marcus – sehr zum Ärger Röschlaubs – zunehmend von der Erregungstheorie ab und der von Friedrich Wilhelm Joseph Schelling entworfenen Naturphilosophie zu. Als die Universität Würzburg 1803 unter bayerischer Herrschaft grundlegend reformiert wurde, setzte er sich erfolgreich für die Berufung Schellings an die mainfränkische Hochschule ein und die beiden gaben gemeinsam zwischen 1802 und 1806 die Zeitschrift „Magazin für specielle Therapie und Klinik" heraus.[92] 1802 gewann Marcus mit Conrad J. Kilian (1771–1811) zudem einen der ersten Ärzte, die sich in ihren Schriften zur Naturphilosophie bekannten, für Bamberg, der hier die Stelle seines Stellvertreters antrat. Bereits 1804 kam es allerdings zum Bruch mit Kilian. Wegen eines kritischen Zeitungsartikels über die Zustände an der Universität Würzburg und am dortigen Juliusspital, den Marcus ohne Kilians Wissen unter dessen Namen publiziert hatte, gerieten die beiden Mediziner in einen heftigen Streit, in dessen Folge Marcus sogar rechtskräftig verurteilt wurde. Nur die Gnade des bayerischen Herrschers bewahrte ihn vor dem Gefängnis.[93] Hier zeigt sich ein Charakteristikum von Adalbert Friedrich Marcus: Wiederholt lässt sich beobachten, dass er junge Ärzte zuerst förderte, sie vermutlich auch für sich arbeiten ließ und sie dann wieder fallen ließ, wenn sie allzu offenkundig ihre eigenen Ansichten und Methoden entwickelten.

---

90 SPEYER; MARC, Marcus (wie Anm. 7), S. 42f.; vgl. GRÜNBECK, Markus (wie Anm. 7), S. 114; SEGEBRECHT (Hg.), Romantische Liebe (wie Anm. 81), S. 121.
91 *Ueber Bamberg: dessen Gesellschaftston und öffentliche Vergnügungen*, in: Zeitung für die elegante Welt, Nr. 20, 16.2.1802, Sp. 154f.
92 HÄBERLEIN; SCHMÖLZ-HÄBERLEIN, Adalbert Friedrich Marcus (wie Anm. 7), S. 201f; S. 230–237; S. 264f.; S. 269–273; S. 281f.; S. 288–293; S. 297–304.
93 Vgl. HÄBERLEIN; SCHMÖLZ-HÄBERLEIN, Adalbert Friedrich Marcus (wie Anm. 7), S. 273–281.

Zu den zahlreichen jungen Ärzten, die Marcus nach Bamberg zog, gehörten auch zwei seiner Neffen: Karl Moritz Marc (1784–1855), Sohn seines Bruders Friedrich, und Carl Friedrich Speyer (1780–1839), der in Arolsen als Sohn von Marcus' Schwester Amalie und des Mediziners Friedrich Wilhelm Speyer (1737–1816) zur Welt gekommen war.[94] Gemeinsam verfassten die beiden Neffen, die Marcus als seine „Adjudantz"[95] bezeichnete, 1817 eine ausgesprochen hagiographische Biographie ihres im Jahr zuvor verstorbenen Onkels. Speyer soll nach Aussagen von Zeitgenossen Marcus' „vollstes Ebenbild" gewesen sein. Diesen jungen Mediziner, den er spätestens ab 1800 auf eigene Kosten unterhielt, versuchte er systematisch in seine Fußstapfen zu lenken; so erschien 1804 eine Abhandlung von Speyer über den Nutzen von Heilbädern mit einer Vorrede seines Onkels. Im Gegenzug für diese Förderung hatte Speyer Marcus zu unterstützen – sei es im Krankenhaus, bei Publikationen oder bei der Betreuung seiner schwangeren Geliebten in Jena, Karoline Paulus, der Ehefrau des rationalistischen evangelischen Theologen Heinrich Eberhard Gottlob Paulus, die im Mai 1802 mit einem Sohn von Marcus niederkam.[96] Dieses Kind erhielt den Vornamen August Wilhelm von seinem Paten August Wilhelm Schlegel und wuchs als Sohn von Paulus auf. August Wilhelm gilt als Vorbild für den Schenken in Goethes West-Östlichem Diwan.[97]

Die Affäre mit Karoline Paulus wurde auch in Jena, dem Wohnort der Familie Paulus, zur Kenntnis genommen. Ende November 1802 schrieb Caroline Schlegel an eine Freundin, dass sich *ein Neffe von Marcus* dort aufhalte – *ein sehr hübscher junger Passagier, der alles herausschwatzt und verwunderliche Dinge erzählt von gewissen Damen.*[98] Im Juni 1803 teilte Caroline Schelling einer weiteren Freundin mit: *Was ich übrigens von der P*[aulus] *in Bamberg gehört, damit will ich das Papier verschont lassen.*[99] Noch expliziter wurde sie in einem anderen Brief, in dem sie

---

94 Vgl. dazu SCHLICH, Thomas: *Marburger jüdische Medizin- und Chirurgiestudenten 1800–1832. Herkunft – Berufsweg – Stellung in der Gesellschaft* (Academia Marburgensis 6), Marburg 1990, S. 15f.
95 FUHRMANS, Horst (Hg.): *Schelling. Briefe und Dokumente*, 3 Bde., Bonn 1962–1975; hier Bd. 3, S. 267.
96 Zu dieser Geschichte und zum weiteren Lebensweg des Sohnes ausführlich HÄBERLEIN; SCHMÖLZ-HÄBERLEIN, Adalbert Friedrich Marcus (wie Anm. 7), S. 220–227, 384–386.
97 WILSON, Daniel W.: *Goethe Männer Knaben. Ansichten zur „Homosexualität"*, Frankfurt am Main 2012, S. 56.
98 SCHMIDT, Erich: *Caroline. Briefe aus der Frühromantik. Nach Georg Waitz vermehrt herausgegeben*, 2 Bde., Leipzig 1913; hier Bd. 2, S. 233.
99 WIENEKE Ernst: *Caroline und Dorothea Schlegel in Briefen*, Weimar 1914, S. 224.

darüber spekulierte, *ob das Jüngelchen, was der Paulus hier warten und wickeln muß, einen Apostel* [Paulus] *oder Evangelisten* [Markus] *zum Vater hat.*[100] Das Gerücht über die Vaterschaft von Marcus war und blieb in der Welt.

Marcus hatte neben diesem Sohn vier weitere namentlich bekannte uneheliche Kinder mit der Cousine seiner Frau Theresia Schlör, von denen drei das Erwachsenenalter erreichten. Nach dem Tod seiner Geliebten im Kindbett im Jahre 1812 adoptierte das Ehepaar Marcus den wie August Wilhelm Paulus im Jahre 1802 geborenen Carl Friedrich Marcus, der später ebenfalls ein bedeutender Arzt wurde, und die zwei überlebenden Mädchen.[101]

Auch Marcus' Frau Maria Juliana Schlör leistete einen namhaften Beitrag zur Förderung seiner Karriere und zum Ausbau seines Beziehungsnetzwerks. Sie kümmerte sich um den Haushalt und die Finanzen und beaufsichtigte die Bewirtschaftung großer landwirtschaftlicher Flächen, die ihr Mann gepachtet bzw. gekauft hatte. Außerdem beherbergte sie zahlreiche Verwandte und Bekannte und erzog die unehelich geborenen Kinder ihres Mannes, da aus ihrer Ehe keine eigenen Kinder hervorgingen. Zeitweise lebte Marcus in seinem Bamberger Haus zusammen mit seiner Frau, seiner Geliebten und dem Ehepaar Paulus, nachdem Paulus 1807 von Würzburg aus als Referent für protestantische Schul- und Konsistorialangelegenheiten nach Bamberg versetzt worden war.[102] Ein naher Verwandter seiner Frau half Marcus, ein Landgut an den anderen Bietern vorbei zu ersteigern und so von Säkularisationsgut zu profitieren. Diese Aktion sollte sich jedoch als Bumerang erweisen, denn der von den unterlegenen Parteien angestrengte Prozess ruinierte Marcus finanziell. Am Ende seines Lebens war Adalbert Friedrich Marcus hoch verschuldet, obwohl er der bestverdienende Arzt im Königreich Bayern gewesen war. Seine Frau und die adoptierten Kinder mussten daraufhin in eher bescheidenen Verhältnissen leben.[103]

---

100 SCHMIDT, Caroline (wie Anm. 98), S. 352; SCHÖNWITZ, Ute: *Er ist mein Gegner von jeher. Friedrich Wilhelm Joseph Schelling und Heinrich Eberhard Gottlob Paulus*, Warmbronn 2001, S. 45; REULECKE, Martin: *Madame Lucifer – Anmerkung zur Caroline-Rezeption*, in: Athenäum 20 (2010), S. 183–196; S. 196.

101 Vgl. hierzu besonders MEISENBACH, Meinhard: *Miscellanea zu Dr. Adalbert Friedrich Marcus und E.T.A. Hoffmann*, in: Bericht des Historischen Vereins Bamberg 140 (2004), S. 151–186.

102 FREUDENBERGER, Theobald: *Zur Geschichte der theologischen Fakultät im ersten Jahrzehnt des 19. Jahrhunderts*, in: BAUMGART, Peter (Hg.): Vierhundert Jahre Universität Würzburg. Eine Festschrift, Neustadt an der Aisch 1982, S. 283–316; S. 293–295; TANGERDING, Clemens Maria: *Der Drang zum Staat. Lebenswelten in Würzburg zwischen 1795 und 1815*, Köln u.a. 2011, S. 101.

103 HÄBERLEIN; SCHMÖLZ-HÄBERLEIN, Adalbert Friedrich Marcus (wie Anm. 7), S. 381.

Fazit: Netzwerke im Wandel

Als Marcus am 29. April 1816 nahe der Altenburg, die der Verstorbene um die Jahrhundertwende gekauft hatte, seine letzte Ruhestätte fand, begleitete ihn ein beeindruckender Trauerzug. Zeitgenössischen Berichten zufolge war nahezu die gesamte Stadt auf den Beinen, um dem Verstorbenen die letzte Ehre zu erweisen.

> *Sämmtliche Aerzte und Wundärzte der Stadt, die landärztlichen Kandidaten, die öffentlichen Lehrer des Lyceums und Gymnasiums, viele Studierende, eine große Anzahl der ersten und vornehmsten Personen aus dem Civil- und Militär-Stande, folgten dem feierlichen Leichenzuge,*

der vom Glockengeläut aller Bamberger Kirchen begleitet wurde. Am Grab hielten Freunde und Schüler Trauerreden auf den *unvergeßlichen* Marcus und sangen eigens für diesen Anlass verfasste Trauerlieder. Die Spitze des Burgturms war mit schwarzem Tuch verhangen, und auf der Zinne wehte eine schwarze Fahne.[104]

Die meisten Brüder Adalbert Friedrich Marcus' und auch der größte Teil seiner Geschäftspartner waren bereits vor ihm gestorben. Viele der jungen Ärzte, die unter Marcus in Bamberg ausgebildet worden waren, hatten sich schon während seiner Lebenszeit von ihm distanziert. Das Netzwerk an familiären und geschäftlichen Beziehungen, das zu seiner Blütezeit Arolsen, Bamberg, Weimar, Jena, New York, Den Haag, St. Petersburg und die Halbinsel Krim umfasst hatte, war deutlich geschrumpft. In der Familie Marcus war nunmehr die nächste Generation für das Fortbestehen des überregionalen Netzwerks verantwortlich: Söhne und Töchter, Neffen und Nichten der Arolser Marcus standen nun als Mediziner, Kaufleute und Ehepartnerinnen bereit. Während zahlreiche seiner Neffen – u.a. Carl Friedrich Speyer, Karl Moritz Marc oder der spätere Mann von Julia Mark, Louis Marc (1796–1857) sowie sein später geadelter legitimierter Sohn Carl Friedrich von Marcus (1802–1862) – als Mediziner Karriere machten, traten andere als US-Konsuln wie Johann Speyer in Stockholm oder Louis Marc in München in die Fußstapfen Philip Marks.[105] Wieder andere machten sich als Kauf- und Handelsleute einen Namen. Der hier untersuchte Zeitraum, der sich mit der Lebensspanne von Adalbert Friedrich Marcus deckt, ermöglichte der Familie und ihren Geschäftspartnern, Handlungsmöglichkeiten zu nutzen, die sich in der politischen, gesellschaftlichen und kulturellen Umbruchzeit um 1800 eröffneten

---

104 Speyer; Marc, Marcus (wie Anm. 7), S. 151–153.
105 Häberlein; Schmölz-Häberlein, Revolutionäre Aussichten (wie Anm. 7), S. 87. Zu Louis Mark vgl. Guth, Klaus: *Louis Mark, Konsul der Vereinigten Staaten von Nordamerika für das Königreich Bayern, 1844*, in: Bericht des Historischen Vereins Bamberg 116 (1980), S. 191–208.

und die dementsprechend zeitimmanent betrachtet werden müssen. Dabei ist vor allem die besondere familiäre Konstellation dieser talentierten Generation aus Arolsen stammender Kaufleute und Mediziner hervorzuheben, die durch eine Reihe von Verwandtenehen sowie die professionelle Zusammenarbeit zwischen Onkeln und Neffen ein engmaschiges familiäres Netzwerk konstituierten. Darüber hinaus demonstrierten die Marcus und ihre Verwandten eine bemerkenswerte Bereitschaft, Grenzen zu überschreiten, und zwar sowohl in räumlicher Hinsicht durch Reisen, Migrationen und Ortswechsel als auch in religiöser Hinsicht durch Konversionen. Professioneller Ehrgeiz, Mobilität, Anpassungsfähigkeit und ein ausgeprägtes Gespür für vielversprechende Optionen halfen den Brüdern Marc(us) und ihren Verwandten, Barrieren zu überwinden, Chancen zu erkennen und Neues zu wagen.

Irmtraut Sahmland

Sozialmedizinische Impulse bei Adalbert Friedrich Marcus und Bernhard Christoph Faust

Abstract: Having both studied in Kassel and in Göttingen, A.F. Marcus and B. Faust, who came from small towns neighboring Kassel, could have met during their educational training. Having become court physicians, Marcus as a Jew converted to Roman Catholicism and Faust as a Protestant were highly engaged in problems of medical support, however in a very different way and different settings. This situation provides new insights and explanations for the factors affecting the strategies and results of medical innovations in completely different political and financial circumstances.

Diese beiden Ärzte im Rahmen der Tagung über Bildungs- und Karrierestrategien jüdischer Ärzte zusammen zu betrachten oder sie einander gegenüberzustellen, erschließt sich nicht per se. Beide waren Zeitgenossen – Marcus wurde 1753 geboren und starb 1816, Faust lebte von 1755 bis 1842; beide waren aus heutiger Sicht aus Hessen gebürtig: Marcus stammte aus der Grafschaft Waldeck, Faust aus Rotenburg an der Fulda.[1] Ihre Lebenswege waren ähnlich und zugleich sehr verschieden; was ihre sozialmedizinischen Impulse betrifft, so waren sie sich auch hier partiell ähnlich, insofern sie gleiche Themen besetzten bzw. sich in denselben Problemfeldern engagierten; zugleich waren sie wiederum sehr verschieden, insofern ihre bedeutendsten sozialmedizinischen Anregungen und Ausführungen auf sehr unterschiedlichen Feldern zu verorten sind.

Marcus und Faust – zwei bedeutende Vertreter ihres Faches zu ihrer Zeit – zusammenzuführen, bedeutet offenbar, Parallelen und Distanzen zugleich zu beschreiben. Damit allerdings könnte sich ein interessanter Zugang zu spezifischen Arbeits- und Rahmenbedingungen für sozialmedizinische Innovationspotentiale um 1800 ergeben. Mit dieser Erwartungshaltung soll hier ein Vergleich beider Protagonisten verfolgt werden. Beginnend mit einer Gegenüberstellung ihrer Bildungs- und Karrierewege, werden anschließend ihre sozialmedizinischen Arbeitsfelder inhaltlich vorgestellt, wobei jeweils auf ihre am deutlichsten

---

1 Die Stadt war Residenz einer teilsouveränen Landgrafschaft Hessen-Rotenburg (Rotenburger Quart), die von 1627 bis 1834 unter reichsrechtlicher Oberhoheit der Landgrafschaft Hessen-Kassel stand.

hervorstechenden Leistungen fokussiert wird. Danach stellt sich nicht die Frage, welcher der beiden wegweisender, innovativer oder wirksamer war; vielmehr ist es interessant, die von beiden generierten Impulse rückzubinden an ihre jeweiligen Rahmenbedingungen, die Optionen eröffneten, vielleicht aber auch erschwerten oder gar vereitelten.

Bildungs- und Karrierewege

Während Israel Marcus, Sohn einer jüdischen Hoffaktorenfamilie in Arolsen, nach seinem Besuch des Gymnasiums in Korbach seine Ausbildung am Collegium illustre Carolinum in Kassel im Jahre 1771 aufnahm, hatte sich der zwei Jahre jüngere, einer protestantischen Ärztefamilie entstammende Faust bereits 1770 dort eingefunden.[2] Hier wurde für angehende Ärzte und Chirurgen ein auf vier Semester angelegter Lehrplan angeboten, der auf ein späteres Universitätsstudium vorbereitete.[3] Beide nahmen ihr Medizinstudium in Göttingen auf, Marcus zum Wintersemester 1772[4], und er sollte es unter Johann Gottfried Baldinger im Juli 1775 mit der Verteidigung seiner Dissertation „De diabete" beenden.[5] Faust immatrikulierte sich zum Sommersemester 1774[6], schloss sein Studium aber im Juli

---

2 Ich danke Herrn Eberhard MEY für den Hinweis, dass bereits unter der Zahl der Studenten, die dem Landgrafen Friedrich II. 1770 zu dessen 50. Geburtstag mit einem Gedicht gratulierten, jemand als der Arzneikunde Beflissener namens Faust aufgeführt ist; vgl. Universitätsbibliothek, Landesbibliothek und Murhardsche Bibliothek Kassel, 2° Ms. Hass. 549, Bl. 22. In dem Verzeichnis der Immatriculirten Studiosi Medicinae et Chirurgiae ist notiert, dass Fausts Immatrikulation für das Fach Medizin 1771 erfolgte – mit dem Bemerken, er sei fleißig und sein Talent und seine Sitten seien „nicht übell"; vgl. Hessisches Staatsarchiv Marburg [im Folgenden HStAM], Best. 5, Nr. 15443, Bl. 73; auch für den Hinweis auf diese Quelle bedanke ich mich sehr herzlich bei Eberhard MEY.
3 AUMÜLLER, Gerhard; SCHINDLER, Christoph: *A.F. Marcus & J.L. Schönlein. 100 Jahre Bamberger Medizingeschichte* (kleine bayerische biografien), Regensburg 2016, S. 25; ausführlich vgl. den Beitrag von Eberhard MEY in diesem Band.
4 Die Immatrikulation erfolgte am 30.10.1772; vgl. HÄBERLEIN, Mark; SCHMÖLZ-HÄBERLEIN, Michaela: *Adalbert Friedrich Marcus (1753-1816). Ein Bamberger Arzt zwischen aufgeklärten Reformen und romantischer Medizin* (Stadt und Region in der Vormoderne, Bd. 5), Würzburg 2016, S. 50.
5 HÄBERLEIN / SCHMÖLZ-HÄBERLEIN, Marcus (wie Anm. 4), S. 59.
6 Seine Einschreibung für das Medizinstudium erfolgte am 23. April 1774; vgl. SAHMLAND, Irmtraut: *Bernhard Christoph Faust (1755-1842). Der Katalog zur Ausstellung anlässlich seines 150. Todesjahres*, Bückeburg 1992.

1777 mit der Promotion an der hessischen Landesuniversität in Rinteln ab,[7] wo die Prüfungsgebühren geringer waren als in Göttingen und Faust sich zugleich die Voraussetzungen schaffte, als Landeskind in Hessen leichter approbiert zu werden; außerdem setzte er damit eine Familientradition fort, denn auch sein Vater wie sein Großvater waren in Rinteln zum Doctor medicinae promoviert worden. Bereits in Kassel, spätestens jedoch in Göttingen hätten sich ihre Wege kreuzen können oder müssen: Heinrich August Wrisberg, Professor für Anatomie und Geburtshilfe, und August Gottlieb Richter, Professor der Medizin mit spezieller Ausrichtung auf die Chirurgie und Augenheilkunde, waren bedeutende Lehrer der Medizinischen Fakultät, bei denen sie gehört haben.[8] Es gibt einen interessanten Hinweis, der die Wahrscheinlichkeit ihres persönlichen Kontaktes erhärten könnte: Im Vorbericht zur deutschen Ausgabe seiner Dissertation führt Faust aus:

> *Ein Bekannter von mir, von Geburt ein Jude, der in Göttingen die Arzneikunst studirte, und mit dem ich mich oft über Werlhof unterhielt, wobey oft eine Thräne in meinem Auge glänzte, erzählte mir, daß, als Werlhof auf dem Todtenbette gelegen, die Juden in Hannover aus innerem Antrieb zu Gott um die Erhaltung ihres Werlhofs in ihrer Synagoge gebätet hätten – ich hätte mit bäten mögen! – [...].*[9]

---

7   Der Titel seiner Dissertation war *Descriptio anatomica duorum ritulorum bicipitum et coniecturae de causis monstrorum*, Rinteln 1777. Sie erschien später in deutscher Übersetzung: FAUST, Bernhard Christoph: *Anatomische Beschreibung zweier Misgeburten nebst einer Untersuchung der wahrscheinlichen Entstehung der Misgeburten überhaupt*, Gotha 1780.

8   Diese nennt Faust später ausdrücklich, außerdem Abraham Gotthelf Kästner, Professor für Mathematik und Physik; vgl. SAHMLAND, Faust-Katalog (wie Anm. 6), S. 9. Marcus verweist auf seinen Lehrer und Doktorvater Ernst Gottfried Baldinger, der seit 1768 in Göttingen als ordentlicher Professor wirkte; vgl. HÄBERLEIN / SCHMÖLZ-HÄBERLEIN, Marcus (wie Anm. 4), S. 52.

9   FAUST, Anatomische Beschreibung (wie Anm. 7), S. 8. Paul Gottlieb Werlhof (1699–1767) war ein hoch angesehener und anerkannter hannoverischer Arzt und Leibarzt, auch Poet, dessen Nachfolge Johann Georg Zimmermann antrat; vgl. BENZENHÖFER, Udo: *Der hannoversche Hof- und Leibarzt Paul Gottlieb Werlhof (1699–1767)*, Aachen, Mainz 1992. Faust hatte in seiner Rintelner Dissertation als Zeichen seiner Verehrung gegen diesen Mediziner auf die Geschichte hingewiesen, musste bei der Einrichtung seiner deutschen Fassung aber feststellen, dass sie bereits von anderer Seite öffentlich bekannt gemacht worden war (vgl. WICHMANN, Johann Ernst: *Paul Gottlieb Werlhof, Opera medica*, 1. T., Hannover 1775, darin S. I-XVII: Memoria Werlhofii. S. XVII: „Nec obscurum videbitur, quanti sanitatem Werlhofii aestimaverunt cives, quum & Judaei more insolito, durante ipsius morbo, publice in templo pro recuperanda illa preces funderent"). An der Göttinger Universität konnten Juden Medizin studieren; viele konvertierten, um ihre Berufsaussichten zu verbessern; über die Anzahl etc.

Während Marcus im Herbst 1775 nach Arolsen zurückkehrte, wo es für ihn kaum Aussichten auf eine medizinische Praxis gab, und ein Jahr später an das Juliusspital nach Würzburg ging, um sich dort weiterzubilden, kehrte Faust zunächst nach Kassel zurück, um sich speziell bei Georg Wilhelm Stein d. Ä. (1737–1803) im dortigen Acchouchierhaus im Fach Geburtshilfe weiter fortbilden zu lassen. Dann folgten acht Jahre ärztliche Praxis in seiner Heimatstadt Rotenburg und 1786 die erfolgreiche Bewerbung um das Physikat Vacha mit angrenzenden Ämtern. Spätestens hier wurden Verbindungen zum Hof von Hessen-Philippsthal geknüpft, einer Seitenlinie der Landgrafen von Hessen-Kassel. Es kann vermutet werden, dass Faust möglicherweise auch als Leibarzt konsultiert wurde und am elterlichen Hof der vor kurzem verwitweten Fürstin Juliane von Schaumburg-Lippe (1761–1799) präsent war. Sie bot ihm die Stelle eines Hofrats und Leibarztes in Bückeburg an, und so siedelte er zu Ende des Jahres 1788 dorthin um.[10] Marcus hatte seinerseits nach erlangter Praxiserlaubnis in Bamberg 1777 und seiner Konvertierung zum Katholizismus 1781 die Position eines Leibarztes des Fürstbischofs von Erthal erlangt.

Beide hatten also, leicht phasenversetzt, denselben Weg über Kassel und die an modernen Ausbildungsstandards orientierte neue Universität in Göttingen genommen, hatten Erfahrungen in der ärztlichen Praxis gesammelt und waren schließlich als Hof- und Leibärzte jeweils an kleineren Fürstenhöfen angekommen und damit in die unmittelbare Nähe dieser Machtzentren, selbst wenn sie im Flickenteppich des Heiligen römischen Reiches Deutscher Nation politisch keine sehr bedeutende Rolle spielten. Weitere Parallelen ließen sich aufzeigen. So waren beide nicht allein für die Gesundheit der Fürstenfamilie zuständig; vielmehr wurden im Krankheitsfall sehr oft mehrere Ärzte herangezogen – und dabei folgte man wohl einer allgemeinen Regel, sich bei gravierenderen gesundheitlichen Problemen nicht auf eine einzelne medizinische Expertise zu verlassen,

---

vgl. HÄBERLEIN / SCHMÖLZ-HÄBERLEIN, Marcus (wie Anm. 4). S. 55–56; vgl. insbesondere auch den Beitrag von Marian FÜSSEL in diesem Band. Möglicherweise lässt sich anhand der Göttinger Matrikel noch erhärten, dass Faust hier tatsächlich Marcus meint, den er als Bekannten nennt.

10 SAHMLAND, Faust-Katalog (wie Anm. 6), S. 13. Zumindest inoffizielle Verbindungen müssen schon einige Zeit früher bestanden haben. Als Juliane ihren Sohn Georg Wilhelm im Herbst 1787 nach Lausanne in die Obhut Simon-André Denis Tissots gab, sei er dort von seinem Hofmeister Karl Friedrich Niehausen „streng nach den Anweisungen Fausts" geführt worden, so MEYER, Stefan: *Georg Wilhelm Fürst zu Schaumburg-Lippe (1784–1860). Absolutistischer Monarch und Großunternehmer an der Schwelle zum Industriezeitalter*, Diss. Hannover 2005, S. 37–38.

sondern ein Ärztekonsilium zu bemühen. Beide führten neben diesen Aufgaben eine private Praxis, Marcus offenbar sehr extensiv, Faust allem Anschein nach eher reduziert. Die Funktion als Leibarzt hatte jedoch uneingeschränkten Vorrang, so dass Marcus seinen Patienten entzogen wurde, wenn er von Erthal auf dessen Reisen begleiten musste. Obgleich Faust offenbar nicht verpflichtet war, Mitgliedern der Fürstenfamilie auch bei auswärtigen Aufenthalten zur Verfügung zu stehen, lässt sich doch auch hier erkennen, dass er sich insbesondere mit Bedacht auf das Wohl der Fürstenfamilie bezüglich der Behandlung anderer Kranker gegebenenfalls betont zurückhaltend verhielt. Dies galt vor allem, wenn medizinische Hilfe bei unklaren, womöglich ansteckenden Krankheiten geleistet werden musste; hier hatte der Schutz der Fürstenfamilie oberste Priorität.[11] Schließlich waren beide qua Amtes mit Fragen des Gesundheitswesens befasst: Marcus wurde 1790 zum Referendar des Sanitätswesens ernannt, während Faust Mitglied des Collegium medicum war und in dieser Eigenschaft Prüfungsaufgaben im Rahmen der Approbation von Ärzten wahrzunehmen hatte, aber auch geeignete Maßnahmen zur Förderung der öffentlichen Gesundheit vorschlagen und anregen sollte.[12]

Und es gab – neben anderen – einige markante Unterschiede zwischen beiden. Wie viele seiner jüdischen Zeitgenossen konvertierte Marcus, um seine Karriereperspektiven in Bamberg zu nutzen und die Position eines Leibarztes bekleiden zu können. Der Übertritt zum Katholizismus machte seine jüdische Herkunft nicht vergessen, wie sich in verschiedenen Situationen deutlich zeigte, doch scheint sein Verhältnis zur jeweiligen Religionsgemeinschaft ein aufgeklärt-offenes, pragmatisches gewesen zu sein, das in seinem Alltag keine prägende Bedeutung hatte. Er war in ein weitgespanntes familiäres Netzwerk eingebunden, und er verfolgte auch privat ambitionierte merkantil-ökonomische Projekte. Über die Medizin hinaus engagierte sich Marcus in Kunst und Kultur und pflegte Kontakte zu bedeutenden Persönlichkeiten wie E.T.A. Hoffmann oder Friedrich Schelling. Faust dagegen, zeitlebens ein Junggeselle, lebte in einem Ein-Personen-haushalt im Kavaliershaus des Schlossgartens in Bückeburg eher zurückgezogen

---

11 Vgl. SAHMLAND, Faust-Katalog (wie Anm. 6), S. 17; S. 24. Um bei aktuellen Erkrankungen in Bückeburg einer Ansteckung vorzubeugen, wurden Familienmitglieder nach Schloss Hagenburg am Steinhuder Meer gebracht; vgl. MEYER: Georg Wilhelm Fürst zu Schaumburg-Lippe (wie Anm. 10), S. 34.

12 SAHMLAND, Faust-Katalog (wie Anm. 6), S. 18–19; entsprechende Berichte und Gutachten finden sich im Niedersächsischen Staatsarchiv Bückeburg [im Folgenden NStA-Bü], L 3 Nr. 11; Nr. 14 c; Nr. 30; Nr. 32 a und b.

und bescheiden.[13] Er stand in guten Beziehungen zu den bürgerlichen und intellektuellen Kreisen der Stadt und deren näherer Umgebung, allerdings waren die gesellschaftlichen und kulturellen Gegebenheiten hier doch vergleichsweise eingeschränkt. Immerhin hatte Fürstin Juliane in einem großen Saal des Schlosses „ein kleines niedliches Theater" einrichten lassen, wo 1796 etwa eine Buffooper und mehrere französische Schauspiele aufgeführt wurden.[14]

Beide Ärzte unterschieden sich nicht zuletzt hinsichtlich ihrer Einstellung zu zeitgenössisch-neuen medizintheoretischen Konzepten sehr deutlich voneinander. Marcus nahm hier sehr intensiven Anteil. Zunächst unterstützte er die Erregungstheorie des Brownianismus, die in Deutschland weithin großen Anklang fand, später favorisierte er die naturphilosophische Theorie Schellings und vertrat damit die sogenannte romantische Medizin. Er zeigte sich jeweils als deren euphorischer Verfechter und verband mit diesen Theorien jeweils weitreichende Erwartungen, die Medizin und die therapeutischen Möglichkeiten entscheidend voranzubringen. Seine mehrfach sehr exponierte Positionierung und ihre damit verbundene mangelnde Stringenz brachten ihm wiederholt sehr polemische Kritik ein.[15] Faust markiert hierzu eine deutliche Antithese: Medizintheoretischen Auseinandersetzungen gegenüber war er geradezu abstinent. Er soll gesagt haben, alles, was die Medizin tatsächlich wisse, könne er auf seinen Daumennagel schreiben.[16] Auch habe er oft Baco von Verulam zitiert: „Certum

---

13 Bereits in einem Faltblatt „An die Landleute", das er 1785 bei Eröffnung seiner Praxis in Altmorschen an die Bevölkerung verteilen ließ, ermunterte er dazu, sich nicht von Kostenerwägungen abhalten zu lassen, sondern nicht zu zögern, ihn im Krankheitsfall zu konsultieren, denn: „Ich habe zwar selbst wenig; da ich meinen Haushalt aber so einrichten werde, daß ich auch wenig und nicht den Schweiß eurer Arbeit bedarf; und da ich folglich für ein Geringes euch Rath und Arzneyen ertheilen kann und werde: so hoffe ich, liebe Mitmenschen! daß mein Wunsch, euch zu nützen, wird erfüllt werden"; FAUST, Bernhard Christoph: Liebe Landleute! Alt-Morschen, 26. November 1785 [8 S.]; Exemplar NStABü, Depositur 11, V, Nr. 21, Satz-Nr. 74472.

14 Vgl. GRAEWE, Richard: *Carl Gottlieb Horstig, 1763–1835. Das Lebensbild eines vielseitigen Genies aus Goethes Freundeskreis. Ein Beitrag zur Goethe-Forschung mit zahlreichen Bild- und Dokumentationsbeilagen*, Hildesheim 1974, S. 39. Zu weiteren kulturellen Ereignissen gehörte etwa die Aufführung von Joseph Hayns „Vier Jahreszeiten" in der Hauptkirche in Bückeburg 1802 als Beitrag zu den Kosten der Reparatur der dortigen Orgel; vgl. ebd., S. 57.

15 HÄBERLEIN / SCHMÖLZ-HÄBERLEIN, Marcus (wie Anm. 4), S. 181ff.; S. 230ff.; AUMÜLLER / SCHINDLER, Marcus und Schönlein (wie Anm. 3), S. 72ff.

16 VON STRAUSS UND TORNEY, Lulu: *Vom Biedermeier zur Bismarckzeit. Aus dem Leben eines Neunzigjährigen*, Jena 1933, S. 101.

est medicos in omni re excellere praeter in medicina" [Es ist sicher, dass sich die Ärzte in jeder Angelegenheit hervortun können, außer in der Medizin].[17] Eine solche skeptische Grundeinstellung gegenüber den therapeutischen Möglichkeiten ärztlichen Bemühens mag seinen konstant verfolgten Einsatz in Bereichen der Primärprävention begründen; zugleich vermittelt Faust, dessen Lebenszeit bis in die Mitte des 19. Jahrhunderts reichte, mit dieser Haltung zuweilen den Eindruck eines statischen Beharrens, das auf eine erwartungsvolle Teilnahme an aktuellen Entwicklungen in der Medizin verzichtete.

Diese skizzenhafte vergleichende Orientierung über beide Ärzte lässt frappierende Parallelen in ihrem Ausbildungs- und Entwicklungsgang ebenso wie eine grundverschiedene Disposition bezüglich der Interaktion mit neuen Medizinkonzepten erkennen. Auf dieser Basis sollen nun die sozialmedizinischen Impulse vorgestellt werden, die von beiden ausgegangen sind und mit denen sie auf eine Verbesserung der öffentlichen Gesundheit zielten.

Sozialmedizinische Impulse

In dem Maße, wie im ausgehenden 18. Jahrhundert das staatliche Interesse auf den quantitativen Zuwachs der Bevölkerung gerichtet war, die dem Gemeinwohl qualitativ nützlich, d.h. in vielfältiger Hinsicht Mehrwert schaffend sein sollte, rückte die öffentliche Gesundheit zunehmend in den Fokus. Um ein nützliches Glied der Gesellschaft sein zu können, musste der Untertan gesund erhalten bzw. im Krankheitsfall möglichst wiederhergestellt werden. In der theoretischen Konzeption und Beratung wie in der praktischen Umsetzung boten sich die akademischen Mediziner als die Experten an. So ergab sich für diese Zielsetzung gewissermaßen eine natürliche Koalition zwischen beiden Ebenen, in der die Ärzteschaft durchaus auch ihre standespolitischen Interessen, eine beherrschende Position auf dem Gesundheitsmarkt und die unangefochtene Definitionsmacht zu erlangen, verfolgen konnte.[18] Sich im engen Umfeld machtpolitischer Entscheidungskompetenz zu bewegen, musste für ambitionierte Medizinalreformer sehr attraktiv

---

17 *Nachruhm des Verdienstes*, in: Allgemeiner Reichsanzeiger und Nationalzeitung der Deutschen, Nr. 68, 10. März 1842, Sp. 885–888; hier Sp. 886, Anm.
18 Das betrifft insbesondere die Kontrolle und Zurückdrängung der unqualifizierten und nicht autorisierten Heiler (Pfuscher), derer sich die breite Bevölkerung jedoch vorzugsweise bediente; SAHMLAND, Irmtraut: *Die Medizinalordnung von 1778 und die medizinische Versorgung im Marburger Raum*, in: DIES.; GRUNDMANN, Kornelia (Hgg.): Perspektiven der Medizingeschichte Marburgs. Neue Studien und Kontexte (Quellen

sein. Hier mochten sich die klarsten Chancen ergeben, tatsächlich effizient wirken zu können, in Abwägung der Gegebenheiten Konzepte angemessen zu gestalten und die Idee zur Ausführung bringen zu können.

1. Adalbert Friedrich Marcus

Anhand der Publikationen von Marcus ist jeweils nicht einzuschätzen, welchen Anteil er tatsächlich selbst als medizinischer Experte an den Reformplänen hatte. In seiner ersten Schaffensperiode der Regierungszeit von Erthals befleißigte sich Marcus, immer wieder die Verdienste des Fürstbischofs zu betonen, hinter denen sein möglicher eigener Anteil völlig zurücktrat.[19] Dieses Verhalten muss jedoch wohl als opportun und gleichermaßen als diplomatische Strategie des Understatements gewertet werden, so dass davon auszugehen ist, dass er als Leibarzt, der teilweise auch über längere Zeitphasen anhaltend mit seinem latent kränklichen

---

und Forschungen zur hessischen Geschichte, Bd. 162), Marburg 2011, S. 59–85; hier S. 59–61.

19 Auch die neu vorgelegte Studie von Mark Häberlein und Michaela Schmölz-Häberlein (wie Anm. 4), in der das archivalische Material intensiv ausgewertet wird, schafft hierzu keine Klarheit. Norbert Paul gibt an, viele der ärztlichen Abhandlungen seien im Regierungsauftrag, quasi als Fachgutachten, erstellt worden, und bezieht auch Marcus' Abhandlung *Von den Vortheilen der Krankenhäuser für den Staat*, Bamberg 1790 mit ein; vgl. PAUL, Norbert: „*Zum Zwecke der Verpflegung dürftiger Kranker, Erziehung geschickter Ärzte und Beförderung und Erweiterung der Heilwissenschaft.*" *Arztinitiativen bei der Gestaltung des Krankenhauses in der Zeit des Aufgeklärten Absolutismus*, in: LABISCH, Alfons; SPREE, Reinhard (Hgg.): „Einem jeden Kranken in einem Hospitale sein eigenes Bett". Zur Sozialgeschichte des Allgemeinen Krankenhauses in Deutschland im 19. Jahrhundert, Frankfurt/M., New York 1996, S. 91–122; hier S. 100; Brinkschulte bezeichnet Marcus als „Planer" des Krankenhauses; vgl. BRINKSCHULTE, Eva: *Die Institutionalisierung des modernen Krankenhauses im Rahmen aufgeklärter Sozialpolitik. Die Beispiele Würzburg und Bamberg*, in: LABISCH / SPREE (Hgg.), Einem jeden Kranken, ebd., S. 187–207; S. 196; Mettenleiter setzt ausdrücklich ein Fragezeichen, ob der Fürstbischof das Bamberger Krankenhaus 1789 auf Betreiben Marcus' habe errichten lassen; vgl. METTENLEITER, Andreas: *Der Bamberger Lebemann und seine Kinder. Adalbert Friedrich Marcus' uneheliche Nachkommen*, in: DERS.: „Von Pfründnern, Kranken und Studenten". Unterhaltsames und Kurioses aus der Geschichte des Würzburger Juliusspitals, Bd. II: Vom Ende der fürstbischöflichen Zeit zum Biedermeier, Pfaffenhofen/Ilm 2012, S. 40–41; hier S. 40. Tatsächlich spiegelt Marcus' Vorrede, in der er auch den Fürstbischof zitiert, genau dieses Spannungsverhältnis zwischen angemessener Würdigung und Selbstverleugnung; es erscheint geradezu als ein gesellschaftlich eingeübtes Spiel.

Patienten in unmittelbarem Kontakt war,[20] im engen inhaltlichen Austausch stand und seine Vorstellungen platzieren konnte.

Abb. 1: Adalbert Friedrich Marcus

Titelkupfer aus: Speyer, [Carl Friedrich], Marc, [Carl Moritz]: Dr. A. F. Marcus nach seinem Leben und Wirken geschildert von seinen Neffen Dr. Speyer und Dr. Marc, Bamberg, Leipzig 1817

---

20 Über das Ausmaß der Beanspruchung als Leibarzt äußerte sich Marcus selbst dahingehend, er könne seinen Patienten kaum einmal verlassen und sehe seine Familie „oft ganze Wochen" nicht; zitiert nach HÄBERLEIN / SCHMÖLZ-HÄBERLEIN, Marcus (wie Anm. 4), S. 156–157. Zugleich wurde er dadurch auch von der Verfolgung anderweitiger Pläne, etwa dem Abschluss eines Salinengeschäftes, abgehalten; ebd., S. 147–149.

Abb. 2: *Titelblatt der Schrift von A.F. Markus [Marcus]: Von den Vortheilen der Krankenhäuser für den Staat, Bamberg, Würzburg 1790*

Von herausragender Bedeutung war das in Bamberg neu erbaute Allgemeine Krankenhaus, das auch als die zentrale Leistung Marcus' und Grundlage seines Wirkens zu sehen ist. Während das Juliusspital in Würzburg umfangreiche Umbauten erfuhr, reichen die ersten Pläne für ein weiteres Krankenhaus in Bamberg bis in das Jahr 1781 zurück. Hier wurde ein geeignetes Gelände (der Stadionsche Garten)[21] angekauft und unter Einbezug zweier dort bestehender Gartenpavillons ein dreigeschossiger Dreiflügelbau errichtet. Mit einer Kapazität von 120 Betten konnte

---

21 Vgl. dazu ebd., S. 85 ff.

es 1789 unter dem leitenden Direktor Adalbert Friedrich Marcus seinen Betrieb aufnehmen. Der Innenausbau folgte modernen Hygienestandards hinsichtlich der Größe der Krankensäle und der Anordnung der Krankenbetten, der Frischluftzufuhr und Ableitung verbrauchter Zimmerluft durch ein in die Wände eingebautes Zirkulationssystem; bemerkenswert sind auch die die Kranken möglichst wenig beeinträchtigenden Abortanlagen. Konzeptionell hat Marcus hier ganz wesentlich seine Vorstellungen einbringen können, die sich nicht baulichen Gegebenheiten anpassen oder verwaltungstechnischen Erwägungen unterordnen mussten, sondern sich an medizinischen Gesichtspunkten und Erfordernissen orientieren konnten.[22] Das bedeutete eine weitgehende Binnendifferenzierung nach Krankheitsgruppen.[23] Neben der Trennung nach Geschlechtern erfolgte eine Unterscheidung nach chirurgischen Patienten und solchen mit inneren sowie mit ansteckenden Erkrankungen; differenziert wurde auch zwischen kranken und rekonvaleszenten Patienten. Dem individuellen Bedarf entsprechend wurden vier verschiedene Kostarten vorgehalten. Das Krankenhauspersonal bestand aus zwei Ärzten, zwei Chirurgen und Wartpersonal in Form weiblicher Pflegekräfte, die in den Krankensälen stets präsent sein sollten; sie wiederum wurden von dem ebenfalls im Krankenhaus wohnenden zweiten Chirurgen beaufsichtigt und kontrolliert.[24]

Ohne hier näher auf die Details einzugehen,[25] ist festzustellen, dass in Bamberg mit dem Allgemeinen Krankenhaus ein Meilenstein in der Entwicklung stationärer Versorgung erreicht wurde. Den Hospitälern in ihrer traditionellen Auslegung der Versorgung und Fürsorge wurde sowohl bezüglich der Angebotsstandards wie auch hinsichtlich der verfolgten Intentionen ein typologisch neues Programm gegenübergestellt: Der ausdrückliche Auftrag war die Heilung behandelbarer Erkrankungen und damit der Beginn einer stationären kurativen Medizin.[26] Da erschien es allerdings geradezu konsequent, dass Personen mit bestimmten

---

22 Vgl. MARKUS, Adalbert Friedrich: *Von den Vortheilen der Krankenhäuser für den Staat*, Bamberg, Würzburg 1790, S. 94–110: Beilage XI: Einrichtung des allgemeinen Krankenhauses. Hier gibt Marcus an: „Über die Abtheilung der Krankensäle und andere dem Arzte näher angehende Gegenstände benahmen sich die Baumeister mit den Kunstverständigen"; S. 97.
23 MARCUS, Adalbert Friedrich: *Entwurf zur Einrichtung des neuerbauten Krankenhauses* vom 30.5.1789 (ungedruckt); HÄBERLEIN / SCHMÖLZ-HÄBERLEIN, Marcus (wie Anm. 4), S. 89/90.
24 Nähere Ausführungen siehe MARCUS, von den Vortheilen (wie Anm. 22), Beilage XI.
25 Verwiesen sei auf die sehr dichte Studie von HÄBERLEIN / SCHMÖLZ-HÄBERLEIN, Marcus (wie Anm. 4), insbes. das 3. Kap., S. 71 ff.
26 Ein Vorläufer in Bamberg war ein „Curhaus", das für höchstens acht Kranke ausgelegt war und von den Gegebenheiten eher einem Gefängnis als einem Ort glich, an dem

"unheilbaren" und langwierigen Krankheiten wie Epilepsie, Wahnsinn und Krebs keine Aufnahme fanden.[27] Hier bestanden Pläne, einerseits eine Irrenanstalt, andererseits eine unweit dem Allgemeinen Krankenhaus anzusiedelnde Anstalt für unheilbare Kranke einzurichten; beide Vorhaben konnten in späteren Jahren realisiert werden. Die Implikationen des Allgemeinen Krankenhauses waren mehrschichtig und in ihrer Wertigkeit waren sie gleichrangig:

1. Das Angebot galt nicht etwa den bürgerlichen Patienten, die nach wie vor eher die Distanz zu diesen Einrichtungen wahrten und sich in ihren Wohnungen medizinisch betreuen und pflegen ließen, sondern armen, mittellosen Kranken, die dort unentgeltlich therapiert wurden. Eine Zugangsvoraussetzung war der Nachweis ihrer Bedürftigkeit durch ein Zeugnis der Armenkommission sowie die medizinische Begutachtung ihrer Erkrankung.[28] Das am Eingang in goldenen Lettern formulierte Motto: „Krankenspital der Nächstenliebe gewidmet im Jahre 1787" macht deutlich, dass hier an das traditionelle Konzept der Fürsorge Bedürftiger angeknüpft, dieses aber mit neuen Inhalten versehen wurde.[29] Gegenüber einer zugesicherten, ebenfalls kostenlosen Behandlungsmöglichkeit innerhalb des privaten Umfeldes bot die stationäre Aufnahme vielfach eine deutlich günstigere Heilungsprognose. In den „Hütten des Volks" herrschte vielfältiger Mangel und Elend, wie sowohl Marcus als auch Faust die Lebensverhältnisse der unteren Bevölkerungsgruppen charakterisierten, die es nicht erlaubten, den erforderlichen Therapieplan umzusetzen.[30] Zu den armen Kranken zählten auch die labouring poor, die als Gesellen und Dienstboten im

---

man die Gesundheit wiedererlangen konnte; so die Angabe bei MARCUS, Von den Vortheilen (wie Anm. 22), Beilage XI, S. 94.
27 Vgl. ebd., Beilage XI. Ähnlich war die Regelung bei der Kasseler Charité: Auch hier konnten als unheilbar eingestufte Fälle laut Statuten nicht aufgenommen werden; sie wurden offenbar nur ausnahmsweise akzeptiert, sofern freie Kapazitäten bestanden; vgl. Archiv des Landeswohlfahrtsverbandes Hessen, Best. 13, Rezeptionsreskript vom 02.07.1790.
28 Vgl. BRINKSCHULTE, Institutionalisierung (wie Anm. 19), S. 197. In sogenannten Konskriptionslisten war die Zahl der Anspruchsberechtigten erfasst worden; sie belief sich auf 3000; vgl. MARCUS, Von den Vortheilen (wie Anm. 22), Beilage XI, S. 108.
29 Vgl. auch PAUL, Arztinitiativen (wie Anm. 19), S. 102.
30 Diese Einschätzung findet sich immer wieder auch in den ärztlichen Gutachten, die im Zuge eines Aufnahmeverfahrens in eines der hessischen Hohen Hospitäler generiert wurden; vgl. SAHMLAND, Irmtraut: *„Welches ich hiermit auf begehren Pflichtmäßig attestiren sollen" – Geisteskrankheiten in Physikatsgutachten des 18. Jahrhunderts*, in: Medizin, Gesellschaft und Geschichte (MedGG), Bd. 25 (Berichtsjahr 2006), 2007, S. 9–57; S. 33–34.

unteren Lohnsegment ihr Auskommen fanden, alleinstehend und mit großer Fluktuation in fremden Haushalten lebten und im Krankheitsfall von ihren Dienstherren nicht oder höchst ungern versorgt wurden.

2. Die weitere Implikation des Krankenhauses zielte auf den Fortgang der medizinischen Wissenschaft und die praktische Ausbildung von Ärzten und Chirurgen. Hier war ein Binnenraum entstanden, der von medizinischen Experten organisiert und ihrer Deutungsmacht unterworfen wurde. Er ermöglichte es, durch Beobachtung verschiedenster Krankheitsbilder und ihres Verlaufs reichhaltige Erfahrungen zu sammeln, die Wirkung von Therapien zu verfolgen, die Medikation gegebenenfalls zu ändern, wobei sich auch ein Feld für Experimente öffnete, indem zum Beispiel verschiedene Arzneimittelgaben in unterschiedlichen Dosierungen erprobt werden konnten.[31] Sofern eine Krankheit tödlich endete,[32] konnte die Sektion noch postmortal weitere klinische Aufschlüsse liefern.[33] Dieses Arbeitsfeld wurde mit Marcus' Ankündigung klinischer Vorlesungen noch intensiviert und verfeinert. In der Summe bedeutete dies ein attraktives Angebot, das zahlreiche angehende und junge Mediziner zur Fortbildung nach Bamberg zog.

3. Eine dritte mit dem Allgemeinen Krankenhaus verbundene Zielstellung war die Förderung der daraus erwachsenden staatlichen Vorteile. Sicher nicht zufällig wählte Marcus für die Publikation seiner Einweihungsrede den Titel „Von den Vortheilen der Krankenhäuser für den Staat", der möglicherweise auch anderenorts aufhorchen lassen konnte. Armut und Krankheit waren „Feinde, welche auf Kosten des Staates großes Verderben anrichten."[34]

---

31 Das ist gerade ein für Marcus interessanter Aspekt, der im Laufe seiner praktischen Tätigkeit sehr verschiedenen theoretischen Konzepten anhing; vgl. MARCUS, Adalbert Friderich: *Antrittsrede bey Ankündigung der clinischen Vorlesungen*, Bamberg 1793, o.P.

32 Wobei die Sterblichkeit in dem Krankenhaus über mehrere Jahre hin konstant niedrig lag; vgl. MARCUS, Antrittsrede, ebd.; vgl. HÄBERLEIN / SCHMÖLZ-HÄBERLEIN, Marcus (wie Anm. 4), S. 125.

33 Vgl. ebd.; vgl. auch MARCUS, Von den Vortheilen (wie Anm. 22), S 14. Aus dem Kontext der Widerstände gegen die anatomische Sektion, die sich etwa nach Einführung 1786 im Hospital Haina über Jahrzehnte hin und zum Teil organisiert manifestierte, wäre allerdings die Frage nach der Akzeptanz dieses Angebots stationärer Versorgung von Interesse; vgl. dazu auch HÄBERLEIN / SCHMÖLZ-HÄBERLEIN, Marcus (wie Anm. 4), S. 128.

34 MARCUS: Von den Vortheilen (wie Anm. 22), S. 9; vgl. VANJA, Christina: *Homo miserabilis. Das Problem des Arbeitsplatzverlustes in der armen Bevölkerung der Frühen Neuzeit*, in: MÜNCH, Paul (Hg.): „Erfahrung" als Kategorie der Frühneuzeitgeschichte (Historische Zeitschrift, Beiheft 31), München 2001, S. 193–207.

In prekären Verhältnissen bedeutete Krankheit bei fehlenden Rücklagen und Arbeitsausfällen, aber gleichzeitigen zusätzlichen Aufwendungen für medizinische Hilfe staatliche Unterstützungsbedürftigkeit. Unterblieb die medizinische Hilfe, ergab sich womöglich eine dauerhafte Belastung durch anhaltende Arbeitsunfähigkeit oder bei Tod die Notwendigkeit von Fürsorgeleistungen für hinterbliebene Familienmitglieder. Bei den labouring poor hatte Krankheit sehr schnell prekäre Verhältnisse zur Folge. Durch die Bereitstellung bestmöglicher medizinischer Hilfe im Krankenhaus und unterstützt durch die dort zu garantierenden optimalen Bedingungen sollten krankheitsbedingte Ausfallzeiten minimiert, die Patienten möglichst rasch in den Arbeitsprozess zurückgeführt werden und als weiterhin nützliche Glieder der Gesellschaft wirken.[35] Diesem Ziel diente auch – und das betont Marcus ausdrücklich – das Krankenhaus als Aus- und Fortbildungsstätte für Mediziner, um sie für ihre Praxis mit der bestmöglichen Expertise auszustatten.

Wenn Fürstbischof von Erthal als der „Vater der Armen"[36] das Allgemeine Krankenhaus zu einem der schönsten Häuser im Hochstift machte,[37] verband sich hier also sehr sinnfällig traditionelle Fürsorgepolitik mit einem neuen und fortschrittlichen Konzept, das nun Gewinn und ökonomische Prosperität versprach.

Das Kernproblem all' dieser auf das Wohl der Volksgesundheit abzielenden Reformen aufgeklärter Landesväter war deren Finanzierbarkeit. Diese Grundproblematik zieht sich durch alle Bereiche medizinalpolizeilicher Strukturmaßnahmen. In Bamberg herrschten komfortable Voraussetzungen einerseits in Form der zahlreichen Stiftungen, auf die zumindest teilweise zurückgegriffen werden konnte, ohne den Stiftungszweck zu missachten. Insbesondere war es aber der Fürstbischof selbst, der aus seiner eigenen Schatulle anhaltend hohe Summen bereitstellte, und andere Mitglieder der Familie von Erthal engagierten sich hier entsprechend. Milde und Wohltätigkeit seien „Haustugenden im großen Erthalischen Stamme", so Marcus[38], und hierzu gab es wahrscheinlich eine besondere Selbstverpflichtung, die aus einer testamentarischen Verfügung des 1760 verstorbenen Christian Ludwig von Erthal, eines Onkels des derzeitigen Fürstbischofs, resultierte.[39]

---

35 Marcus, Von den Vortheilen (wie Anm. 22), S. 8/9.
36 Ebd., S. 34. Vgl. auch die 1. Beilage, das unmittelbar nach Regierungsantritt erlassene Reskript zur Armutsbekämpfung, ebd., S. 17–34.
37 Marcus, Von den Vortheilen (wie Anm. 22), Beilage XI, S. 97.
38 Marcus: Antrittsrede (wie Anm. 31), o.P.
39 Beilage XIII über die Erthalische Stiftung endet mit einem längeren Zitat aus dieser letztwilligen Verfügung, die abschließt: „[…] gleichwie ich dieses aus Liebe zu Gott

Darüber hinaus war allerdings ein ganz wesentliches innovatives Strukturelement zur Unterhaltung der laufenden Kosten des Krankenhauses das sogenannte Geselleninstitut, das wiederum durch eine bedeutende Anschubfinanzierung seitens des Fürstbischofs aufgelegt wurde. Hierbei handelte es sich um ein frühes Krankenversicherungsmodell. Die Handwerksgesellen zahlten bei Aufnahme einen einmaligen Beitrag von drei Kreuzern. Voraussetzung war, dass sie zu diesem Zeitpunkt gesund waren, um zu verhindern, dass das System ausgenutzt werden konnte. Anschließend wurde ein wöchentlicher Beitrag von einem Kreuzer verlangt. Im Krankheitsfall war damit der Anspruch auf unentgeltliche und umfängliche ärztliche Behandlung im Krankenhaus zugesichert. Im Unterschied zu den armen Kranken bildete diese Gruppe die der zahlenden Patienten. Das System funktionierte offenbar und erfuhr großen Zuspruch. So erfolgte die Ergänzung um eine ähnliche Versicherung für die Dienstboten. Insgesamt richtete sich das Angebot einer Absicherung im Krankheitsfall an etwa 8000 Personen.

Mit diesen kalkulierbaren stetigen Einnahmen konnte die stationäre kurative Medizin in Bamberg zu einem guten Teil gewährleistet werden. Dass das Geschäftsmodell gleichwohl in finanzielle Schieflage zu kommen drohte, zeigte sich in der Nachfolge von Erthals, als von Christoph Franz von Buseck sich gänzlich aus diesen sozialfürsorgerischen Verpflichtungen zurückzog. Bis dahin unerledigte Reformelemente blieben liegen. Mit dem Reichsdeputationshauptschluss erfolgte im Zuge der Mediatisierung einerseits der Anschluss an das Kurfürstentum Bayern, das seinerseits kurz darauf in ein Königreich Bayern überführt wurde, andererseits setzte die Säkularisierung kirchlicher Vermögen und Liegenschaften finanzielle Mittel frei, über die der Staat nun verfügen konnte. Hier ergaben sich für Marcus neue Chancen der Realisierung der unerledigten Reformvorhaben (Einrichtung einer Irrenanstalt; Bau einer Anstalt für unheilbare Kranke; Zusammenlegung und Neuausstattung der

---

also verordne zum Besten der Armen, also wird auch der Allmächtige diejenige so mir in meinen Vorhaben zum Besten der Armen einige Verhinderniß oder Aufschub machen sollten, sowohl hier zeitlich als dorten ewiglich nach seiner Gerechtigkeit allschon bestrafen." (MARCUS, Von den Vortheilen (wie Anm. 22), S. 114). – Dieses war offenbar eine wirksame Methode, um das eigene Werk in seinem Bestand auch in der Zukunft abzusichern. Ein ähnliches Beispiel ist das testamentarische Vermächtnis des hessischen Landgrafen Philipp im 16. Jahrhundert: Jeden, der seine Hospitalstiftung antaste, möge Gott mit Armut, Krankheit und Schande strafen; vgl. DEMANDT, Karl E.: *Die Hainaer Hospitalsprüche und der Philippstein (1539.1542)*, in: HEINEMEYER, Walter; PÜNDER, Tilman (Hgg.): 450 Jahre Psychiatrie in Hessen (Veröffentlichungen der Historischen Kommission für Hessen in Verbindung mit dem Landeswohlfahrtsverband Hessen, Bd. 47), Marburg 1983, S. 57–63; S. 58; tatsächlich blieb dessen Stiftungswerk über Jahrhunderte bestehen.

bestehenden traditionellen Hospitäler). Auch seine Zuständigkeit für die Organisation des Gesundheitssystems wurde nochmals aufgewertet: Die Einrichtung eines Collegium medicum, die Etablierung von Medizinalbezirken und deren Besetzung mit Bezirksärzten zeigt, dass es hier noch einen strukturellen Nachholbedarf gab. Allerdings wurde dabei zugleich wegweisend darauf hingewirkt, dass die Ärzte eine fixe Besoldung erhielten. Wiederum griff Marcus die drängenden finanziellen Probleme auf, von deren Lösung der Fortschritt des öffentlichen Gesundheitswesens abhing. So hatte schon Johann Peter Brinckmann in seinen viel beachteten „Patriotischen Vorschlägen zur Verbesserung der Medicinalanstalten hauptsächlich der Wundarznei und Hebammenkunst auf dem Lande" von 1778 angeregt, die finanzielle Absicherung des Heilpersonals mangels anderer realistischer Möglichkeiten durch eine Besteuerung des Landmanns zu erwirken, und er rechnete vor, dass ein Bauer bei einer Abgabe in Höhe von drei Reichstalern binnen zehn Jahren allemal noch einen Vorteil hätte, da in diesem Zeitraum sicher in seinem Hauswesen der ein oder andere Fall eintreten würde, in dem man medizinische Hilfe nötig habe.[40] Ein diesem Konzept entsprechendes Finanzierungsmodell wurde übrigens in der Landgrafschaft Hessen-Kassel in Form des Physikatsgroschens tatsächlich eingeführt.[41]

2. Bernhard Christoph Faust

Die von Bernhard Christoph Faust ausgehenden sozialmedizinischen Impulse greifen in dasselbe Problemfeld der öffentlichen Gesundheit ein, seine Ansätze sind jedoch völlig anders gelagert. Während er im lokalen Rahmen durchaus Initiativen wie die Einrichtung eines ersten Turnplatzes umsetzen konnte oder durch die Traditionsbildung der alljährlichen Feier des Krengelfestes die Akzeptanz der

---

40 Diese sei sonst nur mit weiten Wegen und hohen Kosten verbunden zu bekommen; Arbeitsausfälle bedeuteten wirtschaftliche Einbußen, gegebenenfalls sogar Ernteverluste. Außerdem sei eine solche Versicherung ein Mittel, um die Pfuscher fernzuhalten, an die sich der Landmann gerne wende; vgl. BRINCKMANN, Johann Peter: *Patriotische Vorschläge zur Verbesserung der Medicinalanstalten hauptsächlich der Wundarznei und Hebammenkunst auf dem platten Lande* [1778], mit einer Einführung von Alfons LABISCH, Düsseldorf 1997, S. 30–34.
41 Die hessische Medizinalordnung von 1778 ist wesentlich den Konzepten Christoph Ludwig Hoffmanns (1721–1807) verpflichtet, der, ein Freund Brinckmanns, seit 1773 Direktor des Medizinalkollegiums im Fürstbistum Münster, später auch Badearzt in Hofgeismar war. Der Physikatsgroschen wurde pro Haushalt erhoben, sollte dem zuständigen Physikus ein gewisses Grundgehalt sichern und gewährleisten, dass die Bevölkerung im Bedarfsfall den akademischen Arzt konsultierte, da sie ihn bezahlte, um sie so von den nicht autorisierten Heilern abzuziehen.

Vakzination förderte, liegt der Schwerpunkt seines Wirkens doch eindeutig im Bereich der publizistischen Tätigkeit. Das herausragende Projekt im Ensemble seiner zahlreichen innovativen Ideen und Vorschläge[42] war sein Gesundheitskatechismus, der hier beispielhaft im Fokus des Interesses stehen soll.

Den unmittelbaren Anlass zu diesem eher unscheinbar anmutenden kleinen Werk gab eine Ruhrepidemie im Raum Bückeburg im Herbst 1791, der annähernd 100 Kranke durch Unwissenheit und falsches Verhalten zum Opfer gefallen seien. Vor diesem Hintergrund entstand der Plan, der Bevölkerung in der Region einige hilfreiche Handreichungen zum adäquaten gesundheitsorientierten Verhalten zu vermitteln. Dazu sollte der Umstand genutzt werden, dass der bis dahin gültige Heidelberger Katechismus durch den der Theologie der Aufklärung angemesseneren Hannöverischen Katechismus ersetzt wurde. Indem der Gesundheitskatechismus an den neuen Religionskatechismus angebunden würde, wäre dessen flächendeckende Verbreitung zu gewährleisten.[43] 1792 erschien zunächst ein Entwurf dieses Konzepts auf der Leipziger Buchmesse. Es war ausdrücklich ein Probe- oder Testlauf vorgesehen, um Erfahrungen zu sammeln und im kritischen Diskurs mit dem Fachpublikum das Werk zu verbessern.[44] Bereits dieser Entwurf wurde mehrfach aufgelegt, woran sich das rege Interesse ablesen lässt, auf das er stieß. 1794 kam das Werk schließlich als eigenständige Publikation heraus, und auch auf den regionalen Bezug auf die Grafschaft Schaumburg-Lippe wurde nun verzichtet.

---

42 Vgl. den Überblick bei SAHMLAND, Faust-Katalog (wie Anm. 6).
43 Der handschriftliche Entwurf des Titelblattes lautete: *Katechismus der Christlichen Lehre. Nebst einem Katechismus über die christliche Sorge für Leben und Gesundheit, zum Gebrauch in den evangelischen Kirchen und Schulen der Grafschaft Schaumburg=Lippe*; Niedersächsisches Staatsarchiv Bückeburg [im Folgenden NStABü], F1 A XXXV, 20 b, J 38.
44 *Entwurf zu einem Gesundheits=Katechismus. Der, mit dem Religions=Katechismus verbunden, für die Kirchen und Schulen der Grafschaft Schaumburg=Lippe ist entworfen worden*, Bückeburg 1792. Zugleich wurden die Pfarrer der umliegenden Gemeinden um ein Gutachten gebeten, um sicherzustellen, dass die Inhalte mit den Lehrsätzen der christlichen Religion im Einklang stünden; NStABü, F1 A XXXV, 20 b, J 38.

Abb. 3: Bernhard Christoph Faust

Ölgemälde (56x67cm) von Anton Wilhelm Strack, 1796. Historischer Sitzungssaal des Rathauses von Bückeburg (Reproduktion nach Vorlage von Karl-Heinz Rosenfeld)

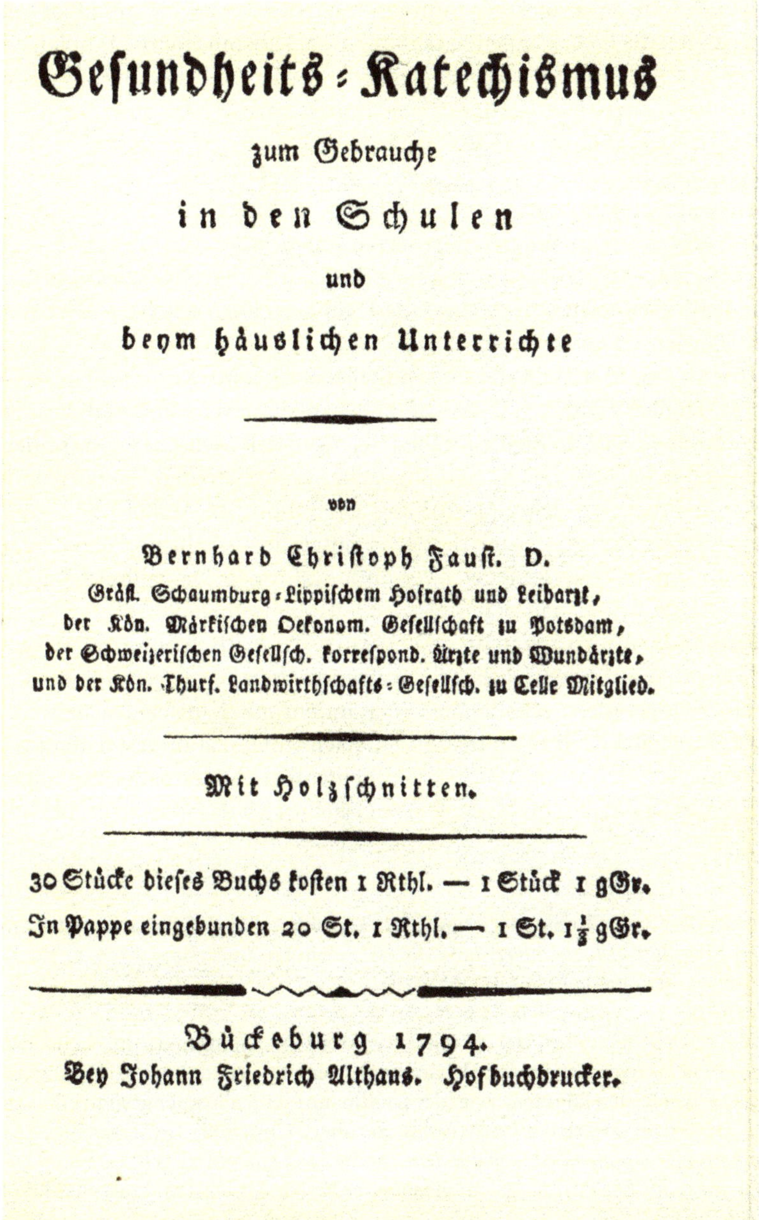

Gesundheits-Katechismus

zum Gebrauche

in den Schulen

und

beym häuslichen Unterrichte

---

von

Bernhard Christoph Faust. D.

Gräfl. Schaumburg-Lippischem Hofrath und Leibarzt,
der Kön. Märkischen Oekonom. Gesellschaft zu Potsdam,
der Schweizerischen Gesellsch. korrespond. Ärzte und Wundärzte,
und der Kön. Churf. Landwirthschafts-Gesellsch. zu Celle Mitglied.

Mit Holzschnitten.

---

30 Stücke dieses Buchs kosten 1 Rthl. — 1 Stück 1 gGr.
In Pappe eingebunden 20 St. 1 Rthl. — 1 St. 1½ gGr.

Bückeburg 1794.
Bey Johann Friedrich Althans. Hofbuchdrucker.

Abb. 4: Titelblatt des Gesundheitskatechismus von B. Chr. Faust in der Ausgabe von 1794

Faust deklarierte das Projekt als Auftragsarbeit, denn es sei Fürstin Juliane gewesen, die zuerst die Idee zu einem Gesundheitskatechismus für die Schulen gehabt habe, und sie habe Faust auch bei dessen schriftlicher Ausarbeitung aktiv-kritisch begleitet und unterstützt.[45] Ähnlich wie Marcus verwies also auch Faust auf das Verdienst seiner Fürstin, eine Referenz, die der Sache ein zusätzliches Gewicht und eine Legitimation verlieh, die aber zugleich mit einer gewissen Verbindlichkeit ihre Unterstützung einforderte und darüber hinaus zugleich eine Empfehlung für die Verbreitung in anderen Territorien sein konnte. Ist ihre aktive Teilhabe hier tatsächlich nachweisbar,[46] so handelte es sich jedoch wohl keineswegs um eine spontane Idee, denn entsprechende Überlegungen lassen sich bei Faust bereits in den 1780er Jahren nachweisen.[47]

Insbesondere aber steht der Gesundheitskatechismus vor dem Hintergrund einer umfänglich geführten Diskussion über medizinische Volksaufklärung. Ihr Anliegen war es, auch in medizinischen Belangen den Menschen „aus seiner Unmündigkeit in Sachen, welche sein physisches Wohl betreffen," herauszuführen, wie es in deutlicher Anlehnung an Kants Definition von Aufklärung formuliert worden ist.[48] Hierbei ging es um die zu vermittelnden Inhalte und deren Grenzen ebenso wie um die Frage geeigneter Vermittlungsformen. Die zahlreich publizierte Ratgeberliteratur, wie man sich im Krankheitsfall, wenn kein Arzt verfügbar sei, selbst helfen könne, wurde in diesem Diskurs sehr kritisch bewertet. Reagierten diese Schriften auf offensichtliche Versorgungsdefizite, so verfolgten sie doch den falschen, geradezu schädlichen Weg, indem medizinischen Laien ein vermeintliches Halbwissen vermittelt und die Selbstmedikation unterstützt wurde. In Auseinandersetzung um Tissots prominente, aber einigermaßen umfangreiche Schrift „Avis au peuple sur sa santé" (1761) stellte sich das weitere Problem: „Was

---

45 FAUST, Bernhard Christoph: *Gesundheits=Katechismus zum Gebrauche in den Schulen und beym häuslichen Unterrichte. Mit Holzschnitten*, Bückeburg 1794, S. 12; SAHMLAND, Faust-Katalog (wie Anm. 6), S. 26.
46 NStABü, F1 A XXXV, 20 b, J 38.
47 1784, noch in seiner hessischen Zeit, äußerte er Überlegungen dahingehend, dass die in der Fläche herumreisenden Hebammenlehrer zugleich in der Bevölkerung Aufklärungsarbeit leisten könnten, „wie [der Landmann] seinen Körper gesund erhalten und bei Krankheiten warten müsse"; FAUST, Bernhard Christoph: *Gedanken über Hebammen und Hebammenanstalten auf dem Lande, nebst einem vielleicht wichtigen Anhang von der Tödtlichkeit der Fusgeburten und ihrer Verminderung*, Frankfurt am Main 1784, S. 53.
48 OSTERHAUSEN, Johann Karl: *Über medizinische Aufklärung*, Zürich 1798, Bd. 1 (mehr nicht erschienen), S. 8.

nützen daher dergleichen Schriften, wenn man nicht zugleich tätig sorgt, dass sie an den Mann, vor den sie eigentlich geschrieben sind, gebracht werden?"[49]

Faust hat diesen volksmedizinischen Diskurs offenbar aufmerksam verfolgt, ohne sich selbst daran zu beteiligen, denn theoretische Ausführungen waren seine Sache nicht. Der 1792 zunächst als Entwurf vorgelegte Gesundheitskatechismus war allerdings in Bezug auf Inhalt und Form eine praktische Umsetzung dessen, was ein anonymer Verfasser in einem Beitrag „Etwas über Populärmedicin" 1790 entwickelt hatte.

Mit aufklärerischem Impetus werden hier Inhalte im Spiel von Frage und Antwort vermittelt. Diese typische Struktur eines Katechismus war bekannt und akzeptiert. Daneben hatte sie aber auch den Vorteil, die Distanz zwischen medizinischem Experten und medizinischem Laien insofern überwinden zu können, als hier nicht neue Wissensbestände aus einer Position der Überlegenheit heraus aufoktroyiert wurden, sondern diese unter Anknüpfung an die Erfahrungen der Lebenswelt der Bevölkerung gesprächsweise, insbesondere zwischen Lehrern und Schülern, entwickelt werden konnten. Am Beginn steht eine Verständigung über den Wert der Gesundheit, der ganz ausdrücklich auf christliche Glaubensinhalte verweist.[50] Indem dem Einzelnen hier ein Aktionsrahmen eröffnet wird, um sich gesundheitsgerecht zu verhalten, können vermeintliche und tatsächliche fatalistisch-passive Einstellungen des Landmanns, der Gesundheit und Krankheit allein der Vorsehung zuschreibe, aufgebrochen werden. Eigenverantwortliches Handeln bedeutet eine Gesundheitspflicht, die Faust wiederum auf christlicher Basis einfordert. Nun folgt eine bunte Vielfalt einzelner Ratschläge, wie man denn einen aktiven eigenen Beitrag zur Gesundheit leisten kann. Die Abfolge dieser Inhalte orientiert sich an dem seit der Antike fortgeschriebenen Schema

---

49 Vgl. *Etwas über Populärmedicin (von einem ungenannten Verfasser eingesendet)*, in: Archiv gemeinnütziger physischer und medicinischer Kenntnisse, hg. von Johann Heinrich RAHN, Zürich 1790, Bd. 3, Abt. 1, S. 420–454; S. 432. Obgleich Faust Verbindungen in die Schweiz hatte, kann ausgeschlossen werden, dass er selbst der Einsender dieses Beitrags war.

50 Diesen christlich-religiösen Bezug in der ursprünglichen Genese des Konzepts sowie in der Nutzung der Gattung des Katechismus (der inzwischen zur Vermittlung sehr unterschiedlicher Inhalte genutzt wurde) begründet zu sehen, bliebe allzu vordergründig, ist er doch – ebenso wie der Verweis auf die Natur – latent in seinen Schriften gegenwärtig. Ohne hieraus unmittelbar auf Fausts individuelle Gläubigkeit schließen zu können, signalisiert er jedoch, dass er an die vorausgesetzte geistige Disposition seiner Rezipienten anknüpft, um seine Inhalte zu entwickeln und plausibel zu begründen.

der Diätetik. In dem Kanon der Sex res non naturales sind alle Lebensbereiche erfasst, die für den Gesundheitsstatus wichtig und die positiv beeinflussbar sind (im Gegensatz zu anderen Faktoren wie Geschlecht, Alter, Leibeskonstitution oder Temperament). Damit sind die Bereiche gesunde Umwelt (Licht und Luft), Ernährung (Essen und Trinken), Arbeit und Erholung (Bewegung und Ruhe), Schlaf und Wachen, die Kontrolle der Ausscheidung physiologischer Körperflüssigkeiten sowie des Affekthaushaltes[51] angesprochen. Ohne die Einzelheiten hier auszuführen, können die Anweisungen zusammenfassend als basale Hinweise charakterisiert werden, die angesichts der Lebenswelt breiter Bevölkerungsschichten, die „in den Hütten des Armuths und des Elends" leben,[52] deren Kinder „in Lumpen"[53] gekleidet sind, angemessen erscheinen. Auf Körperhygiene sowie gute und sauber zubereitete Lebensmittel zu achten, war realisierbar, zumal damit keine Kosten verbunden waren. Manches, wie etwa der Rat, man solle sich einmal in der Stunde die Haare kämmen, muten natürlich sehr pedantisch an; dennoch werden hier Standards angeregt, die bis dahin weithin nicht gegeben waren. Der Detailreichtum beinhaltete zudem eine unmittelbare Aktualität, indem etwa der Nutzen der Kartoffel als neues Grundnahrungsmittel oder das gesunde Maß des Kaffeekonsums und günstigerer Surrogate besprochen wurden.

Im weniger umfangreichen zweiten Teil vermittelte Faust Verhaltensweisen im Krankheitsfall, ansonsten verwies er darauf, unbedingt qualifiziertes Heilpersonal zu konsultieren. Hier platzierte er auch andere Themen, die ihm ein dringendes Anliegen waren und die er in weiteren Schriften intensiver verfolgte. So ist vor allem sein latenter und sehr intensiver Kampf gegen die Menschenpocken zu nennen, wobei Konzepte der Inokulation und Isolation in Blatternhäusern schließlich durch die Kuhpockenimpfung abgelöst wurden, ein Verlauf, der sich auch in den verschiedenen Auflagen des Gesundheitskatechismus abbildet. Auch andere sozialmedizinische Themen sind hier bereits angelegt, wie die physische Erziehung der Kinder oder die gesunde Bauweise von Wohnungen und Häusern. Interessant ist ein Passus über Krankenhäuser. Dort heißt es:

---

51 Aer, Cibus et potus, Motus et quies, Somnus et vigilia, Secreta et excreta, Affectus animi.
52 FAUST, Bernhard Christoph: *Versuch über die Pflicht der Menschen, jeden Blatternkranken von der Gemeinschaft der Gesunden abzusondern: und dadurch zugleich in Städten und Ländern und in Europa die Ausrottung der Blatternpest zu bewirken*, Bückeburg 1794, S. 4.
53 Vgl. FAUST, Bernhard Christoph: *Wie der Geschlechtstrieb der Menschen in Ordnung zu bringen und wie die Menschen besser und glücklicher zu machen. Mit einer Vorrede von J[ohann] H[einrich] C[AMPE]*, Braunschweig 1791, S. 70.

[Die Menschen] müssten Krankenhäuser erbauen, und dafür sorgen; daß arme, kranke Menschen, entweder in diesen Krankenhäusern, oder in ihren eigenen, <u>reinlichen</u> Wohnungen, die beste Wartung und Pflege, und zugleich alle Hülfe und allen Beystand eines sehr verständigen und rechtschaffenen Arztes und Wundarztes unentgeldlich, oder gegen sehr geringe Bezahlung erhielten.[54]

Dies liest sich wie ein Verweis auf das, was Marcus in der ambulanten und stationären Krankenversorgung in Bamberg realisieren konnte.[55]

Faust legte mit seinem Gesundheitskatechismus ein an den realen Gegebenheiten orientiertes und deshalb sehr pragmatisches Konzept zur Verbesserung der öffentlichen Gesundheit vor.[56] Inhaltlich bedeutete es die Demokratisierung des Wissens über grundlegende Prinzipien gesunder Lebensführung. Dass der Transfer dieses Wissens mittels der bekannten Form des Katechismus erfolgte, der tatsächlich als Lehrmittel im Elementarunterricht eingesetzt wurde, war eine besonders geschickte Lösung der Problematik der Vermittlungsformen von Inhalten an die breitere Bevölkerung als Zielgruppe und sein genuiner Beitrag zur Auseinandersetzung um die medizinische Volksaufklärung. Entsprechend seines Grundsatzes, man müsse sich um die Jugend kümmern, denn mit den Alten sei nicht viel anzufangen,[57] versprach dieser Ansatz darüber hinaus ein möglichst hohes Maß an Effizienz und Nachhaltigkeit.

Im Segment der Schulbücher gab es aktuell einen großen Bedarf. Jenseits der in den deutschen Territorien zu unterschiedlichen Zeiten eingeführten Unterrichtspflicht ist in der 2. Hälfte des 18. Jahrhunderts eine deutliche

---

54 FAUST, Gesundheitskatechismus, Ausgabe 1794 (wie Anm. 45), S. 92–93.
55 Es kann durchaus interpretiert werden, dass Faust zurückhaltend formuliert, die Menschen müssten dieses voranbringen, anstatt deutlich die Regierungen hierfür in die Pflicht zu nehmen: Wohl wissend, dass diese Strukturen ohne eine solche Unterstützung nur schwerlich zu erreichen waren, formulierte er diese Forderung doch als einen allgemeinen humanitären Appell.
56 Vgl. SAHMLAND, Irmtraut: *Der Gesundheitskatechismus – ein spezifisches Konzept medizinischer Volksaufklärung*, in: Sudhoffs Archiv, Bd. 75, 1991, Heft 1, S. 58–73; vgl. DIES.: *Volksaufklärung realitätsnah und praxistauglich: Der Gesundheitskatechismus Bernhard Christoph Fausts*, in: BÖNING, Holger; SCHMITT, Hanno; SIEGERT, Reinhart (Hgg.): Volksaufklärung. Eine praktische Reformbewegung des 18. und 19. Jahrhunderts, (Presse und Geschichte – Neue Beiträge, Bd. 27), Bremen 2007, S. 208–236.
57 Vgl. FAUST, Bernhard Christoph: *Über mein Buch vom Geschlechtstriebe und dessen Rezension in No. 151 der A[llgemeinen] L[itteratur] Z[eitung] 1792*, in: Intelligenzblatt der Allgemeinen Litteratur Zeitung, Leipzig 1792, Nr. 101, Sp. 836–840; Sp. 838.

Ausdifferenzierung von Schultypen in Elementarschulen und weiterführende Ausbildungsstätten zu verzeichnen; insbesondere war das „pädagogische Jahrhundert" auch durch die Bewegung der Philanthropine gekennzeichnet. In Verbindung damit wurden Erziehungs- und Lernmethoden diskutiert und die Lerninhalte um die Realienkunde erweitert. An diesen Entwicklungen nahm Faust regen Anteil.[58] Er stand mit Carl Gottlieb Horstig (1763–1835), Oberprediger, Superintendent und Scholarch in Bückeburg, der unter anderem mehrere pädagogische Schriften herausgab,[59] in einem engen freundschaftlichen Austausch.

Der Schulbuchmarkt war noch weitgehend regional organisiert – und er war reglementiert, denn auch damals mussten Lernmittel offiziell zugelassen und eingeführt werden.[60] Sollte der Gesundheitskatechismus hier platziert werden, um als Lese- und Schreiblernbuch eingesetzt zu werden und statt biblischer Inhalte nun präventivmedizinisches Basiswissen zu vermitteln, dann war er diesen Prinzipien unterworfen. So schrieb Faust verantwortliche Entscheidungsträger an, um ihnen sein Werk zur Einführung in ihren Zuständigkeitsbereichen zu empfehlen. Noch im April 1792 schickte er ein Exemplar seines „Entwurfs" an den Landgrafen von Hessen-Kassel, der um das Wohl seiner Untertanen stets besorgt sei, ebenso wie

---

58 So hatte er sich offenbar umgehend die Neuerscheinung von PESTALOZZI, Johann Heinrich: *Wie Gertrud ihre Kinder lehrt: ein Versuch den Müttern Anleitung zu geben, ihre Kinder selbst zu unterrichten, in Briefen*, Bern 1801, beschafft; vgl. HORSTIG, C[arl] G[ottlieb]: *Geschichte der Einführung und Bekanntmachung der Olivierschen Leselehrmethode im Schaumburg-Lippischen*, Münster 1803, S. 7. Auch ist es sicherlich seiner Befürwortung zuzuschreiben, dass der neunjährige Erbgraf Georg Wilhelm von 1789 bis 1794 eine Erziehung in Salzmanns Philanthropin in Schnepfenthal erhielt; vgl. MEYER, Georg Wilhelm Fürst zu Schaumburg-Lippe (wie Anm. 10), S. 44.

59 Horstig, Oliviersche Leselehrmethode (wie Anm. 58). Er schickte seinen siebenjährigen Sohn Eduard nach Berlin zu Ludwig Heinrich Ferdinand Olivier, um von dessen Lehrmethode zu profitieren; vgl. GRAEWE, Horstig (wie Anm. 14), S. 88. Vgl. auch HORSTIG, Carl Gottlieb: *Übung der Seminaristen oder künftigen Lehrer der Elementarschulen, in ihrer Selbstbildung*, Halle 1801.

60 Vgl. dazu die sehr informative Studie von HAUG, Christine; FRIMMEL, Johannes (Hgg.): *Schulbücher um 1800. Ein Spezialmarkt zwischen staatlichem, volksaufklärerischem und konfessionellem Auftrag* (Wolfenbütteler Schriften zur Geschichte des Buchwesens, Bd. 48), Wiesbaden 2015. Zu Einblicken in die Schulpraxis vgl. BÜSING, Burkhard: *Schule in Schleswig und Holstein am Vorabend der Aufklärung*, in: FISCHER, Ole (Hg.): Aufgeklärte Lebenswelten (Studien zur Wirtschafts- und Sozialgeschichte Schleswig-Holsteins, Bd. 54), Stuttgart 2016, S. 21–39; TRAUTMANN, Lutz: *Schulleben im Biedermeier. Das Unterrichtstagebuch eines Lehrers aus dem Mindener Land in Monatsberichten von 1825 bis 1826*, in: Westfälische Zeitschrift, Bd. 160, 2010, S. 241–273.

die Landesmutter Fürstin Juliane in Schaumburg-Lippe – und hier konnte sich die Referenz auf die fürstliche Auftragsarbeit auszahlen. Das Urteil der anschließenden Begutachtung durch das Medizinalkollegium in Kassel fiel allerdings zurückhaltend-kritisch aus.[61] Im Dezember 1793 wurde seitens des Fürstbischofs von Erthal ein „Circulare an die Beamten des Hochstifts Wirzburg, die Vertheilung des Gesundheits=Katechismus von Doctor Faust betreffend" erlassen, aus dem hervorgeht, dass eine beträchtliche Anzahl Exemplare zur Verteilung an die Schullehrer angekauft worden war. Der Abdruck dieses Circulare in der Ausgabe des Gesundheitskatechismus von 1794 war nicht zuletzt eine demonstrative Erweiterung seines Einsatzbereichs auch für katholische Gebiete.[62] – Leider lässt sich nicht ermitteln, wie der Kontakt nach Würzburg entstanden ist; es kann nicht ausgeschlossen werden, dass es eine Verbindung zwischen Faust und Marcus zumindest im Sinne einer hilfreichen Vermittlung gegeben haben könnte.[63]

War dieses Vorgehen durch die erforderliche offizielle Zulassung naheliegend, so wurde es zugleich durch andere Maßnahmen flankiert, um dem Werk zum Erfolg zu verhelfen. Die Präsentation des Entwurfs auf der Leipziger Buchmesse war die Einladung Fausts zum Eintritt des Fachpublikums in einen Diskurs über den Wert und mögliche Verbesserungen seiner Vorlage, es war aber zugleich auch geradezu eine Gewähr, um eine entsprechende Aufmerksamkeit zu erhalten, die vielleicht zugunsten seines Anliegens eine gewisse Eigendynamik entwickeln konnte. Ein illustratives Beispiel ist die Initiative Friedrich August Fritzes (1754–1826), Landphysikus und Professor an der Hohen Schule in Herborn. Im Oktober 1792 schlug er der Regierung vor, den Gesundheitskatechismus im Fürstentum Nassau-Dillenburg einzuführen, durch Ankauf entsprechender Stückzahlen oder durch Nachdruck. Obgleich es noch keinen rechtlichen Schutz von Urheberrechten gab, hatte Faust den Nachdruck ausdrücklich freigegeben. Auch hier folgten interne Begutachtungen, man entschied sich, eine weitere Auflage des Werks

---

61 HStAM, Best. 5, Nr. 1159. Unter anderem unterzeichnete sein früherer Lehrer in Kassel, Georg Wilhelm Stein d.Ä., hier als Mitglied des Collegium medicum, den ablehnenden Bericht.

62 Das Circulare im Umfang von drei Seiten ist dekretiert Würzburg, 31. Dezember 1793.

63 Über die Entstehungsgeschichte dieses Mandats und die Einsatzpraxis in den Schulen ist nach Durchsicht der einschlägigen Findmittel im Staatsarchiv Würzburg nichts Näheres bekannt. Ich danke Herrn Archivoberrat Jens MARTIN für diese Auskunft. – Marcus hat in seiner chronologisch angeordneten Sammlung von Beilagen (1790) auf das intensive Engagement von Erthals zur Verbesserung des Schulwesens in den 1780er Jahren hingewiesen; vgl. MARCUS, Von den Vortheilen (wie Anm. 22), S. 38–42: Beilage III; vgl. HÄBERLEIN / SCHMÖLZ-HÄBERLEIN, Marcus (wie Anm. 4), S. 74.

abzuwarten in der Hoffnung, dass die eigenen Kritikpunkte dort behoben sein würden; schließlich vereinbarte man eine Überarbeitung des Werks.[64]

In der Summe wurde der Gesundheitskatechismus in Form und Inhalt einerseits sehr lobend aufgenommen, zugleich aber aus medizinischer wie aus pädagogischer Perspektive auch sehr heftig kritisiert.[65] Dadurch wurden zahlreiche Auflagen, Nachdrucke, Übersetzungen, Neubearbeitungen und Erweiterungen angeregt, die den Erfolg des spezifischen Konzepts zur Gesundheitsförderung eindrücklich dokumentieren.[66]

Die hier zu beobachtenden flankierenden Aktivitäten zur Verbreitung des Gesundheitskatechismus waren tatsächlich Elemente einer Strategie, die Faust auch darüber hinaus zahlreich nutzte. Durch Anschreiben an diverse Landesherren einschließlich des preußischen Königs, aber auch den Kongress zu Rastatt sowie etwa die Patriotische Gesellschaft in Hamburg suchte er potente Unterstützer und Förderer, die seine Ideen und Vorschläge realisieren sollten. Insbesondere ist hier sein Engagement zur Bekämpfung der Pocken zu nennen, die er jenseits Schaumburg-Lippes ebenfalls zu befördern suchte, indem er auch diese Schriften an politische Entscheidungsträger mit der Bitte um Prüfung und Verteilung schickte.[67] Ähnliche Empfehlungsschreiben Fausts finden sich etwa auch bezüglich seiner Vorschläge zur Bekämpfung der Rindviehpest.[68]

---

64 Vgl. SEELIGER, Matthias: *Die Rezeption der Schriften Bernhard Christoph Fausts im Fürstentum Nassau-Dillenburg*, in: Schaumburg-Lippische Heimat-Blätter, 41. Jg., Heft 1, 1990, S. 136–141.

65 Vgl. hierzu im Detail SAHMLAND, Der Gesundheitskatechismus – ein spezifisches Konzept (wie Anm. 56); SAHMLAND, Faust- Katalog (wie Anm. 6), S. 26–48.

66 Die Rezeptions- und Wirkungsgeschichte in der Praxis zuverlässig zu erfassen, ist sehr schwierig; ihre Aufarbeitung steht noch aus.

67 Vgl. z. B. HStAM, Best. 17/II., Nr. 1535, Schreiben Fausts an die kurfürstliche Regierung, mit Angabe der Verteilung seiner Schriften in anderen Herrschaftsgebieten; vgl. auch HStAM, Best. 5, Nr. 1217; vgl. auch Geheimes Staatsarchiv Berlin, Sign. I. HA Rep. 108 C, Nr. 27, Vol. II, Schreiben Fausts an den Geheimen Staatsminister in Preußen vom 30. Dezember 1804 zur Verteilung seines *Zurufs an die Menschen, die Blattern durch die Einimpfung der Kuhpocken auszurotten*, Bückeburg 1804.

68 Vgl. HStAM, Best. 17, g, Gefach 21, Nr. 3b-3c, Nr. 3c, Schreiben Fausts an den Landgrafen von Hessen-Kassel; vom 26.12.1799; vgl. HStAM, Best. 5, Nr. 1224, Schreiben Fausts an den Kurfürsten von Hessen-Kassel vom 13.3.1814; ebenso an die Regierung in Braunschweig; vgl. SEELIGER, Rezeption (wie Anm. 64), S. 140. – Hinzu kommt, dass Faust auch regionale und überregionale Zeitungen nutzte, in denen er vorzugsweise kurze Artikel platzierte.

Resümee

Die Ausgangsfrage für die vorstehenden Ausführungen war, ob sich im Vergleich der beiden Protagonisten einige Aufschlüsse über die Bedeutung der Rahmenbedingungen für sozialmedizinische Innovationspotentiale und deren Ausgestaltung um 1800 gewinnen lassen.

Marcus und Faust sind, das wurde deutlich, in ihrer Persönlichkeit kaum vergleichbar. Beide weisen jedoch einen sehr ähnlichen Bildungs- und Karriereweg auf, der sie jeweils an deutsche Fürstenhöfe und damit in den engeren Machtbereich kleinerer deutscher Territorien führte. Beider Aktionsfelder waren ebenfalls völlig verschieden. Bei Marcus sehen wir, wie er ein ganzes Tableau innovativer Strukturen in Bamberg zu implementieren vermochte, in dessen Zentrum das Allgemeine Krankenhaus und das Gesellen- und Dienstboten-Institut stehen. Damit war diese Gruppe der labouring poor für den eintretenden Schadensfall durch Krankheit abgesichert. Faust konzentrierte sich auf eine andere Form der Prävention: Ihm ging es um eine Krankheitsvermeidungsstrategie durch die Sensibilisierung der breiten Bevölkerung für ein Gesundheitsbewusstsein und die Ausstattung mit elementaren Kenntnissen, um der daraus erwachsenden Gesundheitspflicht im Rahmen der gegebenen Möglichkeiten bestmöglich nachzukommen. Beide standen mit diesen Initiativen in je eigenen zeitgenössischen Diskursen, aus denen sie praktische Konsequenzen zogen. Die Wahl ihrer Ansätze mag auch individuellen Neigungen geschuldet gewesen sein,[69] aber das war es wohl nicht allein.

Der bereits erwähnte Johann Peter Brinckmann klagte in seinen „Patriotischen Vorschlägen" von 1778:

Die öffentliche Landeskassen sind mehrentheils dergestalten erschöpft und mit so vielen mit dem wahren Wohl des Landes in gar keiner Verbindung stehenden fremden Rubriquen beschweret, daß aus selbigen fast nichts zur so nöthigen Rettung unzähliger Elenden abgegeben werden kann. Und will man dergleichen von herrschaftlichen Kassen erwarten, denn werden wohl nicht viele Länder seyn, wo man eine glückliche Vollbringung eines solchen Planes sich wird versprechen können. Ein wahrhaftig trauriger und demüthigender Zustand für die Menschheit bei unseren jetzt so aufgekläret seyn sollenden Zeiten.[70]

---

69 So lag dem den medizinischen Möglichkeiten sehr skeptisch gegenüberstehenden, stattdessen auf die Natur setzenden Faust das Feld der Gesundheitsprävention womöglich näher, während Marcus deutlich fortschrittsoptimistisch auf die Perspektiven der kurativen Medizin setzte.

70 BRINCKMANN, Patriotische Vorschläge (wie Anm. 40), S. 30.

Das Fürstbistum Bamberg unter von Erthal war offenbar ein solch rühmlicher Sonderfall. Die Residenzstadt Bamberg, die seit dem 17. Jahrhundert auch über eine Universität verfügte, umfasste etwa 18.000 Einwohner.[71] Hier wurden durch verschiedene Geldquellen, insbesondere die finanzielle Unterstützung des Fürstbischofs und seiner Familie, die Voraussetzungen für Gestaltungsfreiräume geschaffen, die weittragende Strukturreformen zum Vorteil des Staates und seiner Bewohner erlaubten. So wurde Bamberg zudem zu einem attraktiven Anziehungspunkt für fortschrittsorientierte Mediziner. Zugleich ist deutlich erkennbar, dass in Phasen ausbleibender Protektion die Umstrukturierung stockte; Marcus wandte sich dann anderen Arbeitsfeldern, vor allem der publizistischen Tätigkeit zu. Die politischen Ereignisse zu Ende des Reiches eröffneten zunächst neue Finanzquellen durch die Säkularisierung, und unter Vereinnahmung in das Königreich Bayern ergaben sich weitere positive Optionen, denn nun galt es, durch moderne staatliche Reformen von oben die arrondierten Mittelstaaten zu vereinheitlichen und zu stabilisieren.[72] Für das Gesundheitswesen in Bayern mündete das 1808 in das durchaus fortschrittliche „Organische Edikt über das Medizinalwesen im Königreich Baiern".[73]

In Bückeburg dagegen, einer kleinen Residenzstadt mit etwa 2000 Einwohnern in der damals insgesamt etwa 20.000 Einwohner umfassenden Grafschaft Schaumburg-Lippe, waren die Verhältnisse – auch jenseits des deutlichen Unterschieds zu Bamberg bezüglich der Größenordnung und der infrastrukturellen Gegebenheiten – völlig anders gelagert.[74] Die 1787 im Alter von 26 Jahren verwitwete

---

71 Vgl. den Beitrag von Michaela SCHMÖLZ-HÄBERLEIN in diesem Band, siehe dort Fußnote 20.
72 Vgl. BRANDT, Peter (Hg.): *An der Schwelle zur Moderne. Deutschland um 1800* (Reihe: Gesprächskreis Geschichte, Heft 31), Bonn-Bad Godesberg 1999, Einleitung; S. 11; vgl. darin auch ENGELBRECHT, Jörg: *Auf dem Weg von der ständischen zur staatsbürgerlichen Gesellschaft. Reformprozesse in Deutschland im Zeitalter Napoleons*, S. 23–41; SCHLEGELMILCH, Arthur: *Anfänge und Perspektiven des Verfassungsstaats in Deutschland und im Habsburgerreich zwischen 1780 und 1820*, ebd., S. 43–81; „Nötigung zur Reform"; durch Napoleons Schatten über Bayern und dem steigenden Modernisierungsdruck sei die „Revolution von oben" womöglich die einzige politisch praktikable Handlungsoption gewesen (S. 73–75). Zum Medizinalwesen speziell vgl. STOLBERG, Michael: *Heilkunde zwischen Staat und Bevölkerung. Angebot und Annahme medizinischer Versorgung in Oberfranken im frühen 19. Jahrhundert*, Diss. München 1986.
73 Vgl. KOERTING, Walther: *Die Medizinalverfassung von 1808 für das Königreich Baiern* (Schriftenreihe der Bayerischen Landesärztekammer, Bd. 25), München 1970.
74 Auch von dem 1777 verstorbenen Graf Wilhelm, dem Schwiegervater Fürstin Julianes, ist überliefert, dass er es für seine Pflicht hielt, „jeden seiner Unterthanen als einen

Fürstin Juliane übernahm die vormundschaftliche Regierung für den einzigen, noch minderjährigen Erbgrafen Georg Wilhelm, zusammen mit dem Grafen Johann Ludwig von Wallmoden-Gimborn, einem königlich großbritannischen Feldmarschall. Nach Julianes früh erfolgtem Tod 1799 führte er die Regentschaft von Hannover aus allein weiter. Damit war der Hof in Bückeburg verwaist. Georg Wilhelm wurde 1806 für volljährig erklärt,[75] allerdings fürchtete man die französische Besetzung und durch drohende Mediatisierung den Verlust der Souveränität, so dass man sich entschloss, 1807 dem Rheinbund beizutreten. Anders als in Bamberg herrschten in Schaumburg-Lippe seit 1787 und über die Jahre der politischen Umwälzungen hinweg ausgesprochen fragile Verhältnisse. Erst die Restaurationsphase brachte für Schaumburg-Lippe eine Zeit der Stabilisierung, sie war aber zugleich gekennzeichnet durch politische Stagnation.

Darüber hinaus galt es, die Finanzen zu konsolidieren, und dieser Aufgabe waren sowohl Fürstin Juliane als auch ihr Sohn verpflichtet.[76] Sozialpolitische Impulse eines ambitionierten Leibarztes in Bückeburg standen unter diesen Voraussetzungen und mussten anders gestaltet werden. Faust äußerte sich 1806, er könne nicht viel Geld für die Menschheit verwenden und könne auch nicht darum bitten; er müsse schon sehen, wie er auch ohne Geld auf eine andere Art den Menschen nütze.[77]

So gingen Marcus und Faust verschiedene, durchaus komplementäre Wege, um zum Wohl der öffentlichen Gesundheit beizutragen. Jenseits der individuellen

---

Penduln zu betrachten, dem er als Regente, die bestmöglichste Richtung zur Erhaltung seiner und seiner Mitbürger Wohl zu geben, unermüdet bedacht seyn müsse"; zit. BRINCKMANN, Patriotische Vorschläge (wie Anm. 40), Vorerinnerung, S. 55, Anm.

75 Geboren am 20.12.1784; vgl. dazu Wiegmann, Wilhelm: *Franzosenzeit und Befreiungskriege*, Stadthagen 1915, S. 7–14.

76 Nachdem Graf Wilhelm Friedrich Ernst (1748–1777) nach dem Vorbild Friedrichs II. einen „Militärstaat en miniature" errichtet hatte, aber nach dem Siebenjährigen Krieg auch in die Infrastruktur investierte und sozial- und wirtschaftspolitische Modernisierungsmaßnahmen durchführte, wurde der Militäretat unter seinem Nachfolger, Philipp Ernst (1777–1787) reduziert, doch „auch nützliche, aber ertraglose Projekte, wie die Errichtung eines Irrenhauses, wurden auf Eis gelegt"; MEYER, Georg Wilhelm Fürst zu Schaumburg-Lippe (wie Anm.10), S. 23–25. Zur politischen Entwicklung vgl. auch die Überblicksdarstellung von WEINGARTEN, Hendrik: *Das Fürstentum Schaumburg-Lippe*, in: Geschichte Niedersachsens, Bd. 4: Vom Beginn des 19. Jahrhunderts bis zum Ende des Ersten Weltkrieges, Teil 1: Politik und Wirtschaft, hg. von Stefan BRÜDERMANN, Göttingen 2016, S. 187–195.

77 Zit. SAHMLAND, Faust-Katalog (wie Anm. 6), S. 17.

Dispositionen sind – und das wäre meine These – die Unterschiede innerhalb der gemeinsamen Zielsetzung ganz wesentlich den grundsätzlich anderen Rahmenbedingungen geschuldet. Marcus fand im fürstbischöflichen Umfeld stabile Verhältnisse vor, die sich angesichts der politischen Ereignisse und Veränderungen im dezidiert reformorientierten Kalkül des Kurfürstentums und bald darauf Königreichs Bayern günstig fortsetzten. Faust andererseits agierte im labilen und fragilen politischen Umfeld des schaumburg-lippischen Fürstenhofs, in dem keine derartigen Kapazitäten vorhanden waren. So war er auf andere Mittel angewiesen, um auf den Gesundheitsstatus der Bevölkerung einzuwirken. Statt umfassender Strukturreformen vor Ort entwickelte er Konzepte, die realitätsnah und in der Umsetzung möglichst kostengünstig gestaltet sein mussten.[78] So konnten sie im lokalen Rahmen implementiert werden.

Das Entscheidende für eine größere Breitenwirkung im Flickenteppich des Heiligen Römischen Reiches war es jedoch, die engen Landesgrenzen zu überwinden. Dies gelang Marcus durch die offene Atmosphäre seines Krankenhauses, in dem nach modernen Ausbildungsstandards zahlreiche auswärtige Ärzte und Studierende zusammenkamen, das aber auch für sehr nachgefragte Lehrer wie Röschlaub und Schelling attraktiv war. Sie trugen von Bamberg aus die von Marcus vertretenen medizinisch-therapeutischen Prinzipien über die engen politischen Grenzen hinweg in die wissenschaftliche Community und die überregional-internationale Praxis. Faust dagegen überwand die engen Grenzen der kleinen Grafschaft mit den Mitteln eines medizinischen Schriftstellers, der zugleich um die erforderlichen Strategien der Vermarktung wusste und sie gut zu nutzen verstand.

Damit repräsentieren Marcus und Faust zwei Seiten sozialmedizinischer Reformen der Sattelzeit, die ins 19. Jahrhundert vorausweisen sollten.

---

78 Vgl. SOMMER, Roswitha: *Zur Geschichte des Medizinal- und Apothekenwesens in einem kleinen souveränen Staat (Schaumburg-Lippe)*, Braunschweig 1979. Sie fokussiert einseitig auf das Apothekenwesen. Bislang sind keinerlei Hinweise darauf bekannt, dass Faust sich etwa im Bereich der stationären Fürsorge und Krankenversorgung vor Ort engagiert hätte.

Rundtisch-Gespräch als Resümee der Tagung

Moderation: Mark Häberlein

Motivation, Strategien und gesellschaftliche Mechanismen beim Statusgewinn jüdischer und nicht-jüdischer Ärzte vor und nach 1800

Teilnehmer: Prof. Dr. Mark Häberlein, PD Dr. Michaela Schmölz-Häberlein, Prof. Dr. Marian Füssel, Prof. Dr. Gerhard Aumüller, Dr. Christoph Maria Leder, Prof. Dr. Werner F. Kümmel, Prof. Dr. Irmtraut Sahmland, Eberhard Mey, PD Dr. Eberhard Wolff

HÄBERLEIN: Ich habe mir im Verlauf der gestrigen Vorträge die eine oder andere Notiz gemacht, an die wir vielleicht anknüpfen können. Zunächst einmal bin ich Herrn Leder und Herrn Wolff dankbar, dass sie gezeigt haben, dass man nicht nur Adalbert Friedrich Marcus kontrovers sehen kann, sondern durchaus auch einige andere Ärzte. Das macht unsere Diskussion nur umso interessanter.

Ein erster Punkt, den besonders Sie, Herr Wolff, angemerkt haben, war, dass diese religiösen Konzepte von Marcus Herz zwar aufgenommen werden, der sie dann aber in einen säkularen Kontext stellt. Ich denke, das haben wir bei Adalbert Friedrich Marcus in ganz ähnlicher Weise. Zwar wurde das Krankenhaus von einem Bischof erbaut und finanziert, aber Marcus stellt dies von Anfang an ganz dezidiert in einen säkularen Kontext. Es wird „Krankenspital der Nächstenliebe" genannt, das heißt, es wird das christliche Konzept der Nächstenliebe aufgenommen, aber es wird vollkommen klargemacht in der Rede „Von den Vortheilen der Krankenhäuser", es sind eben die Ärzte und nicht irgendwelche Geistlichen, die das Konzept der Nächstenliebe umsetzen sollen. Das Schlagwort in dieser Rede ist der „Tempel der Nächstenliebe", die religiöse Sprache wird in einen neuen säkularen Kontext gestellt. Das bedeutet natürlich auch eine neue Rolle, eine Aufwertung der Rolle der Ärzte. Es ist gestern in der Diskussion schon angeklungen, und Marian Füssel hat das kritisch angemerkt, dass man die Dialektik des Prozesses sehen muss und dass es keinen linearen Fortschritt gibt. Das möchte ich noch einmal unterstreichen; es betrifft auch die Felder der Psychiatrie und der Geburtshilfe, wo es zwar auch neue Einrichtungen gibt, was aber nicht automatisch bedeuten muss, dass es dabei auch Verbesserungen gibt. Das betrifft zum Beispiel auch die Accouchierhäuser, mit deren Einrichtung nicht sofort eine Verringerung der Säuglingssterblichkeit eintritt, solche entscheidenden Fortschritte kommen ja erst wesentlich später. Auch die Psychiatrie steckt damals bekanntlich noch in den Kinderschuhen, sofern man von Psychiatrie überhaupt schon sprechen kann. Entscheidend ist, dass die Ärzte diesen neuen Tätigkeitsbereich erst entdecken und Deutungsmacht darin beanspruchen. Damit entsteht ein neues Bild, das sie von sich selbst vermitteln. Ein Kapitel in Ihrem Vortrag, Herr Leder, ist der so „tätige Mann". Das kann man so auch auf Marcus übertragen, dessen Neffen in seiner Biographie schreiben, unermüdlich sei er um das Wohl der Kranken bemüht gewesen, vom Krankenhaus sei er zur Nervenheilanstalt und dann zu seinen vielen Privatpatienten geeilt, und abends spielt er dann noch Theater. Und selbst wenn er in der Kneipe mit anderen trinkt, so ist das doch der kulturelle Mehrwert, weil er Künstler gefördert hat.

Diese Selbstinszenierung ist ja etwas, was wir heute noch in ganz ähnlicher Form haben, wenn wir z. B. das Frühstücksfernsehen einschalten und die Kanzlerin mit tiefen Ringen unter den Augen sehen, weil sie eben die Nacht durchverhandelt hat, und wodurch sie vor einigen Monaten extrem hohe Popularitätswerte hatte, soll das bedeuten: ‚Während ihr ruhig schlafen konntet, habe ich mich rastlos für unsere Interessen eingesetzt'. Bei der Herfahrt zur Tagung haben wir im Radio einen Nachruf auf den verstorbenen Künstler Prince gehört. Da hieß es auch, er habe so gut wie nie geschlafen und Techniker und Musiker seien immer auf Abruf gewesen, und wenn er eine Idee hatte, mussten alle kommen, und sie musste gleich eingespielt werden. Wenn man sich das mal ansehen würde, wie in der Zeit der Aufklärung auch das Bild des unermüdlich tätigen Arztes und Gelehrten aufgebaut wird, dann wäre das sehr interessant.

Ein weiteres Thema, das sich durch einige Vorträge gezogen hat, ist die Judenfeindschaft oder zumindest Vorbehalte gegen Juden, lässt sich auch in unterschiedlichen Formen feststellen. Zum einen in traditionellen, stark religiös geprägten Stereotypen, und das ist ja auch einmal auf der Tagung kurz angesprochen worden, dass auch Marcus einmal Zielscheibe solcher Pasquille war, die anonym ziemlich widerwärtige Vorurteile reproduzieren, aber, das haben wir auch festgestellt, auch sehr viel subtiler, aber nicht weniger wirkmächtig auch als ein Elitendiskurs beggenen, z.B. jüngerer Naturphilosophen im Umkreis von Schelling oder wie Röschlaub, die Vorbehalte gegen Marcus äußern, weil er Jude gewesen ist. Und dann kommt immer wieder das Bild, dass sie trotz Taufwassers in ihm immer wieder den alten Juden entdecken, wodurch auch professionelle Konkurrenz auf solche Stereotypen reduziert wird.

Zum Schluss dieser kurzen Einleitung möchte ich noch einmal kurz rekapitulieren, inwieweit Marcus als Konvertit zu anderen Konvertiten und anderen jüdischen Ärzten Kontakt gehabt hat. Er ist tatsächlich nicht der erste Konvertit unter den fürstbischöflichen Leibärzten gewesen. Er ist ursprünglich dritter Leibarzt und der erste Leibarzt ist bereits ein Konvertit gewesen. Es gibt da eine gewisse Tradition, und es ist ja auch schon erwähnt worden, auch der Oberchirurg im Krankenhaus war Konvertit. Und auch im Umfeld der Verwandtschaft von Marcus gab es Leute wie Israel/Johann Stieglitz, der zwar einen ganz ähnlichen Hintergrund hat, aber aufgrund unterschiedlicher wissenschaftlicher Anschauungen von ihm eher als Gegner betrachtet wird. Er nimmt zumindest als Leser oder Buchbesitzer auch Anteil an den Veröffentlichungen jüdischer Ärzte. Wir finden in seinem Bibliothekskatalog auch Werke von Elkanan Wolff „Die Krankheiten der Juden", wir finden die „Briefe an Ärzte" von Marcus Herz. Wir hatten auch überlegt: unter den vielen jungen, den Dutzenden von Ärzten, die dann an das Bamberger Krankenhaus kommen, finden sich da auch jüdische Ärzte? Aber da findet sich tatsächlich nur einer, der uns da begegnet ist, ein gewisser Samuel Beinersdorf aus Breslau, der sich so um 1800 am Krankenhaus aufhält und der dann nach der Rückkehr in seine Heimatstadt einige Publikationen veröffentlicht, wo er dann sehr stark mit der Röschlaubschen Erregungstheorie arbeitet, der dann aber auch sehr jung verstorben ist und über den es dann außer einem Nachruf in der jüdischen Zeitschrift im 19. Jahrhundert keine weiteren biographischen Angaben mehr gibt. Dann möchte ich zuletzt noch auf Simon Höchsheimer hinweisen, aus Veitshöchheim bei Würzburg gebürtig, ein jüdischer Gelehrter, den ein Würzburger Lokalhistoriker vor einigen Jahren den Würzburger Mendelssohn genannt hat, der eine erste Biographie veröffentlicht hat im Todesjahr von Mendelssohn, der erst sehr spät Medizin studiert hat. Er ist der erste jüdische promovierte Mediziner in Freiburg nach diesem Intervall von 141 Jahren, 1791; er kehrt dann nach Würzburg zurück und baut auf Marcus auf, er nimmt Brownianismus und Erregungstheorie auf und schreibt dann auch in seinen Lebenserinnerungen, damals seien ja Marcus und Röschlaub da gewesen und er hätte gehofft, dass sie ihn als Gleichgesinnten aufnehmen, aber aufgrund seiner jüdischen Religion, vielleicht aber auch, weil er als Spätberufener einer älteren Generation angehörte als diese Brownianer und Erregungstheoretiker, die ja eine Art Jugendbewegung darstellten, habe er dann keine Anstellung gefunden.

Also, ich denke, für die Abschlussdiskussion wären das noch einmal interessante Aspekte, dieses Spannungsverhältnis von religiöser Herkunft und dem wissenschaftlichen Verständnis, auch mit der Frage: Inwieweit ist diese Konfrontation instrumentell gewesen, um bestimmte Karrieremuster zu erreichen, welche Wege sind auch nun verbaut gewesen, wenn sie diesen Schritt nicht getan haben? Da haben wir ja durch Herrn Kümmel auch aus dem 19. Jahrhundert noch Hinweise bekommen und auch diese Frage der Selbstinszenierung.

Vielleicht darf ich den Ball erst einmal Ihnen zuspielen, Herr Leder, inwieweit Sie das bei Marcus Herz sehen würden, ohne dass ich das in Abrede stellen möchte, dass er tatsächlich so ein rastloser Mann gewesen ist, oder steckt da auch so eine gewisse Inszenierung drin?

LEDER: Marcus beschreibt in seiner Selbstbeschreibung und auch in seinen Krankengeschichten sich selbst als stark leistungsfähigen und arbeitsamen Mann, und ganz bestimmt ist auch hier dieser Aspekt drin, wie bei vielen anderen Ärzten, sich selbst als Leistungsträger im Dienste der Medizin, aber auch der jüdischen Gemeinde, zu inszenieren. Die Diskussion könnten wir jetzt noch um einen weiteren Aspekt, wenn wir von jüdischen Ärzten sprechen, erweitern, denn innerhalb der damaligen Diskussion über die rastlos tätigen Juden, sozusagen, die Handelsjuden, kann man sich vorstellen, dass sie innerhalb der jüdischen Welt mit einer gewissen Vorsicht genossen wurden, und sich auch hier wieder ein Spannungsfeld für jüdische Ärzte entspannte und entfaltete. Auf der einen Seite glaube ich tatsächlich, dass viele Ärzte Leistungsträger sein wollten, auf der anderen Seite aber tunlichst vermeiden wollten, mit den anderen, eben jenen Handelsjuden und damit sehr antijudaistisch oder antisemitisch verbrämten Bildern verglichen zu werden.

HÄBERLEIN: Herr Füssel, Sie kennen von uns allen wahrscheinlich am besten die frühneuzeitliche Gelehrtenkultur, daher meine Vermutung, dass das etwas spezifisch Aufkläreisches ist? Würden Sie das bestätigen?

FÜSSEL: Ja, ich finde diese Beobachtung sehr treffend. Es geht um das, was man heute als „self-fashioning" bezeichnet, die Selbstmotivierung und Selbstinszenierung des Lebensentwurfes als Gelehrter in einer Zeit des Wandels. Das ist eine typische „Sattelzeitfigur", die mit einem Bein noch im Ancien Régime verankert ist, aber mit dem anderen Bein in der neuen Zeit steht und eigentlich alle Eigenschaften, die man landläufig mit einer Person aus dieser Zeit verbindet, gut verkörpert. Ich glaube, in den 1970er, 1980er Jahren sah man auf die soziale Mobilität und Stratifizierung und die Aufstiegschancen in quantifizierender Weise und ab den 1990er und 2000er Jahren hat man mehr die individuellen Lebensläufe, wie wir das auch getan haben, in den Mittelpunkt gerückt. Dann sieht man auch sehr gut die Strategien, wie in Briefen, autobiographischen Texten oder Lehrwerken eine wissenschaftliche Persona konzipiert wird. Dass man alles tut für eine Orientierung an einem klassischen Wert, kommt jetzt in einem neuen säkularen Gewand daher. Das kann man bei Marcus und auch bei Herz beobachten, ich werde das auch noch weiter verfolgen; dass diese aber auch „self-fashioning"-Strategien wie ihre christlichen Kollegen verfolgten, sollte eigentlich nicht überraschen.

AUMÜLLER: Ich finde das einen interessanten Aspekt mit dem „self-fashioning"; es muss da ja auch irgendwelche Vor- oder Leitbilder für die entsprechenden

Individuen gegeben haben, und die Frage ist, woran haben sie sich orientiert? Herr Wolff hat ja zwei sozusagen polare „Typen" entwickelt, auf der einen Seite den „Gelehrten", auf der anderen Seite den „Reformer"; wie kann man das bei Marcus sehen? Vielleicht können Sie das beantworten.

SCHMÖLZ-HÄBERLEIN: Wie sich Marcus darstellt? Ich denke, Marcus selbst möchte als derjenige, der immer an jedem Ort ist, omnipräsent sein, und er hat auch ganz gezielt dafür gesorgt, dass dieses Bild der Omnipräsenz weiter transportiert wird. Und es ist ja kein Wunder, dass es seine Neffen sind, die das tun. Wenn man sich den Bericht der Neffen kritisch anschaut, fragt man sich bei verschiedenen Tatsachen: warum schreiben sie das? Speyer schreibt, er kennt diesen Mann erst seit 1800. Aber: es ist der Bruder seiner Mutter, es sitzen noch weitere Brüder in der Stadt, seine Onkel. Aber das wird alles weggelassen, es wird zielgerichtet alles auf den „großen Mann" hin projiziert. Er arbeitet wirklich daran, dass dieses Lebensbild weitergetragen wird. Und dem sitzen viele heute auf; sie glauben, dass diese Biographie den wahren Marcus zeigt. Man übersieht, dass dies, flapsig gesagt, eine Propagandaschrift ist. Alles, was kritisch ist und was die Zeitgenossen wissen, ist subtextural eingewebt, was wir aber heute nicht verstehen, weil wir den Hintergrund nicht kennen. Der Zeitgenosse weiß zwar: da war etwas, aber es wird so dargestellt, dass Marcus dennoch als Lichtgestalt erscheint. Das scheint mir sehr programmatisch in seinem Leben zu sein.

HÄBERLEIN: Er fängt ja schon sehr frühzeitig an, als Neuerer programmatisch zu positionieren und geradezu als Revolutionär. Es gibt mehrere Aussagen von ihm, so wie wir die Französische Revolution als völlige Umwälzung in der Politik erleben, so würden wir erst durch den Brownianismus und dann durch die Erregungstheorie eine Umwälzung der ärztlichen Wissenschaft feststellen, und das seien Bewegungen, von denen man nicht wisse, wohin sie führen, vergleichbar zum Politischen, aber das sei die Herausforderung für die Ärzte, dies aufzunehmen und an dieser Revolution teilzuhaben und mitzuarbeiten. Das Problem ist nun, dass er innerhalb von zehn Jahren an drei „Revolutionen" versucht teilzunehmen, und da ist es kein Wunder, dass Leute wie August Philipp Hecker sagen, wir brauchen Marcus gar nicht zu widerlegen, denn wir müssen nur warten, bis die nächste vermeintliche „Revolution" kommt, dann wird er sich schon selbst widerlegen. Deswegen müssen wir sagen, um 1800 steht er inmitten eines zumindest in Deutschland, aber auch über Deutschland hinausreichenden Diskurses tatsächlich an vorderster Front, aber bereits im Todesjahr 1816 hat er schon viel von dieser Bedeutung und Reputation eingebüßt. Aber für Bamberg und durch seine Impulse für das kulturelle Leben dort, da ist er eine ganz zentrale Gestalt und – wir haben das nicht mehr systematisch weiterverfolgt – er spielt in den medizingeschichtlichen Werken bis etwa 1840/50 beim Brownianismus und für die neueren medizinischen Bewegungen eine gewisse Rolle und verschwindet dann aber allmählich in der zweiten Hälfte des 19. Jahrhunderts, während er in der Bamberger Lokalhistoriographie seinen festen Platz hat, aber aufgrund des Theaters und seiner gesellschaftlichen Aktivitäten.

FÜSSEL: Sie hatten ja nach den Vorbildern gefragt, etwa für den Gelehrtenhabitus. Das könnte er sich in Göttingen gut angeeignet haben. Er war ja nicht allzu lange da, aber die Göttinger Professoren verkörpern genau dieses Bild der Rastlosigkeit: Sie arbeiten von morgens bis abends, haben alle Feiertage abgeschafft, halten sogar am Wochenende Vorlesungen, gönnen sich keine ruhige Minute mehr, selbst wenn die Studenten im Karzer sitzen, müssen sie sich Bücher aus der Bibliothek mitnehmen, um dort weiter lernen zu können, und auch in den studentischen Berichten nach Hause heißt es: Prof. Pütter sitzt von morgens bis abends am Schreibtisch, nur manchmal bringt ihm seine Frau etwas zum Essen, damit er nicht ganz zugrunde geht. Angeblich schreibt er acht bis zwölf Seiten am Tag, obwohl jeder weiß, dass das so nicht geht. Marcus hat also schon in Göttingen die Publikationsstrategien kennen lernen können, dass man am besten ein Lehrbuch oder ein Handbuch schreibt, damit man in der Gelehrtenwelt richtig bekannt wird. Und das hat er für Bamberg dann übernommen.

HÄBERLEIN: Frau Sahmland, Sie haben in Ihrem Vortrag ja sehr deutlich die Unterschiede der institutionellen Rahmenbedingungen hervorgehoben, aber auch die der Persönlichkeiten. Faust scheint ja jemand zu sein, der sich ganz bewusst entzieht und sagt: „Da mache ich nicht mit."

SAHMLAND: Ich habe auch den Eindruck, dass Faust eher einer von den „Alten" ist; ich kann jetzt nicht sagen, dass er definitiv die neuen Entwicklungen abgelehnt hätte, in dem Sinne: ich habe mich damit beschäftigt und finde das alles nicht gut, dieses ständige Hin und Her. Er ist ein Vertreter der Naturbewegung, eher im Sinne von Rousseau, der Tendenz der Kulturkritik des 18. Jahrhunderts, die sich da auch bei Faust entwickelt. Insofern ist es ein bisschen schwierig, einerseits bei einzelnen Protagonisten anzudocken und da Entwicklungen zu sehen, vielleicht auch ein Stück weit zu typisieren, andererseits: es geht nur über diesen Weg. Und ich fand das sehr bemerkenswert, diese Rastlosigkeit, die ja bei Vielen bemerkt wurde. Mir fiel dazu ein, dass wir gerade in der Zeit sind, in der Hufeland seine „Makrobiotik" schreibt; und das ist genau die Basis, dass er sagt: Ihr werdet krank und ihr erreicht euer potentielles Lebensziel nicht, weil die Konsumption zu viel wegnimmt. Eine Strategie zu haben, das Leben zu verlängern, bedeutet eben, achtzugeben, dass nicht zu viel konsumiert, nicht zu viel weggegeben wird, das heißt, nicht zu viel Aktion in alle möglichen Richtungen. Es muss ja auch der Akku wieder aufgeladen werden. Das ist genau eine Konsequenz, wenn einer da rastlos am Schreibtisch sitzt oder sonst ständig in seiner Werkstatt arbeitet und auf dieser Ebene seine Produktivitätsphasen weiter ausdehnt und intensiviert. Da gibt es dann Schäden, die auch krank machen können. Das wird von Hufeland in seinem Buch ausführlich dargelegt. Und ich habe mich gefragt, wieso zu dieser Zeit dieses Konzept? Es ist ja auch ein Stück Diätetik, es ist eigentlich ein altes Konzept, doch es ist neu umformuliert, aber es hat einen anderen Charakter, und ich denke, es spiegelt eine andere Zeit. Da passen vielleicht auch diese rastlosen Wissenschaftler hinein, aber ich denke, es ist doch problematisch, das an einzelnen Figuren festzumachen, und es wäre vielleicht besser, hier ein Forschungsfeld etwas breiter aufzustellen, in dem man den Zeitgeist findet und neue Entwicklungen aufzeigt. Aber ich finde es problematisch, wenn man das mit Protagonisten verbindet, die eine jüdische Herkunft haben. Dann fokussiert man vielleicht wieder vorschnell auf manche Dinge. Das wären also meine Fragen.

WOLFF: Ja, ganz speziell dazu. Ich erinnere mich an Gewerkschaftsfunktionäre vor etwa 30 Jahren, die gesagt haben, wir kämpfen mit einer 60-Stunden-Woche für die 35-Stunden-Woche. Was ich sagen will, ist: Dieses Konzept „Makrobiotik" von Hufeland stimmt für ein bürgerliches Selbstverständnis, das diese Ärzte alle hatten, aber sie repräsentierten neben Bürgern auch die ganz spezielle Untergruppe gelehrter Ärzte, die sich selbst inszenierten und da funktioniert das natürlich wunderbar mit dieser Selbstaufopferung. Da hat dieses Bild der Rastlosigkeit gepasst, indem sie sich selbstlos für die Gesundheit anderer aufrieben. Da wird diese Hufelandsche Idee der Mäßigung aus der Schublade geholt. Sie passt in die Zeit, aber sie löst das Gelehrtenbild oder das Bild der Lichtgestalt, des Multitalents, des Missionars oder was da alles so in der Luft hängt, nicht auf. Es läuft beides gleichzeitig nebeneinander.

HÄBERLEIN: Ich glaube ein anderer, wichtiger Aspekt ist da auch die Frage, inwieweit man lernen kann, ein guter Arzt zu sein bzw. inwieweit das auch mit Intuition zu tun hat, mit einer persönlichen Gabe. Ich denke an das Buch von Urban Wiesing „Kunst oder Wissenschaft", da greift er auf der Ebene des Fachdiskurses schon bestimmte dieser Aspekte auf. Und bei Marcus spielt das immer wieder eine gewisse Rolle, wenn über ihn gesagt wird, auch wenn er seine medizinischen Ansichten geändert hätte, was dem Ganzen eine innere Kohärenz geben würde, wäre, dass er durch seine glücklichen Heilungen immer ein guter Arzt gewesen sei. Das hat uns gestern ja auch Frau Dengler-Schreiber entgegengehalten, auch wenn er die psychiatrischen Konzepte nicht kannte, so hätte er doch beobachtet. Das ist zumindest das Bild, das seine frühen Biographen von ihm vermittelt haben. Da kenne ich andere Ärzte wie Marcus Herz nicht gut genug, aber welche Rolle spielt da ein Element der Intuition?

AUMÜLLER: Ich denke, das ist eine ganz wesentliche Komponente; dasselbe trifft ebenfalls für Johann Stieglitz zu, wo gewissermaßen mit gleichen Worten wie in Marcus' Biographie dargestellt wird, wie er am Krankenbett sitzt und durch seine Aura, seine Güte und Strenge den Patienten quasi zwingt, wieder gesund zu werden. Denn wenn man das vom heutigen Standpunkt der Medizin betrachtet, dann war keine, keine einzige seiner medizinischen Maßnahmen nach heutigem Kenntnisstand angemessen und gerechtfertigt. Er wäre in schwere Kunstfehlerprozesse geraten: Wenn man einem schwer Typhus-Kranken etwa einen halben Liter Blut ablässt in der Vorstellung, dann werde er wieder gesund werden, dann ist das einfach irrational. Aber er hat die Ausstrahlung und die Wirkmächtigkeit gehabt, dass die Patienten das geglaubt haben. Es gibt, das muss man sagen, so genannte Mechanismen der Psycho-Neuro-Immunologie, d.h. es werden ganz bestimmte Botenstoffe vom Gehirn ausgesandt, die aufgrund des visuellen oder akustischen oder sonstigen mentalen Eindrucks gebildet werden und die die immunologischen oder auch unspezifischen Abwehrkräfte des Körpers mobilisieren. Und diese Mechanismen, die er natürlich nicht kannte, hat er intuitiv ausgelöst.

LEDER: Es gibt Beschreibungen von Marcus Herz, die auch in diese Richtung gehen, etwa in der Beschreibung der Behandlung von Karl Philipp Moritz und von einigen anderen Patienten, dass er nicht versteht, dass der Patient nicht mit ihm geht und in seine Behandlungsvorschläge einwilligt, und man liest manche seiner Reflektionen ganz ähnlich so, wie Sie das eben angedeutet haben, etwa bis hin zur Inszenierung seines Blickes, seiner Gestik, seiner Mimik, seines gesamten Habitus, die doch irgend eine Wirkung erzielen müsse, und diese Vorahnung, wie wir heute sagen würden, dass über den anterioren zingulären Kortex Modulatoren ausgeschüttet werden müssten und sich das dann doch psychoneuroimmunologisch auswirken müsste, die dann genesungsfördernd sein müssten. Also eine Hoffnung, die moderne Mediziner auch haben, die kündigt sich schon hier im ärztlichen Habitus an.

HÄBERLEIN: Frau Sahmland, Sie haben eben gesagt, sie fänden es problematisch, über solche Rekonstruktionen von Einzelbiographien zu grundsätzlichen Fragen zu kommen, von denen aus man generalisierende Schlüsse ziehen könnte. Wie würden Sie denn eine andere Zugangsmöglichkeit sehen, gerade für diese Zeit, wie man das noch ein bisschen schärfer fassen könnte?

SAHMLAND: Ja, ich habe ja auch gesagt, dass ich keinen anderen Weg sehe, nur müsste man, denke ich, das Umfeld etwas stärker mit einbeziehen. Wie Sie, Herr Leder, das gerade gesagt haben, gibt es ja den ewig langen Diskurs, dass Ärzte sich beschweren, die Patienten verlangen etwas Bestimmtes und der Arzt ist in einer hierarchisch untergeordneten Stellung den Patienten gegenüber und muss dann quasi ausführen, was deren Erwartungshaltung ist. Und das kriegen die Ärzte in den Griff, indem sie Krankenhäuser bauen. Das ist dann eine andere Sache. Da sagt der Arzt dann, das ist jetzt wichtig, das ist indiziert und wenn jemand gesund werden will, muss er dem Arzt Folge leisten. Also da gibt es auch Umbrüche, die genau in dieser Zeit passieren. Es geht mir also darum, die einzelnen Protagonisten etwas mehr in diese Diskurse einzubetten und das noch ein bisschen mehr zu berücksichtigen. Und dann käme dazu z. B. die Idee, dass ein Arzt sagt, ich bin erfolgreich, indem ich eine Verbindung herstelle zwischen dem Patienten und mir als behandelndem Arzt, also mehr als nur zu sagen: das ist das Krankheitsbild und das muss jetzt therapiert werden. So wie Sie (Leder) das gestern über Herz gesagt haben, er plädiert dafür, dass Körper und Seele berücksichtigt werden müssen. Also ein ganzheitliches Konzept, was ja dann auch bedient werden muss. Das heißt, die Rolle des Arztes wäre dann eine, eben auch diese psychische Dimension mit zu berücksichtigen. Dieses ganzheitliche Konzept steht in dieser Zeit neben dem anderen, was in dieser Zeit auch stark gemacht wird: Empirie, Beobachtung am Krankenbett. Und beobachten kann man mit den Instrumenten, die man hat, und das sind ja noch nicht allzu viele, und man muss gucken, wie die Verläufe sind. Dass also diese psychische Dimension noch ein bisschen mehr aufgewertet wird. Aber da gibt es, denke ich, verschiedene Settings, auch in der Selbstdefinition eines Arztes. Brauche ich mehr als nur die medizinischen Skills, oder reichen die aus, und ist das der Weg, auf dem ich am besten die Prognose sichern kann? Es gibt also eine Komplexität in verschiedenen Bezügen, und die müsste man erst einbeziehen, um dann zu entscheiden, an dieser Stelle kann dieser oder jener Zusammenhang ausgeblendet oder vernachlässigt werden oder ist es möglich, sich auf die einzelnen Ärztebiographien zu konzentrieren.

LEDER: Marcus Herz tat sich mit dieser Forderung natürlich leicht, weil er sich eben als Arzt-Philosoph verstanden hat. Nun muss man Herz auch immer gemeinsam mit Ernst Platner und der „Anthropologie der Weltweisheit" sehen, das war diese Abstraktion, der ganzheitliche Blick. Wir finden diesen ganzheitlichen Blick auch in der gesamten pietistischen Tradition, wenn wir Johann Juncker lesen, wenn wir Goldhagen lesen, dann finden wir überall diesen ganzheitlichen Blick. Und es ist ein fester Bestandteil der jüdischen medizinischen Ethik, und da wird es auch intensiv diskutiert, wenn auch mit den Einschränkungen des Wissens der Zeit. Und es gibt Zitate bei Maimonides aus dem 12. Jahrhundert, die könnten eben fast eins zu eins von Marcus Herz stammen. Und übrigens Folgendes, was ich vorhin noch anmerken wollte, zu diesem Typus des rastlos tätigen Mannes, gibt es einen Brief aus dem 12. Jahrhundert über Rabbi Maimon, der fast genauso klingt wie diese Selbstdarstellung von Marcus Herz. Auch das ist spannend. Das heißt, dieses Bild des rastlos tätigen Arztes hat auch in der jüdischen medizinischen Tradition eine viel längere Geschichte und harmoniert dann vermutlich bei jüdischen Ärzten sehr gut mit dieser wissenschaftsgeschichtlichen Entwicklung im 18. Jahrhundert. Das heißt, vielleicht taten sich dadurch jüdische Ärzte noch ein wenig leichter als christliche Ärzte, dieses Bild dann auch zu verinnerlichen und zu leben.

AUMÜLLER: Ich wollte das noch ein bisschen weiterführen, das trifft auch für das 19. Jahrhundert und für Benedikt Stilling zu; Herr Kümmel, Sie wissen das ja auch, dass es heißt, Stilling hat also maximal vier Stunden geschlafen und dann eine Stunde Schach gespielt, und war dann von morgens bis abends rastlos in seiner Praxis tätig oder hat seine Forschungen betrieben.

KÜMMEL: Ja, darf ich da gleich direkt anknüpfen. Ich habe aus Ihrem wichtigen Aufsatz, Herr Aumüller, über Stilling seine wichtigsten Publikationen herausgeholt. Da ist es fast nicht zu begreifen, was dieser Mann geleistet hat. Das sind tausende von Seiten wissenschaftlicher Publikationen (deren zeitliche Abfolge hier ausgelassen ist). Gleich, nachdem er 1840 als Distriktsarzt ausgeschieden ist, publiziert er ein Buch mit 540 Seiten. Das sind keine hingeworfenen Mutmaßungen, sondern aufwändige, minutiös durchgeführte Versuche, die er zuhause ohne Mitarbeiter und ohne irgendeine größere Infrastruktur durchgeführt hat. Und damit komme ich zu einem Punkt, den ich meine, wir auch beachten müssten, dass viele jüdische Wissenschaftler generell, vor allem die nicht nur durch glückliche Zufälle befördert wurden, sondern die hängen geblieben sind irgendwo und Grenzen gespürt haben, dass sie aus einem kompensatorischen Bedürfnis eine unglaubliche Arbeitswut, kann man fast sagen, entwickelt haben, um zu zeigen: ich bin zwar nicht Professor geworden, ich bin dort abgelehnt worden und dort abgelehnt worden, aber ich kann auch etwas. Also ich denke, wenn man da mal eine größere Zahl von Lebensläufen durchgehen würde, würde man dieses Bild des rastlos Tätigen bei Juden stärker ausgeprägt finden als in der übrigen Bevölkerung. Kompensatorische Wissenschaft, könnte man das bezeichnen.

HÄBERLEIN: Vielleicht wäre es interessant, das institutionelle Setting etwas stärker mit einzubeziehen. Inwieweit haben es Ärzte als Einzelkämpfer oder auch auf relativ unattraktiven Stellen verstanden, weiter wissenschaftlich zu arbeiten, und in wieweit hat ihnen eine Forschungsumgebung, wie wir heute sagen würden, zur Verfügung gestanden? Marcus hatte ja gewiss sehr viel privilegierte Bedingungen mit diesem Allgemeinen Krankenhaus, und ich habe mir bei dem einen oder anderen Vortrag auch gedacht, es scheint in dieser Zeit auch ein gewisser Nachahmungswettbewerb gewesen zu sein, auch solche modernen Institutionen zur Verfügung zu haben. Denn es ist ja nicht von ungefähr, dass jetzt viele auswärtige

Ärzte kommen, das Bamberger Krankenhaus in Augenschein nehmen, es gibt ja ein eigenes Genre der medizinischen Reisetätigkeit in dieser Zeit. Aber auch umgekehrt: Marcus fordert ja, sobald er das Krankenhaus hat, es muss noch ein Anatomisches Theater her, ein Botanischer Garten und ein Geburtshaus. Genau die Institutionen, die ihm in Göttingen oder auch in Kassel zur Verfügung gestanden haben. Das lässt sich dann am Hof von Erthal zwar nicht mehr realisieren, aber sobald das Fürstbistum Bamberg sein Leben ausgehaucht hat, wird er bei den neuen bayerischen Behörden vorstellig und sagt, jetzt sei aber die Zeit gekommen, dass man zunehmend die Bedingungen und die Institutionen für wissenschaftliche Forschung und die ärztliche Praxis nunmehr einfordert.

FÜSSEL: Bei den Forschungsinfrastrukturen ist der Nachahmungseffekt tatsächlich sehr ausgeprägt, dass man also sagt, wir brauchen für unsere Forschung dies und das. Aber, und das sieht man dann auch z.B. in Göttingen, wenn ein Professor weggeht oder verstirbt, dass dann die Ausstattungen und sogar die Institutionen zusammenbrechen. Also wenn auf der Sternwarte das Fernrohr nicht benutzt wird, fällt das weg, oder das berühmte Klinikum geht in die Knie und kommt dann wieder, bis dieser flächendeckende Modernisierungsschub einsetzt, dass man gerne up-to-date sein möchte und Modernisierungen betreibt, ohne dass sie dann auch immer konsequent genutzt würden. Dann kommt noch der ästhetische Aspekt, der in diese Dialektik eingeschrieben ist, hinzu, dass man merkt, dass ein Botanischer Garten eben nicht nur Nutzpflanzen enthält, sondern zudem auch noch schön ist. Diese Forschungsästhetik ist etwas, das leicht in der Betonung der Funktionalität untergeht.

SAHMLAND: Ich finde das auch noch einmal einen spannenden Punkt zu verfolgen, wie die Rahmenbedingungen des Arbeitens bei den Einzelnen waren und wie sie rezipiert worden sind. Einerseits ist es Marcus, der die Leute aus der Peripherie anzieht, und dann gibt es das andere Modell, dass jemand irgendwo sitzt und etwas macht, das dann ausstrahlt in die Peripherie. Ich glaube, das sind zwei typische Modelle in der Zeit. In Verbindung mit Marcus fällt mir ein Parallelfall ein, nämlich Christoph Ludwig Hoffmann, der im Bistum Münster war, also auch im katholischen Kontext, der dann unheimlich dicht gewirkt hat. Er ist für Mainz tätig geworden, er ist für Kurhessen wichtig gewesen, vor allem, was die Medizinalanstalten betrifft, im Sinne von Medizinalordnung. Und der ist ganz breit rezipiert worden, eine interessante Figur, auch eine etwas schillernde Figur. Wie kommt er dazu, wie war seine Auswirkung in Münster, wie war das Setting, worin begründet sich sein Erfolg? Also wir haben ihn (Marcus) jetzt etwas gespiegelt in der Idee, vielleicht dadurch etwas an neuen Erkenntnissen herauszuholen. Eine weitere Figur in dieser Zeit ist der von mir angesprochene Brinckmann in

Düsseldorf, der auch sehr breit rezipiert worden ist. Also zwei Gegenmodelle: der eine macht etwas, wird attraktiv und die Rezipienten kommen, und der andere macht etwas und versucht, in die Breite auszustrahlen.

HÄBERLEIN: Einflüsse des Hofes auf der einen Seite, aber ich denke, dann auch der Konkurrenz, der Gegenseite, dass man sich gegenseitig beäugt. Bamberg hat da immer wieder so das Wechselspiel mit Würzburg: Da gibt's zwar den Austausch, zum Beispiel Döllinger, der von Bamberg nach Würzburg geht, aber immer auch die Konkurrenz Juliusspital versus Bamberger Krankenhaus, und Marcus versucht ja mehr als einmal, auch Einfluss zu kriegen, auch auf eine mögliche Reform des Juliusspitals, und wenn ihm das nicht gelingt, die Führung zu übernehmen, dann kommt wieder eine polemische Spitze dagegen. Das finden wir auch in einem anderen Kontext, etwa zu Jena, wo eine gewisse Konkurrenz besteht, was sich schon sehr früh in der ganzen Kontroverse um den Brownianismus zeigt. Marcus geht ja in seiner Korrespondenz mit Bertuch darauf ein, die Brownianer im Süden und die Anti-Brownianer im Norden, da gäbe es so eine Art Grenze. Das spielt in der Zeit eine große Rolle. Man sucht gewisse Errungenschaften, die die einen haben, die will man auch haben, aber man sieht sich auch in so einer Art Wettbewerb.

MEY: Dabei spielen natürlich auch die persönlichen Beziehungen eine Rolle. Also, wenn der Hoffmann nach Kassel kommt, dann hängt das mit dem Landgrafen Friedrich II. zusammen. Er ist Kur- und Badearzt in Hofgeismar und sagt dann: Wir haben in Münster eine schöne Ordnung, die möchte der Landgraf übernehmen, aber die Kasseler Ärzte halten dagegen, dass sie die gar nicht brauchen, weil sie eine sehr gute Medizinalordnung besitzen. Die Münstersche wird dann doch offiziell eingeführt, aber gar nicht in der Praxis umgesetzt mit diesen unterschiedlichen Abteilungen oder Hierarchisierungen, zumindest nicht vollständig. Ich wollte noch einmal etwas sagen, was Herr Kümmel gestern im Zusammenhang mit Stilling angesprochen hat, es sei doch ganz erstaunlich, dass so jemand aus Kirchhain bei Marburg, also einem sehr kleinen Ort, plötzlich solche Interessen entwickelt. Da gibt es auch durchaus andere Beispiele. Ich habe mir das einmal in Hofgeismar angesehen. Da gibt es so einen jüdischen Kaufmann, der bittet um die Dispensierung seines Sohnes von der jüdischen Schule, weil er ihn zur christlichen Schule schicken will, mit der Begründung, er solle sich einem höheren wissenschaftlichen Beruf widmen. Und das bereits im Vormärz. Das Interesse im Landjudentum an Bildung und Weiterbildung war ganz erheblich. In Hofgeismar, einer Kleinstadt nördlich von Kassel, wurde das sehr stark genutzt. An der Schule, an der ich tätig war, waren 21 Prozent der Schüler Juden in den 1880er Jahren, während der Gesamtanteil der Juden an der Bevölkerung gerade vier Prozent betrug. Sie waren also deutlich überrepräsentiert. Bildung spielte für sie eine ganz große Rolle, obwohl sie zuhause Kaufleute oder Metzger oder ähnliches waren.

KÜMMEL: Darf ich da direkt anknüpfen? Ich habe schon lange den Eindruck, dass der sehr hohe Stellenwert des Gelehrten bei den Juden, dieser Stellenwert religiöser Gelehrsamkeit, übertragen worden ist auf Gelehrsamkeit generell, also auch im außerjüdischen bzw. außerreligiösen Bereich. Dass bei der normalen Bevölkerung der Gelehrte, die Gelehrsamkeit, das gelehrte Wissen, das Forschen einen solchen Stellenwert hatte im Judentum, und das war nur im Judentum so, das hat dann auch sozusagen diese Triebkraft entwickelt, als die Juden sich der weltlichen Gelehrsamkeit, einschließlich hochmoderner Naturwissenschaft zugewendet haben. Dieser Zusammenhang verdient, beachtet zu werden.

LEDER: Das möchte ich noch ergänzen mit einem Hinweis, den ich gestern gegeben habe: dieser Respekt vor den Talmudisten, vor dem Wissen der Schriftgelehrten, nicht so sehr dem Respekt vor ihren Meinungen, eher der Respekt vor ihrem Habitus, zu lernen, gelehrt zu sein, zu forschen, Dinge zu hinterfragen, anderer Meinung zu sein. Im Talmud, wie man weiß, da wimmelt es von diametralen Gegensätzen, von gegensätzlichen Meinungen und Überzeugungen. Das ist sozusagen alte jüdische Bildungskultur, und da haben sich vermutlich jüdische Ärzte auch etwas leichter getan, dann diesen Habitus zu übertragen und Bildungsideale aus einem nichtjüdischen Umfeld zu übernehmen. Autoritäten also zu hinterfragen, so wie wir das ja bei Marcus Herz in seiner Schrift an Dohmeyer noch einmal finden [gemeint ist: *D. Marcus Herz an den D. Dohmeyer, Leibarzt des Prinzen August von England, über die Brutalimpfung und deren Vergleichung mit der humanen*, in: Neues Journal der practischen Arzneykunde und Wundarzneykunst, hrsg. v. C. W. Hufeland, 5. Bd., 1. St., Berlin 1801], in der er diese Haltung noch einmal zum Ausdruck bringt, man darf grundsätzlich keiner Autorität blind vertrauen. Das ist auch eine Haltung, die finden Sie wieder bei Maimonides, aber auch bei vielen anderen Gelehrten. Wir finden sie bei Menasse ben Israel, bei Jacob Zahalon im 17. Jahrhundert, also eine Haltung, die sich weit zurückverfolgen lässt.

WOLFF: Direkt dazu. Es ist ja ein sehr attraktiver und irgendwo auch nachvollziehbarer Gedankengang, die Tradition des Lernens in der jüdischen Kultur als Muster für das Verhalten des „jüdischen Menschen" in der Moderne zu sehen. Ich wollte nur ein kleines – oder besser – mittelgroßes „Achtung!" anbringen. Dieses Argument ist gefährlich und sollte nur mit aller-, allergrößter Vorsicht angewendet werden. Kleiner Hintergrund: Es gibt eine lange Debatte des Erfolges von Juden in den Wissenschaften, auch angesichts des Phänomens häufiger jüdischer Nobelpreis-Gewinner. Diese Debatte um den Erfolg von Juden in den Wissenschaften begann mit Shulamith Volkov und ging hin und her, und ich glaube, man müsste diese Debatte mal schließen, denn letzten Endes kann man nicht wirklich eine Kausalität zwischen dem Judesein und dem wissenschaftlichen Erfolg nachweisen, und es besteht dazu immer die Gefahr der anthropologisierenden Idee der „schlauen Juden". Schon allein wenn man pauschal von „den Juden" spricht. Das Argument der jüdischen Bildungstradition wird dann angewendet auf Leute, die vielleicht in ihrem Leben irgendeinen genealogischen jüdischen Hintergrund hatten, aber über das Elternhaus keinerlei auch irgendwie geartete „jüdische" Bildungspraxis. Deshalb ist das so gefährlich. Man muss immer aufpassen, wenn man von „den Juden" spricht. Dann spricht man von ganz unterschiedlichen sozialen und kulturellen Gruppen.

LEDER: Völlig d'accord; ich würde auch nicht von „den Juden" sprechen wollen. Und Du hast ganz Recht, die Gefahr des Essentialismus ist hier enorm groß, und wir wissen, dass gerade in den letzten Jahrzehnten, gerade in einer nicht-jüdischen Diskussion die jüdischen Bildungsideale sehr stark überzeichnet wurden. Wir kennen das aus unseren Familien, diese Bewunderung für „die Juden", die dann im 19. Jahrhundert angefangen haben, immer reicher zu werden. Und dann die Fragen, woher kamen denn dieser Habitus und diese enorme Leistungskraft, und da muss man tatsächlich vorsichtig sein. Aber ich denke, trotzdem kann man den Aspekt in mikrobiographische Studien mit hineinbringen. Auch die jüdische Kulturgeschichte hat hier schon einige sehr nennenswerte Studien hervorgebracht und hat diesen Habitus weiter zurückverfolgen können in einer alten Tradition, bis eigentlich ins 9. oder gar 8. Jahrhundert zurück.

HÄBERLEIN: Ich würde jetzt noch gerne einen weiteren Aspekt einbringen, den des Fürstenhofes. Wir haben ja gestern gehört, in Arolsen als Residenzstadt hatte der Fürst eine besondere Bedeutung für die soziale, aber auch kulturelle Entwicklung der Stadt. Es ging dann weiter mit den Hoffaktoren, wir haben vom Carolinum gehört und der Förderung durch die Landgrafen. Ein ganz entscheidender Punkt, denn viele unserer Protagonisten sind auch Leibärzte gewesen, zwar zum Teil nur titular, aber eine ganz wichtige Funktion, ganz sicher bei Marcus, auch bei Stieglitz und bei Faust. Das wirft natürlich auch die Frage auf: Wie wichtig ist die Patronage für die jeweiligen Karrieren gewesen, in wieweit betrifft das auch das Bild des Arztes und Künstlers, auch die Beziehungen zu einzelnen ganz bestimmten Patienten, zu denen dann ein besonders vertrauensvolles Verhältnis bestanden hat? Mein Eindruck war, dass sich das dann doch bis ins 19. Jahrhundert hinein fortsetzt. Der Neffe Charles Chrétien Henri Marc, der ja auch erster Leibarzt des französischen Königs wurde, oder auch der jüngere Stellvertreter von Marcus, Philipp von Walther, der dann auch als Leibarzt in München erscheint.

Der Bezug zum Hof und zum Fürsten scheint in dieser Zeit doch etwas sehr Wesentliches gewesen zu sein.

AUMÜLLER: Man könnte das zum Beispiel als Antagonismus zur Situation in Berlin ansehen, das haben Sie, Herr Wolff und Herr Leder, ja beide untersucht, und Sie haben ja auch gesagt, dass die Situation in Berlin ganz wesentlich anders war, einfach auch aufgrund der großen jüdischen Gemeinde, die gewissermaßen den Humus darstellte, aus der sich dann große, kreative Persönlichkeiten entwickeln konnten.

WOLFF: Wir sollten, was Kreativität und Bedeutung angeht, vielleicht etwas vorsichtiger sein, das kann problematisch sein. Aber ich bin am überlegen, was wäre denn dann der kategoriale Unterschied, d.h. welchen Humus braucht es, damit bestimmte Ärzte in bestimmten sozialen oder kulturellen Settings besondere Produktivität aufweisen oder öffentliche Wahrnehmung erhalten. Und da, denke ich, ist tatsächlich in den kleineren Herrschaften das Leibarztsystem sozusagen der Humus. Und in Berlin, um auf die Frage zurückzukommen, wäre das ein anderes Umfeld, ein bürgerliches Bildungsnetz. Es gibt dann zwar noch die Akademie, die ein anderes Umfeld erschafft und andere Bedingungen bildet, aber es wäre wirklich mal eine interessante Frage, wie ein solcher Humus in der Peripherie aussieht.

SCHMÖLZ-HÄBERLEIN: Ich habe mich gefragt, wäre Marcus Herz heute wirklich so bekannt, wenn er nicht über die Salons bekannt geworden wäre. Würde man ihn heute wirklich noch kennen, weil es ja nichts mehr gibt außer seinen Schriften. Ich meine, von den anderen Ärzten gibt es auch nur noch die Schriften, die wir Historiker immer wieder ausgraben. Aber würde man Marcus Herz heute kennen, wenn es den Berliner Salon nicht gegeben hätte und den Austausch Varnhagen, Mendelssohn und Konsorten?

LEDER: Das hat ihm natürlich zu seinem Ruhm verholfen, aber dieser Ruhm erstreckt sich kontinuierlich durch das gesamte 19. Jahrhundert, und er wird in der zweiten Hälfte des 19. Jahrhunderts in den medizingeschichtlichen Abhandlungen „entdeckt" und wird auch immer häufiger, z.B. in der Geschichte der Krankenversorgung, sowohl von jüdischen auch von christlichen, übrigens auch von Volkskundlern, Historikern dargestellt. Aber natürlich, ich erinnere mich gerade an die Frage eines ärztlichen Kollegen aus Israel, der mich gefragt hat, war Marcus Herz eigentlich nur berühmt, oder hat der auch gearbeitet. Das zeigt natürlich auch, dass Marcus Herz ruhmreicher wurde durch seine Nähe zu den Bildungsbürgern seiner Zeit, sicherlich auch über Henriette Herz noch famoser und bekannter wurde und daher auch lange Zeit nicht sehr differenziert als Arzt untersucht wurde.

WOLFF: Eine ganz zentrale Frage zur „Berühmtheit" ist, von wem eine Person zu welchem Zeitpunkt berühmt gemacht wird. Da habe ich für Herz eine etwas bösartige Vermutung: Er wurde erst in den letzten Jahrzehnten als „Berühmtheit" eingesetzt, weil er als Hoffnung oder Utopie des so genannten „deutsch-jüdischen" Zusammenlebens ganz dienlich war. Also, da ist einer, den haben „wir" aufgenommen, oder, noch böser: Der hat gezeigt, dass er ein „anständiger Jude" ist, der was kann. Erst kürzlich wurde auf einer Tagung überlegt, was man heute nach seiner auf eine andere Art berühmten Gattin Henriette Herz benennen könnte. Da habe ich auch gesagt: Bitte keine Marcus-Herz-Akademie oder Ähnliches machen. Es ist so heikel und problematisch, diese Person als Identifikationsfigur zu verwerten. Biographien sind in der Regel recht widersprüchlich, und bis zum Heiligen ist es ein weiter Weg.

SCHMÖLZ-HÄBERLEIN: Ich möchte noch mal zu Herz zurückgehen: Thema Jungdeutscher Orden – Juden werden zu Deutschen durch Konversion. Und Herz ist da so ein Typ, wie andere, die dann „deutsch" wurden, und „ohne ihren Glauben aufzugeben", und die dann noch die „besseren jüdischen Deutschen" sind als die anderen deutschen Juden. Und das kommt in diesem Buch von der Deborah Herz wunderbar heraus, weil sie sagt: ‚Ist denn die Frage eigentlich relevant?' Was macht ihn zum Deutschen, die Konversion? Oder darf er in einen deutschen Staatsapparat nach den deutschen Regeln und Gesetzen als deutscher Bürger gerieren, und was er daheim in seiner stillen Kammer macht, ist irrelevant?

LEDER: Ich kann das noch ergänzen; dieser Hang zum Philosemitismus hat die Diskussion in Deutschland in den letzten Jahrzehnten über Marcus Herz und andere sehr stark beeinflusst. Ich kann mich erinnern: Im Zuge meiner Dissertation wurde ich plötzlich von einigen Pfarreien eingeladen zu Vorträgen über jüdische Ärzte, und das war getragen von diesem Duktus der christlich-jüdischen Zusammenarbeit. Deshalb kann ich Deine (E.W.) Reaktion gut verstehen; ich wollte nicht dieses Bild des „guten Juden" zeichnen, aber schon das Bild eines Mannes, der die Religionsgesetze durchaus würdigen musste und sich dadurch in Spannungsfeldern befand. Mir ist sehr bewusst, dass wir gerade aus christlichen Perspektiven gerne nach wie vor dazu neigen, eben einige Idealtypen unter diesen jüdischen Ärzten zu identifizieren. Übrigens auch noch, was wir vorhin vergessen haben, uns klar zu machen: preußische Bildungsideale, das Bild allein, das vom „Alten Fritz" gezeichnet wird, der rastlos unermüdliche König, der morgens früh aufsteht, Briefe unterzeichnet, dann in die Schlacht zieht – auch solche Bilder finden sich immer wieder in der Rezeption.

FÜSSEL: Ich möchte noch mal überleiten zu der Frage, die Herr Häberlein gestellt hat, und die in der Diskussion ein bisschen untergegangen ist. Das Höfische, denke ich, konnte in der späten Aufklärung auch einen modernisierenden Effekt haben, was man oft nicht bedenkt, weil Bürgerlichkeit im Vordergrund der Forschung steht. Aber dass der Hof als Agent, der Experten beschäftigt, auch modernisierend wirken konnte, wurde von Risiken begleitet, die die höfische ‚Forschung' immer prägten. Der nächste Regent, der kam, interessierte sich dann evtl. für ganz andere Dinge. Das kann man am Bamberger Beispiel ja gut sehen, wenn nach Erthal jemand kommt, der eine andere Agenda hat und einen anderen Inszenierungsstil vorzieht oder neu Schwerpunkte setzt, dann ist das ein Risiko, wenn man sich an diese Form von Patronagebeziehung anklinkt. Aber nichtsdestoweniger hat gerade in dieser Zeit der Französischen Revolution, der Sattelzeit, des Umbruchs usw. der Hof auch allein durch die Akkumulation von Macht, Strukturen und Kapitalien diese extremen Möglichkeiten, das sollte man auch mitbedenken. In der Aufklärungsforschung hat man lokale Konstellationen der Vergesellschaftung etwa am Beispiel Hamburg, Göttingen, Leipzig oder auch Berlin diskutiert. Wenn man sich allein mal anguckt, wie klein Cölln an der Spree im 18. Jahrhundert und im Gegensatz zum heutigen Berlin war, und das in einem Atemzug zusammen mit Paris, London und anderen nennt, dann ist das doch sehr klein und begünstigt die face-to-face Kommunikation z.B. der Salonièren und Ähnliches. Das sollte man nicht vergessen, und auch nicht, dass die Potsdamer bzw. Berliner Hofkultur bis 1786, also bis zum Tode Friedrichs II., eine sehr spezielle war. Er war zwar häufiger in der Stadt, als man früher gedacht hat, aber vom höfischen Ambiente her gesehen war das doch eine sehr spezielle Situation, er zog sich ja aus der Stadt zurück nach dem Siebenjährigen Krieg. Und Sie (M.S.-H.) haben es mit einem Fürstbischof zu tun, das ist noch einmal eine bestimmte höfische Signatur, die darf man auch nicht glattbügeln. Es gilt also weder die bürgerlichen Milieus in einem großen aufgeklärten Topf zu verrühren, noch die höfische Lebenswelt zu stark zu vereinheitlichen. Da sollte man dem Plädoyer von Frau Sahmland folgen und nicht nur die Einzelpersonen betrachten, sondern auch die Kontexte berücksichtigen. Man muss also die lokalen Kontexte untersuchen und darf nicht pauschal werden, sondern auf die einzelnen Orte sehen, die Akteure, die Diskurse und die Praktiken und wie sie ineinanderwirken.

HÄBERLEIN: Trotz dieser Mahnung zur Differenzierung habe ich doch schon den Eindruck, dass die deutsche Medizingeschichte an der Wende vom 18. zum 19. Jahrhundert schon deutlich ärmer wäre, wenn es diese höfischen Kontexte nicht gegeben hätte. Denn es sind ja vergleichsweise wenige Universitäten, die eine überregionale Strahlkraft entwickeln, Halle und Göttingen ganz sicher, aber Bamberg und Freiburg im Breisgau eher nicht, und auch nach Rinteln geht man doch nur, weil dort die Studiengebühren niedriger sind, sie sind also sehr überschaubar. Und städtische-bürgerliche Milieus, das ist auch nur eine Handvoll von Städten, Hamburg, Leipzig und ein paar andere, wo ärztliche Forschung mit einer gewissen Ausstrahlung erfolgt. Da sind es eben diese Leibärzte, die durch solche von den Fürsten finanzierte Institutionen neue Möglichkeiten erhalten.

Ja, beim Blick auf die Uhr noch die Frage in die Runde, ob ein Gesichtspunkt noch nicht angesprochen wurde?

Frau D. M. FRIZ, Auditorium: Ein Punkt, der bei Adalbert Marcus nicht eingebracht wurde: Er muss ja auch ein Manager gewesen sein, ein genialer Organisator und auch ein Delegierer. Denn diese ganzen Aktivitäten, die er zeigt und die vielen Menschen, mit denen er zu tun hat, das muss ja organisiert werden. Also, ich denke, modern könnte man sagen, er hat auch Managementfähigkeiten gehabt, oder nicht?

HÄBERLEIN: Ja, sicher. Er war ein großer Anreger und er hatte die Fähigkeit, ständig neue Pläne zu entwerfen, d.h. wir haben eine Reihe von Plänen und Denkschriften, die er konzipiert hat. Er hat im Laufe seiner Karriere bestimmt ein halbes Dutzend Stellvertreter verschlissen; zum Teil gehen die wieder weg, weil es bessere Positionen gab, aber zum Teil mobbt er die auch schlicht weg, weil die sich nicht so einfügen, wie er das haben will, oder sie sind frustriert von seinem selbstherrlichen Gebaren. Da muss ich auch wieder auf die Neffen zu sprechen kommen. Es gibt eine verräterische Stelle, wo er sagt, meine beiden Neffen sind meine Adjutanten, die leben hier auf meine Kosten, aber deswegen haben die auch zu tun, was ich ihnen sage. Die müssen ihm also in verschiedenen Situationen beispringen, und wenn man so den großen publizistischen Ausstoß sieht, gerade in den letzten 10, 15 Lebensjahren, zu einer Zeit, wo er auch seine großen kulturellen und geselligen Aktivitäten stark ausweitet, da sind sie wohl auch so seine Ghostwriter gewesen. Röschlaub wirft ihm schon frühzeitig vor, Marcus schreibe seinen Namen auch gerne auf Titelblätter von Büchern, an denen er gearbeitet hat, ohne sie erarbeitet zu haben. Das heißt, da stecken auch immer ein paar Zuarbeiter dahinter. Ja, bestimmt große Managementfähigkeiten, aber das gibt es ja auch heute, Wissenschaftler, die gute Manager sind, deren Namen auf Büchern stehen, an denen ihr Anteil gering ist. Ich erinnere nur an das Buch über das Auswärtige Amt im Nationalsozialismus, auf dem vier große Namen der Geschichtswissenschaft stehen, aber als dann die erste Kritik kam, da sei doch Manches fragwürdig, da haben dann alle gesagt: ‚Ja, ich hab's ja nicht geschrieben' und verwiesen auf irgendwelche nicht genannten Zuarbeiter. Das hat's also damals auch schon gegeben. Damit möchte ich mich bei allen Diskutanten bedanken und gebe weiter zum Schlusswort.

SAHMLAND: Ich nehme die Gelegenheit wahr, den Organisatoren ganz ausdrücklich zu danken, Herrn Aumüller und Frau Kümmel. Sie haben ja die

Vorarbeiten geleistet und ich denke, ich spreche hier im Namen Aller. Wir hatten eine sehr schöne Tagung in einem schönen Ambiente und eine Vielfalt von einzelnen Elementen, die hier in dieses Thema passen und die unseren Blick erweitert haben. Und Sie, Herr Häberlein, haben die Moderation sehr gut durchgeführt durch die Auswahl der Stichworte. Mir ist jetzt erst klargeworden, welchen Ertrag das wirklich hatte, weil die einzelnen Vorträge sehr detailliert waren, immer bestimmte Dinge im Fokus hatten, jetzt aber die Gelegenheit wirklich war, das Ganze mal zusammenzuführen. Und das Weitere ist, dass ich denke, dass verschiedene Ideen, Konzepte, Forschungsmöglichkeiten hier angerissen wurden, wie es weitergehen könnte, vielleicht auch durch Kooperation einzelner Mitstreiter. Es muss also heute nicht Schluss sein in Bad Arolsen, und ich möchte noch einmal allen danken, die mitgewirkt haben, mitdiskutiert haben und dafür gesorgt haben, dass wir hier eine so schöne Atmosphäre hatten.

(Transkription: G. Aumüller)

Angaben zu den Autoren und Autorinnen

Gerhard Aumüller war bis 2008 Professor für Anatomie an der Philipps-Universität Marburg. Seine Arbeitsschwerpunkte waren die Zellbiologie der Reproduktion. Derzeitige Arbeiten betreffen die Marburger und Helmstedter Medizingeschichte, Fragen der Heinrich-Schütz-Forschung in Hessen und den historischen Orgelbau in Mitteldeutschland.
E-Mail: aumuelle@staff.uni-marburg.de

J. Friedrich Battenberg ist apl. Prof. für mittelalterliche und neuere Geschichte an der TU Darmstadt, Ltd. Archivdirektor a. D. des Hess. Staatsarchivs Darmstadt. Vorsitz der Hessischen Historischen Kommission, der Hess. Kirchengeschichtlichen Vereinigung, Mitherausgeber der Quellen und Forschungen zur höchsten Gerichtsbarkeit im Alten Reich. Seine Arbeitsschwerpunkte sind: Geschichte der Höchsten Gerichtsbarkeit im Heiligen Römischen Reich, Geschichte der Juden in Mittelalter und Frühneuzeit, Sozialgeschichte von Minderheiten und Randgruppen, Hessische Landes- und Kirchengeschichte. Weitere Daten mit Publikationsverzeichnis in der Festschrift zum 70. Geburtstag, zugleich ASCHKENAS Bd. 27/1, 2017.
E-Mail: battenberg@pg.tu-darmstadt.de

Karin Dengler-Schreiber ist freiberufliche Historikerin. Ihr Forschungsschwerpunkt ist die Geschichte von Bamberg und Themen im Bereich Heimatpflege und Denkmalkunde. 2008-2011 war sie Leiterin des Zentrums Welterbe Bamberg. Seit 1999 ist sie stellv. Vorsitzende des Landesdenkmalrats Bayern.
E-Mail: kdschreiber@gmx.de
Homepage: www.dengler-schreiber.de

Marian Füssel ist Professor für Geschichte der Frühen Neuzeit unter besonderer Berücksichtigung der Wissenschaftsgeschichte an der Georg-August Universität Göttingen. Seine Arbeitsschwerpunkte sind: Universitäts-, Gelehrten- und Studentengeschichte, Militärgeschichte, Globalgeschichte, Aufklärungsforschung, symbolische Kommunikation, Geschichtstheorie und Theorie der Geschichte.
Email: Marian.Fuessel@phil.uni-goettingen.de
Homepage: http://www.uni-goettingen.de/de/107221.html

Mark Häberlein ist Inhaber des Lehrstuhls für Neuere Geschichte unter Einbeziehung der Landesgeschichte an der Universität Bamberg. Seine Arbeitsschwerpunkte liegen im Bereich der Sozial-, Stadt- und Kulturgeschichte der Frühen Neuzeit sowie der Kolonialgeschichte Nordamerikas.
E-Mail: Mark.Haeberlein@uni-bamberg.de
Homepage: www.uni-bamberg.de/hist-ng

Birgit Kümmel studierte Kunstgeschichte, Neuere Geschichte, Volkskunde und Christliche Archäologie; sie ist Leiterin des Museums Bad Arolsen sowie stellvertretende Vorsitzende des hessischen Museumsverbandes.
E-Mail: info@museum-bad-arolsen.de

Werner Friedrich Kümmel ist Professor i. R., zuletzt (bis 2004) war er Leiter des Medizinhistorischen Instituts der Universität Mainz.
Seine Hauptarbeitsgebiete sind: die Musik in der vormodernen Medizin; Geschichte der jüdischen Ärzte, v. a. im Nationalsozialismus; Anfänge der Arbeitsmedizin; Alexander von Humboldt und die Medizin; Geschichte und Selbstverständnis des Faches Medizingeschichte.
E-Mail: wekuemme@uni-mainz.de

Hans-Uwe Lammel ist Professor für Geschichte der Medizin und Leiter des Arbeitsbereichs Geschichte der Medizin der Universität Rostock. Er ist Fellow des Internationalen Forschungszentrums Kulturwissenschaften Wien und Mitglied des Graduiertenkollegs „Kulturkontakt und Wissenschaftsdiskurs" der Universität Rostock und der Hochschule für Musik und Theater Rostock.
Forschungsschwerpunkte: frühneuzeitliche europäische Gelehrsamkeit, Kontakte medikaler Kulturen, Wandel von Hippokrates-Bildern 1500-2000, Fakultätsgeschichte der Medizinischen Fakultät Rostock, Geschichte der Medizin in Mecklenburg.
E-Mail: hans-uwe.lammel@uni-rostock.de
Homepage: https://www.geschmed.med.uni-rostock.de/

Christoph Leder ist Volkskundler, Historiker und Sozialarbeiter, unterrichtet an der LMU München medizinische und historische Anthropologie. Zudem arbeitet er bei einem Träger der Eingliederungshilfe als Fachleitung und Beauftragter für den Arbeits- und Gesundheitsschutz. Arbeitsschwerpunkte: Arbeitskulturforschung, Alltagsgeschichte, volkskundliche Gesundheitsforschung, Geschichte der Psychiatrie.
www.volkskunde.uni-muenchen.de

Angaben zu den Autoren und Autorinnen

Eberhard Mey ist Studiendirektor i. R. Bis 2016 unterrichtete er an der Albert-Schweitzer-Schule (Oberstufen-Gymnasium) Hofgeismar die Fächer Geschichte, Politik und Wirtschaft und Englisch.
E-Mail: eberhard.mey@t-online.de

Irmtraut Sahmland ist Professorin für Geschichte der Medizin und Leiterin der Emil-von-Behring-Bibliothek, Arbeitsstelle für Geschichte der Medizin der Philipps-Universität in Marburg. Ihre Arbeitsschwerpunkte sind: Medizingeschichte in Hessen, Hospital- und Krankenhausgeschichte, Patientengeschichte, Geschichte der medizinischen Aufklärung, Disability-Studies.
E-Mail: Sahmland@staff.uni-marburg.de
Homepage: www.uni-marburg.de/fb20/evbb

Michaela Schmölz-Häberlein ist apl. Professorin für Neuere Geschichte unter Einbeziehung der Landesgeschichte an der Universität Bamberg. Ihre Arbeitsschwerpunkte sind u.a. jüdische Geschichte, Regional- und Stadtgeschichte, Geschlechtergeschichte.
E-Mail: Michaela.Schmoelz-Haeberlein@uni-bamberg.de
Homepage: https://www.uni-bamberg.de/hist-ng/personen/apl-prof-michaela-schmoelz-haeberlein/

Eberhard Wolff ist Titularprofessor für Kulturanthropologie an der Universität Basel und Wissenschaftlicher Mitarbeiter am Institut für Sozialanthropologie und Empirische Kulturwissenschaft der Universität Zürich im Bereich „Populäre Kulturen". Daneben ist er an der Universität Zürich als Dozent für Medizingeschichte tätig sowie Redaktor für Kultur, Gesellschaft und Geschichte bei der Schweizerischen Ärztezeitung. Er arbeitet zu unterschiedlichen Themen im Bereich der Kulturanthropologie des Körpers, der Medizin und der Gesundheit in Geschichte und Gegenwart.
E-Mail: eberhard.wolff@unibas.ch
Homepage: https://kulturwissenschaft.philhist.unibas.ch/de/personen/eberhard-wolff/

Beiträge zur Wissenschafts- und Medizingeschichte
Marburger Schriftenreihe

Herausgegeben von Irmtraut Sahmland

Band 1 Sabine Eckhardt: Die Gefäßchirurgie im Ersten Weltkrieg. 2014.

Band 2 Natascha Noll: Pflege im Hospital. Die Aufwärter und Aufwärterinnen von Merxhausen (16. - Anfang 19. Jh.). 2015.

Band 3 Nina Ulrich: Das Museum Anatomicum am Fachbereich Medizin der Philipps-Universität Marburg. Provenienzforschung zu einer Lehrsammlung des 19. Jahrhunderts. 2017.

Band 4 Gerhard Aumüller / Irmtraut Sahmland (Hrsg.): Karrierestrategien jüdischer Ärzte im 18. und frühen 19. Jahrhundert. Symposium mit Rundtisch-Gespräch zum 200. Todestag von Adalbert Friedrich Marcus (1753-1816). 2018.

www.peterlang.com